SERMÕES

IV

Antonio Vieira

SERMÕES

IV

de acordo com as regras do novo *acordo ortográfico*
da língua portuguesa

Edições Loyola

Direção: † Pe. Gabriel C. Galache, SJ
Ryad Adib Bonduki
Editor: Joaquim Pereira
Assistente: Eliane da Costa Nunes Brito
Capa e Projeto gráfico: Maurélio Barbosa
Revisão: Iranildo B. Lopes

Edições Loyola Jesuítas
Rua 1822, 341 – Ipiranga
04216-000 São Paulo, SP
T 55 11 3385 8500
F 55 11 2063 4275
editorial@loyola.com.br
vendas@loyola.com.br
www.loyola.com.br

ISBN 978-85-15-03671-4

2ª edição: novembro de 2014

SUMÁRIO

APRESENTAÇÃO

Sete vezes Vieira cruzou o Atlântico. A primeira aos seis anos (1614) com os pais que se trasladaram de Lisboa para Salvador. A segunda, em 1641, como membro da delegação incumbida por D. Jorge Mascarenhas, Vice-Rei do Brasil, de levar a sua adesão ao novo monarca de Portugal, D. João IV. Eram seus companheiros o P. Simão de Vasconcelos e D. Fernando de Mascarenhas, filho do Vice-Rei. Onze anos depois de uma longa permanência em Portugal (1652), viaja para o Maranhão (terceira viagem) e é nomeado Superior dos Jesuítas do Maranhão e do Pará. Dois anos depois (1654), inesperadamente, viaja a Lisboa (quarta viagem) em busca do apoio do Rei para o trabalho da missão jesuítica. Em Lisboa, na quaresma de 1655, prega oito sermões considerados os mais incisivos de sua vida; entre eles os dois do Mandato, que estão neste volume. Alcançado o apoio do Rei, volta imediatamente a S. Luís do Maranhão (1655), sua quinta viagem. Em 1661, juntamente com outros jesuítas, é expulso do Maranhão e do Pará (sexta viagem). Em Lisboa sofrerá o processo da Inquisição. Perdoado com limitações, em 1668, no ano seguinte vai até Roma, em busca da absolvição definitiva, que obtém em 1675. Volta a Lisboa e em 1681 retorna a Salvador, sua sétima e última viagem.

Os 15 sermões deste volume se situam: 1) no *Brasil*, 1640 (Quarto Sábado da Quaresma, Nossa Senhora do Ó); 2) em *Portugal*, 1643 (Todos os Santos); 1644 (Primeira Sexta-Feira da Quaresma); 1649 (Exéquias de Dona Maria de Ataíde); 1651 (Primeira Sexta-Feira da Quaresma, Segunda Dominga da Quaresma); 1652 (São Roque); 3) no *Brasil*, 1654 (Quinta Dominga da Quaresma); 4) em *Portugal*, 1654 (Santa Teresa); 1655 (Mandato, Segundo do Mandato); 5) no *Brasil*, 1656 (Primeira Oitava da Páscoa); 6) em *Portugal*, 1662 (Epifania); 7) na *Itália*, 1674 (Cadeias de S. Pedro em Roma).

Vieira percorreu todas as aldeias da Bahia e durante nove anos missionou no Maranhão e no Grão-Pará, onde ajudou a levantar dezesseis igrejas, fazendo catecismos em sete línguas diferentes. Sempre incentivou o aprendizado das línguas indígenas a ponto de dizer que quem não as conhecia não conhecia os indígenas.

EDIÇÕES LOYOLA

[illegible]

[illegible]

[illegible]

[illegible]

SERMÃO DO

Quarto Sábado da Quaresma

Na Igreja de Nossa Senhora da Ajuda da Bahia.
Ano de 1640.

"Não queiras jamais pecar."[1]
(Jo 8,11)

Vieira foi ordenado sacerdote em 10 de dezembro de 1634. A escolha deste sermão para abrir este quarto volume mostra uma das dimensões essenciais de todos os seus sermões: "Pede o autor a todos os que tomarem este livro nas mãos que, por amor de Deus e de si, leiam este primeiro sermão, do pecador resoluto a nunca mais pecar, com a atenção e paciência que a matéria requer". As primeiras palavras do exórdio resumem o sermão: "O maior mal de todos os males — não digo bem — o mal que só é mal, e sumo mal é o pecado. Porque assim como Deus, por essência, é o sumo bem, assim o pecado, por ser ofensa de Deus, é o sumo mal. Mas se entre pecado e pecado, pelo que toca a nós, pode haver comparação e diferença, o pecado futuro [porque ainda há de ser] é o pior e mais perigoso mal". E as últimas palavras dão o esquema do desenvolvimento em duas partes: 1) as falsidades e enganos de todas as razões ou pretextos com que o demônio facilita a continuar nos pecados; 2) o motivo mais eficaz e o mais terrível para nunca mais pecar: o preceito de Cristo que não é apenas conselho: "Não queiras mais pecar", dito à pecadora já absolvida. Temos diante de nós Vieira, o homem apostólico.

§ I

O maior mal de todos os males — não digo bem — o mal que só é mal, e sumo mal, é o pecado. Porque assim como Deus, por essência é o sumo bem, assim o pecado, por ser ofensa de Deus, é o sumo mal. Mas se entre pecado e pecado, pelo que toca a nós, pode haver comparação e diferença, o pecado futuro é o pior e mais perigoso mal. O passado e o presente, porque foi e é pecado, é a suma miséria; mas o futuro, porque ainda há de ser, sobre ser a suma miséria, é o sumo perigo.

Esta é, fiéis, a importantíssima doutrina que Cristo, soberano Mestre e Senhor nosso, nos deixou recomendada como documento final da última cláusula do presente Evangelho. Trouxeram uma pecadora a Cristo, achada em flagrante delito, para que o Senhor, como intérprete da lei, a sentenciasse. E qual seria a sentença? Foi aquela que se podia esperar da piedade e misericórdia de um Deus feito homem por amor dos homens. Confundiu os acusadores com lhes mostrar escritos seus pecados — que só Deus sabe livrar a uns pelos processos de outros — e depois de absolver a pecadora do pecado de que era acusada, e de todos, o documento breve, maravilhoso e divino, com que a despediu consolada, foram as palavras que propus: "Não queiras mais pecar" (Jo 8,11).

Isto é o que encomendou Cristo àquela venturosa pecadora, em cuja maravilhosa história se nos representa, com grande propriedade, o juízo sacramental a que todos somos chamados ou citados no termo peremptório destes quarenta dias. Todos somos pecadores, e todos temos obrigação neste santo tempo de nos presentar em pessoa, e não por outrem, naquele sagrado tribunal, onde o mesmo Cristo é o juiz, e preside invisivelmente. Ali, sendo nós mesmos os réus e os acusadores, confessamos espontaneamente todas nossas culpas, e se o fazemos com a verdadeira detestação e arrependimento que devemos a um Deus infinitamente bom e infinitamente ofendido, o mesmo Senhor, que hoje escreveu pecados, manda riscar os nossos de seus livros, e totalmente perdoados e absoltos, nos recolhe entre os braços de sua misericórdia, e nos recebe em sua graça. Tal é o felicíssimo estado a que, por virtude do Sacramento da penitência, se restituem todos aqueles que dignamente o recebem, bem assim como a pecadora do Evangelho, quando ouviu da boca do Redentor: *Nem eu te condenarei.* Mas porque a absolvição e a graça, posto que livre dos pecados passados, não segura do perigo para os futuros, sobre este grande risco de tornarmos a adoecer depois de sãos e a cair depois de levantados, nos avisa e acautela o Divino Oráculo, exortando-nos a todos e a cada um, como à mesma pecadora, "a nunca mais pecar".

Este foi o ponto único da doutrina de Cristo — que não só é conselho, mas preceito — e neste mesmo determino também insistir unicamente hoje, pois, sendo sua a eleição do assunto, nem eu posso tomar outro, nem devo. A matéria, pois, de todo o sermão, sumamente necessária e sumamente útil, será esta. O pecador resoluto a nunca mais pecar. Na primeira parte do discurso lhes descobrirei a falsidade e engano de todas as razões ou pretextos com que o demônio facilita a continuar os pecados na segunda lhes inculcarei um novo motivo — que por ventura nunca ouvistes — o mais eficaz, o mais forte e o mais terrível que pode haver, "para nunca jamais pecar". À Virgem Santíssima, em quem nunca houve pecado, peçamos muito de coração que, como Mãe e Advogada de pecadores, nos alcance para esta tão importante resolução a graça que havemos mister. *Ave Maria.*

§ II

"Não queiras jamais pecar." Para não pecar mais, nem ter pecado jamais, bastava ser o pecado ofensa de Deus, e ser Deus quem é: infinita e inefável bondade, infinita e imensa grandeza, infinita e incompreensível majestade, infinita sabedoria, infinita onipotência, infinito, incriado, eterno e imutável ser, que só ele é de si mesmo e por tudo isto digno de ser infinitamente amado, como ele, que só se compreende, se ama, e não por outra causa ou respeito, senão por ser quem é. Mas, como a vileza do nosso barro para subir tão alto é muito pesada, e para amar tão fina e desinteressadamente muito grosseira, acomodando-se o Espírito Santo à incapacidade de nossa fraca natureza e à corrupção em que a deixou o primeiro pecado, nos ensinou para não pecar aqueles quatro motivos de temor, tão fortes e tão sabidos, como de nós mal aplicados: "Lembra-te, homem, dos seus novíssimos, e não pecarás jamais" (Eclo 7,40). — E, verdadeiramente, que homem haverá, se não tem perdido o juízo e uso da razão, que sabendo de certo que há de morrer sem levar desta vida mais que as suas boas ou más obras, e que com elas se há de presentar diante do tribunal da Divina Justiça, para ser severissimamente julgado, e que dada a sentença de que não há apelação nem embargos, ou há de gozar de Deus para sempre na glória, ou carecer de Deus para sempre e penar sem remissão no fogo do inferno, que homem haverá, torno a dizer, se não tem perdido o juízo e uso da razão, que com a fé e consideração viva destes quatro motivos, seja tão temerário e cego que se atreva a cometer um pecado?

Sendo pois esta verdade tão certa e infalível, e a consequência dela tão racional, tão útil e tão conforme por uma parte ao temor, e por outra ao desejo e esperança humana, qual é ou pode ser a causa por que a experiência de cada dia nos mostre o contrário, e seja coisa tão ordinária nos homens, que isto mesmo creem e confessam, o pecar, o ter pecado e o tornar a pecar? A causa ou ocasião não é outra, senão que assim como o Espírito Santo nos deu quatro motivos para espertadores da memória, assim o demônio inventou e nos dá outros quatro para adormentadores do esquecimento: aqueles espertam o entendimento, para que sempre vigilante, e com os olhos abertos, nos não consinta pecar; e estes adormentam a vontade, para que frouxa, descuidada e cega nos facilite o pecado. E que motivos infernais são estes quatro? Para serem mais infernais vão todos fundados na verdade da fé e experiência. O primeiro é a dilação do castigo, o segundo a confiança na misericórdia, o terceiro o propósito do arrependimento, o quarto a facilidade e prontidão do remédio. Como o Espírito Santo nos refreia do pecado com a memória e consideração dos quatro novíssimos, diz assim o demônio ao pecador, e o pecador a si mesmo: os novíssimos da glória e do inferno não hão de vir senão depois do juízo; o novíssimo do juízo não há de vir senão depois da morte; o novíssimo da morte não vem senão no fim da vida. Logo, enquanto dura a vida, quero fazer a minha vontade e viver a meu gosto; e para que seja sem perigo da salvação, desse me asseguram quatro motivos e fundamentos tão certos como os que já referimos e agora veremos.

§ III

Anima-se primeiramente o homem e facilita-se a pecar pela dilação do castigo, porque, ainda que crê pela fé que Deus nunca deixa de castigar o pecado, vê contudo, pela experiência ordinária, que Deus não castiga logo. Daqui nasceu um notável pensamento em que deu Davi para tirar os pecados do mundo. Sentia tanto o santo rei a facilidade com que se quebravam as leis de Deus, e os homens não reparavam em pecar, que este sentimento quase lhe tirava a vida: "Indignei-me, por causa dos ímpios que abandonam a tua lei" (Sl 118,53). O primeiro pensamento com que acordava, e a sua primeira meditação, era cuidar e excogitar como se podiam tirar do mundo todos os pecados: "Pela manhã destruirei todos os ímpios da terra" (Sl 100,8). E, finalmente, veio a dar em um meio, o mais eficaz e efetivo que podia haver, e como tal o presentou a Deus em uma proposta. — Senhor, diz Davi, eu não posso dar conselho, nem vossa infinita sabedoria o há mister: mas não pode o meu zelo deixar de vos representar um meio em que tenho dado para que não haja pecado nem vossa divina Majestade seja ofendido. — Que diferente alvitre era este, dos que ordinariamente se costumam inventar e pagar com grandes mercês, todos para utilidade dos príncipes e para destruição dos vassalos. Porém este de Davi, tão útil era para Deus como para os homens, e mais ainda para os homens que para Deus, porque Deus não seria ofendido se os homens não fossem pecadores. Mas que meio era ou podia ser este, que tirasse os pecados do mundo e não houvesse nele quem não observasse as leis de Deus? As palavras da proposta o dizem: "Levanta-te, Senhor, na tua ira, levanta-te segundo o preceito que ordenaste, e te rodeará o ajuntamento de povos" (Sl 7,7). Mostre-se Vossa Majestade irado todas as vezes que for ofendido, e assim como a cominação da pena anda junta com o preceito, ande também a execução do castigo junta com o pecado, porque tanto que os homens virem que o castigo não tarda nem se dilata, logo todos obedecerão prontamente, e servirão a Deus, e nenhum haverá que se atreva a pecar: "Levanta-te, Senhor, na tua ira, levanta-te segundo o preceito que ordenaste, e te rodeará o ajuntamento de povos". Lá disse o poeta: "Se todas as vezes que os homens pecassem caísse sobre o delinquente um raio do céu, acabar-se-iam os raios"[2]. Mas não disse nem inferiu bem. Se todas as vezes que os homens pecam caísse logo do céu um raio que abrasasse o pecador, não se acabariam, antes sobejariam os raios. Os que se acabariam ou seriam os homens ou os pecadores: mas o certo é que seriam os pecados, e não os homens, porque, tanto que o castigo andasse junto com o pecado, nenhum homem havia de ser tão cego que se arrojasse a pecar. Esta foi a proposta e o alvitre de Davi. E que lhe respondeu Deus? O mesmo Davi o disse logo. Ainda que o coração de Davi era semelhante ao coração de Deus, o de Davi era tão pequeno que cabia no seu peito, e o de Deus é tão grande como sua mesma imensidade. Respondeu Deus aquilo mesmo que dizem os que, fiados na dilação do castigo, se animam a continuar no pecado: "Deus, juiz justo, forte e paciente, ira-se acaso todos os dias?" (Sl 7,12). Deus — diz o pecador usando das palavras divinas a sabor do seu apetite — Deus, ainda que é justo juiz, e tão forte, que nenhum culpado ou réu lhe pode escapar das mãos, contudo o seu coração é muito largo, e a sua paciência muito sofrida; e ainda que os nossos pecados são cotidianos, a sua ira não é de cada dia: "Ira-se acaso todos os dias?".

Este é o fundamento com que disse judiciosamente Tertuliano que "Deus padece na sua mesma paciência" — porque dá ocasião o seu sofrimento a que se perca o temor de sua justiça e o respeito à sua autoridade. Atreveu-se Osa, posto que com boa tenção, a tocar na Arca do Testamento, e no mesmo ponto pagou aquela temeridade, caindo de repente morto. Oh! se Deus o fizesse assim sempre ou muitas vezes, e os pecados se pagassem logo e de contado, como haviam os homens de ir atentos em pecar, e como se lhes haviam de atar as mãos, ainda quando o pecado fosse duvidoso! Por que cuidais que pecou Adão e comeu da fruta vedada, tendo-lhe Deus cominado a morte, se comesse? Porque viu que Eva tinha comido e não morreu. O preceito e a pena do preceito foi posta a ambos: pois, se Eva comeu e não morreu, também eu — diz Adão — não morrerei, ainda que coma. — Venha a fruta, farte-se o apetite, e vivamos a nosso gosto. Isto é o que fez Adão, e isto o que fazem seus filhos. O pensamento, diz o texto sagrado com que, depois de ter pecado, se animam os homens a tornar a pecar, é este: "Pequei, e o que me sucedeu de mal? Pois o Altíssimo é paciente" (Eclo 5, 4) ou desgraça alguma: estava vivo, e estou vivo; estava são, e tenho a mesma saúde; tornei para casa, e nem por isso a achei caída, e meus filhos mortos debaixo dela, como Jó; os gados não mos roubaram os inimigos, nem me mataram os escravos; às lavouras não lhes faltou a chuva que as regasse, nem o sol que as amadurecesse; se meti os frutos no celeiro, conservaram-se; se os naveguei, chegaram a salvamento; tudo me sucedeu tão prosperamente que, no mesmo dia em que pequei, se fui à casa do jogo, ganhei; se pleiteava, tive sentença por mim; se tinha algum requerimento, saí despachado e se fui beijar a mão ao rei, olhou-me com bons olhos. Pois, se na vida, na fazenda, na honra, em nada me empeceu o pecado, por que não hei de tornar a pecar? Quero pecar como dantes, e mais ainda.

Este é o discurso, ou mais ou menos expresso, com que os homens se precipitam a continuar no pecado. Mas vede o que lhes diz o Espírito Santo: "Não digais: Pequei, e o que me sucedeu de mal? O Altíssimo é um administrador paciente" (Eclo 5,4). Não digas: pequei, e não me sucedeu nenhum mal, porque a paciência do Altíssimo, ainda que dissimule muito tempo, e se não pague logo do que lhe deves, no cabo puxa pelo capital e mais pelos réditos. Réditos lhes chamou Tertuliano "réditos do pecado"[3]. E S. Gregório, declarando quão grandes e quão custosos serão estes réditos, diz que será tão estreita e insofrível a execução do juízo, quão larga foi a paciência e sofrimento de Deus na dilação do castigo: "uma justiça tanto mais estreita no julgamento, quanto mais se dilatou a paciência antes do julgamento". — Oh! como nos enganamos os homens com a paciência e sofrimento de Deus, que quanto mais dilata menos perdoa. Sofreu Deus o fratricídio de Caim, e não o castigou logo com a morte; mas, depois de andar desterrado e fugitivo por esse mundo, e aborrecido de todos em suma confusão e miséria, veio a morrer desastradamente em um bosque, reputado por fera, a mãos de seu próprio neto, Lamec. Sofreu Deus as desobediências de Saul, e a usurpação do ofício sacerdotal, e as invejas e ingratidões com que perseguiu a inocência e pagou os merecimentos de Davi, a quem devia a honra, a vida e a coroa. Mas, perguntai aos montes de Gelboé, qual foi o triste fim do mesmo Saul, afrontosamente vencido, morto com sua própria espada, e depois pendurado de uma ameia nos muros de seus inimigos.

Sofreu Deus as ambições e loucuras de Absalão, rebelde a seu rei e a seu pai, e as políticas ímpias de Aquitofel, alheias de toda a lei divina e humana; mas a um vereis enforcado por suas próprias mãos em uma trave da sua casa, e ao outro preso por seus próprios cabelos nos braços de uma enzinheira, com o coração, que lhe não cabia no peito, passado com três lanças. Sofreu Deus as idolatrias d'el-rei Acab e de sua mulher Jesabel, as perseguições dos profetas e os falsos testemunhos levantados contra Nabot, e o roubo perjuro da sua herdade; mas no cabo, ele e ela infamemente privados do reino: ele foi ferido e morto de uma seta perdida, e ela precipitada de uma janela de seu palácio; a ela lhe roeram os cães os ossos e a ele lhe lamberam o sangue. Deixo os exemplos de Nabuco soberbo, de Antíoco sacrílego e de Judas traidor: um convertido em bruto, outro comido vivo de bichos, e o terceiro rebentado pelo meio, vomitando a infeliz alma juntamente com as entranhas, todos três longamente sofridos, mas depois severissimamente castigados, para que ninguém se fie na dilação do castigo, que, se tarda, sempre chega, e recompensa com o rigor as usuras da tardança.

§ IV

O segundo motivo que facilita, e quase parece que convida os homens a perseverar na continuação do pecado, é a confiança na misericórdia divina. Nenhum atributo pregam e apregoam mais em Deus todas as Escrituras que a sua misericórdia, grande, infinita, imensa. Não só chamam a Deus "misericordioso, senão misericordiador" (Sl 110,4). E como se Deus se multiplicara a si mesmo para multiplicar as misericórdias, dizem que *é de muita bondade para perdoar* (Is 55,7). À mesma misericórdia, sendo uma, dão nome de multidão: "Segundo as muitas mostras da tua clemência" (Sl 55,3). E, finalmente, porque a multidão se compõe de números, acrescentam que "a misericórdia de Deus não tem número". Que muito, logo, que se Deus se multiplica para perdoar, multipliquem também os homens a matéria do perdão, que são os pecados, e que não reparem em acumular uns pecados sobre outros, pois, ainda que o número e multidão deles seja grande, o número inumerável e a multidão sem conta das misericórdias de Deus, sempre é maior? Tão assentado está este desprezo do pecado na confiança da misericórdia divina, que se eu — diz Santo Agostinho, falando de si — se eu quiser persuadir aos homens que temam a Deus e o rigor de sua justiça, para que se abstenham de pecar, haverá algum que, fundado nas Escrituras, se levante contra mim e não duvide dizer-me na cara: "Que medos são estes, Agostinho, que cá nos quereis meter com o nosso Deus? Ele é misericordioso, e mais misericordioso, e muito mais misericordioso"[4]; e sendo tanta e tal a sua misericórdia, como é de fé, ainda que nós pequemos, e mais pequemos, e tornemos a pecar, sempre seremos perdoados.

Isto dizem muitos pecadores, e isto fazem todos, ainda que o não digam. E é coisa sobre toda a admiração e sobre todo o encarecimento notável, que prometendo Deus o céu e a bem-aventurança, e não podendo o demônio dar senão o que tem, que é o inferno, sendo Deus tão bom e o demônio tão mau, Deus tão formoso e o demônio tão feio, haja, contudo, tantas almas enganadas e cegas que, deixando a Deus, se amiguem com o demônio. Palácios, doutíssimo expositor das Escrituras Sagradas, e tão pio como douto, respondendo a esta admiração, diz uma coisa a que, pelo nome com que a declara, duvidei se a referiria deste lugar. Mas porque outros comentadores, que vieram depois dele, a alegam como muito digna de se saber e dizer, eu a não devo calar. Diz pois este grave autor que a causa de muitas almas deixarem a Deus e se amigarem com o demônio é porque tem o demônio uma terceira, solicitada pelos mesmos homens, com a qual é tão sagaz, tão astuto, tão enganador e lisonjeiro o demônio, que com suas artes, promessas e carícias afeiçoa, rende e traz a si as almas. E que ministra é esta, que terceira tão poderosa, para o demônio enganar os juízos e cativar as liberdades? É porventura alguma Circes ou alguma Medeia, que com feitiços e encantos alucine os homens? É alguma Fúria do inferno, transfigurada em anjo de luz, que com adulações e falsas esperanças lhes tire o medo do mesmo inferno? Não é do inferno, nem da terra, nem só do céu, mas tirada do seio e das entranhas do mesmo Deus, que criou o céu e a terra. E — quem tal imaginara — é a mesma misericórdia divina, a qual os homens, por suma temeridade e impudência, fazem terceira do demônio, para se amigarem com ele: "É uma enorme ignomínia considerar a misericórdia de Deus amiga do diabo e que pela misericórdia havias de unir a Deus, te unas com o diabo". Não pode haver mais enorme e mais atroz sacrilégio, nem mais horrendo descomedimento de maldade ímpia e cega, que fazer a misericórdia de Deus terceira do demônio, e que por ocasião da mesma misericórdia, pela qual o homem se havia de unir mais a Deus, se ajunte com o demônio e se amigue com ele. Isto pois é, e nada menos, o que fazem todos aqueles que, confiados na misericórdia de Deus, em lugar de lhe pedir perdão dos pecados, se animam e facilitam sem temor a continuar neles.

Ouçam agora estes enganados com a misericórdia o que lhes diz o mesmo Pai das misericórdias: "Não acrescentes pecados sobre pecados, e não digas que a misericórdia de Deus é grande e perdoará todos os pecados" (Eclo 5,5s), ainda que sejam muitos. — E por que razão, Senhor? Se os nossos pecados foram muitos e a vossa misericórdia pouca ou pequena, então tínhamos fundamento para desconfiar do perdão; mas, se a misericórdia é grande, e sempre maior que os nossos pecados, por mais e mais que os acrescentemos, por que não havemos de confiar e estar muito seguros que sempre nos perdoará vossa misericórdia? O mesmo Deus dá a razão, e é tão divina como sua: Não vos fieis demasiadamente da minha misericórdia, diz Deus, porque "a misericórdia e a justiça em mim estão muito perto uma da outra" (Ibid. 7). — Admirável sentença! Em Deus, cuja natureza e essência é simplicíssima, tudo é a mesma coisa, porque tudo é Deus. Mas nenhuma coisa há em Deus mais unida entre si, nem mais identificada e mais uma, e mais a mesma, que a misericórdia e a justiça. Em Deus o Pai é Deus, o Filho é Deus, o Espírito Santo é Deus, a misericórdia é Deus e a justiça é Deus; mas o Pai, o Filho e o Espírito Santo, ainda que sejam Deus, e o mesmo Deus, distinguem-se realmente; porém, a misericórdia e a justiça não têm distinção alguma. O Pai é Deus, mas não Filho; o Filho é Deus, mas não é Pai; o Pai e o Filho são Deus, mas não são Espírito Santo; o Espírito Santo é Deus, mas não é Pai nem Filho. Porém a misericórdia e a justiça em Deus de tal maneira são Deus, que a mesma justiça é misericórdia e a mesma misericórdia é justiça.

Daqui se entenderá aquela sentença famosa de Davi, que mais parece enigma que sentença: "Deus — diz Davi — disse uma coisa, e eu ouvi duas" (Sl 61,12). Aquilo que se ouve, se se ouve bem, é o mesmo que se diz; pois, se Deus disse uma só coisa, Davi, que era muito bom ouvinte, como ouviu duas? O mesmo Davi se explicou, e não sei se nos implicou mais: "O que ouvi — diz Davi — é que Deus todo-poderoso tem misericórdia e justiça, com que dá a cada um segundo o merecimento de suas obras" (Ibid. 12). Bem ouviu logo Davi, e bem diz que ouviu duas coisas, pois ouviu que Deus tem misericórdia e justiça. Mas, se "ele ouviu estas duas coisas", "como disse Deus uma só"? Porque esta é a diferença que há de Deus para com os homens na realidade ou apreensão da misericórdia e justiça divina: para conosco, e na apreensão com que consideramos a misericórdia e justiça divina, são duas coisas, e por isso: "Eu ouvi duas"; porém na realidade com que a mesma misericórdia e justiça divina está em Deus, é uma só coisa, e por isso: "Deus disse uma coisa". Para conosco, a misericórdia e a justiça são duas coisas, porque apreendemos a misericórdia como misericórdia distinta da justiça, e a justiça como justiça distinta da misericórdia; mas para com Deus e em Deus são a mesma coisa, sem distinção alguma, porque em Deus a justiça é misericórdia, e a misericórdia justiça.

Sendo, pois, tão inseparável e tão íntima, não digo a união, senão a unidade destes dois atributos divinos, dos quais depende o perdão ou condenação de todos os que pecam, vede agora se é bom conselho, e digno de Deus, aquele com que o mesmo Deus tanto nos exorta e admoesta, que não acrescentemos pecados sobre pecados, fiados na sua misericórdia, porque a misericórdia e a justiça em Deus estão muito perto uma da outra: "Não acrescentes pecados sobre pecados, e não digas que a misericórdia de Deus é grande, pois a misericórdia e a justiça estão muito perto uma da outra". É contudo tal a cegueira e malícia humana, que estando a misericórdia e justiça divina tão perto uma da outra, não só os hereges, senão também os católicos têm achado invenção com que as dividir. Os hereges marcionistas diziam que Deus tinha misericórdia e não tinha justiça, por ser coisa alheia da sua bondade o castigar, como se Deus fora bom, para que os homens fossem maus, como bem os argúi Tertuliano. E os católicos, ainda com maior incoerência, conhecendo e confessando que Deus é "misericordioso e justo" (Sl 114,5), que fizeram, ou que fazem? Partem a Deus pelo meio — diz S. Basílio. "Conhecem a Deus somente pela metade." Donde vem que, pecando facilmente contra a metade de Deus, que reconhecem por misericordioso, da outra ametade não fazem caso, como se não creram que é justo. Oh! que sisudos seriam os homens, já que fazem esta divisão, se a fizessem às avessas! Assim a fazia Davi, depois que o seu mesmo pecado o fez sisudo: "Senhor, eu daqui por diante só me hei de lembrar de vossa justiça" (Sl 70,16). — E da sua misericórdia, por que não, tendo vós recebido tantos favores da misericórdia divina? Por isso mesmo: para não abusar dela. Quem se lembra só da justiça de Deus, como se não tivera misericórdia, teme de pecar, e salva-se; pelo contrário, os que só se lembram da misericórdia de Deus, como se não tivera justiça, não reparam em pecar, e condenam-se. E isto é o que acontece a todos os que pecam em confiança da misericórdia divina.

§ V

O terceiro motivo com que o homem se facilita a pecar mais, e a continuar ou multiplicar os pecados, é o propósito do arrependimento. Eu, diz o pecador, peco e pecarei agora, sim; mas não com resolução de perseverar sempre no pecado, senão com intento e propósito firme de me arrepender depois, e de me pesar e doer de todo o coração disto mesmo que agora faço. Este é o modo e a suposição com que se delibera a pecar todo o homem que tem fé da outra vida, e assim o declarou maravilhosamente um deles, bem experimentado nos pecados, e muito mais nos arrependimentos.

"O pecador — diz Davi — quando se deliberou a pecar, concebeu a dor e pariu o pecado" (Sl 7,15). Na produção e nascimento das coisas animadas, a conceição sempre precede o parto, e o parto se segue à conceição. No pecado sucede o mesmo. Quando o homem se delibera a pecar, então concebeu o pecado, e quando o cometeu e efetuou, então o pariu: "Concebeu a dor e deu à luz a iniquidade". Mas, se bem repararmos nestas palavras, parece que envolvem uma implicação natural. A conceição e o parto sempre são da mesma espécie. Se o parto é homem, o que se concebeu também foi homem; se o parto é leão, o que se concebeu também foi leão; e se o parto acaso é monstro, como é todo o pecado, também o que se concebeu foi monstro. Pois, se Davi diz que o pecador "pariu o pecado", por que não diz coerentemente que concebeu o pecado, senão que "concebeu a dor"? Porque este é o modo e a suposição com que todo o homem que tem fé se delibera a pecar. Primeiro concebeu a dor, e depois pare o pecado; primeiro faz conceito do arrependimento futuro, e propõe de se doer e arrepender do mesmo pecado que está deliberado a cometer e sobre este propósito de dor e arrependimento, que já tem concebido, como sobre carta de seguro e imunidade da pena, então peca confiadamente e sem receio. Bem conhece o pecador cristão que o pecado mata a alma e a condena ao inferno; mas, lisonjeado e vencido do apetite, como se tomara a salva e se desculpara com a sua alma, lhe diz dentro em si mesmo: — alma minha, eu bem sei que te mato e te condeno; mas se agora te mato e te condeno com o pecado, eu te ressuscitarei depois, e te livrarei com a dor: "Concebeu a dor e deu à luz a iniquidade". Este é aquele concerto ou pacto, mal considerado e pior entendido, que o profeta Isaías diz fazem os homens com a morte e com o inferno: "Ouvi a palavra do Senhor, homens escarnecedores, porque dissestes: fizemos um acordo com a morte e fizemos um pacto com o inferno" (Is 18,14). Aos que assim pacteiam com o demônio, e se deliberam a pecar, chama-lhes Deus, não ilusos, senão ilusores: "Homens escarnecedores", porque não só o demônio os engana a eles, mas eles cuidam que enganam ao demônio. Dão-lhe agora a alma pelo pecado, para depois lha tornarem a tirar pela dor e arrependimento. E desta maneira, ou por esta traça, o demônio é o que ficaria iluso, e não eles. Mas vamos às condições. O que os homens podem temer, e o que temem todos os timoratos, é que pelo pecado, morrendo nele, vão ao inferno, e por isso o contrato e pacto que fazem com o demônio é sobre a morte e sobre o inferno: "Fizemos um acordo com a morte e fizemos um pacto com o inferno". Pelo contrato sobre a morte promete-lhes o demônio que antes da morte terão tempo para cumprir os seus propósitos e se doer e arrepender do pecado; e pelo contrato sobre o inferno, assegura-os o mesmo demônio, que de nenhum modo poderão ir para lá, porque todo o que se arrepende verdadeiramente de seus pecados antes da morte, é certo que não vai ao inferno. Pois, se estas condições assim praticadas são tão úteis ao homem, e o demônio nelas fica perdido, como o mesmo demônio, que é tão sábio e astuto, pacteia tão facilmente com tais condições? Porque debaixo delas, o que vai enganado e totalmente perdido não é ele, senão o homem. A razão de estado do demônio nos seus contratos com os homens — diz S. Basílio — é com condição, da nossa parte, que nós lhe demos o presente, e com promessa da sua, que ele nos dará o futuro: peca agora, e depois te arrependerás; e como o presente é o fácil e o certo, e o futuro o contingente e dificultoso, daqui se segue que agora, que era o tempo da emenda, todos pecam, e depois, que é o tempo da conta em castigo do mesmo pecado, poucos ou nenhum se arrepende.

Mais faz o demônio, como ainda não ponderamos, nas palavras de Davi: "Concebeu a dor e deu à luz a iniquidade". A natureza pôs o deleite na conceição e a dor no parto; e o demônio, às avessas, põe o deleite no parto e a dor na conceição; põe o deleite no parto, que é o pecado, porque a todo o pecado, em qualquer gênero, sempre acompanha o deleite; e põe a dor na conceição, porque na deliberação de pecar nos sugere e faz conceber a dor para depois de ter pecado. E como o apetite humano se leva tão cegamente do deleitável, por isso ao pecado, em que está o deleite e a perdição, damos o tempo presente, e à dor, em que estava o remédio e a salvação, deixamo-la para o futuro. Desta sorte, os nossos mesmos propósitos, que nós chamamos de arrependimento, são de condenação, e os mesmos pecados, que em confiança deles nos deliberamos a cometer, nos deveram desenganar da sua falsidade. Ou estes propósitos são falsos ou são verdadeiros. Se são falsos, por que nos fiamos deles? E se são verdadeiros, e são propósitos de arrependimento, por que nos não arrependemos logo, enquanto temos tempo de não pecar? O certo é que nem os propósitos são propósitos, nem os arrependimentos hão de ser arrependimentos, e porque são propósitos de arrependimentos que não hão de ser, nem eles são propósitos.

Mas, suposto que este pacto é feito com o inferno: "Fizemos um pacto com o inferno", desçamos ao mesmo inferno, e vejamos como lá se guarda. Há neste cárcere infernal, há nesta masmorra escuríssima algum homem que fosse cristão? Muitos. Responda-me algum homem desventurado, quem quer que sejas, se foste cristão, ainda hoje o és, porque o caráter do batismo impresso na alma nunca se perde. Pois, se és e foste cristão, e crias tudo o que crê a Santa Madre Igreja, como te não aproveitaste da fé e dos sacramentos, como te não aproveitaste da doutrina e exemplos do Evangelho, que tantas vezes ouviste, e como enfim te condenaste? — Por meus pecados. — E sabias tu que os pecados, e um só pecado, basta para levar ao inferno? — Bem sabia tudo isso, mas também sabia que basta o verdadeiro arrependimento dos mesmos pecados para Deus os perdoar; e por este conhecimento que eu tinha, todas às vezes que me resolvia a pecar, era com grandes propósitos de depois me arrepender. — Pois, se fazias tantos propósitos de arrependimento, por que te não arrependeste? — Porque esse é o engano que cá nos traz a todos. Estes dois, que aqui estão ardendo junto a mim, foram os dois irmãos Ofni e Fineias, filhos do Sumo Sacerdote Heli, e como tais, muito bem doutrinados e instruídos em todos os mistérios da fé e da salvação. Repreendia-os seu pai, e dizia-lhes que se emendassem e arrependessem de seus pecados; e eles respondiam: "Quando envelhecermos, então nos arrependeremos", que eram moços e queriam viver com liberdade, que depois se arrependeriam. Mas a morte veio antes do depois, os arrependimentos e os propósitos ficaram no ar, e as almas desceram ao inferno. Aqui estão ardendo há dois mil e setecentos anos, e arderão, e eu com eles, porque fiz a mesma conta, enquanto Deus for Deus.

Cristãos, tomemos exemplos neste, e não nos fiemos de semelhantes propósitos. Quando o propósito do arrependimento se ajunta com a resolução do pecado, nem é arrependimento, nem é propósito, porque a resolução do pecar contradiz o propósito da emenda, e o pecado presente desfaz o arrependimento futuro. Se os propósitos de não pecar, ainda feitos em graça de Deus, são pouco seguros, os propósitos de arrepender do pecado, que se fazem querendo pecar e pecando atualmente, que firmeza podem ter? Os mais valentes propósitos que se fizeram neste mundo foram os de S. Pedro: valentes não só na boca, mas, o que poucas vezes se ajunta, na boca e mais na espada. E que disse Pedro? "Ainda que todos se escandalizem em ti, eu nunca me escandalizarei" (Mt 26,33). Ainda que todos, Senhor, faltem à fidelidade e amor que vos devem, eu nunca hei de faltar. — Que mais disse? "Ainda que me seja necessário morrer contigo, não te negarei" (Ibid. 35). E quando seja necessário dar a vida e morrer convosco, primeiro morrerei, que negar-vos. — Podia haver mais animosos e mais resolutos propósitos que estes, e mais bizarramente declarados? Não podia. E com serem tão repetidos, tão constantes, e feitos, como verdadeiramente eram, de todo coração, não se tinham passado seis horas, quando o mesmo Pedro, caindo, recaindo e tornando a cair, tinha negado a seu Mestre, não menos que três vezes. E se os propósitos de não pecar acabam negando a Cristo, os que começam pecando e negando a Cristo, que se pode esperar deles? Ao pecado de Pedro seguiu-se depois o arrependimento, porque foram propósitos de não pecar, estando em graça; mas a quem peca com propósitos de se arrepender depois, donde lhe há de vir o arrependimento, se o nega e desmerece com o mesmo pecado? Pecareis, como pecais, mas não vos arrependereis, como prometeis.

§ VI

O quarto e último motivo com que os homens se cegam e não temem continuar no pecado, posto que conheçam ser enfermidade mortal, é a facilidade e prontidão do remédio. O remédio que Cristo, Senhor nosso, condescendendo com a fraqueza humana, deixou para os pecados que depois do Batismo se cometessem, foi a confissão dos mesmos pecados. Por isso o sacramento da Penitência se chama segunda tábua em que o homem depois do naufrágio se pode salvar. Mas assim como seria temeridade mais que grande a daquele que voluntariamente se lançasse ao mar mui seguro de chegar ao porto sobre uma tábua, e maior temeridade ainda, se em confiança da mesma tábua, se fosse sempre engolfando mais e mais, assim o fazem os que, debaixo do pretexto da confissão, se precipitam a pecar, e dizendo: Eu me confessarei, multiplicam pecados sobre pecados.

Não pretendo negar com isto que o remédio da confissão não seja muito pronto e muito fácil. Não é muito fácil remédio o de curar com palavras, ou fosse inventado pela superstição ou pela arte? Pois deste gênero é, e com muito grandes vantagens, o remédio da confissão. Não só cura de algumas feridas, senão de todas, ainda que sejam mortais; não só cura de poucas ou de muitas, senão de todas, ainda que sejam inumeráveis; e de tal maneira cura de todas quantas padece o enfermo, que se uma só se lhe excetuasse, não curaria de nenhuma. E tudo isto faz a confissão, não em largo tempo, senão em um instante, e sem outra aplicação da nossa parte mais que palavras. O profeta Oseias, exortando aos homens a que se convertam a Deus, diz assim: "Convertei-vos a Deus, e dizei-lhe que vos tire todos os vossos pecados" (Os 14,2). — Pois, não há mais que dizer a Deus que nos tire nossos pecados, e não alguns, senão todos: "Vos tire toda a iniquidade?" E se Deus da sua parte nos há de tirar todos os pecados, nós da nossa que havemos de fazer para que ele no-los tire? O mesmo profeta o diz, e é coisa bem notável: "Levai convosco palavras" (Os 14,2). — Bem diferentemente falavam os outros profetas no mesmo tempo de Oseias, que era o da lei velha. O que diziam os outros profetas era: "levai a Deus sacrifícios", para que por meio deles aplaqueis sua justa ira, e vos perdoe os pecados. Pois, se os outros profetas diziam: "Levai sacrifícios" (Sl 95,8), por que diz Oseias: "Levai palavras"? Porque Oseias, neste texto, como diz a glosa com Ruperto, falava profeticamente do Sacramento da Confissão, que Cristo havia de instituir na lei da graça; e para conseguir o perdão dos pecados por meio da Confissão, não são necessárias da nossa parte mais que as palavras — não informes, mas formadas — com que os confessamos. Excelentemente Ruperto: "Não vos digo que tragais convosco ao sacrifício multidão de bezerros ou de cordeiros, senão somente palavras, para as quais todos tendes cabedal, sem dispêndio da fazenda ou necessidade dela, porque virá tempo em que bastem para com Deus as palavras da vossa confissão, e só com essas palavras se dê por satisfeito de todos os vossos pecados". Pode haver maior facilidade que esta?[5]

É tão grande que, como refere Santo Agostinho, os gentios do seu tempo o lançavam em rosto aos cristãos, dizendo que não podia ser boa aquela lei, em que tão facilmente se perdoavam os pecados, pois era dar licença para pecar. Assim o diziam ignorantemente os bárbaros, e puderam provar a blasfêmia do seu pensamento com o exemplo ou escândalo de muitos cristãos, os quais de tal modo abusam da facilidade da confissão, como se fora licença ou imunidade dada por Deus para poderem pecar quanto quisessem. Mas o mesmo Santo Agostinho ensinou aos gentios, que tão fora está a confissão de facilitar o pecado, que antes é um novo freio com que mais se dificulta, porque, como na Confissão só se perdoam os pecados de quem leva resolução de nunca mais pecar, se no pecado se quebra a lei com que Deus nos manda que não pequemos, na confissão não só se torna a ratificar a mesma lei de Deus, mas nós mesmos nos pomos outra lei de novo, com que nos obrigamos a não reincidir naquele pecado, nem cometer algum outro. Foi tão engenhosa a traça da confissão, ou verdadeiramente tão divina, que quando por uma parte abre a porta ao perdão, por outra fecha a porta ao pecado. Se duas casas têm as entradas juntas, com a mesma porta com que se abre uma, se pode fechar a outra. E isto é o que fez Deus no sacramento da confissão. E como a confissão verdadeira inclui essencialmente detestação dos pecados cometidos, e resolução firme de nunca mais pecar, com a detestação abriu a porta ao perdão dos pecados passados e com a resolução fechou a porta à continuação dos futuros.

Já daqui começarão a entender os que tanto se confiam no remédio da confissão quão enganada e enganosa é esta sua confiança. A confissão verdadeira e efetiva há de levar consigo ao confessado, e pô-lo todo, e para sempre, aos pés de Deus. Se não leva consigo ao confessado, não é confissão. Olhai o que dizia Oseias, e ainda não notastes: "Levai convosco palavras e dizei: tire-nos toda iniquidade". Para que Deus vos perdoe os pecados, não só diz que leveis as palavras à confissão, senão que as leveis convosco: "Levai convosco palavras". Porque se vós não levais as palavras da confissão convosco, e elas vos não levam consigo, a confissão não é confissão, são palavras. O Sacrifício de Abel, por que contentou a Deus? Porque levou consigo o mesmo Abel. E o de Caim, por que não lhe contentou? Porque não levou consigo a Caim. Davi disse a Natã: "Pequei" (2Rs 12,13), e Saul também disse a Samuel: "Pequei" (1Rs 15,24). E sendo as palavras as mesmas, Davi ficou absolto do seu pecado, e Saul não, porque a Davi levou-o consigo a sua confissão, e a Saul não o levou a sua. Vejam agora os que guardam a confissão para a hora da morte, as suas palavras os podem levar consigo, quando eles já não estão em si? Eis aqui porque vemos morrer tantos sem confissão, ou com confissões que não são confissões. Porque é justo castigo de Deus que a quem pecou em confiança da confissão, essa mesma confissão lhe falte ou lhe não aproveite.

Os moradores de Jerusalém pecavam dissoluta e desaforadamente, como se para eles não houvera lei nem castigo, e toda a sua confiança se fundava em que Deus tinha o seu Templo na mesma Jerusalém. Deus, diziam eles, tem o seu Templo na nossa cidade? Pois ele defenderá as nossas casas, por não perder a sua. Mas vede o que lhes disse então o profeta Jeremias: "Não confieis em palavras de mentira, dizendo: templo do Senhor, templo do Senhor, este templo é do Senhor" (Jr 7,4). Vós, fiados no Templo de Deus, matais, roubais, adulterais, como se no mesmo Templo tivéreis licença e imunidade de Deus para pecar livremente: pois sabei que toda essa vossa confiança é falsa e enganosa, e que no cabo vos há de mentir: "Não confieis em palavras de mentira", porque a quem peca em confiança do Templo, não lhe vale o Templo. E assim sucedeu. O mesmo digo da confissão, porque Deus, e sua justiça, sempre é o mesmo e a mesma. Assim como não vale o Templo a quem peca em confiança do Templo, assim é justo castigo de Deus que não aproveite a confissão aos que pecam fiados na confissão. Deus fez a confissão para remédio da fraqueza, e não para estímulo da malícia. É medicina para sarar, e não carta de seguro para adoecer. Por isso permite Deus justissimamente, que ou falte a Confissão, ou não aproveite a muitos, porque não é razão que o remédio seja proveitoso a quem foi injurioso ao mesmo remédio.

Aqui parara eu já, e me dera por satisfeito, se não tivera notícia, que anda muito valida pela terra uma nova proposição ou teologia, a qual eu não posso crer, senão que o Norte a trouxe de Holanda a Pernambuco, e o Nordeste de Pernambuco à Bahia. E que proposição é esta? Que para um cristão ir ao céu, basta ter confessor e dinheiro: o confessor para os pecados, o dinheiro para os sufrágios; o confessor para as culpas, com que vos livreis do inferno, e o dinheiro para as penas, com que vos livrais do purgatório. Ainda agradeço aos que isto dizem crerem que há purgatório e inferno, mas assim começam as heresias. Pobres dos pobres que não têm dinheiro, e mais pobres dos ricos que nele se fiam. Mas eu lhes concedo que tenham confessor e dinheiro e, deixado o exemplo de Judas, ainda lhes mostro com outro mais apertado, que com dinheiro e confessor podem morrer sem confissão. No tempo da primitiva Igreja todos os cristãos levavam o dinheiro que tinham aos pés dos apóstolos, porque viviam em comunidade, como hoje os religiosos. Houve, contudo, dois casados, Ananias e Safira, que vendendo uma sua herdade, contra o voto que tinham feito, reservaram escondidamente parte do preço. Chamou Pedro a Ananias, fez-lhe cargo do seu pecado e de ter mentido ao Espírito Santo, quando estava em sua mão lograr o que tinha, e no mesmo ponto, sem dizer palavra, caiu Ananias morto (At 5,1-10). Veio depois do mesmo modo Safira, chamada a juízo: arguiu-a S. Pedro da mesma culpa, como meeira da mesma fazenda e cúmplice na reserva do dinheiro, e também caiu de repente muda e morta. Agora pergunto: E estes dois desventurados tiveram confessor e dinheiro? Uma e outra coisa tiveram. Tiveram confessor, e tal confessor como S. Pedro, Sumo Pontífice da Igreja; tiveram também dinheiro, que para isso o esconderam e reservaram, e confessou-se algum deles? Nenhum. De maneira que ambos tiveram dinheiro, ambos tiveram confessor, ambos morreram aos pés do confessor e ambos morreram sem confissão. Levai lá as novas aos da nova teologia, porque não quero afrontar a nenhum dos presentes com presumir dele tal ignorância.

Não basta ter confessor na hora da morte para a alma se salvar, porque, com o confessor à cabeceira, a uns falta a Confissão, e outros faltam a ela. Aos que falta vida, a fala e o juízo, falta a Confissão; e os que têm vida, fala e juízo, faltam eles à Confissão muitas vezes, porque em pena de a guardarem para aquela hora, e pecarem em confiança dela, permite justamente Deus que, por falta de verdadeira disposição — que pode ser de muitos modos — lhes não aproveite a Confissão. Dizei-me: se um homem, por suas próprias mãos se dera uma estocada penetrante, e sobre esta, outras e outras, não o teríeis por doido? E se ele respondesse que fazia tudo aquilo porque tinha uma redoma de óleo de ouro muito provado, com que facilmente se curaria, não o teríeis por mais doido ainda? Pois isto é o que fazem os que, fiados na facilidade da Confissão, continuam a pecar. E a doidice e loucura deles é muito mais rematada, porque nem a Confissão nem o efeito dela está na sua mão. Por isso há tantos que se condenaram sem Confissão e tantos que se condenaram confessados, para que ninguém, finalmente, se fie na facilidade deste remédio.

§ VII

Temos visto mais largamente do que quisera, posto que com a maior brevidade que me foi possível, quão enganosos são os motivos e quão falsos os pretextos do nosso apetite, com que o demônio nos anima a pecar e a continuar nos pecados, contra o preceito e conselho de quem tanto nos deseja salvar, que deu por isso a vida: "Não queiras mais pecar". Vimos que todos são falsos e enganosos, porque nem a dilação do castigo o diminui, antes o acrescenta; nem a confiança na misericórdia divina nos assegura da sua justiça, antes a provoca; nem os propósitos do arrependimento têm firmeza alguma na vida, nem ainda na vontade; nem, finalmente, a facilidade do remédio é tão desembaraçada e pronta que não tenha tantas dificuldades como perigos, bastando o menor deles para que a alma se perca e se condene. Mas porque este ponto de não haver de pecar mais é tão árduo, a natureza tão corrupta e o hábito de cair e tornar a cair tão comum na cegueira humana, desejando eu algum meio que vos propor mais poderoso que tudo isto, foi Deus servido por sua bondade de me descobrir e inspirar um tão forte, tão eficaz e ainda tão terrível, que depois de ouvido e sabido como é em si mesmo, nenhum homem haverá que se atreva a cometer um pecado mortal, se não for tão obstinado e tão precito que se queira condenar sem remédio. Este é o meio que porventura nunca ouvistes, como ao princípio prometi; e agora torno a pedir de novo àquele Senhor crucificado, pelo preço infinito de seu sangue e pela intercessão de sua Santíssima Mãe, me assista e nos assista a todos neste ponto com a eficácia e força de sua graça, que a importância dele requere. Se em algum discurso me destes atenção, seja neste que, para que o leveis na memória, todo será substância, e muito breve.

Por primeiro fundamento de tudo, havemos de saber e supor que Deus, na sua mente divina, tem certa medida destinada aos pecados de cada um, a qual medida, enquanto não está cheia, tem remédio, e podem ter perdão os pecados, mas tanto que se encheu, não tem nenhum remédio. A primeira vez que Deus revelou este segredo da sua Providência e justiça, foi nos pecados dos reinos, das repúblicas e das cidades, que também é muito boa suposição e doutrina para o tempo, estado e contingências em que se acha o Brasil. Prometeu Deus a Abraão que a ele e a seus descendentes daria as terras dos amorreus, por isso chamadas da Promissão, mas que não seria logo, senão daí a muitos anos: "Porque os amorreus, até o tempo presente, não encheram ainda a medida dos pecados" (Gn 15,16) que eu tenho decretado e taxado para seu castigo. E essa foi uma das razões por que os filhos de Israel andaram tanto tempo aos bordos pelo deserto, até tomarem porto no Rio Jordão, para que entretanto se acabasse de encher a medida dos pecados dos amorreus. Este mesmo foi o sentido em que Cristo, Senhor nosso, disse aos escribas e fariseus, depois de repreender suas impiedades e injustiças, que "enchessem a medida de seus pais" (Mt 23,32), porque nos corpos políticos, quais são as repúblicas, que duram em muitas vidas, os pecados dos pais, filhos e netos, todos concorrem a encher a medida.

No profeta Zacarias temos uma ilustre representação desta verdade por todas suas circunstâncias. Apareceu um anjo a Zacarias, e disse-lhe que levantasse os olhos e visse o que saía pelas portas de Jerusalém. Olhou, e viu que saía uma ânfora, que era certo gênero de medida, quadrada por todas as partes, de que usavam naquele tempo, assim hebreus como latinos; após a ânfora, saiu uma pasta grossa de chumbo, a qual pesava um talento, que do nosso peso vem a ser três arrobas; e atrás destes dois instrumentos ou figuras inanimadas, viu o profeta que saía pela mesma porta uma mulher, a qual encaminhando-se para a ânfora, se assentou sobre ela; porém o anjo, declarando que aquela mulher "era a impiedade" (Zc 5,8), a lançou e meteu dentro da mesma ânfora, e a fechou e tapou com a pasta de chumbo que, como cortada para o mesmo efeito, se ajustou naturalmente com ela. Feito isto, tornei a olhar, diz o profeta, e vi sair da cidade outras duas mulheres, voando com asas de minhoto, as quais levantaram a ânfora por uma e outra parte, e a levaram pelos ares à terra de Senar. Até aqui, palavra por palavra e letra por letra, a visão de Zacarias, na qual lhe representou Deus a destruição de Jerusalém e Reino de Judá, quando, sitiada e devastada a cidade pelos exércitos de Nabucodonosor, todos presos e cativos foram levados a Babilônia. Isso quer dizer a terra de Senar, porque nesta terra foi edificada a torre de Babel, donde Babilônia tomou o nome. Mas se todo o intento desta visão era significar Deus a Zacarias o cativeiro e transmigração do seu povo, que se podia declarar em tão poucas palavras como eu o digo, para que o fez a divina Sabedoria com tantas cerimônias, tantos aparatos, tantas figuras, e com tal ordem e sucessão de umas depois das outras, e com tão notáveis circunstâncias em cada ato ou cena da mesma representação? Porque assim quis revelar Deus ao seu profeta, e nele a todos nós, quais são os estilos ocultos de sua justiça, e as causas da assolação das cidades, reinos e nações, quando contra elas se procede ao extremo castigo.

A primeira coisa que aparece em juízo é a ânfora ou medida que Deus tem destinado aos pecados, a qual, enquanto não está cheia, dilata-se e suspende-se o castigo, mas, tanto que se encheu, executa-se sem remédio. Este foi o mistério com que o anjo meteu dentro na ânfora a mulher chamada impiedade, em que eram significados os pecados de Jerusalém e de toda a nação, ímpia contra Deus nas idolatrias e sacrilégios, e ímpia contra o próximo nos roubos, nos homicídios, nos adultérios, e em todo o gênero de injustiças e crueldades. E porque estes pecados tinham já cheio a medida de sorte que não podia levar mais, por isso o anjo, como cheia e arrasada a tapou logo com aquela cobertura de chumbo tão pesada e tão justa, que nem para diminuir nem para acrescentar se podia abrir. Cheia assim até cima a medida, o que só restava era a execução do castigo, sem demora ou momento de dilação. E esta foi a consequência com que no mesmo ponto saíram as duas mulheres com asas, as quais, não por terra e andando, senão pelo ar e voando, tomando sobre os ombros a ânfora, a passaram de Jerusalém a Babilônia. E se perguntarmos que duas mulheres eram estas, que não tocaram a terra, respondem os melhores intérpretes, fundados nos oráculos dos profetas, que eram a misericórdia e a justiça divina: a misericórdia, para justificar o castigo, e a justiça, para o executar. Porque, se os homens suspendessem o curso e multiplicação dos pecados, sempre a misericórdia divina, que a isso os exortava pelos profetas, esteve pronta para os perdoar, mas porque eles não quiseram desistir, e chegaram a encher a medida, já não podia a justiça deixar de executar, como executou, o castigo. Só resta saber por que as asas destas duas executoras eram de minhoto; mas isso declarou admiravelmente o mesmo sucesso, porque o minhoto foi Nabusardão, general dos exércitos de Nabuco, o qual dando um e outro cerco à cidade de Jerusalém, como fazem as aves de rapina, finalmente empolgou em todo o povo, e o levou nas unhas a Babilônia.

De maneira que, por esta e outras revelações alegadas, nos consta — o que doutro modo se não podia saber — que Deus na sua mente divina, como dizíamos, e nos decretos altíssimos da sua Providência tem taxado a cada cidade, reino, província e nação certa medida de pecados, aos quais infalivelmente se segue o castigo tanto que se encheu, e antes de estar cheia, não. E neste caso do cativeiro de Babilônia, notam graves autores, e fazem uma advertência a qual eu não devo passar em silêncio, pelo muito que nos pode importar. Durou aquele cativeiro setenta anos, depois dos quais foram os judeus restituídos à pátria mas tão pouco emendados e lembrados do primeiro castigo, que dali a pouco tempo começaram outra vez a encher a medida com tal excesso que, depois de estar cheia de todo, os castigou Deus com outro cativeiro e transmigração universal, não de setenta, nem de setecentos anos, mas dos que ainda hoje vão continuando, e são já mil e quinhentos e setenta e sete, sem se saber quantos serão ainda. Disse que essa advertência nos podia também importar a nós, e já creio me tereis entendido. No ano de 1624 castigou Deus a Bahia com a entregar aos Holandeses, posto que não passou o cativeiro de um ano, como já passa de nove o de Pernambuco. De então para cá é certo — ainda mal — que os pecados começaram outra vez a encher a segunda medida, e se dão tanta pressa, que não sei como não está já cheia. Na nossa mão está fazer que se não encha de todo, porque as asas do minhoto andam já tão perto, que não será necessário à divina Justiça mandá-las vir de Amsterdão.

§ VIII

Mas, passando da medida dos pecados comuns à dos particulares de cada um, assim como Deus tem sinalado certa medida aos pecados de cada cidade ou reino, assim a tem sinalado também aos pecados de cada homem. Quanto seja mais para temer esta segunda medida, ninguém o pode duvidar, porque as cidades e os reinos não vão ao inferno; os homens sim, e que Deus o tenha determinado e taxado a cada um de nós, é coisa não só manifesta, senão manifestíssima, diz Santo Agostinho. Traz o santo os exemplos da Escritura já alegados, e outros, e conclui assim no livro *de Vita Christiana*: "Muito manifestamente somos instruídos e ensinados que cada um tem assinalado certo número de pecados de acordo com a quantidade de seus pecados, para que possa se converter, desde que não alcance o máximo de seus pecados"[6]. Manifestissimamente nos ensina e declara Deus, diz Agostinho, que a cada homem tem sinalado certa medida ou número de pecados, o qual, enquanto não está cheio e consumado, nos espera, para que nos convertamos; mas, tanto que a dita medida se encheu, e o número ou cúmulo dos pecados chegou ao último, então não espera Deus mais, e se segue sem remédio a condenação. — O mesmo afirma Santo Ambrósio por estas palavras: "É palavra de Deus que os pecados dos amorreus não se completaram e, por isso, ele mostra que não serão julgados dignos de viver, se superarem determinada medida de pecados"[7]. E porque este é o comum sentir dos expositores da Escritura Sagrada, contento-me com referir o mais prático e versado em todos, o doutíssimo e diligentíssimo Cornélio a Lápide. Sobre a ânfora de Zacarias, diz assim: "A ânfora é a medida dos pecados tanto de uma pessoa quanto de um povo; quando completada, recebe a condenação divina"[8]. E sobre as palavras de S. Paulo aos tessalonicenses, que abaixo hei de alegar, diz: "Daqui fica claro que estabeleceu um máximo de pecados para as cidades, reinos e com igual proporção para os ímpios particulares, para os quais a pena ou a punição varia até que se complete, de modo que, uma vez completado, tudo é perfeitamente punido e castigado ao mesmo tempo". E o mesmo comento e declaração faz sobre outros lugares, assim do Velho como do Novo Testamento, colhendo sempre das revelações divinas, expressas nos mesmos textos, que a cada homem tem Deus sinalado certa medida e taxado certo número de pecados, o qual, quando se acaba de encher o último, já não há lugar de perdão, senão de castigo.

Nem deve parecer nova ou admirável, e muito menos alheia da justiça ou misericórdia divina a determinação antecedente desta medida, decretada aos pecados de cada homem, porque, se nos castigos dos reinos e das cidades se ajuntam os pecados dos presentes e vivos, que acabaram de encher a medida, com os dos passados e mortos, que a começaram a encher, que muito é que cada homem com os seus, que ele mesmo cometeu, e ultimamente comete, encha também a sua? Nem acrescenta a dificuldade que a medida dos pecados seja maior para uns homens, e menor e de menos número para outros, porque esta mesma, que a nosso fraco entender pode parecer desigualdade, no arbítrio da Providência divina é suma justiça. E se não, respondei-me. Deus também põe medida aos dias da vida de cada homem. Por onde disse Davi: "Eis que puseste medida aos meus dias" (Sl 38,6). E esta medida é tão certa e determinada que, chegado o último dia, não tem nenhum remédio, como disse Jó: "Determinaste os seus limites que não podiam ser ultrapassados" (Jó 14,5). Pois, assim como ninguém se queixa de Deus, nem lhe estranha que a medida dos dias em uns e outros homens seja tão desigual, muito menos se deve admirar que a dos pecados o seja também, principalmente bastando um só, e o primeiro pecado, para ter Deus justíssimo direito de lançar logo no inferno a quem o cometeu. E a razão fundamental de uma e outra justiça e providência é o supremo domínio de Deus, igualmente autor da graça e da natureza. E assim como enquanto autor da natureza pode limitar à vida certo número de dias, sem injúria do homem, assim, sem injúria do mesmo homem pode limitar ao perdão certo número de pecados. Donde se segue, que assim como aquele dia, que encheu o número dos vossos dias, necessariamente é o último, e chegado a ele não podeis deixar de morrer, assim aquele pecado, que encheu o número dos pecados também é o último, e, cometido ele, não podeis deixar de vos condenar, porque se cerrou a medida, e já não há lugar de perdão.

Ouvi ao mesmo Deus, por boca do profeta Amós: "Isto diz o Senhor: 'Por três transgressões de Judá e por quatro, não o converterei. Por três transgressões de Israel e por quatro, não o converterei'" (Am 2,4.6). O mesmo anuncia a Damasco, a Tiro, a Moab, a Edom e a outros. E quer dizer: Cometeram o primeiro pecado, e perdoei-lhes; cometeram o segundo, e perdoei-lhes: cometeram o terceiro, e também lhes perdoei; mas porque cometeram o quarto, não lhes hei de perdoar. Pois Deus, infinitamente misericordioso, não perdoa mais que três pecados? Sim, perdoa. Perdoa trezentos, e perdoa três mil, e, se o pecador se arrepende de todo coração, perdoa três milhões. Mas nestas sentenças põe-se o número certo pelo incerto, para que por este exemplo e suposição se entenda melhor o que se quer dizer. Reduzida, pois, a medida ou número dos pecados a quatro, diz Deus que perdoará o primeiro, e perdoará o segundo, e perdoará o terceiro, e que para perdoar todos estes pecados converterá em todos ao pecador; porém, que se ele cometer o quarto que o não há de converter nem lhe há de perdoar, porque o quarto pecado, neste caso, é o que acaba de encher a medida, e o pecado que acaba de encher a medida é pecado sem remédio e sem perdão, porque nem Deus o há de perdoar, nem o pecador se há de converter: "E por quatro não o converterei."

Daqui se entenderá facilmente um dificultosíssimo lugar da primeira Epístola de S. João, em grande prova do que dizemos.

As palavras do santo apóstolo, entre todos, por antonomásia, o teólogo, no capítulo quinto são estas: "Se algum Cristão souber que seu próximo peca, rogue por ele, e dar-se-lhe-á a vida, se o pecado não for pecado *ad mortem;* mas, se for pecado *ad mortem*, não digo que rogue por ele pessoa alguma" (1Jo 5,16). — A dificuldade deste texto é tão grande que os expositores e teólogos, na inteligência dele, se dividem em mais de quinze opiniões, não concordando em que pecado seja o que S. João chama pecado "para a morte", e pelo qual se não deve orar, como incapaz de perdão, irremissível e sem remédio. Alguns dizem que é o pecado do homicídio, outros o do adultério, e Santo Agostinho e Beda não duvidaram dizer que era o da inveja. E porque estes delitos não parecem tão enormes, outros, subindo mais alto, dizem que é o pecado da blasfêmia, outros o da infidelidade, outros o da apostasia, outros o da obstinação, e outros, sem nomearem a espécie, dizem em geral que é algum pecado gravíssimo. Mas, contra todas estas sentenças, está que não há pecado algum, por grave e gravíssimo que seja, que Deus não perdoe. Que pecado é logo este incapaz de perdão e irremissível, que S. João chama pecado "para a morte"? Respondo que não é nenhum pecado particular, nem de sua natureza mais grave que os outros, senão qualquer pecado mortal, ainda de muito inferior malícia aos referidos, contanto que seja o último e o que acaba de encher a medida que Deus tem taxado a cada homem; porque, tanto que a medida se encheu com qualquer pecado que seja, já não há lugar de perdão nem de conversão: "E por quatro não o converterei". E essa é a propriedade com que São João lhe chama "pecado para a morte": pecado que leva sem remédio à morte eterna; porque, ainda que todo o pecado mortal mata a alma, dos outros pode a alma ressuscitar e tornar a viver, e deste não, como claramente distingue o mesmo texto: "E será dada a vida àquele cujo pecado não é para a morte" (Jo 5,16).

§ IX

Suposta esta verdade tão assentada e este estilo da Providência e justiça divina, tantas vezes revelado pelo mesmo Deus, veja agora cada um de nós se pode haver, como no princípio prometi, meio ou motivo algum, nem mais eficaz, nem mais forte, nem mais terrível, para que um homem que tem juízo e um cristão que tem fé, não só se resolva firmissimamente, mas nem tenha nem possa ter atrevimento para jamais pecar: "Não queiras mais pecar". Os outros motivos ou pretextos sempre deixavam alguma esperança depois do pecado; porém este de tal modo a jarreta e corta totalmente, que só quem se quiser condenar de contado e ir resolutamente ao inferno se atreverá a pecar. Porque, se eu sei que Deus me tem taxado certo número e talhado certa medida aos pecados, e sei que cerrado este número e cheia esta medida, já não há lugar de perdão, senão de condenação sem remédio, quem me diz a mim, ou me pode assegurar, que aquele pecado que quero cometer não seja o último, e o que só falta à medida para se encher de todo? Direis que assim como pode ser o último, pode também não ser. E se for? E se for? Quase estive deliberado a acabar aqui o sermão, e vos despedir só com esta pergunta. Mas é bem que saibais, para maior assombro, o que Deus faz naquele mesmo ponto em que o homem, pelo último pecado, acaba de encher a medida.

O que Deus faz no ponto em que o pecador acabou de encher a medida, ou é matá-lo logo, ou abrir dele a mão e deixá-lo para sempre. Vede que disjuntiva esta igualmente terrível por ambas as partes. Ou ir para o inferno logo, ou ir alguns dias depois, mas ir infalivelmente. Quanto à primeira parte, de que Deus tira logo a vida aos que acabaram de encher a medida de seus pecados, é sentença expressa de Santo Agostinho: Quer dizer que "Deus, como consta por seu próprio e divino testemunho, tem determinado aos pecados de cada homem certo número e medida, a qual, enquanto não está cheia, o sofre com sua infinita paciência; porém, tanto que ele a encheu, logo no mesmo ponto lhe tira a vida, sem mais remédio nem lugar de perdão"[9]. Assim aconteceu a el-rei Baltasar, cuja sentença de morte, estando à mesa, lhe apareceu escrita na parede em três palavras. A primeira dizia: "Contou" (Dan 5,26), porque fez Deus a conta aos pecados de Baltasar. E como naquela noite e naquela hora cometeu ele o último pecado, com que acabou de encher o número e medida dos que Deus lhe tinha determinado, na mesma hora se escreveu a sentença: "E na mesma hora apareceram uns dedos" (Dn 5,5), e "na mesma noite foi morto" (Dn 5,30). Mas se então se encheu e cerrou o número dos pecados de Baltasar, como diz a mesma Escritura que "se achou que tinha menos" (Dn 5,27)? Por isso mesmo, e porque assim foi. Quando Baltasar se assentou à mesa, tinha menos um só pecado dos que eram necessários para encher o número, e como ele, na mesma mesa, mandou vir a ela os vasos sagrados do Templo, para que fossem profanados, este pecado de sacrilégio foi o que acabou de cerrar o número e encher a medida; e tanto que ela esteve cheia, logo "ele foi morto violentamente".

Quantas vezes se vê isto no mundo sem se entender. Mataram esta noite a fulano, vindo de tal parte. E quantas noites tinha ele ido e vindo dessa mesma parte? Muitas. Pois, por que o não mataram então, senão agora? A ofensa de Deus e o agravo dos homens era o mesmo, e muitas vezes público; pois, por que o dissimulou Deus, e o não vingaram os homens, senão neste dia e nesta hora? Porque os pecados antecedentes iam enchendo a medida, o deste dia e desta hora foi o que a acabou de encher. O mesmo passa nas mortes e acidentes repentinos, ainda que pareçam naturais, e em outros desastres e casos que parecem fortuitos, e as mais das vezes são efeito e execução do pecado último e decretório que, ajuntando-se aos outros, e acrescendo sobre eles, acabou de encher a medida. Tanto assim — diz o grande Dionísio Cartusiano, tão alumiado no Espírito como insigne em todo o gênero de letras — tanto assim que aquele mesmo homem, que segundo as leis da natureza e disposição da saúde e idade, havia de viver ainda muitos anos, só porque acabou de encher a medida dos pecados, acabou juntamente, e sem remédio, os dias da vida: "Muitas vezes os homens morrem intempestivamente por causa dos pecados, a saber quando foram completadas as suas iniquidades. Por isso foi escrito no livro de Jó a respeito do pecador: Antes de que os seus dias sejam completados, ele perecerá"[10]. Diz Jó que o pecador morrerá antes de encher os seus dias, e a causa não é outra senão porque antes de encher o número dos dias encheu o número dos pecados: "Quando as suas iniquidades foram completadas". E quem assegurou aos que neste dia e nesta hora estão vivos e sãos, que o primeiro pecado que se deliberarem a cometer não seja também o último? Aquele hebreu e aquela madianita, aos quais matou o zelo de Fineias no pecado atual, bem mal cuidavam que no mesmo ato se lhes havia de acabar a vida, como tem acontecido a outros muitos. Mas como só aquele pecado faltava a ambos para encherem a medida dos pecados, a vida e o pecado tudo se acabou juntamente, para que temam e tremam todos de se resolver mais a pecar, pois não sabem se aquele pecado será o último.

Mas quando com o último pecado se não acabe juntamente a vida — que era a segunda parte da nossa disjuntiva — nem por isso ficam de melhor condição os que já encheram a medida dos pecados porque, deixados da mão de Deus, só lhes servirão esses dias que viverem de maior inferno: "Ai deles" — diz Deus pelo profeta Oseias —, "ai deles, quando eu me apartar deles!" (Os 9,12). Oh! se os homens pudessem alcançar e compreender a significação de um ai de Deus! Oh! que alto e que profundo ai! Tão alto que chega ao céu empíreo, donde o pecador é lançado e deserdado para sempre; tão profundo que penetra até os abismos do inferno, onde o pecador será metido e aferrolhado para arder enquanto Deus for Deus. A este ai responderão por toda a eternidade infinitos ais, mas ais de dor sem arrependimento, ais de tormento sem alívio, ais de desesperação sem remédio. Antes disto basta um ai de verdadeira contrição, para Deus perdoar todos os pecados; mas, depois de cheia a medida e a alma ser deixada de Deus, já não terão lugar esses ais, ou serão sem fruto, porque ninguém se pode converter a Deus sem Deus. Como tornará a alma a Deus, se o mesmo Deus "a deixou já"? Ruperto, e com ele a glosa, comentam assim estas palavras de Oseias: "Depois de Deus deixar a alma, segue-se ainda o ai do mesmo Deus, e este ai não é nem significa menos que a eterna condenação". — Santo Isidoro diz o mesmo: "Quando Deus, por seus secretos e justos juízos deixa uma alma, logo o demônio toma posse dela para sua perdição eterna, porque demiti-la Deus de si é entregá-la ao demônio"[11].

Os teólogos, vindo a declarar rigorosamente em que consiste deixar Deus uma alma, alguns disseram que em a privar totalmente dos auxílios, ainda ordinários, em pena dos pecados antecedentes. E verdadeiramente, deixados outros lugares da Escritura, um do capítulo quinto de Isaías parece que o diz assim à letra: "Agora vos farei saber o que eu hei de fazer à minha vinha: Tirarei a sua sebe, para que sirva de pasto; derribarei a sua parede para que seja pisada; e a tornarei em deserto; não será podada, nem cavada; e crescerão nela sarças e espinheiros; e darei ordem às nuvens para que não derramem chuva sobre ela" (Is 5,5s). Deixarei a minha vinha — diz Deus — por me responder com labruscas em vez de uvas: "E a tornarei em deserto". E que lhe farei então? Arrancar-lhe-ei as sebes e derrubar-lhe-ei o muro, para que homens e animais entrem por ela e a pisem; não a podarei nem cavarei, nem lhe farei outro benefício ou cultura; já não será vinha, senão mato, e em lugar de brotarem nela as vides, crescerão abrolhos e espinhas; e, sobretudo, mandarei ao céu e "às nuvens que não chovam sobre ela". Se isto não é privar a alma de todo o auxílio, ninguém negará que o parece. E para Deus no tal caso justificar a sua Providência, basta a definição do Concílio Tridentino: "que nunca Deus deixa o homem, se o homem não deixa primeiro a Deus". Mas porque a sentença mais pia, mais recebida e aprovada comumente por certo é que Deus em nenhum estado desta vida falta ao homem com os auxílios suficientes, que se segue daqui depois de cheia a medida dos pecados, senão, como dizia, maior inferno? Ou o pecador encheu a medida dos pecados ou não. Se a não encheu, salvou-se; se a encheu, condenou-se. E que importa que se condenasse com auxílios, se não usou bem deles?

Este é o estado infelicíssimo da impenitência final, a qual se consuma na outra vida, mas começa nesta. Oh! quantos condenados vivem ainda, e andam entre nós, não porque absolutamente não o pudessem, mas porque se não hão de converter! Estão atados aos pecados, de que já encheram a medida: "Os laços dos pecadores me cingiram" (Sl 118,61). Cuidam que se hão de desatar do último, como porventura se desataram dos outros, mas engana-os o seu pensamento, como enganou a Sansão. Três vezes rompeu Sansão as ataduras com que os filisteus o queriam prender; mas quando veio a quarta, depois de cortados os cabelos, nota a Escritura que, acordando, disse consigo: — Também desta vez me desatarei como das outras, porque não sabia que Deus o tinha deixado: "Disse no seu espírito: 'Sairei ainda esta vez como dantes e me livrarei'. Porque ele não sabia que já o Senhor se tinha retirado dele" (Jz 16,20). Tinha Deus deixado a Sansão, e porque o tinha deixado não se desatou como dantes: prenderam-no os filisteus, tiraram-lhe os olhos e levaram-no a moer em uma atafona. O mesmo acontece à alma deixada de Deus: prendem-na os demônios, e tomam posse dela, como dizia Santo Isidoro: tiram-lhe os olhos, com que fica cega, obstinada e impenitente, e levam-na a moer e arder na atafona do inferno, cuja roda em qualquer parte pode ter princípio e em nenhuma tem fim, porque é a roda da eternidade. E se isto faz ou acaba de fazer o último pecado que enche a medida, e ninguém sabe qual seja, nem há pecado que o não possa ser, quem haverá que se atreva a cometer qualquer pecado, e se não resolva firmemente a nunca mais pecar: "Não queiras mais pecar"?

§ X

Por fim quero responder a duas dúvidas que podem ocorrer, para que nos não enganemos com elas. A primeira é se os pecados já confessados e perdoados entram também na conta para encher a medida? Respondo que sim, porque, ainda que estejam perdoados quanto à culpa e satisfeitos quanto à pena, para encherem o número e perfazerem a conta basta haverem sido. Assim como os dias, que todos passam, ou fossem bem ou mal gastados, enchem a conta e a medida da vida, assim os pecados, ou perdoados ou não, enchem a sua, a qual se determinou e compôs de todos os que cada um cometesse: "O pecado já perdoado" — diz o Espírito Santo — "não deixes de o temer" (Eclo 5,5). E por que, se já está perdoado? Porque, ainda que o pecado perdoado já não é quanto à culpa, e pode também ser que já não seja quanto à pena, quanto ao número e à soma com que já entrou na conta com os demais, basta ter sido pecado para ajudar a encher a medida. E como o chegar a medida dos pecados a se encher é coisa tão temerosa e de sumo perigo, por isso todo o pecado, ainda que nos conste moralmente, ou nos constasse por outra via mais certa, que estaria perdoado, sempre, contudo, nos deve causar temor: "O pecado já perdoado não deixes de o temer".

A outra dúvida ainda nos pode enganar mais aparentemente, porque a matéria com que o demônio nos tentar, pode ser muito menos grave que a de outros pecados que já tenhamos cometido; e, se aqueles, sendo muito maiores, não encheram a medida, muito menos parece que pode encher este, com que agora sou tentado, sendo muito mais leve ou menos grave. Também isto é engano, e se demonstra com autoridade de fé, e com o maior e mais evidente exemplo que se podia excogitar. Fala São Paulo dos judeus que o perseguiam e impediam a pregação do Evangelho, e sendo esta perseguição vinte anos depois da morte de Cristo, diz o Apóstolo que com ela enchiam os judeus a medida dos pecados, pelos quais totalmente haviam de ser destruídos com castigo, assolação e extermínio final: "Os que mataram o Senhor Jesus e nos têm perseguido a nós, proibindo-nos falar aos gentios para que sejam salvos, a fim de encherem sempre a medida dos seus pecados, porque a ira de Deus caiu sobre eles até o fim" (1Ts 2,15-16). A morte de Cristo foi o maior pecado que nunca se cometeu nem podia cometer, e a perseguição de Paulo, e o impedimento que com ela se punha à pregação do Evangelho, ainda que grande pecado, era, sem comparação, muito menor. Pois, como diz o mesmo S. Paulo, fazendo menção da morte de Cristo pelos judeus, que eles, com a perseguição que lhe faziam, "enchiam a medida dos seus pecados"? Porque, para encher a medida dos pecados, não é necessário que o pecado que acaba de encher seja maior nem igual aos pecados já cometidos, e basta que seja muito menor. Nas coisas secas o último grão, e nas líquidas a última gota são as que acabam de encher a medida, e não pela grandeza ou quantidade de cada uma, senão porque é a última. O mesmo passa em qualquer pecado, contanto que de sua natureza seja mortal, para que temamos a todos e a cada um, e nos não fiemos em ser ou parecer menor, para nos arriscarmos a o cometer.

Oh! praza à majestade e misericórdia divina que esta lição do céu se nos imprima dentro na alma, e no-la penetre de tal sorte que, desta hora e deste momento em diante, nos resolvamos constantissimamente a nunca mais pecar, por nenhum interesse, por nenhum gosto, por nenhum receio, por nenhum caso ou sucesso da vida nem da morte. Vede quem vos diz que pequeis e quem vos diz que não pequeis. Quem vos diz que pequeis pode ser o mundo, pode ser o demônio, pode ser a carne, três inimigos capitais, que só pretendem e maquinam vossa eterna condenação. E quem vos diz que não pequeis é aquele mesmo Deus que, depois de vos dar o ser, se fez homem por amor de vós, e aquele Deus e Homem que só por vos salvar e vos fazer eternamente bem-aventurado, não duvidou padecer tantos tormentos e afrontas e morrer pregado em uma cruz. Este Senhor tão poderoso, este conselheiro tão sábio, este amigo tão verdadeiro e tão fiel, é o que vos diz "que não pequeis".

Considerai bem estas palavras do amorosíssimo Jesus, que não só são para persuadir, senão para enternecer a quem ainda tiver coração: "Já não mais". Baste já, cristão remido com o meu sangue, baste já o que tens pecado, baste já o que tens vivido sem lei, sem razão, sem consciência, sem alma; baste já o que me tens ofendido, baste já o que me tens desprezado, baste já o que me tens crucificado. Se te não compadeces de mim, compadece-te ao menos de ti, que a ti, e por amor de ti o digo. Se não basta que eu te mande que não peques, eu to peço, eu to rogo, e não só te represento a minha vontade, mas me valho e invoco os poderes da tua: "Não queiras, não queiras pecar". Que não queiras pecar te advirto uma vez e outra, por que não cuides que não podes. Na tua mão, no teu alvedrio, na tua vontade está o salvar-te, se quiseres, para que vejas que cegueira, que loucura, que infelicidade, que miséria e que eterna confusão e dor irremediável será a tua, se por tua própria vontade, e por não resistires a um pecado, te condenares. Se já estiveras no inferno, para onde corrias tão precipitadamente, e onde já havias de estar ardendo, se eu não tivera mão na minha justiça, que havia de ser de ti a esta hora? E se nesta mesma hora eu te oferecesse o partido de te livrar do inferno e de te dar o céu, só com condição de não quereres mais pecar, que havias de fazer e que graças me havias de dar? Pois, se por mercê e misericórdia minha ainda estás em tempo, por que não tomarás muito deveras, e para sempre, a mesma resolução? Por que te não livrarás dos males eternos, e segurarás os eternos bens? Por que não ganharás a coroa e reino do céu, e te farás para sempre bem-aventurado? E tudo isto só por ter uma vontade tão honesta, tão útil, e ainda tão deleitável, como é o não querer pecar? Acaba, acaba já de ser inimigo de ti mesmo, acaba já de ofender a quem tanto te ama, acaba já de querer antes o inferno sem mim que a glória comigo: "Não queiras mais pecar".

SERMÃO DE

Nossa Senhora do Ó

Na Igreja de Nossa Senhora da Ajuda,
na Bahia, ano de 1640.

"Eis que conceberás no teu ventre
e darás à luz um filho."
(Lc 1,31)

Outro sermão em Salvador e em momento distinto. O anterior já passada a Quaresma e este na novena anterior ao Natal. Toma Vieira o Ó do título de Nossa Senhora como a figura do círculo, e este como a figura mais perfeita de quantas inventou a natureza e se conhece. Até o dia da Encarnação do Verbo eram dois os maiores círculos: o Mundo e Deus, que contém em si o mundo. Hoje a fé nos revela o terceiro que contém dentro de si o mesmo Deus. Como concordar esses círculos: o do Evangelho (a conceição do Verbo no ventre virginal de Maria) com o do título da festa (a expectação do parto e desejos da mesma Senhora)? O do Evangelho compreendeu o imenso, o do título compreendeu o eterno. Alguns temas abordados: 1) a imensidade de Deus — o Alfa e o Ômega; 2) a eternidade — como podem ser eternos os desejos de Maria; 3) a ajuda da matemática e dos teólogos; 4) o Sacramento do Altar: se esconde, ao mesmo tempo revela a infinidade de Deus e o gozo da bem-aventurança.

§ I

A figura mais perfeita e mais capaz de quantas inventou a natureza e conhece a geometria é o círculo. Circular é o globo da terra, circulares as esferas celestes, circular toda esta máquina do universo, que por isso se chama orbe, e até o mesmo Deus, se sendo espírito pudera ter figura, não havia de ter outra, senão a circular. O certo é que as obras sempre se parecem com seu autor, e fechando Deus todas as suas dentro em um círculo, não seria esta ideia natural, se não fora parecida à sua natureza. Daqui é que o mais alumiado de todos os teólogos, S. Dionísio Areopagita, não podendo definir exatamente a suma perfeição de Deus, a declarou com a figura do círculo: "É como um círculo eterno que, na medida em que é pelo bem, do bem e está no bem, e tende para o bem, gira em circunferência perfeita, em nenhum ponto disforme"[1]. Estes são os dois maiores círculos que até o dia da Encarnação do Verbo se conheceram; mas hoje nos descreve o Evangelho outro círculo, em seu modo maior. O primeiro círculo, que é o mundo, contém dentro em si todas as coisas criadas; o segundo, incriado e infinito, que é Deus, contém dentro em si o mundo; e este terceiro, que hoje nos revela a fé, contém dentro em si ao mesmo Deus. "Eis que conceberás no teu ventre e darás à luz um filho, e será chamado Filho do Altíssimo". Nove meses teve dentro em si este círculo a Deus, e quem poderá imaginar que, estando cheio de todo Deus, ainda ali achasse o desejo capacidade e lugar para formar outro círculo? Assim foi, e este novo círculo, formado pelo desejo, debaixo da figura e nome de O, é o que hoje particularmente celebramos na expectação do parto já concebido: "Eis que conceberás e darás à luz". De um e outro círculo travados entre si se comporá o nosso discurso, concordando — que é a maior dificuldade deste dia — o Evangelho com o título da festa, e o título com o Evangelho. O mistério do Evangelho é a conceição do Verbo no ventre virginal de Maria Santíssima; o título da festa é a expectação do parto e desejos da mesma Senhora, debaixo do nome do O. E porque o O é um círculo, e o ventre virginal outro círculo, o que pretendo mostrar em um e outro é que, assim como o círculo do ventre virginal na conceição do Verbo foi um O que compreendeu o imenso, assim o O dos desejos da Senhora na expectação do parto foi outro círculo que compreendeu o eterno. Tudo nos dirão, com a graça do céu, as palavras que tomei por tema. *Ave Maria.*

§ II

Eis que conceberás no ventre e darás à luz.

Uma das maiores excelências das Escrituras divinas é não haver nelas nem palavras, nem sílaba, nem ainda uma só letra que seja supérflua ou careça de mistério. Tal é o misterioso O que hoje começa a celebrar, e todos estes dias repete a Igreja, breve na voz, grande na significação e nos mistérios profundíssimo. Mas, contra este mesmo princípio, parece que no nosso texto, com ser tão breve, não só temos uma letra, senão uma sílaba e uma palavra supérflua. E que sílaba, e que palavra? "No ventre". Dizendo o anjo à Senhora: "que conceberia e pariria o Filho de Deus", bem claramente se entendia não só a substância do mistério, senão o modo e o lugar, e que este havia de ser o sacrário virginal do ventre santíssimo. Supérfluo parece logo sobre a palavra "conceberás" acrescentar "no ventre". Mas esta embaixada deu-a o anjo, mandou-a Deus e refere-a o evangelista; e nem Deus, nem o anjo, nem o evangelista haviam de dizer palavras supérfluas. A que fim, pois, quando se anuncia este oráculo — que foi o maior que veio, nem virá jamais do céu à terra — se diz e se repete por três bocas, uma divina, outra angélica e outra mais que humana, que o mistério da conceição do Verbo se há de obrar sinaladamente no útero ou ventre da Mãe: "Eis que conceberás no ventre"? Sem dúvida porque era tão grande a novidade, e tão estupenda a maravilha, que necessitava a fé de toda esta expressão. Haver-se Deus de fazer homem novidade foi que assombrou aos profetas quando a ouviram. Porém, que esse mesmo Deus, sendo imenso, se houvesse ou pudesse encerrar em um círculo tão breve, como o ventre de uma Virgem: "No ventre"? Esta foi a maravilha que excede as medidas de toda a capacidade criada.

Considerai a imensidade de Deus, e vereis até onde chega e se estende o significado desta pequena ou desta grande palavra: "No ventre". Imensidade é uma extensão sem limite, "cujo centro está em toda a parte e a circunferência em nenhuma parte". Ponde o centro da imensidade na terra, ponde-o no sol, ponde-o no céu empíreo, está bem posto. Buscai agora a circunferência deste centro, e em nenhuma parte a achareis. Por quê? A razão é porque sendo a terra tão grande e o sol cento e sessenta vezes maior que a terra, e sendo o céu muitos milhões de vezes maior que o sol, e o empíreo com excesso incomparável maior que os outros céus, todas essas grandezas têm medida e limite: a imensidade não. Deus, por sua imensidade, como bem declarou S. Gregório Nazianzeno, "está dentro no mundo e fora do mundo". Mas se fora do mundo não há lugar, porque não há nada, onde está Deus fora do mundo? Está onde estava antes de criar este mundo. Se Deus não estivera neste espaço, onde hoje está o mundo, não o pudera criar; e como Deus, fora do mundo, pode criar infinitos mundos, também está em todos esses espaços infinitos, a que chamamos imaginários. E porque outrossim os espaços imaginários, que nós podemos imaginar mas não podemos compreender, não têm limite, por isso o centro da imensidade, que se pode pôr dentro ou fora do mundo, nem dentro nem fora do mundo pode ter circunferência. Comparai-me o mar com o dilúvio. O mar tem praias, porque tem limite; o dilúvio, porque era mar sem limite, não tinha praias: "O mar era tudo, e ao mar faltavam as praias". Assim a imensidade de Deus — quanto a comparação o sofre —. Está a imensidade de Deus no mundo e fora do mundo; está em todo lugar e onde não há lugar; está dentro, sem se encerrar, e está fora, sem sair, porque sempre está em si mesmo. O sensível, o imaginário, o existente e o possível, o finito e o infinito, tudo enche, tudo inunda, por tudo se estende, e até onde? Até onde não há onde, sem termo, sem limite, sem horizonte, sem fim, e, por isso, "incapaz de circunferência".

§ III

Mas, ó grandeza sobre todas as grandezas, ó milagre sobre todos os milagres, o do ventre virginal de Maria! Não se diga já que a imensidade de Deus não tem circunferência, pois o ventre de Maria, assim como Deus é imenso, o concebe todo dentro em si; assim como é imenso, o compreende; assim como é imenso, o cerca. Aquela mesma imensidade de Deus, a que não podem fazer circunferência os orbes celestes, nem o globo inteiro do universo, nem os espaços imaginários, sempre mais e mais infinitos, essa mesma imensidade, e não outra, é a que abraça, encerra e contém dentro em si o círculo daquele ventre puríssimo. E se aquele sagrado círculo verdadeiramente cerca ao mesmo Deus, quão grande ele é em toda sua imensidade, diga-se, sim, que "o centro da imensidade divina está em toda a parte", mas não se diga já que "em nenhuma parte tem a circunferência", porque o círculo do ventre virginal é a parte onde tem uma circunferência tão capaz e tão cabal, que a todo Deus imenso como é, abraça e cerca. Não é pensamento meu, senão do profeta Jeremias, ou do mesmo Deus por sua boca.

Diz o profeta Jeremias: "Criou Deus uma coisa nova sobre a terra" (Jr 31,22), e tão nova que nem na terra se viu, nem no céu se imaginou semelhante. E que coisa nova e tão nova é esta: "Uma mulher a qual há de cercar o varão". — O varão por antonomásia neste caso é o Verbo Eterno encarnado. Todos os outros homens, quando se geram e concebem no ventre da mãe, não são homens, nem ainda meninos, porque só têm a vida vegetativa ou sensitiva, e ainda não estão informados com a alma racional; porém o Verbo Encarnado, Cristo, desde o primeiro instante de sua conceição foi varão perfeito e perfeitíssimo, não só com todas as potências da alma e do corpo, senão também com o uso delas. Assim como o primeiro Adão nunca foi menino, senão homem e varão perfeito desde o instante de sua criação, assim também o segundo Adão, e com maior maravilha, porque foi varão perfeito, não em corpo e estatura varonil, como o primeiro, mas naquela quantidade mínima em que são concebidos os outros homens. Essa é a razão por que o mesmo Cristo, à diferença de todos os que nasceram de mulher, se chama em frase da Escritura aquele que foi gerado varão: "O homem cujo nome é Oriente". Deste varão, pois, nunca menino e sempre homem, porque sempre homem e Deus, deste é que fala Jeremias, quando diz que "uma mulher o havia de cercar".

Mas por que se declara este profeta pela palavra cercar, termo também novo e inaudito? Isaías, profetizando o mesmo mistério, disse: "Eis que a virgem conceberá e dará à luz um Filho, e será chamado Emanuel" (Is 7,14): Que uma virgem conceberia e pariria a Deus. Pois, se Jeremias se tinha empenhado em dizer uma coisa nova e nunca ouvida: "O Senhor criou uma coisa nova sobre a terra", por que a não pondera também pela maravilha da conceição e parto virginal; e em lugar de dizer que a mulher de que fala conceberá e parirá a Deus feito homem, não diz que o conceberá e parirá, senão "que o cercará"? Sem dúvida porque a maior maravilha do mistério da Encarnação é chegar nele Deus a estar cercado. Estar Deus cercado dentro do ventre virginal, sendo imenso, foi fazer que a imensidade tivesse circunferência; e ajuntar a circunferência com a imensidade foi mais que ajuntar a virgindade com o parto. Ajuntar a virgindade com o parto foi inventar Deus um nascimento digno da sua divindade, porque, como diz S. Bernardo, havendo Deus de ter mãe, não podia ser senão virgem e havendo uma virgem de ter filho, não podia ser senão Deus. Mas cercando a mesma virgem dentro do claustro materno a todo Deus, e ajuntando a circunferência com a imensidade, foi maior maravilha e maior obra. Por quê? Porque foi fazer outro imenso maior que o imenso. Valha-me São Boaventura: "Um vaso imenso não pode se encher a não ser que seja imenso aquilo que o enchia. Maria foi um vaso imensíssimo que pôde conter aquele que é maior do que o céu"[2]. Supõe e prova juntamente o Doutor Seráfico que o ventre virginal foi imenso, porque a capacidade que recebe e contém dentro em si o imenso não pode ser senão imensa. Deus é imenso: logo o ventre virginal, que concebeu e teve dentro em si a Deus, também é imenso. E basta isto? Não. "Maria foi um vaso imensíssimo que pôde conter aquele que é maior do que o céu". Não só diz que o ventre de Maria foi imenso, senão imensíssimo. E por que, teólogo divino? Porque cercou a Deus. Quando um imenso cerca outro imenso, ambos são imensos, mas o que cerca maior imenso que o cercado; e por isso, se Deus, que foi o cercado, é imenso, o ventre que o cercou, não só há de ser imenso, senão imensíssimo. A boa filosofia admite que pode haver um infinito maior que outro infinito, porque se houver infinitos homens, também os cabelos hão de ser infinitos; porém o infinito dos cabelos, maior que o infinito dos homens. Pois, assim como pode haver um infinito maior que outro infinito, assim pode haver um imenso maior que outro imenso. E tal foi o claustro virginal de Maria: "Eis que conceberá no ventre". Deus, que foi o concebido, imenso; e o útero, que o concebeu, porque o cercou, imensíssimo: "Maria foi um vaso imensíssimo".

Ainda temos melhor autor que São Boaventura, com ser tão grande doutor, que a Igreja o fez supernumerário aos quatro doutores da grega e aos quatro da latina. E que autor é este? A mesma Virgem, Senhora nossa. Falando a Senhora de si no capítulo vinte e quatro do Eclesiástico, diz estas palavras: "O círculo que cerca o céu, Eu só o cerquei" (Eclo 24,8). — Admiravelmente dito. O círculo criado, que cerca o mundo, é o céu; o círculo incriado e imenso, que cerca o céu, é Deus; e o círculo imensíssimo, que cercou a esse Deus imenso, é Maria: "Eu cerquei sozinha o círculo do céu". Demos o seu a seu dono. O comento e o pensamento é de Ricardo de Sancto Laurentio: "O círculo que cerca o céu é aquele que cerca e encerra em si todas as coisas, isto é, Cristo, que é um círculo incapaz de ser cercado, a quem cerquei com o regaço do meu ventre"[3]. O círculo que cerca o céu é aquele que cerca e encerra em si todas as coisas, que é Deus. Este círculo, porém, por sua essência e grandeza, é tal que "se não pode cercar". Não se podia declarar uma coisa tão nova sem se fazer também uma palavra nova: "círculo", porque Deus, por sua imensidade, cerca tudo; e juntamente "incapaz de ser cercado", porque essa mesma imensidade, como dizíamos, o faz incapaz de circunferência e de poder ser cercado. Mas esse impossível, que a essência e definição da imensidade não permitia, venceu a capacidade, não só imensa, mas imensíssima, do útero e grêmio virginal de Maria: "Aquele que encerra em si todas as coisas, que é um círculo incapaz de ser cercado, eu o cerquei no regaço do meu ventre". Isto é o que disse o Eclesiástico, quando pronunciou em nome da Senhora: "Eu cerquei sozinha o círculo do céu"; isto o que tinha profetizado Jeremias, quando disse: "Uma mulher cercará o homem"; e isto o que lhe anunciou o anjo, quando disse: "Eis que conceberás no ventre".

§ IV

Já o dito até aqui bastava para que eu desse por desempenhada a promessa de que o círculo do útero virginal foi um O que compreendeu dentro em si o imenso. Mas será bem que o mesmo imenso o diga, resumindo também a um O a sua imensidade. Apareceu Cristo, Senhor nosso, ao Evangelista

S. João na primeira visão do seu Apocalipse, e disse-lhe: "Eu sou o Alfa e o Ômega, porque sou o princípio e o fim de tudo" (Ap 1,8); o princípio, enquanto Criador do mundo, e o fim, enquanto reparador dele. Alfa e Ômega são a primeira e última letra do alfabeto grego, o qual começa em A e acaba em O. E esta foi a razão e o mistério porque, sendo Cristo hebreu e S. João também hebreu, não lhe falou o Senhor em hebraico, senão em grego, porque o alfabeto grego acaba em O, e o hebraico não. O Alfabeto hebraico também começa em A, que é o seu *aleph;* e para significar, na primeira letra, as obras da criação, enquanto Cristo é princípio, tanto servia o alfabeto hebraico como o grego. Porém o Senhor usou do grego, sendo estranho, e deixou o hebraico, sendo natural e da própria língua, porque, para significar na última letra o mistério da reparação, enquanto o mesmo Cristo é fim, só o O tinha propriedade e semelhança. E esta semelhança, em que consiste? Consiste em que a figura do O é circular, e assim como o O é um círculo, assim o mistério da Encarnação foi outro círculo: "Deus encarnado diz-se círculo, de modo que a humanidade seja dita circunferência, e a divindade o centro"[4]. O mistério da Encarnação do Verbo — diz S. Boaventura — foi um círculo porque, vestindo-se Deus de nossa carne, a humanidade de Cristo cercou e encerrou em si a divindade. E por este modo inefável ficou sendo a mesma divindade o centro, e a humanidade a circunferência. Sendo, pois, o mistério da Encarnação, que foi o fim e última perfeição de todas as obras de Deus, este perfeitíssimo círculo, por isso Cristo disse a S. João que, assim como ele, enquanto primeiro princípio, é a primeira letra, A, assim, enquanto último fim, é a última letra, O: "Eu sou o Alfa e o Ômega".

Mas todos os que tiverem qualquer notícia dos elementos da língua grega porão aqui uma dúvida, que está muito à flor da terra, fundada no mesmo O e no mesmo alfabeto. No alfabeto grego não há um só O, senão dois; um que se chama ômega, que quer dizer O grande, e outro que se chama ômicron, que quer dizer O pequeno. Logo, falando Cristo, como falava, do mistério de sua Encarnação, parece que se havia de comparar ao O pequeno, e não ao O grande. O nome de grande, não só em comparação do homem, mas absolutamente e fora de toda a comparação, compete à divindade. Pelo contrário, a humanidade, ainda comparada com outras criaturas, é pequena, e menor que elas: "Pouco menor o fizeste que os anjos" (Sl 8,6). Pois, se Cristo falava de si enquanto homem, por que se não compara ao O pequeno, senão ao O grande, e por que não diz: "Eu sou o ômicron, senão o ômega". A razão é porque, falando Cristo da sua humanidade na metáfora de O e de círculo, não devia considerar nela o que era, senão o que cercava. Cercava a divindade do Verbo, cercava toda a imensidade divina, e um círculo de tão infinita capacidade que fazia circunferência à mesma imensidade, não podia formar um O que não fosse o maior de todos: "Eu sou o Alfa e o Ômega, princípio e fim". Enquanto Deus, que é o princípio, era alfa; enquanto homem, que é o fim, era ômega. Mas, sendo tão grande o ômega, que encerrou dentro em si o alfa, sendo tão grande e tão imenso o O, que encerrou dentro em si o A, como podia ser O pequeno?

Para bem vos seja, Virgem puríssima, esta grandeza da humanidade de vosso Filho e para bem outra vez, porque não seria tão grande a capacidade daquele O se do círculo, onde foi concebido, a não participara. Manílio, no livro quarto da sua astronomia, diz uma coisa admirável, e é que os que nascem debaixo do signo de Virgem recebem desta influência tal graça no escrever, que uma letra sua contém uma palavra: "Este também será escritor, feliz aquele para quem a letra é uma palavra"[5]. Eu não direi o fundamento que teve Manílio para sair com este axioma, nem os outros astrônomos o comentam facilmente. Mas o certo é que Cristo nasceu debaixo do signo da Virgem o certo é que Cristo nesse mesmo mistério diz de si que é um O; e o certo é que esta letra e este O contêm a primeira e maior palavra, que é o Verbo Eterno: "Para quem a letra é uma palavra". Grande, singular, imensa capacidade do Filho, mas participada do útero virginal da Mãe, em que foi concebido enquanto homem: "Eis que conceberás no ventre". Enquanto Deus também Cristo foi concebido no útero do Pai: "Eu te gerei no ventre antes da luz" (Sl 109,3). Notai, porém, a diferença, mais com pasmo que com admiração. O Pai-Deus de tal maneira concebeu o Filho-Deus, que encerrou nele toda a sua essência em uma palavra; e a Mãe-Virgem de tal maneira concebeu ao Filho-Homem, que encerrou nele a mesma essência em uma letra: a palavra é o Verbo, a letra é o O: "Para quem a letra é uma palavra".

§ V

Assentado, como temos visto, que o círculo do ventre virginal, na conceição do Verbo, foi um O que compreendeu o imenso, segue-se agora mostrar como o O dos desejos da mesma Senhora, na expectação do parto, foi um círculo que compreendeu o eterno. A eternidade e o desejo são duas coisas tão parecidas que ambas se retratam com a mesma figura. Os egípcios, nos seus hieroglíficos, e antes deles os caldeus, para representar a eternidade pintaram um O, porque a figura circular não tem princípio nem fim, e isto é ser eterno. O desejo ainda teve melhor pintor, que é a natureza. Todos os que desejam, se o afeto rompeu o silêncio, e do coração passou à boca, o que pronunciam naturalmente é O. Desejou Davi água da cisterna de Belém, e antes de declarar aos soldados qual era o seu desejo, adiantou-se um O a dizer o que desejava: "Davi pois, teve desejos e disse: Oh! Se alguém me dera a beber água da cisterna de Belém!" (2Rs 23,15). O O foi a voz do desejo; as demais a declaração. E como a natureza em um O deu ao desejo a figura da eternidade, e a arte em outro O deu à eternidade a figura do desejo, não há desejo, se é grande, que na tardança e duração não tenha muito de eterno.

Os desejos da Virgem Santíssima, que todos eram: Oh! quando chegará aquele dia! Oh! quando chegará aquela ditosa hora, em que veja com meus olhos e em meus braços ao Filho de Deus e meu! Oh! quando? Oh! quando? Oh! quando? Estes desejos da Senhora começaram na conceição e acabaram no parto. Mas, desejos que começaram e acabaram? Desejos que tiveram princípio e fim? Como podiam ser eternos? Como podia igualar a duração de uma eternidade o espaço que foi somente de nove meses? Entre a conceição e o parto não meteu o anjo mais que um "eis que conceberás e darás à luz". Mas não é coisa nova nesta mesma embaixada trocar a Senhora alguma palavra do Anjo em outra. Assim como trocou o Eva em Ave, assim trocou o *et* (e) em *o*. E reduzidos os nove meses ao círculo perfeito deste O, não é muito que fossem eternos. O mesmo *et* (e), sem mudança, se não diz toda a eternidade, diz parte dela, e na eternidade não há parte que não seja eterna. No *et* (e) do anjo começaram a ser eternos os desejos, que também então começaram a ser; e no O tão continuado e repetido da Senhora acabaram de cerrar o círculo da sua eternidade. Nem é contra a extensão natural da eternidade a limitação do tempo de nove meses, porque não devemos conceder menos à capacidade do coração da Senhora do que à do ventre santíssimo. A maior capacidade que criou a natureza é a do coração humano; e se o ventre de Maria foi capaz de encerrar o imenso, por que não seria capaz seu coração de estreitar o eterno? O eterno e o temporal são tão opostos como a eternidade e o tempo. A eternidade não conta dias nem meses; o tempo sim, que por isso contou nove desde a conceição até o parto da Virgem, a quem S. João Damasceno chamou: "Oficina de milagres". E se nesta oficina miraculosa o eterno se pode fazer temporal, o tempo por que se não poderia fazer eterno?

Naquela famosa carroça que descreve o profeta Ezequiel, na qual ia ou era levado Deus, o artifício das rodas era admirável, porque dentro de uma roda estava ou se revolvia outra roda: "Uma roda no meio de outra roda". E que duas rodas eram estas? Uma era a roda do tempo e a outra a roda da eternidade, diz Santo Ambrósio: "Uma roda no meio de outra roda, como a vida dentro da vida, assim a vivência desta vida do corpo se torna de vida eterna"[6]. A roda do tempo é pequena e breve; a roda da eternidade é grandíssima e amplíssima e contudo a roda do tempo encerra e revolve dentro em si a roda da eternidade porque, qual for a vida temporal de cada um, tal será a eterna, diz o Santo. De maneira que a maravilha destas duas rodas era que, sendo a eternidade tão grande e tão imensa, a roda da eternidade se encerrava dentro da roda do tempo. Agora pergunto eu: e qual era a carroça de Deus que sobre estas rodas se movia? Não só era a Virgem Santíssima, como alegorizam os Santos Padres, mas era a mesma Virgem, sinaladamente no espaço dos nove meses que teve a Deus em suas entranhas. Assim como o que vai ou é levado em uma carroça não dá passo nem tem outro movimento senão o da carroça, assim o Filho, enquanto está nas entranhas da mãe, não se move ou muda de lugar senão quando se move a mesma mãe, e deste modo se houve ou andou Cristo em todos os nove meses que se contaram desde a sua conceição até o seu nascimento. Depois de concebido, partiu logo às montanhas de Judeia a santificar o seu precursor das montanhas tornou para Nazaré, de Nazaré foi a Belém, e não só nestas jornadas mais largas, mas em todos seus movimentos nenhum passo deu a Majestade humanada, que não fosse na mesma carroça real, que por isso se chamava sua, como própria da pessoa do Verbo. E como esta carroça de Deus representava a Mãe do mesmo Deus em todo aquele tempo que o trouxe dentro em si, por isso as rodas sobre que se movia eram fabricadas e travadas com tal artifício, que dentro da roda do tempo se revolvia a roda da eternidade, para significar que os dias e meses que passaram desde a conceição até o parto, posto que parecessem breves na duração, eram, no desejo, eternos.

§ VI

E se me perguntarem os filósofos, como podia o desejo fazer eternos aqueles dias, sendo de tão poucos meses, respondo que o modo foi, e a razão é porque os desejos da Senhora e os OO dos mesmos desejos — que também são rodas — unidos e acrescentados à roda do tempo, posto que o tempo fosse finito, eles o multiplicavam infinitamente. Assim o disse Davi, falando da mesma carroça de Deus: "Os carros de Deus são dezenas de milhares" (Sl 67,18). O Caldeu lê: "centena de milhares"; Santo Agostinho: "milhares de milhares"; S. Jerônimo: "inumeráveis"; Novatiano: "infinitos, imensos". Quer dizer que o número na carroça de Deus se multiplica a milhares, a dezenas de milhares, a centenas de milhares, a contos e milhões de milhares; em suma, que chega a ser inumerável, infinito, imenso. Não se poderá declarar o que digo nem com melhor comparação nem com mais apropriado exemplo que este da multiplicação da aritmética: "Dez, cento, milhares de mil, inumeráveis". Sabeis como eram os OO dos desejos da Senhora nos dias, nas horas, nos momentos de todos aqueles meses da expectação do sagrado parto, em que, depois de concebido o Filho de Deus em suas entranhas, suspirava pelo ver nascido? Eram os OO dos desejos da Senhora na multiplicação do tempo como as cifras da aritmética, que também são OO. Ajunta-se a cifra ao número, e que faz? A primeira cifra multiplica dez, a segunda cento, a terceira mil, e se chegar a vinte e quatro cifras quantas são as horas do dia, multiplicam tantos milhares sobre milhares, e milhões sobre milhões que excedem a capacidade de toda a compreensão humana. Perguntam curiosamente os matemáticos se desde o centro da terra até o céu estivesse todo este mundo cheio de areia miudíssima, quanto seria o número daqueles grãos de areia? Esta questão excitou já antigamente Arquimedes, ainda mais estendida, e não é dificultosa de resolver, porque medida primeiro geometricamente a capacidade ou côncavo do céu da lua, logo, por demonstração aritmética, se colhe com certeza quanto seria o número das areias que o podem encher. Mas, reduzido este mesmo número inumerável a figuras aritméticas, parece coisa digna de admiração que todo ele somado se venha a resumir em uma unidade e trinta e duas cifras somente. Passemos agora dos OO destas cifras aos OO dos desejos da Senhora.

Os OO dos desejos da Virgem Santíssima, no espaço daqueles nove meses, não se hão de contar por dias, nem por horas, nem por minutos, senão por instantes, porque não houve instante em todo este tempo, nem de dia nem de noite, em que no coração da Senhora se não estivessem multiplicando os mesmos OO, suspirando e anelando sempre por aquela hora, que tanto mais tardava e se alongava quanto era mais desejada. E digo nem de dia nem de noite, porque ainda que o brevíssimo sono dava suas tréguas aos sentidos, o coração, que não se podia apartar donde tinha o seu tesouro, como vela que sempre ardia, sempre vigiava: "Eu durmo, e o meu coração vela" (Ct 5,2). Pois, se os OO de trinta e três cifras multiplicavam ou multiplicariam aquele número sem conta, os de tantos e tão continuados instantes, que em cada parte de tempo são infinitos, vede se o fariam eterno? A multiplicação artificial das cifras — sem mudarem a figura, que sempre é o mesmo O — consiste em que a segunda cifra excede proporcionalmente a primeira, a terceira a segunda, a quarta a terceira, e assim as demais. E a este mesmo modo se excederam e iam excedendo também os OO dos desejos da Senhora, sendo sempre os seguintes maiores e mais intensos que os que tinham precedido. A razão teológica e conatural deste argumento era porque a cada desejo da Mãe de Deus correspondia novo aumento de graça, a cada aumento de graça, maior amor do mesmo Filho, e ao maior amor, maior e mais intenso desejo. Assim que, sendo os círculos dos primeiros OO grandes, os que lhes iam sucedendo mais e mais sempre eram maiores. Dê-nos aqui o exemplo a natureza, assim como até agora no-lo deu a arte.

Se acaso ou de indústria lançastes uma pedra ao mar sereno e quieto, ao primeiro toque da água vistes alguma perturbação nela; mas tanto que esta perturbação se sossegou, e a pedra ficou dentro no mar, no mesmo ponto se formou nele um círculo perfeito, e logo outro círculo maior, e, após este, outro e outros, todos com a mesma proporção sucessiva, e todos mais estendidos sempre, e de mais dilatada esfera. Este efeito maravilhoso celebra muito Sêneca no primeiro livro das suas questões naturais, e dele aprenderam os filósofos o modo com que a voz e a luz se multiplicam e dilatam por todo o ar. Mas, se a natureza, na multiplicação e extensão destes círculos teve outro intento mais alto, sem dúvida foi para nos declarar, com a propriedade desta comparação, o modo com que os OO dos desejos da Senhora, ao passo com que se multiplicavam, juntamente se estendiam. A Virgem Maria era o mar, que isto quer dizer Maria; a pedra era o Verbo encarnado, Cristo: "Esta pedra era Cristo" (1Cor 10,4); o primeiro toque da pedra no mar foi quando o anjo, na embaixada à Virgem, lhe tocou em que havia de ser Mãe, com bênção sobre todas as mulheres: "Bendita és tu entre as mulheres" (Lc 1,19). E que sucedeu então? Duas coisas notáveis. A primeira, que a serenidade daquele mar puríssimo se turbou um pouco: "Turbou-se do seu falar"; a segunda, que sossegada esta perturbação: "Não temas, Maria", no mesmo ponto em que a Senhora disse: "Faça-se em mim segundo a tua palavra", e a pedra desceu a seu centro, logo os círculos, que eram os OO dos desejos da Senhora, se começaram a formar e crescer no seu coração de tal sorte, que sempre os que se iam sucedendo e multiplicando, à medida do amor, que também crescia, eram mais crescidos também, e de maior e mais estendida esfera.

§ VII

Agora vejamos estes círculos, ou estes OO do desejo, unidos ao círculo ou à roda do tempo, que efeitos causaram nele? Os efeitos foram que, sendo o período da expectação do parto tão breve como de nove meses, o fizeram eterno. E por que ou como? Porque cresceu o desejo à proporção do amor e o tempo à proporção do desejo. Não me creiais a mim, senão aos dois maiores doutores da Igreja, Nazianzeno, entre os gregos, e Agostinho, entre os latinos. S. Gregório Nazianzeno, com prefação de que afirma uma grande verdade, diz que um só dia de ardente e ansioso desejo é igual a todo o tempo a que se pode estender a vida humana: "De fato um único dia de toda a vida humana é equivalente ao desejo dos que trabalham". A duração que as escrituras dão comumente à vida humana são cem anos; e se cada dia de desejos intensos se mede por cem anos de duração, e a cada dez dias respondem dez séculos, que são mil anos, vede quantos milhares sobre milhares se podiam encerrar no círculo de nove meses? E se isto afirma com tanta asseveração Nazianzeno, por antonomásia o teólogo, sem determinar objeto nem sujeito, que seria se supusesse que o objeto desejado era Deus, e o sujeito que desejava, o coração da Mãe de Deus? Por isso Santo Agostinho remeteu toda a questão a Deus, como Senhor dos tempos e autor dos desejos. E diz que travou Deus o tempo com o desejo reciprocamente, de tal sorte que, dilatando o tempo, estende o desejo, e "estendendo o desejo, dilata o tempo"[7]. Sendo, pois, os OO dos desejos da Senhora uns círculos tão estendidos, como vimos, bem se infere quão dilatados seriam neles os círculos do tempo. Tão dilatados que a roda do tempo pôde compreender em si a roda da eternidade: "A roda no meio da roda". Mas para que é recorrer a argumentos de doutores, se temos no próprio caso o testemunho expresso da mesma Senhora do O. E quando deu a Senhora este seu testemunho, e com que palavras? Com as mais adequadas ao seu pensamento, e as mais bem medidas com os seus desejos. Disse que os seus desejos eram como o seu desejado: "O meu amado é todo para desejar, e os meus desejos são como todo ele" (Ct 5,16). — Assim o traslada e interpreta a Versão Caldaica. E se os desejos da Senhora se mediam totalmente com o seu desejado, e o desejado era imenso, infinito, eterno, vede se seriam também eternos os seus desejos?

Finalmente, para que não pareça encarecimento o que digo, deixai-me abater o discurso, para melhor o provar, e ouvi como os desejos de quem desejava muito menos, só por serem do mesmo desejado, foram também eternos. Quando Jacó, despedindo-se de seus filhos na hora da morte, lhes lançou a bênção — a qual juntamente era bênção e profecia — o último termo que sinalou a todas as felicidades que lhes prometia foi a vinda do Messias, a quem chama "o desejo dos montes eternos" (Gn 49,26). Grandes e misteriosas palavras! Chama Jacó ao Messias não o desejado, senão o desejo, porque havia de ser desejado tão singular e unicamente, que os desejos de todas as outras coisas, em comparação deste desejo, nem eram, nem mereciam nome de desejos. Mas por que lhe não chama desejo dos homens, senão "desejo dos montes e dos outeiros"? Porventura porque até as criaturas insensíveis, sem uso de razão, nem conhecimento de tanto bem, o haviam de desejar a seu modo e suspirar por ele. Assim explicam alguns este lugar com a energia daquela mesma figura com que disse o Poeta: "Oh Títero, os pinheiros, as fontes, estes arbustos chamavam por ti"[8]. Jacó, porém, no verdadeiro sentido em que falava, entendeu por montes e outeiros os patriarcas e os profetas, assim passados como futuros, nos quais só se conservava a fé explícita de que o Messias havia de ser Filho de Deus. E por isso a esposa, falando da mesma vinda do Messias, dizia: "Ei-lo que vem saltando sobre os montes, atravessando os outeiros" (Ct 2,8). E chamam-se os patriarcas e profetas montes e outeiros porque, assim como os montes e outeiros se levantam sobre os vales, e, extremando-se da outra terra, se avizinham mais ao Céu, assim os patriarcas e profetas, pela eminência da dignidade, da santidade e do conhecimento de Deus, em respeito do outro povo, mal disciplinado e rude, e incapaz de tão altos mistérios, eram os montes e outeiros do mundo. Mas agora entra a dúvida, em que todos, creio, tendes já reparado, e é por que lhes chama eternos: "Desejo dos outeiros eternos"? Os patriarcas e profetas, ainda que lhes demos a antiguidade, desde o primeiro de todos, que foi Adão, de Adão até a morte de Jacó se passaram dois mil anos; e se a continuarmos depois de Jacó, desde a morte de Jacó até a vinda do Messias, passaram outros dois mil. Quanto mais que nesta segunda idade as vidas dos homens, por mais patriarcas e profetas que fossem, eram tão breves como as nossas. Pois, se estes montes e outeiros caíam, e se sepultavam, e se desfaziam em cinzas em tão breve tempo, como lhes chama Jacó eternos: "Desejo dos outeiros eternos"?

Na palavra "desejo" disse Jacó o porquê. Não vedes que o desejo desses patriarcas e profetas, em que viveram, todo era suspirar pela vinda do Messias, todo era clamar ao céu e a Deus que "acabasse já de vir"? O mesmo Jacó dizia: "Esperarei a tua salvação" (Gn 49,18); Moisés: "Manda aquele que deves enviar" (Ex 4,14); Davi: "Mostra-nos, Senhor, a tua misericórdia e dá-nos a tua salvação" (Sl 84,8); Isaías: "Destilai, céus, o vosso orvalho dessas alturas, e as nuvens chovam o justo; abra-se a terra e brote o Salvador" (Is 45,8). E como os desejos dos patriarcas eram tão intensos e a tardança do bem desejado tão dilatada, ainda que o tempo das vidas fosse tão breve, a dilação dos desejos o fazia eterno. Eram grandes, eram santos, eram eminentíssimos nas pessoas, mas muito mais se estendia neles o tempo do que os levantava a dignidade: a dignidade os fazia montes, e o desejo, eternos: "O desejo dos outeiros eternos".

Nem mais nem menos tomou estas medidas Davi, a quem os desejos e o desejado tocavam de mais perto: "Pensei nos dias antigos e tive na mente os anos eternos" (Sl 76,6). Quando considero a antiguidade dos patriarcas e profetas — assim entendem este lugar os mais graves expositores — quando considero os tempos antigos, a tradição dos patriarcas e a fé dos profetas, aqueles homens tão alumiados de Deus, que desde então esperavam e desejavam o que eu hoje só desejo e espero, os dias, no meu entendimento, são anos, e os anos, eternidades: "Pensei nos dias antigos e tive na mente os anos eternos". Ainda tem maior mistério a distinção e repartição destes tempos. A Adão revelou-lhe Deus que se havia de fazer homem, mas não disse como, nem de quem; a Abraão revelou-lhe que havia de ser da sua descendência e da sua nação; a Davi, que havia de ser da sua casa e da sua família. E quanto mais de perto tocava este bem aos homens, tanto mais se excitava neles o desejo, e tanto mais crescia, com o desejo, a dilação. Na antiguidade remotíssima de Adão, os momentos eram dias; na menos remota de Abraão, os dias eram anos; mas na mais próxima, e já vizinha, de Davi, os anos eram eternidades: "E tive na mente os anos eternos". Tudo isto sucedia segundo aquela regra natural, que quanto o bem desejado está mais vizinho, tanto é maior o desejo. Bem assim como a pedra no ar, que quanto mais se chega ao centro, tanto com maior velocidade se move: "A proximidade do ausente aguçou o desejo", disse com verdadeira sentença o Cômico[9]. E se esta vizinhança já em Davi fazia do tempo eternidades, só porque sabia Davi que havia de nascer em sua casa, que seria no coração da Virgem Santíssima, que já o tinha concebido em suas entranhas? Os dois que avaliaram estes desejos por eternos foram nomeadamente Davi e Jacó, os mesmos dois de que o anjo anunciou havia Cristo de ser herdeiro: "O Senhor Deus lhe dará o trono de seu Pai Davi e reinará eternamente na casa de Jacó" (Lc 1,32). E se Jacó e Davi de tão longe reconheciam esta eternidade, como a não compreenderia o coração da Senhora dentro nos ÓÓ dos seus desejos, tanto mais intensos quantos mais vizinhos, e tanto mais dilatados quanto mais intensos? Um Patriarca dizia: "Ó Sabedoria!". Outro suspirava: "Ó Adonai!". Outro clamava: "Ó raiz de Jessé!". Os demais: "Ó chave de David! Ó Oriente! Ó Rei dos povos! Ó Emanuel!". Mas nenhum disse, nem podia dizer: "Ó Filho!". E se os ÓÓ daqueles desejos faziam uns círculos tão dilatados que eram eternos — "Desejo dos outeiros eternos" (Gn 49,26), "tive na mente os anos eternos" (Sl 76,6) —, que seriam os ÓÓ daquele coração e daquela Mãe, que o tinha concebido em suas entranhas e o havia de ver nascido em seus braços: "Eis que conceberás no ventre e darás à luz um Filho".

§ VIII

Certo estou já que não haverá quem duvide que os desejos da Senhora foram eternos. O que só receio, pelo contrário, é que não falte quem ponha dúvida a serem desejos. O bem — replicará algum filósofo — o bem, que é o objeto da vontade, assim como tem diferentes tempos, assim causa na mesma vontade diferentes afetos. Porque o bem, ou é presente, ou passado, ou futuro: se é presente, causa gosto; se é passado, causa saudade; se é futuro, causa desejo. E como o bem, e sumo bem, objeto dos afetos da Senhora, que era o Filho único de Deus e seu, não só o tinha presente, senão mais que presente, porque o tinha dentro em si mesma, parece que antes havia de causar em seu coração júbilos de gosto, e não ânsias nem desejos. Quem discorre desta sorte ainda não tem entendido que a presença, para ser presença, há de ter alguma coisa de ausência. O objeto da vista, para se poder ver, há de ser presente; mas, se está pegado e unido à mesma potência, é como se estivera ausente: há de estar apartado dos olhos para se poder ver. Assim a presença, para ser presença, não há de passar a ser íntima, nem há de estar totalmente unida, senão, de algum modo, distante. É a queixa de Narciso, com verdadeira razão em história fabulosa: "O que desejo, tenho-o em mim; e porque o tenho em mim, careço do que tenho". Pois, que remédio? "O desejo novo no amante": o remédio é um desejo novo, qual nunca desejou quem amasse. E que desejo é este? "Desejar que o que amo se ausente e se aparte de mim". — Tal era o desejo da Senhora, e tal a razão do seu desejo. Carecia do mesmo bem que tinha, porque o tinha dentro em si. Por isso suspirava e desejava com ânsia vê-lo já fora, e esta era a causa dos seus ÓÓ: "Quem me dera que foras meu irmão, para que te encontrasse fora" (Ct 8,1). Oh! quem me dera, irmão e filho meu — irmão, porque tomastes de mim a natureza humana, e filho, porque eu vo-la dei —, oh! quem me dera ver-vos já fora de minhas entranhas, porque dentro delas, posto que vos tenho e possuo, não vos posso gozar. "Para que te encontrasse", diz ainda com maior energia: Oh! quem me dera achar-vos! Como se dissera a ansiosa Mãe, falando com o mesmo Filho. — No dia em que vos concebi, foi como se vos perdera e vos escondêsseis de mim, porque vos não posso ver. Se me pergunta a fé, onde estais: "Onde está o teu Deus?" (Sl 41,11). Respondo, com toda a certeza, que dentro em mim. Mas se mo perguntam os olhos, só lhes posso responder que ainda vos busco e suspiro "por vos achar". E sendo esta a presença do seu bem — ausente por muito presente — vede se tinha razão a Senhora de o desejar com ânsias, e suspirar mais e mais por ele?

Deseja a Virgem Santíssima gozar a seu Filho ao modo com que o Pai Eterno o goza, pois era Filho comum de ambos. Voai agora, se puderdes tanto, os que pusestes a dúvida. Descreve o evangelista S. João a geração eterna do Verbo, e diz que o Filho estava junto ao Pai, ou perto dele: "E o Verbo estava junto de Deus" (Jo 1,1). Aquele "junto de" [*apud*], assim como foi escândalo aos arianos, assim tem sido reparo altíssimo a todos os maiores teólogos. Não diz Cristo, falando da mesma geração sua enquanto Deus, "que ele está no Pai e o Pai nele" (Jo 14,10)? Pois, por que não diz também S. João que o Verbo estava no Pai, senão "junto a ele"? E se estava junto a ele, "Onde estava?", "E qual era o seu lugar?" — pergunta Ruperto. E responde que o lugar onde estava o Verbo era a distinção real com que a pessoa do Pai e distingue do Filho, e a pessoa do Filho se distingue do Pai: "O Verbo estava junto de Deus, para que não duvides das pessoas quando ouves que uma existe ou existiu para a outra"[10]. O mesmo tinha dito antes dele São Basílio, e depois de ambos o diz Santo Tomás. Mas ouçamos discorrer altamente na matéria altíssima a Ricardo Vitorino. Deus é sumamente bom e sumamente beato: enquanto sumamente bom, é suma e infinitamente comunicável; logo, não se podia comunicar infinitamente, senão a quem também fosse Deus, e este é o Filho. Enquanto sumamente beato, não podia ser ou estar só, porque não há felicidade sem companhia: logo, quem lhe fizesse companhia nesta suma felicidade, havia de ser distinto dele; e esta é a distinção real que há entre o Filho e o Pai.

Neste segundo ponto, que é o nosso, as palavras de Ricardo são: "A felicidade máxima não pode existir para alguém solitário, sem união com alguém. Deus, porém, é sumamente feliz, porque vive em comunhão"[11]. E se alguém replicar que antes de haver mundo Deus estava só, porque somente havia Deus, responde Tertuliano contra Praxeias, distinguindo uma soledade da outra, tão profundamente como costuma: "Deus estava só antes de todas as coisas, ele para si mesmo, e o mundo, e os lugares e todas as coisas. Sozinho porque nada extrínseco a ele. Em suma nem então estava só, pois tinha consigo a sua razão (a sua palavra, dizem os gregos)"[12]. Deus antes do mundo estava só, porque fora de si não tinha produzido coisa alguma. Porém ainda então não estava só, porque estava acompanhado do Verbo, o qual tinha consigo. Notai muito a palavra "Tinha consigo". De maneira que na natureza divina, sumamente comunicável, não bastou que o Pai tivesse o Filho "em si"; mas, para que o mesmo Pai não estivesse só, e para que fosse sumamente beato, foi necessário que "tivesse o Filho também consigo". E porque o não podia ter consigo, senão distinguindo-se realmente uma Pessoa da outra, por isso foi juntamente necessário que o Filho se distinguisse realmente do Pai, para que deste modo, não só estivesse nele, "senão junto a ele". Estava o Filho no Pai pela identidade da natureza, e estava com o Pai pela distinção das Pessoas. E esta mesma diferença, que fazia no Pai a identidade e a distinção, fazia na Mãe a conceição e havia de fazer o parto, porque depois da conceição tinha o Filho em si, e depois do parto havia-o de ter consigo. E se na diferença daquele "em" e daquele "junto de": "eu no Pai e o Verbo junto de Deus", consistia a razão da suma felicidade em Deus: "Deus é sumamente feliz porque deve ter uma companhia" — vede se era bastante motivo na Mãe do mesmo Deus, ainda que o tivesse em si, desejar e desejar sumamente tê-lo junto a si?

Esta é a verdadeira filosofia, porque o bem presente pode causar desejos, e porque a presença, para se lograr, há de ter alguma coisa de ausência. O bem e sumo bem da Senhora, enquanto o tinha dentro em si, por muito presente, fazia-o presença invisível; porém, depois que o teve fora de si, e em seus braços, esta mesma distância, que era parte de ausência, fez que o pudesse ver e gozar. E se é propriedade do sumo bem visto, fazer as eternidades breves, que muito é que não visto nem se podendo ver, fizesse os dias eternos? Não acabava de entender S. Gregório Nazianzeno como pudesse ser que os anos que serviu Jacó por Raquel lhe parecessem poucos dias e no cabo achou e deu a verdadeira razão, a qual não era nem podia ser outra, senão porque em todo aquele tempo gozava Jacó a vista da mesma Raquel: "Talvez a causa disso fosse que gozava a vista da desejada amada". Se enquanto a Senhora tinha o bendito fruto de seu ventre dentro em si o pudera ver, então os nove meses lhe pareceriam breves dias; mas como era bem e sumo bem, por muito presente, invisível, todo o tempo em que o não via nem podia ver se lhe fazia eterno. E por isso os seus desejos, como vimos, mudaram o *E* do Anjo em Ó, consumando a eternidade, que no mesmo *E* teve seu princípio: "Eis que conceberas, e darás à luz".

§ IX

Tenho acabado o sermão, e mais depressa porventura, ou mais de repente do que imagináveis. Todos esperavam que eu me lembrasse de duas obrigações mui precisas, das quais parece me esqueci totalmente, porque, tendo presente a Majestade Sacrossanta do Diviníssimo Sacramento, e falando a um auditório tão grave e tão numeroso, como se não olhasse para o altar nem para a Igreja, nem do Sacramento disse uma só palavra, nem ao auditório dei um só documento. Este é sem dúvida o reparo que todos fizestes nos dois discursos que preguei. E eu agora acabo de entender que nem percebestes bem o primeiro, nem aplicastes, como devíeis, o segundo, porque o primeiro todo foi do Sacramento, encarecendo a sua maior excelência, e o segundo todo foi ao auditório, dando-lhe a mais importante doutrina.

No primeiro discurso, sobre as palavras: "Eis que conceberás no ventre", não provei eu que o ventre virginal da Senhora, pela conceição do Verbo Encarnado, fora a circunferência da imensidade e um círculo que compreendeu o imenso? Pois isso mesmo é o que a onipotência divina tornou a obrar por nosso amor no mistério altíssimo do Sacramento, encerrando naquele círculo breve de pão toda a imensidade de seu Ser divino e humano. Por que cuidais que instituiu a Igreja que a forma da Hóstia consagrada fosse de figura circular, como foi desde seu princípio e se continuou sempre? Alguns quiseram na Grécia que a figura da Hóstia fosse quadrada, para significar os quatro elementos de que é composto o corpo de Cristo e as quatro partes do mundo, sobre que tem absoluto e supremo domínio; mas prevaleceu a figura circular, não só porque no círculo se representa também a redondeza do mundo, mas, como diz São Gregório Papa, porque sendo figura que não tem princípio nem fim, em nenhuma outra se exprime mais claramente a eternidade, a infinidade e a imensidade divina, que naquele milagroso círculo está encerrada. Assim se fez e assim se havia de fazer, porque muitos séculos antes da Encarnação do Filho de Deus, já era tradição dos doutores hebraicos, na exposição do salmo setenta e um, que o sacrifício do Messias, como sacerdote segundo a ordem de Melquisedec, havia de ser em pão, e esse pão "formado em figura circular do tamanho da palma de uma mão".

Mas, para que são tradições, onde temos o ritual de Davi? "Dei voltas e sacrifiquei a vítima com vozes de júbilo" (Sl 26,6). Fala Davi de um sacrifício que ofereceu a Deus em ação de graças — como consta de todo o salmo — e tal é o nosso sacrifício. Quando Cristo o instituiu, deu primeiro graças: "Dando graças, o partiu" (1Cor 11,24), e por isso se chama Sacramento da Eucaristia, que quer dizer ação de graças. E quais foram os ritos ou cerimônias deste sacrifício? Três coisas, diz o profeta, que só como profeta as podia antever e imitar. Diz que fez "um círculo à roda"; diz que "ofereceu a hóstia"; e diz que a acompanhou, não com preces e orações, senão "com brados e vozes". No sacrifício, com nome de hóstia, antevia e significava a que temos e adoramos presente; no círculo que fez em roda, a figura circular de que havia de ser formada, em representação da imensidade divina que encerra dentro em si; e nas vozes, não dearticuladas, senão a gritos, que queria significar Davi? Parece que tinha diante dos olhos a solenidade deste dia. Desde o dia de hoje por diante até do nascimento do Senhor, na Catedral de Toledo, onde começou esta instituição, e em muitas outras igrejas da cristandade, a última clausura dos Ofícios Divinos são vozes sem concerto nem harmonia, clamando todo o clero e todo o povo a gritos oh! oh! oh! Isto é o que quer dizer propriamente com "vozes de júbilo". E como o diviníssimo Sacramento é a segunda parte do mistério da Encarnação — por onde São João Crisóstomo lhe chamou Encarnação mais estendida — não é coisa alheia ao espírito de Davi, antes mui própria dos seus fervorosos e arrebatados afetos, que à vista daquela sagrada Hóstia, quando a sacrificava em figura, acompanhasse o mesmo círculo que fazia exclamando ele e fazendo exclamar a todos com OO de júbilos, com OO de aplausos, com OO de admirações: Oh! hóstia, em que o sacrificado é Deus! Oh! círculo, que cercas e compreendes o incompreensível! Oh! invento maior da Sabedoria! Oh! milagre sem igual da Onipotência! Oh! firmeza! Oh! excesso! Oh! extremo do amor infinito para com os homens! Enfim, todos aqueles OO que a Igreja resumiu em um só O: "Ó sagrado convívio no qual Cristo é tomado!"[13].

Esta foi a alegoria do meu primeiro discurso, toda dirigida, Senhor, à vossa Divina e humana Majestade sacramentada. E a doutrina do segundo, em afetos tão sobre-humanos do primeiro exemplar das virtudes, também foi encaminhada toda à imitação dos ouvintes. Que ouvistes sobre as segundas palavras do tema: "E darás a luz a um Filho"? Ouvistes que, estando a Virgem Santíssima toda cheia de Deus, ainda se não satisfizeram seus desejos, desejando ter consigo ao que tinha em si, e acabar de ver com seus olhos ao que estava escondido em suas entranhas. Ora, aplicai isto mesmo a vós. Nada menos do que a Virgem concebeu dentro em si é o que nós recebemos dentro em nós quando comungamos: ela ao Verbo a quem deu carne, e nós ao Verbo encarnado; ela a todo Deus, tão imenso como é, e nós a todo Deus com toda a sua imensidade. E daqui se colhe quão grande injúria fará ao mesmo Deus quem depois de o ter todo em si ainda deseja outra coisa. Qualquer outro desejo do mundo neste caso, ou é declarada heresia, ou rematada loucura: ou heresia, porque é não ter fé, ou loucura, porque é não ter juízo. Condenando Sêneca a ambição monstruosa de Alexandre, disse com profunda sentence. Basta que se achou no mundo um homem que, "depois de ter tudo, ainda desejou mais alguma coisa"? O tudo que possuía e dominava Alexandre era nada: só Deus verdadeiramente é tudo. E que tendo um cristão a Deus, e a todo Deus em si, ainda haja de desejar os nadas do mundo? Ó cegos, ó enganados, ó perdidos, ó infiéis desejos! Uma só coisa pode desejar lícita e cristãmente quem chegou a ter a Deus em si. E qual é? Chegar também a o ter consigo, que é o que desejava a Senhora.

"Uma só coisa desejo" — diz S. Paulo —, "que é desatar a minha alma das cadeias do corpo, para estar com Cristo" (Fl 1,23). — Tornai a dizer, Apóstolo sagrado, que vos não entendo. Vós não dizeis "que nesta mesma vida está Cristo em vós"? (Gl 2,20). Pois se Cristo está em vós nesta vida, para que quereis deixar a vida para estar com Cristo? Porque vai muita diferença de estar Cristo em mim, ou estar eu com ele. Estar Cristo em mim, é possuí-lo sem o ver; estar eu com ele é vê-lo e gozá-lo. Esta é a mesma razão por que a Virgem, tendo a seu Filho e a seu Deus dentro em si, ainda desejava e suspirava, porque o desejava ter de modo que o pudesse ver e gozar. E esta é também a razão — se temos uso de razão — porque tendo a Cristo dentro em nós sacramentado e invisível, esta mesma felicidade nos deve excitar o desejo da outra maior e felicíssima, que é chegar a estar com ele, onde o vejamos e gozemos por toda a eternidade. Para fartar a fome de todos os outros desejos, basta termos a todo Deus em nós; mas desta mesma fome, já satisfeita, há de nascer uma sede insaciável de se romperem aquelas nuvens, e o vermos descobertamente na glória: "A minha alma tem sede de Deus forte e vivo" (Sl 41,3); "saciar-me-ei quando aparecer a tua glória" (Sl 16,15). Estes hão de ser os OO dos nossos desejos, como eram os do mesmo profeta: "Quando virei e aparecerei diante da face de Deus?" (Sl 41,3). Oh! quando virá aquele ditoso dia, em que apareça, meu Deus, diante de vós? Oh! quando chegará aquela hora, em que vos veja face a face! Oh! quando se verá livre a minha alma do cárcere deste corpo mortal, que lhe impede a vossa vista. — "Quem me livrará do corpo desta morte?" (Rm 7,24). "Ó Senhor, livra a minha alma" (Sl 114,4). "Ó Senhor, salva-me. Ó Senhor, faze que tenha prosperidade!" (Sl 117,25). Estes hão de ser os OO dos nossos desejos, e não os do mundo, os da cobiça, os da ambição, os do falso amor, que não são OO, senão ais: "Ai de mim, porque o meu desterro se prolongou" (Sl 119,5). Virgem Senhora do O, esta é a graça que hoje vos devemos pedir todos, e a que eu, em nome de todos, vos peço de todo coração. Que reformeis todos nossos desencaminhados desejos, que os aparteis de todas as coisas temporais e da terra, que os levanteis ao céu, e os encaminheis à eternidade, para que nela, por vossa intercessão, e pelos merecimentos infinitos de vosso Santíssimo Filho, consigamos, com a sua vista sem fim, o fim para que fomos criados. Amém.

SERMÃO DA

Primeira Sexta-Feira da Quaresma

No Convento de Odivelas[1]*.*
Ano de 1644.

"Amai aos vossos inimigos."
(Mt 5,44)

Aos trinta e seis anos, seu nome cresce em fama. Hoje, na primeira semana da quaresma, está em Odivelas a pregar às freiras da aristocracia portuguesa. O tema confronta os dois afetos mais perigosos da vontade humana: o amor e o ódio. Admirável e dificultoso o preceito de amar os inimigos. 1) Mais natural é o ódio do inimigo do que o amor ao amigo. O voto de São Bernardo. Que dizem os antigos? 2) A oposição dos preceitos: amar os inimigos versus *aborrecer os amigos; o não amar nem corresponder aos amantes. Os dois gêneros de inimigos e, em consequência, os dois gêneros de amar (bem e mal) e dois gêneros de aborrecer. Concluindo, amar mal é aborrecer: se amares mal, então odiaste. Logo, quem me ama mal, aborrece-me e, porque me aborrece, é meu inimigo. É meu inimigo? Logo, tenho a obrigação de amá-lo: amai os vossos inimigos. Tenho a obrigação de o amar como inimigo? Logo, sou obrigado a aborrecê-lo bem, já o amo, porque aborrecer bem é amar. Se bem odiares, então amaste.*

§ I

Temos hoje em controvérsia os dois mais poderosos afetos, e os dois mais perigosos da vontade humana. Tão poderosos que, se a vontade os vence, é senhora; tão perigosos que, se eles vencem a vontade, é escrava. E que dois afetos são estes? Amor e ódio. O amor tem por objeto o bem, para o abraçar; o ódio tem por objeto o mal, para o fugir; e este é o poder universal que se estende sem limite a quanto tem o mundo. Mas, como o mal muitas vezes anda bem trajado, e o bem, pelo contrário, mal vestido, daqui vem que, enganada a vontade com as aparências, facilmente ama o mal, como se fora bem, e aborrece o bem, como se fora mal: e aqui está o perigo. Os antigos diziam: amai a quem vos ama e aborrecei a quem vos aborrece, isto é: querei bem a quem vos quer bem, e querei mal a quem vos quer mal. Mas este mesmo ditame, ainda hoje tão seguido, posto que parece fundado em igualdade e justiça, é o maior e mais perigoso erro que a Sabedoria divina veio alumiar e reformar ao mundo. Neste Evangelho nos manda Cristo amar aos inimigos, e em outro nos manda aborrecer os amigos; neste nos manda amar aos que nos têm ódio, em outro nos manda ter ódio aos que nos amam; e sendo o mesmo legislador divino o autor destes dois preceitos tão encontrados, daqui se deve persuadir a nossa pouca capacidade que nem sabemos o que é amor, nem sabemos o que é ódio; nem sabemos amar, nem sabemos aborrecer; nem sabemos querer bem, nem sabemos querer mal. Engana-nos o mal com aparências de bem, e leva-nos o amor; engana-nos o bem com aparências de mal, e mete-nos no coração o ódio. E que fará a triste vontade enganada assim, e cativa? O desengano destes dois erros é o que eu determino pregar hoje, e ensinar, não às más, senão às boas vontades, como hão de saber amar e como hão de saber aborrecer. É matéria em que, depois de disputada a controvérsia, vos hei de descobrir um admirável segredo. Ajudai-me a pedir a Graça. *Ave Maria.*

§ II

"Amai os vossos inimigos". Amai vossos inimigos. Santo Agostinho, com o peso do seu singular juízo, sondando a profundidade deste preceito, diz assim: "Recorda todos os preceitos do Senhor, nenhum é mais admirável nem mais difícil do que alguém ame os seus inimigos"[2]. Lede todas as Escrituras Sagradas, ponderai todos os preceitos, conselhos e documentos divinos, e nenhum achareis — diz Agostinho — nem mais admirável, nem mais dificultoso que mandar Deus a um homem de carne e sangue, que ame a seus inimigos. — Admirável e dificultoso, diz o santo; e deixando o admirável para depois — como prometi — reparemos primeiro no dificultoso. É tão dificultoso este preceito, que os gentios o tiveram por impossível, e muitos hereges também, aos quais refuta doutissimamente e convence S. Jerônimo. Porém, em ser dificultoso, e muito, o mesmo S. Jerônimo concorda com Santo Agostinho, e com Jerônimo e Agostinho, todos os outros Santos Padres e Doutores da Igreja. Todos dizem e confessam que este é o mais rigoroso preceito da lei evangélica, e esta a mais árdua e dificultosa empresa da religião cristã. Se entre os homens se acham tão poucos que amem verdadeiramente a seus amigos, quão dificultosa e repugnante coisa será à natureza humana chegar a amar os próprios inimigos?

Ora, com isto se representar e praticar assim, eu cuido que esta doutrina, quando menos, é muito duvidosa, e que padece uma grande instância. Santo Agostinho, nas mesmas palavras que já referi, diz que leiamos todas as Escrituras, e que em nenhuma delas se achará preceito ou documento mais dificultoso; e eu digo que para achar preceito e documento mais dificultoso não é necessário ler todas as Escrituras, nem muitas, porque basta só um texto do Evangelho. O mesmo Cristo que disse: "Amai os vossos inimigos", diz assim no capítulo catorze de S. Lucas: "Quem não aborrece a seu pai e a sua mãe, a sua mulher e a seus filhos, a seus irmãos e a suas irmãs e, o que é mais, a si mesmo não pode ser meu discípulo" (Lc 14,26). — Este preceito obriga em todos aqueles casos em que o amor dos pais e parentes se encontra com a observância da lei de Deus. E geralmente é obrigação de todo o cristão não corresponder a quem o ama, se ilicitamente é amado, ainda que não fosse com perda da graça, senão da perfeição que professa. De maneira que, combinados os cânones da lei de Cristo, em uma parte manda-nos que amemos a quem nos aborrece: "Amai os vossos inimigos", e em outra que aborreçamos a quem nos ama: "Quem não aborrece o pai e a mãe não pode ser meu discípulo" (Mt 10,37). Agora pergunto eu: e qual destes dois preceitos é mais dificultoso: aborrecer um homem a quem o ama, ou amar a quem o aborrece? Responder com ódio ao amor, ou com amor ao ódio? Antes de resolver a questão, disputemo-la primeiro, e ouvi com atenção o que alegar por uma e por outra parte, porque vós haveis de ser os juízes.

§ III

Primeiramente parece que é mais dificultoso amar a quem me aborrece do que aborrecer a quem me ama. Provo. O agravo com que me ofende o inimigo é dor no coração próprio a correspondência com que falto ao amigo é dor no coração alheio; e no remédio das dores sempre se acode primeiro à que mais lastima, e sempre é mais sensitiva a que está mais perto. Logo, mais natural é no homem o ódio ao inimigo que o amor ao amigo, porque no ódio ao inimigo acode-se à dor própria, com a vingança; no amor ao amigo acode-se à dor alheia, com a correspondência. Mais. Quando amamos a quem nos ama, governa-se a vontade pela razão; quando aborrecemos a quem nos aborrece, move-se o apetite pela ira, e os ímpetos da ira sempre são mais fortes que os impulsos da razão; sempre obram mais eficazmente os ofendidos que os obrigados, porque a ofensa corre por conta da honra, a obrigação por conta do agradecimento, e mais sofrível é o nome de desagradecido, que a nota de afrontado. Mais ainda. Quando amo a quem me ama, pago o que devo; quando me vingo de quem me ofendeu, pagam-me o que me devem. E quem há que não seja mais inclinado a receber a satisfação que a pagar a dívida? Mais dificultoso é logo deixar de aborrecer a quem nos aborrece que deixar de amar a quem nos ama. Só parece que está a experiência contra esta resolução, porque, sendo no mundo mais as ofensas que os benefícios, são mais as ingratidões que as vinganças: logo os homens, naturalmente, parece que são mais ingratos que vingativos. Mas não é assim, porque para a vingança é necessário poder e para a ingratidão basta a vontade. E se é menor o número das vinganças, é por serem os homens menos poderosos e não por serem menos inimigos.

Por outra parte, parece que é mais dificultoso aborrecer a quem nos ama que amar a quem nos aborrece. Provo: Amar a quem me aborrece é ser humano com quem o não é comigo; aborrecer a quem me ama é ser cruel com quem mo não merece: o ser humano é ser homem, o ser cruel é ser fera. Logo, aborrecer a quem nos ama, tanto mais dificultoso é quanto mais repugnante à natureza. Mais, é forte razão esta. Da parte do objeto tanto provoca o ódio a aborrecer como o amor a amar; porém, da parte da potência, a vontade é mais inclinada a amar que a aborrecer porque o amar é ato natural, o aborrecer violento. Donde se segue que, convidada igualmente a vontade do ódio do inimigo para aborrecer, e do amor do amigo para amar, naturalmente se há de inclinar mais a amar ao amigo que a aborrecer ao inimigo. Logo, maior violência padece a vontade em aborrecer a quem nos ama que em amar a quem nos aborrece. Mais. Amar a quem nos aborrece é ato de generosidade; aborrecer a quem nos ama é ato de ingratidão. E que coração haverá tão irracional que queira antes ser ingrato que generoso? Quem há de trocar a nobreza e fidalguia de uma generosidade pela vileza e baixeza de uma ingratidão? Finalmente, mais dificultoso é aborrecer sem causa que amar com razão. Em quem me aborrece há razão para o amar, porque se o aborrecer como inimigo, posso-o amar como próximo. Em quem me ama não há causa para o aborrecer, porque se o devo amar por próximo, por que o hei de aborrecer por amigo? Logo, mais dificultoso é aborrecer a quem nos ama que amar a quem nos aborrece.

§ IV

Posta a questão nestes termos, para eu continuar o sermão, é necessário tomar primeiro os votos aos ouvintes, porque onde eles reconhecerem a maior dificuldade aí se devem empregar todas as forças do discurso. Que dizeis pois nestes dois casos? Tendes por mais dificultoso o amor dos inimigos ou o ódio dos amigos? Amar aos que vos aborrecem ou aborrecer aos que vos amam? Todos se calam, ninguém me responde. Mas já vejo que quereis que os votos sejam secretos, para serem mais livres e mais verdadeiros. Vede se os interpreto e distinguo bem. Destas grades para fora pode ser que haja alguns ânimos tão briosos ou vingativos que tenham por mais dificultoso amar inimigos e perdoar agravos. Mas das mesmas grades para dentro — que é a melhor e principal parte do auditório — como os corações naturalmente são mais benignos, cuido eu que o amor há de ter por si os mais votos, e tanto mais e melhores quanto mais bem entendidos. Do amor — dizem as almas mais discretas e de melhor coração — do amor me livre a mim Deus, que pelo ódio não me há de levar o diabo ao inferno. O estado religioso, como livre das injúrias do mundo, quase é incapaz de ódio; mas para o isentar do amor, que tem penas e asas, não bastam cercas nem muros. Dado pois, e não concedido, que algum amor modesto e comedido pudesse aqui entrar ou entrasse, não haver de amar neste caso, nem corresponder com amor um coração que é amado, não há dúvida que este é o ponto mais estreito e dificultoso, e este o preceito mais árduo da lei de Deus. Assim me parece, senhoras, que o está votando geralmente e concedendo o vosso silêncio. Com que vem a distinguir sutilmente, na segunda parte da nossa mesma questão, outro terceiro caso, tanto mais escrupuloso quanto mais delicado e tanto mais dificultoso quanto mais repugnante. Não amar é menos que aborrecer a quem nos ama; e como no preceito de aborrecer se inclui também o de não amar, neste não amar, que é menos, consiste o mais da dificuldade. Assim entendo que o entendem e estão votando os melhores juízos. E por que não pareça que dissimulo a força da vossa razão para mais facilmente a desfazer, pondo-me primeiro da vossa parte, a quero fortificar e defender quanto ela merece.

Primeiramente, o mesmo legislador desta sagrada república, S. Bernardo, sobre aquelas palavras dos Cânticos (2,16): "O meu amado é para mim e eu para ele", ainda das telhas acima diz que o amor com que a alma ama a Deus nasce do amor com que Deus ama a alma: "O amor de Deus gera o amor da alma". E acrescenta que por isso a alma ama, porque sabe que é amada: "Aquela que ama não duvida que é amada"[3]. No amor natural e cá da terra passa o mesmo. Um amor naturalmente chama por outro. E não há coração nem tão surdo, que se é chamado não ouça, nem tão mudo, que se ouviu não responda. Até as penhas dos desertos respondem às vozes, e o mesmo eco, que parece que é repulsa, é correspondência. A correspondência não é outra coisa que a reflexão do mesmo amor, que torna dobrado para donde veio. E assim como não há mármore nem bronze tão duro que, ferido do raio do sol, não responda ao mesmo sol com a reflexão do seu raio, assim não há coração tão de mármore na dureza e tão de bronze na resistência, que, prevenido no amor, o não redobre e corresponda com outro.

É tão certa e experimentada esta força do amor, e tão constante no juízo de todos os sábios, que poetas, oradores, filósofos, e os mesmos Santos Padres a confessam e encarecem. Entre os poetas, todos sabem o epigrama de Marcial: "Ama para seres amado"[4]. Deixo outras citações de autores desta casta, porque são gente que mais professa a lisonja que a verdade. Entre os oradores, o príncipe de todos, Marco Túlio, escrevendo a Bruto, diz assim: "Clódio me ama muito, e como eu estou persuadido a isso, não duvido que vós também julgareis que eu o amo"[5]. — E por quê? "Porque não há coisa" — diz — "mais alheia do ser de homem, que não responder com amor a quem o amou primeiro". De maneira que, em sentença daquele homem, de cuja língua estavam pendentes as sentenças de todos, o homem que foi amado de outro, ou o há de amar também, ou deixar de ser homem.

Entre os filósofos, Hecaton, referido e seguido por Sêneca — que é dobrada autoridade — disse o mesmo, mas com coturno filosófico e confiança de mestre dos mestres. As suas palavras, como se apregoasse e vendesse amor, são estas: "Eu te mostrarei um filtro amoroso sem remédios, sem ervas, sem os versos de nenhuma feiticeira"[6]. Se alguém deseja que o amem, não peça ervas à natureza, nem confeições à medicina, nem feitiços à arte mágica: venha-se a mim, que eu lhe descobrirei um segredo de mais virtude que todas as ervas, de mais eficácia que todos os medicamentos e de mais e maior força que todos os feitiços. E que segredo é este tão poderoso? "Se queres ser amado, ama." — Não disse mais o filósofo, e nestas duas palavras compreendeu toda a filosofia do amor. Amar e ser amado são relações mútuas e recíprocas que, posta ou suposta uma, logo naturalmente resulta a outra. E assim como o amor só com amor se conquista, assim não há amor tão forte, ou tão fortificado, que se não renda a outro amor. Vamos aos Santos Padres.

§ V

São João Crisóstomo, sem alegar a Hecaton, também grego, disse como própria a sua mesma proposição: "Se queres ser amado, ama". Mas provou o que ele não tinha provado, com a natureza do mesmo amor. O amor essencialmente é união, e a união não pode unir um extremo sem que una também outro. Porventura, se vos atardes a um homem pode ele deixar de ficar também atado convosco? Não. Pois, da mesma maneira — diz Crisóstomo — se amastes, não podeis deixar de ser amado: "Se queres te unir a alguém, é preciso que esse alguém queira também se unir a ti". Assim se uniu e atou Jônatas a Davi, e Davi logo ficou unido e atado com Jônatas. Os mesmos termos com que o conta a Escritura declaram o amor e mais a comparação: "A alma de Jônatas se uniu à alma de Davi" (1Rs 18,1). Não diz que Jônatas amou a Davi, e Davi a Jônatas, senão que a alma de Jônatas se grudou com a alma de Davi. Porque assim como uma tábua se não pode grudar com outra sem que ambas fiquem unidas, assim uma alma não pode amar outra alma sem que ambas se amem. O valor de Davi moveu a alma de Jônatas a que o amasse, e o amor de Jônatas obrigou a alma de Davi a que o correspondesse. Jônatas, não amado, amou; mas Davi, depois de amado, não pôde deixar de amar. O primeiro amor foi livre, o segundo necessário. Finalmente, conclui o mesmo S. Crisóstomo, que a vontade de cada um é a lei da vontade alheia: "A vontade seja para ti a lei", porque, segundo cada um quiser ou não quiser amar, assim será ou não será amado. De sorte que o amar eu é mandar e obrigar a que me amem. O amor é o preceito, a correspondência a obrigação; o amar império, o ser amado obediência.

Santo Agostinho, em menos palavras não disse menos. "Nenhum convite maior existe para o amor do que antecipar o amante com amor. Demasiado duro é o espírito que se não queria amar, não quer retomar o amor."[7] O maior e mais certo motivo de ser amado, é antecipar o seu amor quem quer alcançar o alheio. Todos os outros motivos, por mais fortes que pareçam, e por mais usados que sejam, conquistam vaidade e engano, mas não verdadeiro amor. A formosura entretém os olhos, as dádivas enchem as mãos, a discrição lisonjeia os ouvidos, os regalos saboreiam o gosto, o poder e a majestade faz dobrar os joelhos; mas sujeitar e render o coração, só o amor. É o coração humano tão generoso que não se rende senão a seu igual, nem há outro interesse, força ou arte com que se possa conquistar, senão amando: "Nenhum convite maior existe para o amor do que antecipar com amor". A palavra "invitatio" soa a invite, e o "praevenire" é ganhar por mão. Quem tomou a mão em amar primeiro, esse levou o resto ao amor. A razão é — diz Agostinho — porque se no mundo houver algum coração tão duro e duríssimo, que nem ame nem queira amar, nenhum haverá tão alheio de toda a humanidade — ainda que seja esse mesmo — o qual, depois de amado, não queira responder com amor: "Demasiado difícil é o espírito que se não queria despender amor, não quer retribuir". Notai muito aquele "Não queria" e este "Não quer". Antes de o amarem, poderá haver coração tão duro que não ame nem queira amar; mas, depois de se ver amado, há de amar e querer amar, ainda que não quisesse.

É tanto isto assim — para que eu também fizesse meu encarecimento — é tanto isto assim, que se Deus criara um coração de ferro, e este coração fosse amado, natural e necessariamente havia também de amar. Falando Plínio[8] do magnete, ou calamita, ou pedra-ímã (que me não cabe na boca o nome do nosso vulgo), descreve o seu amor com o ferro, ou os seus amores, desta maneira:

"Que dureza mais dura que a do ferro? Entretanto cede e padece de amores. É atraído pela pedra-ímã, aquela matéria dominadora de todas as coisas. Aproxima-se como próprio, acompanha, e se tem e se enlace num abraço". Que dureza mais dura que a do ferro? E contudo esta matéria, domadora de todas as coisas, também se deixa penetrar e padecer de amor. É o ferro amado da pedra-ímã — a quem os franceses discretamente chamam pedra amante — e é tão milagrosa ou tão amorosa entre ambos a força desta natural simpatia, que a pedra, como amante, sempre está atraindo, e o ferro, como amado, sempre correspondendo. Ela o chama, ele se move; ela o guia, ele a segue; ela o eleva, ele se suspende; ela o ata, ele se deixa prender; se ela para, ele para; se sobe, sobe; se desce, desce; se anda à roda, rodeia; sempre juntos, sempre conformes, sempre unidos, e tão pegados entre si como se um e outro foram de cera. E se isto obra no ferro uma qualidade oculta, que seria no coração, ainda que fosse de ferro, um amor declarado? Um ferro amado de uma pedra não pode deixar de pagar amor com amor. E poderá um coração humano amado não amar? Todos estais dizendo que não, e parece que dizeis bem.

Só tem esta regra ou opinião geral uma exceção contra si, a qual notou Santo Ambrósio e, depois dele, Santo Agostinho, ambos pelas mesmas palavras. Ponderam o caso de José, e o valor mais que de homem com que fugiu e largou a capa nas mãos da senhora, e o que sobre tudo encarecem, é que, "amado, não amou". Logo, não é tão certa nem tão universal a proposição que até agora pretendemos provar, nem tão repugnante e quase impossível ao coração humano não responder com amor quando é prevenido com outro, ou deixar de amar quando é amado. Bem pudera eu aqui responder que a exceção de um exemplo, quando é um só, ou raríssimo, não desfaz a regra geral, antes a confirma. E a mesma admiração com que os santos celebram este caso e lhe chamam prodigioso vem a ser nova e maior prova de quão próprio e natural é da vontade e propensão humana seguir sempre e obrar o contrário. Mas, com licença de Ambrósio e Agostinho, eu não consinto em que José amado não amasse, antes digo, que não só amou, mas com muito maior excesso do que foi amado. A egípcia, como vil, acusou a José, e o que começou amor, degenerou em vingança; José, pelo contrário, como honrado, estando inocente, não se desculpou, e o que parecia desamor mostrou que era fineza. Fino com Deus, porque não quis pecar, fino com seu senhor, porque o não quis ofender, e mais fino com a mesma que o amou, porque, preso, carregado de ferros, e quase condenado à morte, não se desculpou a si pela não culpar a ela. Pagou-lhe o amor com lhe encobrir o delito. Ela cobriu-o com a capa e este com o silêncio. Tão impossível é que o amor, ainda na terra mais dura e mais estéril, e ainda rejeitado e rebatido, não produza amor.

Mas, admitido que a egípcia amasse e não fosse amada, e José fosse amado e não amasse, falando em termos somente naturais e humanos, neste caso, ou noutro semelhante, qual estado ou qual fortuna seria mais cruel e mais detestável: a do que ama e não é amado, ou a do que é amado e não ama? Respondo que no tal acontecimento — de que Deus livre a todo o coração humano — o que ama e não é amado seria digno de maior compaixão, e o que é amado e não ama, de maior horror. Amar e não ser amado é o maior tormento; ser amado e não amar é a maior injustiça. Mas aquilo é padecer a sem-razão, isto é fazê-la; logo, melhor é amar e não ser amado, que ser amado e não amar, porque amar e não ser amado é ser mártir; ser amado e não amar é ser tirano. Sendo pois um excesso tão alheio da razão, tão indigno da humanidade, e tão contrário a toda a inclinação natural, não pagar amor com amor, quem duvida ou pode duvidar que não só o aborrecer a quem nos ama — que é ato — mas ainda o não amar — somente que é mera suspensão — seja a maior violência da liberdade humana, o maior aperto do coração e a maior tirania da natureza?

§ VI

Ponderadas assim de qualquer modo as três dificuldades em que até agora nos detivemos — cujo peso e energia mais se pode sentir que declarar — que faria a vontade humana cercada ou sitiada por todas as partes, e combatida juntamente de três violências tão fortes? Um preceito lhe manda amar os inimigos, outro lhe manda aborrecer os amigos, e o terceiro, que deste se segue, lhe manda não amar nem corresponder — para que o digamos por seu nome — aos amantes. E, bastando qualquer destas obediências por si a fazer desmaiar e estremecer o mais animoso coração, todas juntas, que será? Pela parte do vivente, pela parte do sensitivo e pela parte do racional se vê o homem aqui nas mais apertadas angústias. Quem o manda amar o inimigo, parece que o quer insensível; quem o manda aborrecer o amigo, parece que lhe tira o racional; e quem o manda que, amado, não ame, parece que o supõe pedra ou morto. Que remédio, logo, para satisfazer tantas e tão dificultosas obrigações juntas, e para que não fique nelas o entendimento esmorecido, a vontade desesperada e toda a alma oprimida? Não é tampouco suave a lei de Deus que, se dificulta os preceitos, não facilite os remédios. Todas estas dificuldades, que tão feias e tão medonhas se representam ao coração humano, assim como elas são três, assim se vencem com três palavras, que são as que tomei por tema: "Amai — os vossos — inimigos". Manda Cristo, Senhor nosso, que amemos nossos inimigos. E só com a imitação deste preceito, que tem alguma dificuldade, se observam os outros dois, sem nenhuma dificuldade. Disse só com a imitação, porque não é necessária a observância deste preceito para observar os outros. Mas, se este preceito trata dos inimigos, e os outros dois dos amigos, se este preceito manda amar, e um dos outros aborrecer; se este diz: amai a quem vos tem ódio, e o outro diz: não ameis a quem vos ama, como pode ser que na imitação deste preceito consista a observância dos outros? Não vos parece isto que digo uma coisa muito maravilhosa? Pois este é o segredo admirável que vos prometi.

Para inteligência dele havemos de supor, em primeiro lugar, que há dois gêneros de inimigos: uns inimigos que nos querem mal, e nos fazem mal com ódio, e outros inimigos que nos querem mal, e nos fazem mal com amor. Os inimigos que nos querem e fazem mal com ódio, são os que Cristo nos manda amar, e estes todos sabemos quais são os inimigos que nos querem e fazem mal com amor, são os que o mesmo Cristo nos manda aborrecer, e estes porventura não sabeis nem imaginais quais sejam, e agora o sabereis. Sabeis quem são estes inimigos? São todos aqueles que por sangue e parentesco mais ou menos estreito, ou por inclinação natural, ou por trato, ou por benefícios, ou por esperanças e dependências, ou por graças e prendas pessoais, ou por qualquer outro motivo de afeição vos amam desordenadamente. A Esposa santa dizia:

"O amor ordenado é caridade", e o amor desordenado, ainda que a desordem seja ou pareça leve, nem é caridade, nem é amor: é ódio. Como pode ser amar nem querer bem o que me priva ou aparta do sumo bem?

Daqui se segue a segunda coisa que havemos de supor, e é que assim como há dois gêneros de inimigos, assim há dois gêneros de amar e dois gêneros de aborrecer. Há amar bem e amar mal, e há aborrecer mal e aborrecer bem. E em que se distinguem ou diferençam este amar e este aborrecer? Distinguem-se pelos afetos e também pelos efeitos, porque o amar mal é aborrecer, e o aborrecer bem é amar. Os antigos pintavam o amor e o ódio igualmente armados, ambos com arco e aljava; mas o amor diziam que atirava com setas de ouro, as quais tinham por efeito dar vida, e o ódio com setas de ferro, que tinham por efeito matar. Agora pergunto: e se o amor e o ódio trocassem as aljavas, que sucederia neste caso? Sucederia sem dúvida o que conta Anacreonte que sucedeu ao mesmo amor com a morte. Caminhavam — diz — o amor e a morte, cada um a seus intentos, e vieram ambos a fazer noite e albergar na mesma estalagem; levantaram-se muito cedo para continuar seus caminhos, e como havia ainda pouca luz, sucedeu que as aljavas se trocaram; e porque o amor levou as setas da morte, daqui veio que dali por diante as suas feridas foram mortais. O mesmo digo eu que sucederia no nosso caso, não fabulosa, senão verdadeiramente. Se o amor atirasse com as setas do ódio, o amar seria aborrecer; e se o ódio atirasse com as setas do amor, o aborrecer seria amar. Pois isto mesmo que sucederia é o que sucede, e isto mesmo que havia de ser é o que é, diz Santo Agostinho. Porque o amor, amando mal, aborrece como se fora ódio; e o ódio, aborrecendo bem, ama como se fora amor: "Se amastes mal, então aborrecestes; se aborrecestes bem, então amastes"[9]. — É sentença expressa e sem variação alguma, tirada do mesmo texto de Cristo. E por que não pareça que o nome de admirável, que eu dei a este segredo, é posto por mim, o mesmo Agostinho lhe deu o mesmo nome: "Sentença grande e admirável".

Supostas estas duas verdades certas e evidentes, em que muitos corações andam tão enganados e tão cegos, cuidando que amam e são amados, quando aborrecem e são aborrecidos, vede quão fácil fica a execução, e quão natural e leve o exercício de todas aquelas que ao princípio nos pareciam dificuldades, violências e tiranias. Pergunto: não é muito fácil não amar eu a quem me não ama, e aborrecer a quem me aborrece? Sim. Pois isto é o que Deus nos manda. Se os que me amam, me amam mal, daqui se segue que tão fácil é não amar eu a quem me ama, como não amar a quem me não ama, porque quem me ama mal não me ama. E do mesmo modo, tão fácil é aborrecer a quem me ama, como aborrecer a quem me aborrece, porque o amor de quem me ama mal tão fora está de ser amor, que antes é aborrecimento e ódio. E se alguém disser que ao menos por esta via não guardo o preceito de amar aos inimigos, também infere mal e se engana, porque esse mesmo aborrecê-los e não os amar é amá-los. A prova é manifesta, mas há mister atenção. "Amar mal é aborrecer"; logo quem me ama mal aborrece-me, e porque me aborrece, é meu inimigo. É meu inimigo? Logo, tenho obrigação de o amar: "Amai os vossos inimigos". Tenho obrigação de o amar como inimigo? Logo sou obrigado a o aborrecer bem, assim como ele me ama mal; e se eu o aborreço bem, já o amo, "porque aborrecer bem é amar".

§ VII

Parece-me que temos filosofado assaz, posto que toda esta especulação foi necessária para chegarmos ao ponto em que estamos. Agora desçamos à prática dele, que é o que mais importa, e ponhamos o exemplo nas amizades, afeições e correspondências que no mundo se usam — e também nas que se abusam fora do mundo — para que a doutrina chegue a todos. Nenhum amor há mais natural, mais lícito e menos suspeitoso que o dos pais para com os filhos; e contudo é coisa que excede toda a admiração dizer o divino Mestre, como referimos no princípio, que "quem não aborrecer seu pai e sua mãe não pode ser seu discípulo". Abaixo de Deus devemos amar os pais, que depois dele nos deram o ser. Como diz logo o mesmo Deus que para ser seu discípulo é necessário aborrecer e ter ódio aos próprios pais? Bem se está vendo que este texto há mister declaração, e nenhum lha deu melhor que S. Gregório Papa. Muitas vezes o amor dos pais é desordenado, e não conforme a lei e amor de Deus. Não são todos como Jefté, que sacrificou a filha única, nem todos como Abraão, que não duvidou levar também ao sacrifício o seu primogênito. Quantos, por estabelecer a sucessão da casa, impedem o estado religioso às filhas, e quantos, por terem perto de si os filhos, não fazem caso de que eles andem muito longe de Deus? E pais que querem mais à sua casa que à minha alma; pais que estimam mais o seu gosto que a minha salvação; pais que, porque me deram a vida temporal, me apartam de segurar eu a eterna, vede se são merecedores de amor ou de ódio? Ditosas vós, que por amor do Esposo do céu tivestes valor para deixar os pais da terra; ditosas, se por vontade sua os deixastes, e muito mais ditosas, se contra sua vontade fugistes deles. Eles, voluntariamente deixados, sacrificaram em vós o seu amor; e vós, violentamente fugindo deles, consagrastes neles o vosso ódio. Este é o ódio santo com que Cristo manda aborrecer pai e mãe aos que se quiserem fazer dignos de sua escola; e este o verdadeiro aborrecimento com que lhe devem pagar os filhos o seu falso amor. Nem se encontra o preceito de amar os mesmos pais com este preceito ou conselho de os aborrecer — diz S. Gregório — porque, se eles me aborrecem com amor, justo é que eu os ame com ódio: "Quem pois ama por ódio, se coisas más não sugere, não odeia"[10]. Eles aborrecem-me com amor, porque me amam mal: "Se és amado mal, então aborreceste"; e eu amo-os com ódio, porque os aborreço bem: "Se bem és aborrecido, então amaste".

Depois do amor dos pais — em que se compreendem todos os graus do sangue — debaixo do nome comum de amigos entrarão geralmente, e com maior decoro, todos os outros que amam e são amados. Quando os amigos eram verdadeiros amigos, "era também o nome desta profissão sagrada e venerável". Mas, depois que a sincera amizade, a qual entre o coro das virtudes tinha tão honrado lugar, se desceu de sua dignidade e acompanhou com os vícios, que amigo ou chamado amigo há hoje que, assim como é o maior inimigo de si mesmo, o não seja também do seu amigo? Tertuliano, falando de certos hereges que negavam a ressurreição da carne, sendo porém grandes amadores dela, chamou-lhes discretamente "os amicíssimos inimigos da carne". E, posta de parte a heresia, quem são os amigos do uso, sem lhes fazermos agravo, senão amigos inimicíssimos, ou amicíssimos amigos? E, se não, dizei-me os mais moços — para que guardemos esse respeito às cãs — dizei-me e confessai sem rebuço: de que vos servem esses que tendes por amigos mais íntimos, e que amizades são as suas? Irem convosco ao passeio e à comédia, levarem-vos à casa de jogo e às casas ou serralhos da ruim conversação; acompanharem-vos de noite aos furtos da honra alheia, ou à vingança oculta; serem vossos padrinhos no desafio a que vos levam já excomungado e vos trazem morto ou mal ferido; serem os secretários de todos vossos cuidados e pensamentos, e os conselheiros de todas as traças, enredos e execuções de vossas loucuras e apetites sem freio; enfim, os cúmplices inseparáveis de todos vossos vícios e pecados, e as guias mais certas para o inferno, cujas estradas vos alargam e asseguram; e tudo isto com tal esquecimento da fé e desprezo da razão, como se não houvera outra vida, nem conta, nem consciência, nem alma, nem Deus. E se quanto tenho dito é menos do que calo e vós sabeis, julgai se pode haver algum inimigo mais cruel e mais inimigo que estes amigos? Não só são os maiores inimigos, mas muito maiores que o maior, porque o maior inimigo pode vos tirar uma vez a vida do corpo, e estes tiram-vos mil vezes a vida da alma. Ouvi o que lhes diz, e como os trata o apóstolo São Tiago.

"Adúlteros, não sabeis que a amizade deste mundo, qual é a vossa, é inimiga de Deus?" (Tg 4,4). — Amizade inimiga lhe chama, porque debaixo do nome de amigos, são os mais cruéis inimigos, e não há amizade tão contrária, nem hostilidade tão fera, tão nociva e tão inimiga como são estas amizades. Mas, reparemos no nome extraordinário de adúlteros, com que o apóstolo ou nomeia ou afronta estes amigos! O qual nome, não só parece impróprio de amigos ou inimigos, mas incapazes eles mesmos de se lhes poder aplicar. O adultério não se pode cometer ou executar senão entre três: o adúltero, a mulher própria, a quem se nega o legítimo amor, e a estranha, que ilicitamente se busca e ama. Pois, se este ato trágico se não pode representar com menos de três figuras, se o adultério se não pode cometer senão entre três, como pode haver adultério entre dois amigos somente, e esses amados e conformes entre si, e nenhum ofendido do outro, nem aborrecido? Por isso o apóstolo, quando lhes chamou adúlteros, lhes chamou também ignorantes: "Adúlteros, não sabeis?" — porque não sabem que o seu amor é aborrecimento, a sua união discórdia, a sua fidelidade traição e toda a sua amizade o maior ódio. O adúltero divide os seus afetos ou a sua paixão entre duas: a uma aborrece, a outra ama; a uma despreza, a outra estima; a uma ofende, a outra regala; a uma é infiel, a outra mostra fidelidade; a uma trata em tudo como amiga, e a outra como inimiga. E estas mesmas contrariedades, que no adultério se repartem por dois sujeitos, nesta falsa e adulterina amizade todas se ajuntam e acumulam em um só, que é reciprocamente cada um dos falsos amigos. Como a sua amizade é inimiga e o seu amor não é amor, senão ódio, o mesmo que, enquanto amigo, é amado, estimado, defendido, favorecido e servido, e goza aparentemente os bens do amor, esse mesmo, enquanto inimigo, é aborrecido, ofendido, perseguido, maltratado e destruído, e padece verdadeiramente todos os males do ódio. E a razão destes efeitos tão encontrados e tão unidos não é outra, por última conclusão, senão a que temos dito. A amizade de tais amigos, e o amor dos que assim se amam, porque se amam mal, é verdadeiro ódio; que muito logo que, tendo-se verdadeiro ódio, se queiram mal e se façam mal? O mesmo que se querem, isto se fazem, assim como se fariam bem, se se quisessem bem. Mas quem se quer mal e se faz mal porque se ama mal, não se pode querer bem, nem fazer bem, senão aborrecendo-se bem: "Se bem és aborrecido, então amaste; se és amado mal, então aborreceste".

§ VIII

Tempo é já de colhermos as redes. E quantos corações se acharão — pode ser — enredados e presos nelas? Mas, se os peixes, que entre todos os animais são os mais brutos, fazem tanta força pelas romper e se libertar, que alma haverá tão irracional e tão insensível que, sendo a prisão mortal como é, queira antes a prisão que a liberdade? O que se possui com amor — diz o nosso São Bernardo — não se pode deixar sem dor. E que dor seria a de hoje — mas que lágrimas tão venturosas e tão alegres! — se de todos os corações que se amam se houvesse de fazer um apartamento geral? Este é, e este foi o meu intento em todo o discurso que ouvistes. E se lhe destes a atenção que vos pedi, bem creio tereis entendido quão fácil resolução será a que vos pretendo persuadir. Não digo que se deixem de amar os que se amavam, nem de querer-se bem os que se queriam bem; só digo que, se se amavam, se amam e se se queriam bem, não se queriam mal. Concordem-se logo em se amar os que se amam, mas amem-se como devem e como convém a ambas as partes. Quem diz que me ama porque assim o cuida, ou me quer bem ou me quer mal. Se me quer mal, quero-o amar como cristão: "Amais os vossos inimigos"; se me quer bem, quero-o amar como homem, porque todo homem, diz Cristo, ainda que seja gentio, ama a quem o ama: "Se não amais senão os que vos ama, não fazem também assim os gentios?" (Mt 5,46). Na nossa doutrina — que toda é do mesmo Cristo — uma e outra coisa vem a ser muito mais fácil. Se amar mal é aborrecer, que dificuldade tem aborrecer a quem me aborrece? E se aborrecer bem é amar, que dificuldade há em amar a quem me ama? Por isso digo que se amem os que se amam, mas de modo que se queiram bem e não se façam mal.

E porque neste apartamento — que é forçoso — das pessoas, e nesta troca — que há de ser voluntária — de um amar, ou modo de amar, em outro, nem os mal amados se queixem dos que bem os aborrecerem, nem os bem aborrecidos dos que mal os amavam: consolem-se uns e outros com a queixa que fazia Davi dos que, pelo mesmo caso, se queixavam dele: "Eu os aborreci com perfeito ódio, e eles se tornaram meus inimigos" (Sl 138,22) aos que devia aborrecer — diz Davi — e eles entenderam isto tão mal, que por isso se fizeram meus inimigos. — Pois, se vós os aborrecestes, que muito é que eles vos aborreçam? E se vós lhes tivestes ódio, que muito que eles também vos pagassem com ódio, e de amigos vossos se trocassem em inimigos? Muito é — diz Davi — e de quem entende pouco, o que vai de ódio a ódio. O ódio "com que eu os aborreci foi ódio perfeito"; e ódio perfeito é verdadeiro amor. Pois, se eu os amei com verdadeiro amor, e essa é a perfeição do ódio com que os aborreci, que causa tiveram eles "para se fazerem meus inimigos"? Nenhuma causa tem logo de se queixar ou agravar deste ódio perfeito, nem os que não professam perfeição, porque também eles são obrigados à consciência; nem e muito menos os que a professam, porque seria cometer um sacrilégio e consentir e concorrer para outro com dobrada ofensa e injúria — por não lhe chamar escândalo — da mesma perfeição. O que devem fazer nesta troca do amor imperfeito e ilícito com o ódio perfeito e santo, todos os que, amando-se mal, se aborreciam, é darem-se o parabém a si e ao seu mesmo amor, pois não pode haver parabém mais justo e bem aceito que quando o que era mal se trocou em bem, e quando se começam a querer bem sem engano os que, enganados e cegos, se queriam mal.

E se o nome de ódio — que sempre é odioso — ainda com ser perfeito, lhes causa algum horror, ouçam a suavidade divina com que a suprema verdade e sabedoria do mesmo Cristo lhe tirou todo este medo com outro maior: "Quem ama a sua alma, perdê-la-á, e quem lhe tiver ódio, salvá-la-á para sempre" (Jo 12,25). — Não é melhor o ódio que me salva que o amor que me perde? Não é melhor a triaga amargosa que me dá vida que o veneno doce que me mata? Pois este é o amor e o veneno que o médico divino condena, e este o ódio e a triaga que receita, aprova e persuade. Oh! como é louco e sem juízo todo o amor desordenado! Pode haver maior loucura que estimar mais a enfermidade que a saúde, e mais a morte que a vida? Se vós amais mal, ao menos não mateis a quem vos ama. "A sua alma", na língua em que falava Cristo, quer dizer a alma, a vida e a pessoa. E por que se não contentará quem vos ama de ser amado como vós amais a vossa alma, como amais vossa vida e como vos amais a vós mesmo? Não é isto desamar, nem pretendeu Cristo, quando o disse, que nos amássemos menos, mas que fizéssemos verdadeiros os encarecimentos vãos dos que se amam. Então amareis a quem vos ama como a vossa vida, como a vossa alma, e como a vós mesmo em alma e corpo, quando amardes e zelardes igualmente tanto a sua salvação como a vossa, a qual se não consegue nem pode conseguir senão por benefício deste ódio: "Quem aborrece a sua alma a guarda para a vida eterna".

Reparai, se tendes fé naquele "Eterna". A vida que depende deste ódio não é outra que a eterna. Esta é a que se perde por quatro dias de amor, e esta a que, por outros tantos de ódio, se assegura para sempre. E então, que digam e cuidem que se querem bem os que, só por se quererem, não querem o sumo bem! E que creiamos que nos amamos e não nos aborrecemos, quando nos aborrecemos para o céu e nos amamos para o inferno? Se vos amais, e estimais tanto o ser amados, por amor do vosso mesmo amor deveis fazer estas tréguas e esta suspensão de afetos, entre vós e com ele. Porque, se fordes ao céu, os mesmos que agora vós amais, lá vós haveis de amar eternamente. E, pelo contrário, se fordes ao inferno — o que Deus não permita — lá vós haveis de aborrecer com ódio imortal, enquanto o mesmo Deus for Deus. Será logo bem que, por um falso amor de poucos dias, percais o verdadeiro amor de toda a eternidade, e que este mesmo amor com que vos amais — e só porque vos amais — se haja de converter em ódio eterno?

§ IX

Mas ainda que não houvera inferno, nem paraíso, nem cristandade, nem religião, bastava só ter entendimento e juízo para que esta apreensão e quimera que se chama amor fosse aborrecida e detestada como rematada loucura. Se no mundo houvera amor, ainda que acima do mesmo mundo — como dizia — não houvera céu, nem abaixo dele inferno, eu vos concedera que amásseis; mas perder, não digo já a alma, de que agora não falo, mas a liberdade, a quietação, o sossego, o descanso e a vida, e condenar o triste coração ao perpétuo martírio de cuidados, confusões e tormentos, e a estar ou andar sempre penando fora de si, por uma imaginação fantástica do que não há nem é, nem o nome de loucura e cegueira basta a declarar o desvario de tão custoso engano.

E para que vos desenganeis que não há amor, e que este nome especioso, ainda nos que parece mais fino, é falso, ponhamos o exemplo em ambos os sexos, para que chegue o desengano a todos, e nem os homens se enganem com as mulheres, nem as mulheres com os homens. Entre os homens houve porventura algum amante mais perdido que Adão e Eva? Tão perdido que por ametade de uma maçã deu um mundo inteiro, e não pelo que era a maçã, senão pela mão de quem vinha. Tão perdido que perdeu o paraíso, se perdeu a si, e nos perdeu a nós e todos seus descendentes, por não perder um leve agrado de quem imaginava então que amava muito. Mas, assim como Adão se enganou com o pomo, se enganou também com o seu próprio amor. Chegou a ocasião de mostrar qual ele era, e logo desfez a mesma fineza tão grosseiramente que, sendo o preceito sob pena de morte, para ele se livrar a si, acusou a Eva: "A mulher que tu me deste" (Gn 3,12). Enquanto cuidou que a pena da lei era somente cominação, grandes aparências de fineza — que tudo o que dissemos foram só aparências — mas tanto que viu que a devassa ia deveras, livre-me eu uma vez, e padeça Eva embora. Pois estes eram, Adão, os vossos amores, estas as vossas finezas, estes os vossos extremos tão afetuosos? Estes eram. Estes eram os de Adão, e estes são os de seus filhos, para que na primeira mulher aprendam as mulheres e no primeiro homem se desenganem de todos.

E os homens, onde conheceram o amor das mulheres? Não é necessário repetir o exemplo, porque já o vimos na amante de José. Não reparou na autoridade, sendo princesa, nem na lealdade, sendo casada, nem na desigualdade, sendo ela senhora e ele escravo, porque nada disto via. Por isso diz a Escritura, não que pôs os olhos em José, senão que lhos lançou ou lhe atirou com eles: "Lançou os olhos sobre José" (Gn 39,7), para significar que em tudo o que fez e pretendeu obrou como cega. Mas, tanto que recuperou a vista, logo viu a falsidade de seu amor, e como se quisesse vingar a Eva, o mesmo que Adão disse a Deus disse ela ao marido: "Eis aqui para que me trouxestes a casa o servo hebreu, para que ele se atrevesse a me querer descompor" (Gn 39,17). — Oh! falsa! Oh! desleal! Oh! fementida! Oh! traidora! Agora, porém, só verdadeira, quando descobriste o avesso do teu coração, e nele o interior inconstante e já mudado com que a José enganavas e a ti mesma mentias. Mas, que muito é que mudasse tão de repente a cena de amor de uma mulher, quando o primeiro autor de semelhante tragédia foi o primeiro homem? Se os homens querem outro exemplo, lembrem-se do amor de Dalila para com Sansão. E se as mulheres quiserem também outro, não se esqueçam do amor de Amon para com Tamar, no mesmo dia com os maiores extremos amada, e no mesmo com muito maiores aborrecida. Assim tratou um homem, que tinha obrigações de ser honrado, a mulher mais ilustre de Israel; e assim pagou uma mulher, de que se tinha feito a maior confiança, ao homem mais famoso do mundo.

Eu bem ouço que as mulheres, e não os homens, têm a opinião da inconstância; mas eles são filhos delas. Olhai que bem o notou Jó com ser homem: "O homem filho de mulher nunca permanece no mesmo estado" (Jó 14,1s). O homem filho da mulher é tão vário, tão mudável e tão inconstante, que nunca permanece nem dura no mesmo estado. Mas, se todo o homem nasce de mulher e de homem, por que lhe chama Jó neste caso só "nascido de mulher"? Porque os homens no sexo saem aos pais, e na inconstância às mães. Porém daqui mesmo se colhe que tão inconstantes são os homens como as mulheres: os homens, por filhos de tais mães, e as mulheres por mães de tais filhos: "O homem nascido de mulher". A mulher inconstante por condição, o homem inconstante por nascimento; a mulher, como a lua, por natureza; o homem, como o mar, por influência. Vede o que disse Cristo a uma mulher, a Samaritana. Era ela não só a mais discreta de que se lê no Evangelho, senão também a mais sábia, pelas questões que altercou com o mesmo Cristo. E que lhe disse o Senhor? "Tiveste cinco maridos e o que agora tens não é teu marido" (Jo 4,18). Além do amigo que agora tens, já tiveste outros cinco. — Pois cinco amigos, um depois dos outros, uma só mulher, e não de muita idade? Aí vereis a inconstância do amor humano. Mas, reparai no que porventura não advertis. Ou a Samaritana deixou aos cinco, ou os cinco a deixaram a ela: se eles a deixaram a ela, fiai-vos lá de amor de homens? E se ela os deixou a eles, quem se fiará de amor de mulher?

Bem digo eu logo que isto que no mundo se chama amor é uma coisa que não há nem é. É quimera, é mentira, é engano, é uma doença da imaginação, e por isso basta para ser tormento. Pode haver maior tormento que amar, quando menos em perpétua dúvida, amar em perpétua suspeita de ser ou não ser amado? Pois este é o inferno sem redenção a que se condenam todos os que amam humanamente, e tanto mais quanto mais amarem. Ouvi umas palavras que tendes ouvido muitas vezes, mas com uma consideração em que nunca reparastes: "O amor é forte como a morte, e o ciúme cruel como o inferno" (Ct 8,6). — Assim o declara o texto original hebreu, o grego, o siro e o arábico: "Cruel como o inferno é o ciúme". Todos sabeis que à morte, a qual é trânsito e passagem, se seguem outros dois termos de que se não passa: ou inferno ou paraíso. Pois, se o amor é como a morte: "O amor é forte como a morte", por que se não segue também depois do amor ou paraíso ou inferno, senão inferno somente: "O ciúme é cruel como o inferno"? Porque o amor desta vida e deste mundo é uma morte que só tem precitos e não tem predestinados; é uma morte pela qual sempre se vai ao inferno e nunca ao paraíso. O Paraíso do amor — se o houvera — havia de ser amar e ser amado, e amado com certeza de nunca ser aborrecido. Mas como não há nem pode haver no mundo, nem este amor, nem esta certeza, senão as dúvidas, os escrúpulos, as desconfianças, os receios e as suspeitas de se me amam ou não me amam, ou de que já me ama menos que dantes, ou que trocam o meu amor por outro, ou de que outrem pretende o que eu amo, em que consiste por vários modos o tormento crudelíssimo do ciúme, este ciúme sempre duvidoso, sempre crédulo, sempre fixo na imaginação, e nunca satisfeito, este é o inferno inevitável e sem redenção a que todos os que amam se condenam e em que são atormentados duramente, sem fim e sem remédio: "O ciúme é cruel como o inferno".

Pois, se o que neste mundo se chama amor, bem considerado e conhecido, e visto com os olhos abertos, é um inferno, que será se a este inferno ajuntarmos o da outra vida, no qual estão ardendo e arderão por toda a eternidade tantas almas infelizes, que por amarem o que não deviam, e como não deviam, não repararam em se condenar para sempre. Mas, graças ao divino Mestre e luz de nossas cegueiras, que se quisermos sair do abismo e labirinto delas, ainda estamos em tempo de trocarmos estes dois infernos por outros dois paraísos, um aqui, outro no céu. Aborreçamos com verdadeiro amor o que amávamos com verdadeiro ódio; queiram-se o verdadeiro bem os que verdadeiramente se queriam mal. E para que desde logo entremos no paraíso presente, livre de penas e cuidados, amemos só aquele soberano Amante — e mais os que o têm por Esposo — o qual é certo e de fé que paga uma nossa vontade com duas suas, a divina e a humana, tão fiel, tão constante, tão amoroso, que a todos os que o amam com verdadeiro amor, posto que limitado, ele não deixou jamais de amar com amor imenso e infinito. "Eu amo os que me amam" (Pr 8,17), diz o mesmo Cristo: Eu, Deus e Homem, amo a todos os que me amam. — E o nosso S. Bernardo, pregando aos seus religiosos, e ajuntando à certeza da fé as evidências do que tinha experimentado, dizia: "Quando amo não posso duvidar de ser amado, não mais do que amo". Eu, quando amo a Jesus, de nenhum modo posso duvidar que também sou amado dele, tão seguro do seu amor, que não vejo com os olhos, como do meu, que sinto no coração.

E sendo isto assim, e o mesmo Cristo quem é, e nós cristãos, e tendo fé, que seja tal a nossa demência que o não amemos a ele, e empreguemos nosso coração em outro amor! E que haja almas racionais tão sem juízo e tão inimigas de Deus e de si, que contra si cometam uma tal desumanidade, e contra Deus um tão descomedido desprezo? Desprezo digo, porque com nome de desprezado e enjeitado, se lamenta de nós o mesmo Senhor. Apareceu Cristo, Senhor nosso, a Santa Brígida, com rosto compungido e cheio de confusão, e como envergonhado e corrido lhe disse estas sentidas palavras: "Fui desprezado por todos, por todos repelido, porque ninguém me deseja ter em seu amor"[11]. Não estranhes, filha, que me saiam ao rosto estes sinais da mágoa e sentimento, porque todos me desprezam, todos me enjeitam e lançam de si, e não há quem aceite o meu amor. — Verdadeiramente que quem se não enternece com estas palavras e não se compadece do Filho de Deus, e não tem lástima ao seu amor, tão justamente queixoso e magoado, nem é cristão, nem é homem. E que seria se nós entrássemos também neste número dos que o enjeitam e desprezam?

Senhor, Senhor, não permita vossa bondade tal, nem nos castigue tão severamente a justa indignação de vosso amor. Todos prostrados a vossos pés nos arrependemos, não de o ter desprezado, não, que sempre o estimamos e adoramos como nosso, mas de o ter tão cegamente ofendido. Confessamos nossa cegueira, confessamos nossa ingratidão, só menor que vossa misericórdia. Ela nos valha com vosso piedosíssimo coração. E nós, com todos os nossos, desde esta hora, para sempre abjuramos, renunciamos e condenamos a perpétuo esquecimento todo o outro afeto, todo o outro desejo e todo o outro pensamento que não for de só a vós amar e querer. Morra nesta hora, e acabe-se nesta geral despedida, para sempre, todo o amor que não for de Jesus. E desengane-se toda a outra afeição, vista, conversação ou correspondência humana, que só com o aborrecimento daqui por diante será amada na terra, para que o falso e breve amor, convertido em verdadeiro, se continue eternamente, e dure sem fim no céu.

SERMÃO DAS

Cadeias de S. Pedro em Roma

Pregado na Igreja de S. Pedro.
Ano de 1674.
Traduzido do italiano em português.

"Eu te darei as chaves do reino dos céus."
(Mt 16,19)
"Preso com duas correntes."
(At 12,6)

Em 1674, último ano de sua permanência em Roma, Vieira prega em italiano (o texto está traduzido) na Igreja de São Pedro, este sermão em que, por estatuto, o pregador é obrigado a tratar da providência. Um dos textos bíblicos trata de chaves que abrem e outro texto se refere a cadeias que atam. Onde entra a providência? Eis alguns dos temas abordados: 1) a Igreja é governada pela providência de Pedro e Pedro é governado pela providência de Cristo; 2) das mesmas chaves e das mesmas cadeias se formam dois argumentos: um contra a providência de Cristo (o maravilhoso desta providência é deixar a minha vontade livre e absoluta e pela minha vontade conseguir a sua); o outro contra a providência de Pedro (quando não usar dos poderes da chave por si mesmo, fá-lo-á melhor por Cristo ou Cristo por ele); 3) os exemplos que Pedro deixou à Igreja de sua universal providência. Morreu Pedro, mas a sua providência não acabou porque foi, é e será universal.

§ I

Lá viu São João, no seu Apocalipse, um anjo, o qual em uma mão tinha uma chave e na outra uma cadeia: "Ele tinha a chave do abismo e uma grande cadeia em sua mão" (Ap 20,11). E que anjo é este, ó Roma, senão o teu grande custódio, Pedro? Pedro com as chaves nas mãos: "Eu te darei as chaves do reino dos céus"; e Pedro com as mãos nas cadeias: "Preso com duas cadeias". Lá foi visto com a chave em uma mão e a cadeia na outra, porque assim devia ser; mas hoje o vemos com as chaves em ambas as mãos, e com ambas as mãos nas cadeias, porque havia de vir tempo em que assim fosse.

Este é, senhores, o maior espetáculo da sem-razão que jamais viu o mundo, e este o que eu ao longe com dor, e vós ao perto com admiração, estamos vendo: Pedro com as chaves nas mãos e Pedro com as mãos atadas. Cuidas tu, ó Herodes, que deu Cristo ao seu Vigário as chaves para padecer juntamente com elas a servidão das cadeias? Senhor e cativo? Livre e atado? Poderoso e sem poder? Não, não. Eu bem sei que as chaves de Pedro também são cadeias, mas cadeias para atar e desatar, e não para ser atado. Notai o texto: "Eu te darei" — diz Cristo — "as chaves do meu reino, e o que tu atares será atado, e o que desatares, desatado" (Mt 16,19). — Tal quis o supremo legislador que fosse o governo do seu reino: governo que atasse e desatasse, e não governos que nem atam nem desatam. Mas se os poderes de Pedro eram chaves: "Eu te darei as chaves", parece que havia de dizer o Senhor: Tudo o que abrires será aberto e tudo o que fechares será fechado. Por que não diz logo: o que fechares ou abrires, senão o que atares ou desatares? Para mostrar que as chaves que dava a Pedro também eram cadeias, mas cadeias para atar ou desatar a outros, quando quisesse, e não cadeias para estar ele atado, como hoje o vemos: "Preso com duas cadeias".

Ora, eu à vista destas chaves e destas cadeias, que farei? Se não estivera também atado, e me fora livre a eleição do discurso, de boa vontade o dividiria em duas invectivas, armadas de justiça, de razão e de ira contra os dois monstros sacrílegos que com a primeira e segunda cadeia, em diferentes tempos e lugares, se atreveram a prender e atar a Pedro. Uma invectiva contra ti, ó Herodes, que foste o Nero de Jerusalém, e outra contra ti, ó Nero, que foste o Herodes de Roma. Mas porque é obrigação desta cadeira neste dia, que o argumento do sermão seja da providência, a mesma providência, que entregou a Pedro as chaves e o deixou atar nas cadeias, será a gloriosa soltura desta que nos parecia implicação. Com as cadeias atarei as chaves, com as chaves abrirei as cadeias; e como a matéria das cadeias e mais das chaves toda é de ferro, se a imagem que eu formarei da providência não for preciosa e de lustre, ao menos será forte e sólida. Deus, cuja é a ideia, me assista com sua graça. *Ave Maria.*

§ II

"Eu te darei as chaves do reino dos céus." A ordem hierárquica da Providência divina, no governo de suas criaturas, é governar superiores e súditos, mas os súditos por meio dos superiores, e os superiores imediatamente por si mesmo. Uma e outra coisa temos nas chaves e nas cadeias de Pedro. Em todo o mundo cristão não há mais que um superior e um súdito, um Pedro e uma Igreja; e este superior e este súdito, este Pedro e esta

Igreja, quem os governa? A Igreja governa-a a providência de Pedro, que tem o poder das chaves: "Eu te darei as chaves do reino dos céus"; a Pedro governa-o a providência de Cristo, que o livrou das cadeias de Herodes: "Caíram as cadeias de suas mãos" (At 12,6). Este é o desenho altíssimo e esta a fábrica seguríssima da suprema providência. A Igreja segura na providência de Pedro e Pedro seguro na providência de Cristo.

Caso foi verdadeiramente admirável, e por isso notado e advertido pelo mesmo historiador sagrado, que cercado S. Pedro de guardas, e atado a duas cadeias, na mesma noite daquele dia em que havia de sair a morrer, como homem sem nenhum temor nem cuidado, estivesse dormindo: "Nessa mesma noite Pedro se achava dormindo" (At 12,6). E se passarmos da terra ao mar, não é caso menos digno de admiração que, correndo fortuna a barca de Pedro com uma terrível tempestade, Cristo, que ia na mesma barca, "também estivesse dormindo" (Mt 8,24). Cristo e o Vigário de Cristo, ambos dormindo? Cristo dormindo no meio da tempestade, e Pedro dormindo no meio das guardas e das cadeias, e ambos com a morte à vista, sem nenhum cuidado? Sim. Na tempestade dorme Cristo, porque a barca está segura na providência de Pedro; e nas cadeias dorme Pedro, porque Pedro está seguro na providência de Cristo. Debaixo da providência de Cristo dorme Pedro ao som das cadeias, e debaixo da providência de Pedro dorme Cristo ao som da tempestade e das ondas.

E se isto que digo vos parece só metáfora, voltemos a cena e o teatro, e troquem-se as figuras: seja Cristo o que esteja nas cadeias e Pedro na tempestade. Naquela escuríssima noite em que prenderam a Cristo seus inimigos, e naquele mesmo lugar em que foi preso, correu tão furiosa tormenta a mesma barca de Pedro, que a barca, o piloto e os companheiros, todos estiveram a pique de naufragar, e faltou pouco que não perecessem de todo. E que fez a providência de Cristo em tão extremo perigo, e tão universal? "Eu" — diz o Senhor — "roguei por ti, ó Pedro" (Lc 22,32). Por ti, Senhor meu? E pelos outros, por que não? Vós não dissestes a todos: "Serei esta noite para vós uma ocasião de escândalo?" (Mt 26,31). Pois, se o perigo e a borrasca ameaça a todos, e a todos tem derrotado, por que fazeis oração e rogais só por Pedro? Porque Pedro estava à providência de Cristo; os outros ficavam à providência de Pedro. O mesmo texto o diz: "Eu roguei por ti para que a tua fé não falte; e tu, enfim, depois de convertido, conforta os teus irmãos" (Lc 22,32). Notai muito aquele "Eu" e aquele "Tu". Eu tive cuidado de ti; tu o terás dos outros. "Eu roguei por ti": eis aí a providência de Cristo para com Pedro. "Conforta os teus irmãos": eis aí a providência de Pedro para com os demais.

E se ainda quisermos ver uma e outra providência, a de Cristo e a de Pedro, maravilhosamente praticada, entremos no golfo do mar e observemos o que faz Cristo e o que faz Pedro, ambos na mesma barca, ou na mesma nau, que assim lhe chamam os Evangelistas, quando se engolfa: "Estava a barca no meio do mar" (Mc 6,47). Estava pois Cristo na nau de São Pedro, um pouco afastada da terra, e depois de pregar às turbas, que em confusa multidão o ouviam desde a ribeira, mandou o Senhor zarpar ou levar a âncora, e disse a Pedro que "guiasse ao alto" (Lc 5,4). Não é justo que eu passe em silêncio o que aqui advertiu São Crisóstomo, pois esta cadeira, no lugar em que está, é sua[1]. Quem se engolfa e se mete no alto do mar, perde a terra de vista; e por isso — diz Crisóstomo — manda Cristo a Pedro que "guie ao alto". Porque quando a nau de Pedro perder a vista da terra, então navegará felizmente. Assim o pregou o santo Arcebispo em Constantinopla, quando o mundo secular tinha duas cabeças, e também o pudera pregar eclesiasticamente em Roma. Mas tornando ao meu intento, o que eu pondero do "guia ao alto" é aquela palavrinha "guia". Se Cristo está na mesma nau, por que manda a Pedro que guie, e não guia ele por sua própria pessoa? Assim como Cristo na oficina de José tirava com as suas próprias mãos pela serra, assim, na nau de Pedro, podia ele também pegar no leme sem perigo de indecência. Por que faz pois Cristo aqui o ofício de mandador, e não Cristo, senão Pedro, o de timoneiro? Porque esta é a ordem e esta a subordinação de uma e da outra providência. A nau subordinada à providência de Pedro, e Pedro subordinado à providência de Cristo. Pedro, o piloto da nau, e Cristo, o piloto do piloto: "Guia ao alto". Oh! admirável providência do governo universal da Igreja! A nau uma, e os mandadores dois. Os apóstolos manejavam os remos, mas debaixo do mando de Pedro, e Pedro sustentava o leme, mas debaixo do mando de Cristo. Pedro era o que governava, sim, mas governava governado. A nau governada pela direção de Pedro, mas Pedro governado pela direção de Cristo: "Guia ao alto".

Dirá, porém, alguém, e com razão ou aparência dela, que naquele tempo Cristo e Pedro estavam ambos na mesma nau, e não é maravilha que então fosse ela bem guiada por Pedro. Mas depois que Cristo subiu ao céu, e Pedro ficou só no mar, como haverá na nau e no piloto esta dobrada providência? As mesmas palavras o dizem: "Guia ao alto". A navegação do mar alto verdadeiramente é admirável: não se vê ali "mais que mar e céu". — E, contudo, naquela campanha imensa, sem rasto, sem estrada nem baliza, o piloto leva a nau como por um fio, não só aos horizontes mais remotos deste hemisfério, mas ao porto mais incógnito dos antípodas. E como faz ou pode fazer isto o piloto? Governando ele no mar e sendo governado do céu. Toma o piloto o astrolábio na mão, mede a altura do polo, ou pesa o sol, como eles dizem, e deste modo o piloto governa a nau, e o sol governa o piloto. De sorte que o que governa a nau está no mar, e o que governa o piloto está no céu. Pois isto mesmo é o que passa no governo da Igreja. Ainda que Cristo subiu ao céu Pedro ficou no mundo: Pedro, da popa da nau, governa o mundo, e Cristo, do zodíaco do céu, governa a Pedro.

Vede-o nas mesmas chaves e nas mesmas cadeias de Pedro. Quando deu Cristo a Pedro as chaves, e quando o livrou das cadeias? As chaves deu-lhas Cristo antes de partir deste mundo, porque a providência de Pedro para com a Igreja ficou na terra, e das cadeias livrou — o quando havia já muito tempo que estava assentado à destra do Pai, por que a providência de Cristo para com Pedro está no céu. Em suma, que esta é a dobrada providência com que o Monarca e a Monarquia da Igreja se governa no mundo e sobre o mundo. No mundo imediatamente por Pedro, como se mostra no poder das suas chaves: "Eu te darei as chaves do reino dos céus". E sobre o mundo imediatamente por Cristo, como se prova na soltura das suas cadeias: "Caíram as cadeias de suas mãos".

§ III

Mas em um auditório tão douto e de tanta perspicácia, vejo quase vacilante a firmeza deste meu discurso, e que das mesmas chaves e das mesmas cadeias se formam dois argumentos fortíssimos, um contra a providência de Cristo em respeito de Pedro, e outro contra a providência de Pedro em respeito da Igreja.

Começando pelas cadeias para acabar pelas chaves, é certo que Cristo livrou a São Pedro das cadeias de Herodes em Jerusalém, mas também é certo que o não livrou das cadeias de Nero em Roma. Logo a providência, que supomos de Cristo para com São Pedro, ao menos é duvidosa e mal segura e tal que não parece sua, porque providência que não é de todo tempo, de todo lugar e de todo perigo, providência que uma vez se lembra, outra se esquece, uma vez acode, outra desampara, uma vez provê e outra não provê, não é providência. Assim é, mas não foi assim. Tudo concedo e tudo nego. Concedo que a providência que não é continuada nem permanente não é providência. Mas nego que a providência de Cristo, que começou e resplandeceu nas cadeias de Herodes, não se continuasse igualmente e não permanecesse a mesma nas cadeias de Nero. E por quê? Porque tanta providência foi não livrar Cristo a Pedro das cadeias de Nero, como livrá-lo das cadeias de Herodes. Vede se o provo.

José foi duas vezes preso: uma vez em Canaã, por inveja e ódio de seus irmãos, e outra vez no Egito, por castigo e ignorância de seu Senhor. Destas segundas prisões o livrou Deus, mas das primeiras não o livrou, porque, preso e manietado, foi vendido e entregue aos ismaelitas. E que se segue daqui? Segue-se porventura que em umas prisões o assistiu a providência divina, e nas outras o deixou? De nenhum modo, diz o texto sagrado. E dá a razão: "Não o abandonou nas suas cadeias, até que lhe trouxe o cetro do reino" (Sb 10,14). Nunca a providência de Deus deixou nem desamparou a José nas suas cadeias, até que, por meio de umas e outras, o sublimou ao império. — De sorte que os efeitos da providência não se hão de medir pela diversidade dos meios, senão pela unidade do fim. O fim da providência divina era levantar a José ao império do Egito, para o qual o tinha destinado e tanto dependia a fortuna de José de ser livre de umas prisões como de não ser livre das outras. Se Deus o livrasse das prisões de Canaã, nunca havia de ir ao Egito, e se o não livrasse das prisões do Egito, não havia de subir ao império. Necessário foi logo que José fosse livre de umas cadeias, e não fosse livre das outras. Para quê? Para que Deus e José conseguissem juntamente, José por Deus, os meios da sua fortuna, e Deus em José, os fins da sua providência. E se a mesma providência livrou e não livrou a José de umas e outras cadeias, por que não creremos outro tanto das cadeias de Pedro?

Só do fim se pode duvidar, o qual para mim é evidente. O intento de Herodes era cortar a cabeça a S. Pedro, como tinha feito a São Tiago: "E matou à espada Tiago, irmão de João" (At 12,2). E não quis a providência de Cristo que morresse Pedro à espada, porque o quis exaltar consigo à morte de cruz. Na cruz estava o mesmo Senhor encravado, quando os judeus o blasfemavam, dizendo: "Confiou em Deus; livre-o agora, se o quer" (Mt 27,43). Já que tem tanta confiança em Deus, por que o não livra agora Deus de nossas mãos? — Isto disse a infidelidade, e o mesmo pudera dizer ainda mais apertadamente a fé. Quando a ambição cruel de Herodes quis assegurar em si a coroa, com a morte do rei novamente nascido, andou tão vigilante a providência do Pai Eterno sobre a vida de seu Filho, que daquele dilúvio de sangue, em que pereceram tantos mil inocentes, só a ele livrou e pôs em salvo. Pois, se o livrou então, por que o não livrou também agora? Dizer-se que o livrou porque o quis isentar da morte, não pode ser, porque desde o instante da sua Encarnação, antes, desde o princípio sem princípio da eternidade, tinha decretado o mesmo Pai que morresse. Pois, se havia de morrer uma vez, por que o não deixa morrer em Belém às mãos de Herodes? E se o havia de livrar outra vez, por que o não livra em Jerusalém das mãos dos Judeus, como eles diziam: *Livra-o?* Porque a mesma providência que livrou a Cristo a primeira vez não o livrou para lhe impedir a morte, senão para o guardar de uma morte menos ilustre para outra morte mais gloriosa. Em Belém, como notou Santo Agostinho, havia de morrer Cristo à espada; em Jerusalém, morria na cruz; e porque a providência do Pai, para mais exaltar o Filho, tinha decretado que morresse em Cruz: — "E morte de cruz, pelo que Deus também o exaltou" (Fl 2,8) — por isso o livrou em Belém das mãos de Herodes, e o não livrou em Jerusalém das mãos dos judeus.

Tal foi a providência de Cristo para com São Pedro, quando o livrou e quando o não livrou. Livrou-o das cadeias de Herodes, para que não morresse à espada, como Jacó, e não o livrou das cadeias de Nero, para que morresse em cruz, como o mesmo Cristo. A espada e a cruz, ambas saíram ao teatro no mesmo dia e na mesma Roma, ambas foram os instrumentos sacrílegos da impiedade de Nero, ambas tiraram cruelmente a vida aos dois maiores Atlantes da Igreja; mas a espada a Paulo, a cruz a Pedro: Paulo degolado, para que conhecesse a heresia, ainda hoje obstinada, que em Roma e na Igreja não pode haver duas cabeças; e para que o mesmo Paulo — "decapitado" — pregasse e desenganasse o mundo que na terra é menor que Pedro. Quando eu agora passei a ponte do Tibre, adverti que Paulo, com a espada, está à mão direita, e Pedro, com as chaves, à mão esquerda; mas isso mesmo é prova do que digo. Dar Pedro a Paulo o melhor lugar, é mostrar Pedro que ele é o dono da casa. Este foi o mistério, como dizia, porque Paulo perdeu ou depôs a cabeça nos fios da espada de Nero. Morre, porém, Pedro na cruz, inteiro e em nada diminuído, como aquele de quem estava escrito: "Não quebrareis dele osso algum" (Jo 19,36), para que a cabeça visível da Igreja se parecesse em tudo com a invisível. Cristo, porém, na cruz, com a cabeça inclinada para baixo, e Pedro na cruz, às avessas, com a cabeça levantada para cima, porque a cabeça de Cristo e a de Pedro, recíproca e reflexamente se retratam e se veem uma na outra, bem assim como a mesma cabeça, vista e multiplicada no espelho, parecem duas cabeças, e é uma só. E como Cristo queria fazer a seu primeiro sucessor tão semelhante a si em tudo, essa foi a providência continuada e permanente, e não contrária ou diversa, senão a mesma com que, rotas as cadeias de Herodes, o livrou da espada, e não rotas as de Nero, o levou à cruz.

§ IV

Mas para que é defender ou interpretar eu a unidade desta providência em umas e outras cadeias, se as mesmas cadeias a provam, e com milagrosa demonstração a fizeram evidente aos olhos. Estavam conservadas e veneradas em Roma as cadeias de Nero quando à imperatriz Eudóxia, peregrina de Constantinopla a Jerusalém, foram presentadas, como igual tesouro, as de Herodes; vieram estas dali a Roma, mandadas pela mesma Eudóxia a outra, também Eudóxia e também imperatriz e não faltando quem duvidasse se verdadeiramente eram as mesmas, que sucedeu? Toma o Pontífice nas mãos umas e outras cadeias cotejando as que certamente eram de Nero com as que se dizia serem de Herodes, no mesmo ponto aqueles sagrados ferros, como se tiveram sentidos e uso de razão, por si mesmos se abraçaram entre si, e se uniram e ligaram de tal sorte como se nunca tiveram sido duas, senão uma só cadeia, fabricada pelo mesmo artífice. Oh! admirável e portentoso testemunho da providência de Cristo para com seu Vigário! Oh! admirável e portentosa confirmação de ser uma, continuada e a mesma providência, aquela que em Jerusalém rompeu as cadeias de Herodes e livrou a Pedro; e aquela que em Roma conservou inteiras as cadeias de Nero e o não quis livrar delas. Se dividirmos esta providência em duas providências, e combinarmos uma com a outra pelos efeitos, não só parecem diversas, senão totalmente contrárias: uma de cuidado, outra de descuido; uma de estimação, outra de desprezo; uma de liberdade, outra de cativeiro; uma de vida, outra de morte; uma que afrontou e iludiu os intentos de Herodes, e outra que ajudou e fez triunfar os de Nero. Mas, assim como as cadeias, sendo duas e tão diversas, se uniram em uma só cadeia, assim a providência, que em Jerusalém as rompeu e livrou a Pedro, e em Roma as conservou inteiras e fortes, e o não quis livrar, foi também uma e a mesma cadeia, porque foi uma e a mesma providência.

Boécio, a quem segue Santo Tomás, e comumente os teólogos, definindo a providência, diz que "é a série de todas as coisas e suas causas ordenadas na mente divina, e encadeadas e ligadas entre si com uns nós maravilhosos e secretos que ninguém pode desatar"[2]. E Cornélio, comentando o mesmo Boécio, ainda o declara com maior expressão: "Deus, pelos meios convenientes de sua providência que tem escondidos nos tesouros de sua sabedoria, faz com que todos os sucessos das coisas e dos tempos se unam uns aos outros convenientemente e como elos se enlaçam entre si e compõem uma cadeia elegante"[3]. De sorte que os sucessos dos tempos e das coisas, ainda que pareçam diversos e encontrados, estão na mente e providencia divina ordenados e atados entre si de tal modo que, como anéis ou fusis enlaçados uns nos outros, compõem uma uniforme e elegante cadeia. — Tal foi em um e outro caso a do supremo artífice, Cristo, o qual, livrando em diversos tempos e não livrando a Pedro, soltando-o em Jerusalém, e deixando-o prender em Roma, tirando-o milagrosamente das mãos de Herodes e consentindo que natural e cruelmente morresse a mãos de Nero, das cadeias rotas de um e das cadeias não rotas de outro formou uma uniforme e elegantíssima cadeia de sua providência, para maior ornamento e glória do mesmo Pedro.

A Arão, que era o Pedro da lei escrita, como Pedro o Arão da lei da graça, mandou Deus fazer para ornato das vestiduras pontificais duas cadeias de ouro, as quais, porém, com dois anéis da mesma matéria, se uniam uma na outra, e sendo duas cadeias, formavam uma só: "Farás para o racional duas pequenas cadeias de ouro puríssimo que se unam entre si; e ajuntarás as cadeias de ouro com as argolinhas que estão nos seus remates" (Ex 28,22.24). Não reparo em serem aquelas cadeias de ouro e estas de ferro, porque já disse Crisóstomo que por isso se honrava mais delas e se ornava mais com elas o nosso Pontífice: "Com estas cadeias o apóstolo se ornava e exultava levando este ornato como uma pessoa real". O que só noto é a unidade ou a união e coerência de umas e outras cadeias: "Cadeias que se unam entre si". Moisés andou coerente nas cadeias de Arão, porque as formou pelos mesmos moldes; Cristo não andou coerente nas cadeias de Pedro, porque as traçou e dispôs com sucessos e efeitos contrários. Isso é romper umas cadeias e não romper outras; isso é livrar a Pedro e não o livrar. Mas, assim como a coerência daquelas cadeias a fazia a semelhança, assim a coerência destas a fez a contrariedade. E que sendo tão contrários os atos da providência, saísse a providência tão uniforme, e sendo uma cadeia tão diversa da outra, saíssem ambas as cadeias entre si tão coerentes: "Cadeias que se unam entre si"? Essa foi a maravilha.

Mas, nesta mesma uniformidade e coerência da providência de Cristo, se alguma curiosidade douta perguntar qual foi maior providência, se aquela que livrou a Pedro das cadeias em Jerusalém, ou aquela que o não livrou em Roma, não faltará quem diga que a de Jerusalém foi maior, porque lá foi miraculosa, e cá não. Lá quebrou as cadeias, cegou as guardas, abriu as portas ou deu passo franco por elas sem as abrir — que é mais — cá não obrou milagre algum, antes totalmente não obrou, porque foi uma mera suspensão de todo o ato e concurso. Contudo, digo que foi maior e mais alta providência não livrar Cristo a Pedro das cadeias de Nero que livrá-lo das cadeias de Herodes. E por quê? Porque nas cadeias de Herodes conseguiu a providência o seu fim contra a vontade de Herodes, e nas cadeias de Nero conseguiu também o seu fim, mas não contra, senão pela vontade do mesmo Nero. O nobre, o alto, o fino, o maravilhoso da providência divina não é fazer a sua vontade violentando a minha: é deixar livre e absoluta a minha vontade, e com a minha, e pela minha, conseguir a sua.

A maior obra da providência de Deus foi a Redenção do mundo por meio da morte de Cristo. E como conseguiu a mesma providência este altíssimo fim, tão estupendo como necessário? Não de outro modo que entregando o mesmo Cristo, por decreto do injusto juiz, à vontade de todos aqueles que lhe queriam tirar a vida: "E entregou Jesus à vontade deles" (Lc 23,25). Fez a sua vontade Judas, fez a sua vontade Caifás, fez a sua vontade Pilatos, fizeram a sua vontade os escribas e fariseus, fez finalmente a sua vontade o mesmo demônio que os instigava. E que por meio de tantas vontades, e todas contrárias à divina, o fim da divina se conseguisse? Esta foi a providência mais nobre, esta a mais sábia, esta a mais sublime, esta a mais divina, esta a mais providência. E qual é a razão? A razão é porque a providência, que violenta a vontade e poder humano, é providência que se ajuda da onipotência; porém a providência que deixa obrar à potência humana tudo quanto pode, e deixa executar à vontade humana tudo quanto quer, é providência sem ajuda de outro atributo, e por isso pura providência. A potência e a vontade de que se serve a providência em tal caso não é a divina e sua, senão a humana e contrária; e quanto mais permite à contrária, tanto é mais providência; quanto mais concede à humana, tanto é mais divina. Tal foi, pois, a providência de Cristo em não livrar a Pedro das cadeias de Nero. Na prisão de Herodes, para que a providência conseguisse o seu fim, rompeu a onipotência as cadeias; porém, na prisão de Nero deixou a providência as cadeias inteiras, sem usar da onipotência, e contudo, conseguiu o seu fim. Logo, não só foi providência, senão maior e mais gloriosa providência, não livrar a Pedro das cadeias de Nero que livrá-lo das cadeias de Herodes. E, como as mesmas cadeias, temos já solto ou atado o primeiro argumento.

§ V

O segundo, que é contra a providência de Pedro, fundado nas suas chaves, e em respeito de todos aqueles que por elas lhe são sujeitos, parece mais dificultoso. Assim como Deus deu a São Pedro as chaves do céu, assim as tinha dado, por seu modo, antigamente a Elias, e com poder e autoridade universal e privativa, de que só ele pudesse abrir ou fechar os tesouros celestes, isto é, as chuvas e orvalhos do céu, com que se fecunda a terra e vive o mundo. Mas que fez Elias com estas chaves na mão, e como usou delas? "Vive o Senhor" — disse ele falando com el-rei Acab — "se haverá nestes anos orvalho e chuva, a não ser de acordo com as palavras de minha boca" (3Rs 17,1). Eu tenho na minha mão as chaves do céu, e tu, ó rei, desengana-te, que nestes anos do meu governo, nem uma só gota há de cair de água ou estilar de orvalho sobre a terra, senão pelo império da minha voz. — A terra abrasada e ardendo abrirá mil bocas, com que gemerá e gritará ao céu; mas o céu, debaixo das minhas chaves, não se moverá a brados nem a gemidos, e se mostrará tão seco e duro como se fosse de bronze. Parece-vos boa providência esta das chaves do céu entregues ao arbítrio de um homem? Pois ainda não ouvistes outra circunstância mais terrível, por não dizer desumana. No mesmo tempo, diz o texto, morava Elias mui descansado sobre as ribeiras do rio Carit, e um corvo, "manhã e tarde, lhe trazia pão e carnes" (3Rs 17,6). De maneira que nos mesmos anos em que o povo encomendado à providência de Elias andava caindo e expirando à fome, Elias, com provisão sempre nova e abundante, comia e se regalava duas vezes ao dia. Nos campos não se via uma folha, nas searas não se colhia uma espiga, e a Elias sobejava-lhe o pão. As aves não tinham mais que as penas, nem os gados mais que os ossos, e a mesa de Elias abastecida de carne sobre carne. As fontes secas e mudas, sem correr ou suar delas uma só gota, e Elias com a água a rios. É boa ou será boa esta providência das chaves do céu? E mais, se as mãos que tiverem o domínio das chaves não forem as de Elias? Logo — argumenta o herege, e porventura também o político — logo o mesmo poderá acontecer às chaves do céu entregues à providência de Pedro.

Primeiramente digo que não poderá. E por quê? Porque se a providência de Pedro faltasse ao ofício de Vigário de Cristo, a providência de Cristo faria o ofício de Vigário de Pedro. Estava Cristo na cruz, pouco antes de render o espírito, quando o ladrão convertido lhe presentou o seu memorial, dizendo: "Senhor, lembra-te de mim quando entrares no teu reino" (Lc 23,42). Respondeu-lhe o Senhor incontinenti: "Hoje estarás comigo no paraíso" (Lc 23,43). E esta foi a primeira vez que se abriram as portas do céu, até aquela hora cerradas. Mas vede como replica e acode, pela jurisdição de Pedro, Arnoldo Carrotense. — O ofício e jurisdição de abrir as portas do céu, vós Senhor, não a tendes dado a Pedro? Sim. Como, logo, não remeteis este memorial ao vosso Vigário? Porventura porque vos negou no átrio do pontífice, tende-lo privado do cargo? Não, que Pedro já estava arrependido, e emendado e restituído à graça. Como, logo, usa Cristo das chaves de Pedro, e abre por si mesmo a porta do céu? Agudamente o mesmo Arnoldo: "Estava ausente, Pedro, e como não levas a chave do seu ministério supre a tua vez" — notai as palavras — "o Sumo Sacerdote supre a tua vez e, abertas as portas antigas, por Cristo, o ladrão se introduz no reino dos céus". Quando o ladrão presentou o seu memorial, estava Pedro ausente; e como o tempo era brevíssimo, e o negócio tão urgente que não sofria dilações, fez-se Cristo substituto do seu Vigário e supriu a ausência de Pedro com a sua presença. Trocou o crucificado Senhor os cravos com as chaves, e abriu as portas do paraíso ao repentino penitente. E porque Pedro não acode à obrigação de seu ofício, como Vigário de Cristo, acudiu Cristo a ela, como Vigário de Pedro: "Ele supre a tua vez, Pedro".

Eis aqui como nunca pode faltar a providência das chaves de Pedro, ainda no caso em que ele por si mesmo faltasse. Mas, antes que desçamos em particular ao cuidado, vigilância e admirável circunspecção desta universal providência, quero eu acudir pela honra de Pedro, e não refutando a sua improvidência neste caso com a sua providência em todos, mas sarando gloriosamente uma improvidência com outra. Dai atenção ao sucesso, tão digno de ser ouvido como imitado.

"Entrou Cristo em casa de S. Pedro" (Lc 4,38), e havia muito tempo que estava na mesma casa a sogra do mesmo Pedro, tão enferma e prostrada de umas gravíssimas febres que nem para receber o Senhor se pôde levantar. Essa força tem a palavra "estava acometida" do evangelista: "Ora, a sogra de Simão estava acometida de grandes febres" (Lc 4,38). Grande febre e grande caso! Quem haverá que não repare e note aqui muito a pouca providência de S. Pedro, antes o demasiado descuido e negligência de atender ao remédio de sua casa e à necessidade dos seus domésticos e parentes? A sogra de Pedro em casa de Pedro ardendo em febres, e sem cura; padecendo dores, e sem alívio; atada tanto tempo a um leito, sem saúde, nem sequer melhoria? Não é este aquele mesmo Pedro, que passando pelas ruas e pelas praças, só com a sombra sarava todos os enfermos? Como, logo, abusa de tal modo do seu poder que, curando a todos, só aos seus domésticos não cura? Tantos milagres para as casas dos outros, e só para a sua casa nenhum milagre? Sim. E este creio eu que foi o maior milagre de S. Pedro. Entre todos os milagres deste grande prodígio do mundo, o maior milagre foi não ser milagroso em sua casa. Fora de casa e ao sol fazia sombra e obrava milagres; chegado à sua casa, não obrava milagres, porque já não tinha sombra.

Mas que farão em tal caso os domésticos de Pedro, e que será deles? Vós, Senhores, que servis a S. Pedro nesta sua casa, sois mais propriamente os seus domésticos. E que será de tantos, que somente vivem da sua sombra? Não tenhais medo, porque como Cristo nos casos de necessidade é Vigário do seu Vigário, se vos faltar a sombra de Pedro não vos faltará a mão de Cristo. Assim foi. Chega-se o Senhor ao leito da enferma: "Inclinando-se sobre ela" (Lc 4,39); dá-lhe e "toma-lhe a mão" (Mc 1.31); e no mesmo ponto não só ficou livre da febre, mas sã, e com todas as suas forças: "Levantando-se, se pôs a servi-los" (Lc 4,39). Assim provê a providência de Cristo milagrosamente onde a providência de Pedro, com maior milagre, não provê. Antes digo que, assim como o não prover em Pedro foi milagre, porque é obrigação natural da providência de Cristo prover ele onde Pedro não provê, se Pedro, por excesso de generosidade, se descuidar dos seus domésticos, Cristo, por excesso de providência, tomará cuidado deles; e se Pedro, abusando gloriosamente do poder das suas chaves, fechar a porta da sua casa a todo o favor, Cristo, tomando-lhe as chaves, abrirá a mesma porta, e, cheio de favores e graças, entrará em casa de Pedro: "Entrou Jesus na casa de Simão". Assim que seguros estão sempre os efeitos da providência de Pedro porque quando ele, por qualquer acidente, ou como homem, ou como mais que homem, não usar dos poderes das chaves por si mesmo, fa-lo-á melhor por Cristo, ou Cristo por ele.

§ VI

E que se segue ou se prova disto? Segue-se e prova-se o que eu prometi dizer, posto que pareça que disse o contrário. Desta improvidência de Pedro para com a sua casa se prova altissimamente a providência do mesmo Pedro para com a Igreja que lhe foi encomendada. Era o espírito soberano de Pedro como o daquela excelentíssima alma, que disse por boca de Salomão: "Puseram-me por guarda das vinhas, e eu não guardei a minha vinha" (Ct 1,5). — Pois isto diz e isto faz uma alma unicamente perfeita, que é a ideia e exemplar de todas as almas santas? Se disse: puseram-me por guarda das vinhas, parece que havia de acrescentar: e eu guardei-as com grande cuidado e vigilância; mas, em lugar de dizer que guardou as vinhas que lhe encomendaram, diz "que não guardou a sua vinha"? Sim. Porque o maior testemunho e a maior prova de guardar com todo o cuidado as vinhas que lhe encomendaram era não ter nenhum cuidado de guardar a sua. A vinha — como Cristo lhe chamou — composta de tantas vinhas, é a Igreja universal; e porque a providência de Pedro se descuidou totalmente da sua vinha, por isso teve tanto cuidado da de seu Senhor.

Notável coisa é ver o zelo e providência universal com que São Pedro tomava sobre si o que pertencia a todos, como se ele fora todos ou estivera em todos, e todos nele. Mas por isso lhe entregou Cristo as chaves e o cuidado do universo. As duas maiores dificuldades, ou mais dificultosas questões que se excitaram na Escola do Apostolado, foram a da divindade de Cristo e a da verdade do Sacramento. Sobre a questão da divindade, depois de ouvidas várias opiniões, todas negativas, perguntou o Senhor: "E vós, quem dizeis que eu sou?" (Mt 16,15). E falando a pergunta com todos, Pedro respondeu por todos como se falara só com ele: "Tu és o Cristo, filho de Deus vivo" (Mt 16,16). Na questão do Sacramento pareceu tão dura a doutrina, que muitos por amor ou por horror dela deixaram a escola. Então perguntou o Senhor aos demais: "Quereis vós também retirar-vos?" (Jo 6,67). E falando também a pergunta com todos, Pedro do mesmo modo respondeu por todos: "Senhor, para quem iremos? Tu tens palavras de vida eterna" (Jo 6,68). E homem que toma por si o que se pergunta a todos, e responde por todos quando se não fala só com ele, este homem tem zelo e providência universal, a este homem, e não a outro, hei de dar as chaves da minha Igreja: "Eu te darei as chaves do reino dos céus".

Mas não assentou a eleição de Pedro sobre estas duas experiências somente. No Monte Tabor, quando viu a glória, disse: "Senhor, é bom estarmos aqui" (Mt 17,4). E quando ouviu que para entrar na mesma glória era necessário dar esmola, como ele tinha deixado tudo, instou dizendo: "E nós que deixamos tudo. Que haverá para nós?" (Mt 19,27). Não sei se reparais neste "para nós" e naquele "nós", uma e outra vez repetido. Em tudo mostrou Pedro ser Pedro. Se alega serviços, alega por todos: "E nós que deixamos tudo"; se procura prêmios, procura por todos: "Que haverá para nós?"; se deseja bens, deseja para todos: "É bom estarmos aqui". Uma vez fala do passado: "Deixamos"; outra vez do futuro: "que haverá"; outra vez do presente: "É bom", mas sempre de todos, por todos e para todos. Não se ouve da boca de Pedro nem "Eu", nem "para mim", nem "me", senão "nós", no primeiro caso, "para nós" no terceiro e "nós" no quarto: "Nós deixamos", "Que haverá para nós", "É bom estarmos [nós]", porque a providência de Pedro não sabe o nome a si, nem trata ou cuida de si, senão de todos. Se alguma vez se lembra Pedro só de si, é para ele só tirar a espada no Horto, e defender a seu Mestre; é para ele só o seguir até o átrio de Caifás, cercado de guardas; é para ele só se lançar vestido ao mar, ou pisando as ondas com os pés, ou rompendo-as com os braços para o ir buscar. Só para os perigos só, mas nunca só, senão com todos e como todos, para o bem e interesse de todos.

Todos, digo, uma e outra e tantas vezes, porque a providência de Pedro, sem exceção nem limite no universal e no particular, sempre se estendeu e abraçou a todos: aos grandes e aos pequenos: aos naturais e aos estranhos; aos fiéis e aos infiéis; aos presentes e aos ausentes; aos vivos e aos mortos. O primeiro ato da providência de Pedro, tanto que pela morte de Cristo lhe sucedeu no pontificado, foi confirmar os outros apóstolos na fé da Ressurreição. Enquanto o disseram outros, eram delírios: "Lhes parecia como delírios" (Lc 24,11); tanto que o disse Pedro, foi verdade infalível: "Na verdade o Senhor ressuscitou e apareceu a Simão" (Lc 24,34). Mandou-lhes Cristo que esperassem pelo Espírito Santo, mas Pedro, com providência antecipada e admirável, não esperou pela vinda do Espírito Santo para refazer a quebra de Judas e inteirar o número do apostolado. Quando Cristo subiu ao céu, deixou onze apóstolos, e quando desceu o Espírito Santo, já achou doze. Com esta diligência conseguiu Pedro que viesse o Espírito Santo antes de vir, porque antes de vir em línguas visíveis já tinha vindo na língua invisível com que declarou a Matias: "Caiu a sorte em Matias" (At 1,26). Cheios todos os apóstolos do Espírito Santo, Pedro foi o primeiro que no mesmo dia, e na mesma hora, e na mesma Jerusalém, onde tinha sido crucificado Cristo, pregou publicamente a fé da sua divindade. E com que efeitos? O mesmo Cristo, pregando em Judeia três anos, deixou nela só quinhentos cristãos, como consta da primeira Epístola aos Coríntios, e São Pedro, com a graça superabundante do mesmo Cristo, naquele só dia e naquela só pregação, converteu três mil Judeus, e noutro dia e noutra pregação, cinco mil, cumprindo-se em Pedro o que o mesmo Senhor tinha prometido: "Fará coisas maiores, porque vou para o Pai" (Jo 14,12).

Mas como se contentaria com o fruto que colhia em Jerusalém e Judeia quem tinha a cargo da sua providência o resto do mundo? De Jerusalém parte Pedro a Antioquia, e ali assentou a primeira vez a sua Cadeira, não se desprezando, sendo príncipe e pastor do universo, de ser e se chamar bispo de uma cidade. De Antioquia passou a Roma que, como cabeça do império, o era também da superstição e idolatria, para que assim como tinha pregado em Jerusalém aos hebreus e em Antioquia aos gregos, pregasse também em Roma aos latinos, e com as três línguas universais em que foi escrito o título do crucificado: "Em hebraico, grego e latim" (Jo 19,20), levantasse o estandarte da mesma cruz nas três metrópoles mais conhecidas e nos três castelos mais eminentes do mundo, do que o dominante era Roma. Quando Davi derrubou o gigante, diz o texto sagrado que pôs a pedra na funda, e dando uma e outra volta, lha pregou na cabeça: "Dando-lhe a volta, feriu o filisteu e a pedra se encravou na sua testa" (1Rs 17,49). E que pedra é esta, senão Pedro? Ao redor de Jerusalém deu uma volta à Palestina, e ao redor de Antioquia deu outra volta à Grécia, e com esta dobrada força, como pedra de Davi, se veio meter e fixar na testa do gigante, que é Roma, cabeça do mundo. Aqui o derrubou e prostrou por terra, mas para daqui o subir da terra ao céu. De Roma, melhor que os Césares aos Fábios, Metelos e Cipiões, repartiu S. Pedro os Pancrácios, os Berilos, os Marciais, os Apolinares, os Prodocimos, os Hermagoras, os Maternos, os Torcatos, os Tesifontes, e outros famosos discípulos de sua fé e espírito, os quais, ordenados de bispos e sacerdotes, penetrassem a Itália, as Gálias, as Espanhas, a Numídia, a Mauritânia e as demais províncias da Europa e da África — como já tinha feito na Ásia o mesmo S. Pedro — para que, como raios do mesmo sol, alumiassem, e como rios da mesma fonte, regassem e fecundassem aquelas terras.

Porém, a verdadeira providência, que toda é olhos, não se contenta com mandar, senão com ir, nem com ser informada somente, senão com ver. Por isso Pedro, ainda que pôs a Cadeira em Roma, não a fez para si sede fixa, senão sede rodante. Lá viu Daniel a Deus assentado no seu trono, e diz que o mesmo trono era fundado sobre rodas: "O seu trono era de chamas de fogo, as rodas deste trono um fogo aceso" (Dn 7,9). E por que tinha rodas o trono de Deus, sendo aquele que "imóvel dá o movimento a todas as coisas"[4]? Para mostrar nesta figura visível que, assim como com sua imensidade enche todo o mundo, assim com sua providência o vê e rodeia todo. O mesmo fazia Pedro como vice-Deus na terra. Nem ele se podia apartar da sede pontificial, nem a sede dele; mas, levando-a sempre consigo, como diz S. Lucas, visitava e via por si mesmo a todos: "Passando Pedro por toda parte" (At 9,32). Tornou outra vez a Jerusalém e outra vez a Antioquia; foi em Pessoa à Galácia, à Capadócia, à Ásia, à Bitínia, a Corinto, ao Egito; e a outras partes da África, e até à barbaríssima região do Ponto, que naquele tempo era o degredo mais áspero dos Romanos, e o horror, como diz Tertuliano, do mundo, não faltou a providência e presença de Pedro. Em Nápoles e Sicília há ainda hoje memórias suas, e é autor Metafrastes, que também passou à Espanha e pregou em Inglaterra. Assim respondeu o primeiro apóstolo, sendo o príncipe de todos, à sua primeira vocação. Como Cristo o tinha chamado para pescador de homens, não só no Tiberíades, nem só no Mediterrâneo, nem só no Euxino, mas também no oceano era bem que fosse lançar as redes, para que pescasse homens em todos os mares.

Bem quisera a providência de Pedro, assim como visitava a todos, assistir sempre com todos. Mas o que não podia com a presença e com a voz, fazia com a pena. Ninguém lerá as epístolas canônicas de São Pedro, que com admiração e assombro o não veja, não só retratado, mas vivo nelas. Na majestade do estilo, no sólido da doutrina, no profundo das sentenças e no ardente do zelo. Por este meio se multiplicava Pedro em todas as partes, e se fazia presente no mesmo tempo a todos. Mas o que mais admiro naquelas sagradas Escrituras, é o título: "Pedro, apóstolo, aos estrangeiros dispersos" (1Pd 1,1). Não iam dirigidas estas letras pontifícias aos reis e monarcas do mundo, senão a uns pobres peregrinos e desterrados por todo ele. Lembrava-se S. Pedro que lhe encomendara Cristo duas vezes os cordeiros e uma só vez as ovelhas: "Apascenta os meus cordeiros, apascenta os meus cordeiros, apascenta as minhas ovelhas" (Jo 21,15s). Nas ovelhas lhe encomendou os grandes e nos cordeiros os pequenos; e por isso os pequenos duas vezes, e em primeiro lugar, para que tivesse deles maior cuidado. Esta foi a confiança com que Cornélio, sendo ainda gentio, não duvidou em mandar chamar a S. Pedro, e que fosse à sua casa, distante sessenta milhas, como logo foi. Estava então S. Pedro em Jope, e este nome traz à memória o profeta Jonas, o qual no mesmo porto se embarcou, fugindo de Deus, por não ir a Nínive, sentindo e desprezando muito de ser mandado pregar a uma gente tão vil e aborrecida, como eram todos os gentios na estimação dos hebreus. E quando Jonas não quis ir pregar à maior cidade do mundo, onde só os inocentes eram cento e vinte mil, vai o Sumo Pontífice da Igreja, e a pé, desde Jope até Cesareia, só por catequizar um gentio.

§ VII

Estas foram, Senhores, não todas, mas uma pequena e abreviada parte das obras maravilhosas de S. Pedro, e dos exemplos que deixou à Igreja de sua universal providência. Disse deixou, e disse mal, porque os não deixou. Ainda os continua depois da morte, como insistiu neles em toda a vida. Morreu Pedro, mas a sua providência não acabou, porque foi, é e será imortal. S. Pedro de Ravena, em uma carta que escreveu a Eutiques, que anda junta ao Concílio Calcedonense, diz que S. Pedro vive sempre em todos seus sucessores: "Exortamos-te, irmão, que guardes com obediência o que o santo Papa da cidade de Roma escreveu, porque Pedro que ali vive e governa garante a verdade da fé aos que a buscam"[5]. Mas não é isto só o que quero dizer. Digo que no céu, onde está S. Pedro, vive e permanece imortal a sua mesma providência sobre a Igreja, não apartando jamais os olhos dela, nem faltando ou tardando em lhe acudir, todas as vezes que o há mister. Assim o prometeu o mesmo Pedro a todos os fiéis, quando se despediu deles na sua segunda Epístola, por estas palavras: "Certo estou de que brevemente hei de deixar este meu tabernáculo, como também nosso Senhor Jesus Cristo já me revelou. Procurarei ter-vos sempre após a minha morte" (2Pd 1,14s)[6]. Não promete aos fiéis para depois da sua morte as suas orações, como fazem os outros santos, senão a sua manutenência: "Eu vos terei sempre, eu vos manterei, eu vos conservarei". — E a palavra que responde a "sempre", no original grego, em que o santo Apóstolo escreveu, quer dizer: "sempre, todos os dias, e a todos, não só em comum, senão em particular".

Quão exatamente cumprisse São Pedro esta sua promessa não se pode compreender nem contar, por serem ocultas e invisíveis as ordinárias e contínuas assistências da sua providência; mas bastam para superabundante prova as manifestas e visíveis. S. Pedro foi o que, pouco depois da sua morte, apareceu ao mesmo Nero que o mandou matar com um aspecto tão severo e terrível que, assombrado o tirano — como refere Suetônio, sem saber a causa — os poucos dias que depois viveu, mais parecia já morto que vivo, com que cessou a perseguição da Igreja. S. Pedro foi o que apareceu ao imperador Constantino, e em lugar do banho de sangue dos inocentes, o exortou a que se banhasse no do sangue de Cristo, com que, batizado e feito cristão, os pontífices e sacerdotes, que viviam nas grutas dos montes, puderam aparecer publicamente nas praças de Roma, e colocar as imagens de Cristo nos templos, e pregar sua fé por todo o mundo. S. Pedro foi o que, durando a perseguição em Inglaterra, e tendo fugido alguns bispos, para que não fugisse também o metropolitano de Cantuária, como pretendia, o repreendeu e castigou por suas próprias mãos, de tal sorte que bastou a vista das chagas que lhe ficaram em todo o corpo para que os mesmos tiranos o deixassem viver e guardar as ovelhas do pastor que tão asperamente punira os pensamentos só de as querer deixar. S. Pedro foi, finalmente, o que no século passado apareceu a Inácio em Pamplona, mortalmente ferido de uma bala, e o sarou com sua presença, e lhe infundiu o seu espírito, para que levantasse uma nova e forte companhia em defensa da Igreja militante, contra Lutero e Calvino e os outros heresiarcas de nossos tempos, como diz a mesma Igreja: "Fortificaste a Igreja militante com um novo auxílio pelo Bem-aventurado Inácio".

Mas, glorioso defensor da fé e autoridade romana, e também da mesma Roma e desta vossa Basílica, oitava maravilha do mundo, agora que as trombetas otomanas quase se ouvem dentro de seus muros, e já as meias luas turquescas se divisam das torres de Itália e lhe estão batendo às portas, tempo é de outros socorros e de outras armas. Lembrai-vos, ó Pedro, que não vos disse Cristo que depusésseis a espada, senão que a metêsseis na bainha, para a tirar outra vez e a empunhar quando a honra de vosso Mestre, já triunfante no céu, e a vossa providência o pedisse na terra. Esta foi a espada com que assististes fulminante ao lado de vosso sucessor, Leão, e destes tanta eficácia à sua eloquência, e metestes em tanto temor a Átila, que não se atrevendo a dar um passo adiante, voltou as costas e as bandeiras, e confessou aos seus, tremendo ainda, o que vira. Com esta espada, e vestido de armas resplandecentes, socorrestes Alexandria, cidade da Igreja romana sitiada pelo imperador Frederico, e capitaneando os cercados no assalto, com que debaixo de falsa trégua os invadiu repentinamente, vós, com imensa mortandade de todo o seu exército, o obrigastes fugindo a levantar o sítio. E quem assim acudiu por uma cidade da Igreja romana, que fará pela mesma Roma e pela mesma Igreja? Mas, avizinhemo-nos mais à oficina capital, onde se está fabricando e dispondo o perigo, e entremos na mesma Constantinopla. Imperadores eram daquela sempre infensa e venenosa metrópole Bardas e Micael, os quais tinham devastado com esquisitas crueldades toda a cristandade do Oriente, quando vós, aparecendo visível aos afligidos católicos, por um dos ministros de vossa justiça que vos acompanhavam armados, não só os mandastes matar, mas fazer em postas a ambos, e assim se executou. Também era imperador de Constantinopla Alexandre Impiíssimo, o qual, olhando para as estátuas dos antigos ídolos de Roma, que tinha no seu palácio, disse: "Enquanto os romanos adoraram a estas, foram poderosíssimos e perseveraram invictos". — Mas apenas o Bárbaro tinha lançado da boca esta blasfêmia, quando vós, sempre vingador das injúrias de Cristo, vos presentastes diante, dizendo: "Eu sou Pedro, Príncipe dos Romanos". E ao trovão desta voz, vomitando todo o sangue pela mesma boca sacrílega, caiu morto Alexandre.

Assim venceis, assim triunfais, gloriosíssimo Pedro. E se um "Eu sou" da vossa boca em Constantinopla é tão poderoso como outro "Eu sou" (Jo 18,5), da boca de vosso Mestre e Senhor em Getsêmani, quando esta só voz derrubou os esquadrões de seus inimigos, e quando a vossa espada, como então começou, os degolara a todos, se o mesmo Senhor vo-la não mandara meter na bainha, agora, agora é tempo de a desembainhar outra vez, ou de tornar a dizer "Eu sou", para que trema o turco, para que se acabe Mafoma, para que as suas luas se eclipsem, para que os seus exércitos desmaiem e se confundam, e para que em Constantinopla, como em Roma, e no império do Oriente, como no do Ocidente, se conheçam e se venerem só as chaves de Pedro, e com ele, e por ele, e nele o nome de Cristo. Amém.

SERMÃO DE

Todos os Santos

Em Lisboa, no Convento de Odivelas.
Ano 1643.

"Bem-aventurados os limpos de coração."
(Mt 58)

Há três anos em Lisboa, com trinta e cinco anos, Vieira desenvolve sua atividade de pregador (no próximo ano será nomeado pregador régio) e manifesta também sua preocupação política junto ao rei Dom João IV (apresenta então um documento sobre o "miserável estado do reino e a necessidade que tinha de admitir os judeus mercadores" e ainda outro documento com a sugestão de se criar uma companhia de comércio e de incentivar o cultivo das especiarias da Índia no Brasil). Hoje, vai a Odivelas, onde se consagram a Deus as jovens de famílias ricas de Portugal. A festa de Todos os Santos é a festa litúrgica mais universal e a mais particular e estas duas qualidades constituem os temas do sermão: a grandeza de ser santos e a facilidade que todos têm de ser santos. Eis alguns dos temas tratados: 1) ser santos é a única coisa que os homens devem desejar; 2) a grandeza da santidade do Pai, do Filho e do Espírito Santo; da Mãe, do Filho, da Virgem Santíssima; dos Anjos; dos Patriarcas, dos Profetas, dos Mártires; dos Doutores, dos Anacoretas; do coro das Virgens. Vieira desenvolve aí retoricamente a antiga tradição das Ladainhas dos Santos. Concluindo, é muito grande o ser santo, embora as dificuldades sejam também grandes. Não se deve desanimar. Uma só coisa é necessária: a boa consciência ou a limpeza do coração.

§ I

A festa mais universal e a festa mais particular, a festa mais de todos e a festa mais de cada um, é a que hoje celebra e nos manda celebrar a Igreja. É a festa mais universal e mais de todos porque, começando pela fonte de toda a santidade, que é Cristo, e pela Rainha de todos os santos, que é a Virgem Santíssima, fazemos festa hoje a todas as hierarquias dos anjos, fazemos festa aos patriarcas e aos profetas, aos apóstolos e aos mártires, aos confessores e às virgens. E não há bem-aventurado na Igreja triunfante, ou canonizado ou não canonizado, ou conhecido ou não conhecido na militante, que não tenha a sua parte ou o seu todo neste grande dia. E este mesmo dia tão universal e tão de todos, é também o mais particular e mais próprio de cada um, porque hoje se celebram os santos de cada nação, os santos de cada reino, os santos de cada religião, os santos de cada cidade, os santos de cada família. Vede quão nosso e quão particular é este dia. Não só celebramos os santos desta nossa cidade, senão cada um de nós os santos da nossa família e do nosso sangue. Nenhuma família de cristãos haverá tão desgraciada que não tenha muitos ascendentes na glória. Fazemos pois hoje festa a nossos pais, a nossos avós, a nossos irmãos, e os que tendes filhos no céu, ou inocentes ou adultos, fazeis também festa hoje a vossos filhos. Ainda é mais nossa esta festa porque, se Deus nos fizer mercê de que nos salvemos, também virá tempo, e não será muito tarde, em que nós entremos no número de todos os santos, e também será nosso este dia. Agora celebramos, e depois seremos celebrados; agora nós celebramos a eles, e depois outros nos celebrarão a nós. Esta última consideração, que é tão verdadeira, foi a que fez alguma devoção à minha tibieza neste dia tão santo, e quisera tratar nele alguma matéria que nos ajude a conseguir tão grande felicidade. Dividirei tudo o que disser em dois discursos, fundados nas duas palavras que tomei por tema, e nas duas do título da festa. Pois a festa é de todos os santos, no primeiro discurso veremos quão grande coisa é ser santos, e no segundo quão facilmente o podemos ser todos. O primeiro nos dá a primeira palavra do tema: "bem-aventurados"; o segundo nos dará a segunda: "limpos de coração". Digamos à Virgem Santíssima: "Rainha de todos os santos, rogai por nós", e ofereçamos-lhe a costumada *Ave Maria.*

§ II

"Bem-aventurados os limpos de coração." A mais poderosa inclinação e o mais poderoso apetite do homem é desejar ser. Bem nos conhecia este natural o demônio, quando esta foi a primeira pedra sobre que fundou a ruína a nossos primeiros pais. A primeira coisa que lhe disse e que lhe prometeu foi que seriam: "Sereis" (Gn 3,5), e este "sereis", este sereis foi o que destruiu o mundo. Não está o erro em desejarem os homens ser, mas está em não desejarem ser o que importa. Uns desejam ser ricos, outros desejam ser nobres, outros desejam ser sábios, outros desejam ser poderosos, outros desejam ser conhecidos e afamados, e quase todos desejam tudo isto, e todos erram. Só uma coisa devem os homens desejar ser, que é ser santos. Assim emendou Deus o sereis do demônio com outro sereis, dizendo: "Sereis santos, porque eu sou santo" (Lv 11,45). O demônio disse: Sereis como Deus, sendo sábios; e Deus disse: Sereis como Deus, sendo santos. E vai tanto de um sereis a outro sereis, que o sereis do demônio não só nos tirou o ser como Deus, mas tirou-nos também o ser, porque nos tirou o ser santos e o sereis de Deus, exortando-nos a ser santos, como ele é, não só nos restitui o ser como Deus, senão também o ser. Quando Moisés perguntou a Deus o que era, respondeu Deus definindo-se: "Eu sou o que sou" (Ex 3,14) — porque só Deus tem por essência o ser. Agora diz a todos os homens por boca do mesmo Moisés: Se sois tão amigos e tão ambiciosos de ser, sede santos, e sereis, porque tudo o que não é ser santo, é não ser. Sede rei, sede imperador, sede papa: se não sois santo, não sois nada. Pelo contrário, ainda que sejais a mais vil e mais desprezada criatura do mundo, se sois santo, sois tudo o que pode chegar a ser o maior e mais bem afortunado homem, porque sois como aquele que só é e só tem ser, que é Deus. Todo o outro ser, por maior que pareça, não é, porque vem a parar em não ser. Só o ser santo é o verdadeiro ser, porque é o que só é, e o que há de permanecer por toda a eternidade.

Bastava esta só razão para os homens, que temos alma imortal, desejarmos a santidade sobre todas as coisas, e desprezarmos todas as coisas só por ser santos. Mas quero que os mesmos santos e todos os santos nos ensinem e animem a esta verdade. Todos os santos quantos há e pode haver, pela mesma ordem em que hoje os celebra a Igreja, se reduzem a quatro classes. Deus, que também se preza de ser e de se chamar santo; a Mãe de Deus, que é a mais santa entre todas as puras criaturas; os santos anjos, repartidos em nove coros; os homens santos, divididos em seis hierarquias. Ora, vejamos como todos estes santos nos ensinam a estimar sobre tudo o ser santos, e comecemos por Deus.

Se perguntarmos aos teólogos qual é o maior atributo de Deus, responder-nos-ão que todos são iguais, porque todos e cada um deles é Deus. Mas se perguntarmos qual é o que mais declara e engrandece o ser do mesmo Deus, S. Dionísio Areopagita, que é o que mais altamente escreveu dos atributos divinos, diz que o ser santo: "Deus se diz Santo dos Santos por uma excelência que excede todas as coisas"[1]. Quando dizemos que Deus é santo, e santo dos Santos, louvamos em Deus "uma excelência que é mais excelente que todas". O grande Doutor da Igreja, Santo Ambrósio, ainda disse mais, ou com maior expressão: "Quando queremos louvar e engrandecer a Deus, nenhuma coisa achamos de maior estimação e de maior preço que chamar-lhe santo, porque tudo o demais que dissermos é inferior a Deus"[2], e só quando lhe chamamos santo dizemos o que é. Antigamente, como Deus era só conhecido em Judeia, no resto do mundo havia muitos chamados deuses, os quais todos tinham sacrifícios e sacerdotes. E que fez o verdadeiro Deus para se distinguir dos deuses falsos? Mandou que o seu Sumo Sacerdote trouxesse na testa uma lâmina de ouro com esta letra: "A Santidade ao Senhor" (Ex 28,36) — porque só aquele Senhor, que tem por atributo o ser santo, é o verdadeiro Deus.

Mais fizeram os profetas, os quais, falando de Deus, deixavam o nome de Deus, e o trocavam pelo nome de santo. Lede Isaías e os demais, e achareis. "Olharão para o Santo de Israel" (Is 17,7); "blasfemaram o Santo de Israel" (Is 1,4); "alegrar-te-ás no Santo de Israel" (IS 41,16); "venha o conselho do Santo de Israel" (Is 5,19), e assim em muitos outros lugares, não havendo panegírico, invectiva ou declamação em que não tragam sempre na boca o Santo de Israel, o Santo de Israel. E que Santo de Israel é este? É Abraão, Isaac, ou Jacó? É Moisés, Josué, ou Davi? É Elias ou Eliseu? Não. O Santo de Israel, de que falam os profetas, é

Deus. Pois, se é Deus, por que lhe não chamam Deus, ou o Deus de Israel, senão o Santo de Israel? Porque em Israel havia naquele tempo muitos idólatras, que veneravam e sacrificavam aos deuses falsos da gentilidade; e para distinguir o Deus verdadeiro dos deuses falsos, não acharam os profetas outra diferença mais individual, nem outra distinção mais adequada, que chamar-lhe o Santo. Se lhe chamaram Deus, equivocava-se o nome de Deus com o dos ídolos, a quem os idólatras também chamavam deuses; mas chamando-lhe o Santo, tiravam toda a equivocação e toda a dúvida, porque só o atributo da santidade era o que distinguia e provava no Deus de Israel a única e verdadeira divindade. Tanto significa, tanto monta, e tão alta e divina coisa é, ainda no mesmo Deus, o ser santo.

Mas, se os profetas queriam distinguir o Deus verdadeiro dos falsos, por que não fundavam a distinção na verdade, senão na santidade? Por que não diziam o verdadeiro de Israel, senão o Santo de Israel? Porque, ainda que o verdadeiro se opõe formalmente ao falso, mais se qualifica o ser divino pelo atributo de santo que pelo de verdadeiro. Ouvi uma das maiores ponderações com que se pode avaliar e conhecer quão sublime e divina coisa é, ainda na estimação e veneração do mesmo Deus, o ser santo. Jurou Deus a Davi que seria o seu reino eterno, porque dele descenderia o Messias; e como fez Deus este juramento, ou por quem jurou? Coisa estupenda! "Uma vez jurei pelo meu santo não mentirei a Davi. A sua descendência durará para sempre" (Sl 88,36). Jurei a Davi, pelo meu Santo, que não hei de faltar à verdade do que lhe prometi, e que há de ser pai do Messias. — "Pelo meu Santo"! E que santo é este, pelo qual Deus jura? Já sabeis que juramento se faz sempre por aquilo que mais se venera ou mais se estima. Fora de nós, juramos pela vida de el-rei, pela cruz, por Cristo, por Deus, porque é o que mais veneramos; dentro em nós, juramos por nossa vida, por nossa alma, porque é o que mais estimamos. Da mesma maneira, não tendo Deus fora de si por quem jurar, jura pelo que tem dentro em si, e jura por si mesmo, enquanto santo, porque o ser santo é o que mais estima, o que mais preza, e, se se pode dizer assim, o que mais venera. Parece que havia Deus de jurar pela sua verdade, e jura pela sua santidade, como se ficara mais estabelecida a verdade do seu juramento na firmeza da sua santidade que da sua mesma verdade. Em Deus tudo é igual, e tão verdadeiro é como santo, e tão santo como verdadeiro; mas buscando Deus dentro de si mesmo um atributo que, ou fosse ou parecesse mais soberano e mais digno de veneração, pelo qual pudesse jurar, jurou Deus verdadeiro por Deus Santo: "Uma vez jurei pelo meu Santo".

§ III

Por tão altos e tão admiráveis termos como estes nos ensinou Deus em comum quão grande coisa seja o ser santos, e o mesmo documento confirmou cada uma das três Pessoas divinas em particular, por exemplos não menos maravilhosos. — Sobre a Encarnação da Pessoa do Filho mandou o Pai Eterno por embaixador o anjo S. Gabriel, e que lhe deu por instrução que dissesse de sua parte à Virgem Santíssima, foi que o Filho de Deus e seu, que de suas entranhas havia de nascer, seria santo: "Por isso mesmo o Santo que há de nascer de vós será chamado Filho de Deus" (Lc 1,5). De sorte que, tendo o Pai Eterno um Filho igual a si mesmo, e querendo que por segunda geração e segundo nascimento, sendo Deus, fosse também homem, o que lhe deu a ele, e o que prometeu à sua Mãe, foi que seria Santo: "O Santo que haverá de nascer de vós". Notai o "Santo" e o "de vós": santo, e de vós. Não lhe deu riquezas, porque o fez Filho de uma Mãe muito pobre: "de vós"; não lhe deu honras, porque o fez Filho de uma Mãe muito humilde: "de vós"; não lhe deu mandos, nem dignidades, nem impérios temporais, porque, ainda que a Virgem era descendente de reis, todos esses cetros e coroas tinham já degenerado aos instrumentos mecânicos de um oficial, com quem era desposada: "de vós". E, que lhe deu? Deu-lhe o ser santo: "O Santo que haverá de nascer de vós". Pois a seu Filho não lhe daria outra coisa um Pai onipotente? Os pais, tudo quanto têm e tudo quanto podem, dão a seus filhos, e mais, se são primogênitos e únicos, como Cristo era. Pois a um Filho primogênito, a um Filho único, um Pai todo-poderoso, um Pai Deus e Senhor de tudo, não lhe dá outra coisa mais que o ser santo? Não, e por isso mesmo. Ao Filho primogênito e único do Pai Eterno competia-lhe a herança de todos os bens de seu Pai; e todos os bens que Deus tem, e todos os que pode dar, é fazer a um homem santo e mais santo, porque tudo o mais, ou não é nada, ou, para ser alguma coisa, há de ser também santificado e santo. Enquanto Filho, herdeiro de sua Mãe, pertenciam-lhe ao mesmo Cristo o cetro de Davi e a casa de Jacó, que também Deus lhe mandou prometer: "Dar-lhe-á o trono de seu Pai Davi e reinará na casa de Jacó" (Lc 1,32); mas essa mesma casa e esse mesmo cetro deu-lhe Deus a seu Filho por tal modo que, de temporal que era, o converteu em espiritual, para que tudo nele fosse só santidade, e ele, por todos os modos, mais e mais santo.

Vede como dizem o que digo os que viram o mesmo Unigênito do Pai: "Vimos a sua glória, glória como de Filho unigênito do Pai, cheio de graça e de verdade (Jo 1,14). Vimos — diz S. João — a sua glória, a sua majestade, a sua grandeza, e bem mostrava que era glória, que era majestade, que era grandeza de Filho Unigênito do Pai Eterno. — E em que consistia essa glória, essa majestade e essa grandeza? "Em ser cheio de graça e de verdade." — A graça é a santidade formal, ou a forma santificante que faz e denomina santos; e nesta graça, nesta santidade, neste ser santo consistia toda a glória, toda a grandeza e toda a majestade do único herdeiro do Pai. E se perguntardes ao evangelista a razão de serem só estes os bens que contém a herança de um Pai todo-poderoso e Senhor de tudo, o mesmo evangelista tem já dado a razão nas mesmas palavras: "Cheio de graça e de verdade". Porque tudo o que não é graça de Deus e santidade, é mentira. As riquezas mentira, as honras mentira, os mandos mentira: só o estar em graça de Deus é verdade, só o viver em graça de Deus é verdade, só o morrer em graça de Deus, em que consiste o ser santo, é verdade: "Cheio de graça e de verdade". Isto deu o Pai Eterno a seu Filho, para que vós aprendais a saber o que haveis de procurar aos vossos. Procurai-lhes que sejam santos, e esta é a maior riqueza, a maior honra, a maior felicidade que lhes podeis alcançar, e os maiores e só verdadeiros bens de que os podeis deixar por herdeiros.

Vamos à Pessoa do Filho. A Pessoa do Filho é a Sabedoria de Deus. Fez-se homem a Sabedoria Divina, veio ao mundo para ensinar aos homens, e que lhes ensinou? Nenhuma outra coisa, senão a ser santos. Naquela escada de Jacó, como todos sabeis, representou-se em visão e profecia a Encarnação do Verbo Encarnado. No alto da escada estava Deus inclinado sobre ela, porque uma das

Pessoas divinas havia de descer ao mundo; ao pé da escada estava Jacó, que era o homem ou o gênero humano, porque o modo com que Deus havia de descer era encarnando e fazendo-se homem; e a escada chegava da terra ao céu, porque o fim do mistério da Encarnação, e o fim por que Deus desceu do céu à terra, foi para ensinar e mostrar ao homem como havia de subir da terra ao céu. E para esta subida tão notável e tão nova, que até então estava ignorada, que é o que ensinou o Deus que desceu e encarnou, que é o que ensinou o Verbo e a Sabedoria Divina a Jacó, ou ao homem, que nele se representava? O mesmo Verbo o diz no capítulo décimo da mesma Sabedoria, falando do mesmo Jacó: "Mostrou-lhe o céu e o reino de Deus, e ensinou-lhe a ciência de ser santo" (Sb 10,10). — De sorte que, vindo a Sabedoria divina em pessoa, e descendo do céu à terra a ser Mestre dos homens, a nova cadeira que instituiu nesta grande universidade do mundo, a ciência que professou, foi só ensinar a ser santos, e nenhuma outra. A Retórica deixou-a aos Túlios e aos Demóstenes; a Filosofia aos Platões e aos Aristóteles; as Matemáticas aos Tolomeus e aos Euclides; a Medicina aos Apolos e aos Esculápios; a Jurisprudência aos Solões e aos Licurgos; e para si tomou só a ciência de ensinar a salvar e fazer santos: "O reino de Deus e a ciência dos Santos".

Em todas as ciências, é certo que há muitos erros, dos quais nasce a diferença das opiniões; em todas as ciências há muitas ignorâncias, as quais confessam todos os maiores letrados que não compreendem nem alcançam. Pois, se vinha a Sabedoria de Deus ao mundo, por que não alumiou estes erros, por que não tirou estas ignorâncias? Porque errar ou acertar em todas estas matérias, sabê-las ou não as saber, nenhuma coisa importa: o que só importa é saber salvar, o que só importa é acertar a ser santos, e isto é o que só nos veio ensinar o Filho de Deus. Nem ensinou aos filósofos a composição do contínuo, nem aos geômetras a quadratura do círculo, nem aos mareantes a altura de Leste a Oeste; nem aos químicos o descobrimento da pedra filosofal; nem aos médicos as virtudes das ervas, das plantas, das pedras e dos mesmos elementos, nem aos astrólogos e astrônomos o curso, a grandeza, o número, as influências dos astros: só nos ensinou a ser humildes, só nos ensinou a ser castos, só nos ensinou a desprezar as riquezas, só nos ensinou a perdoar as injúrias, só nos ensinou a sofrer as perseguições, só nos ensinou a chorar e aborrecer os pecados e a amar e exercitar as virtudes, porque estas são as regras e as conclusões, estes os preceitos e os teoremas por onde se aprende a ser santos, que é a ciência que professou e veio ensinar a Pessoa do Filho de Deus: "A ciência dos Santos".

A Pessoa do Espírito Santo com o seu próprio nome nos prova e confirma o mesmo. O Pai também é espírito, e também é santo. Pois, por que se chama só a terceira Pessoa Espírito Santo? A razão é — dizem todos os teólogos — porque ao Espírito Santo compete o ofício de santificar e de fazer santos. Todas as obras de Deus, que chamam *ad extra*, isto é, "que saem de Deus e se terminam às criaturas", são indivisamente de toda a Santíssima Trindade, na qual o poder e o obrar não só é igual, senão um só e o mesmo. Mas por certa propriedade, fundada na natureza ou origem das mesmas pessoas, umas obras se atribuem a umas pessoas e outras a outras. E porque à terceira Pessoa se atribui particularmente o santificar e fazer santos, por isso se chama Santo.

E para que vejais quão grande significação é na mesma Pessoa do Espírito o nome de

Santo e o atributo ou atribuição de santificar, notai o muito que com ela se supre, e a grande carência ou vazio que com ela se enche. O nome ou antonomásia de santo, e o ofício de santificar e fazer santos não lhe pudera competir ao Pai, que é a fonte original e inascível da santidade? Não lhe pudera competir ao Filho, que foi o que, encarnando, nos mereceu essa mesma santidade? Sim. Pois por que se deu ao Espírito Santo? Disse com alto pensamento Ruperto, que para suprir a infecundidade da terceira Pessoa. A divindade no Pai é fecunda, no Filho é fecunda, no Espírito Santo não é fecunda. No Pai é fecunda, porque gera o Filho; no Filho é fecunda, porque, juntamente com o Pai, produz o Espírito Santo; no Espírito Santo só não é fecunda porque não produz outra Pessoa divina. Pois, que meio podia haver para suprir na terceira Pessoa esta infecundidade? O meio foi cederem nela as outras Pessoas divinas a virtude ou atribuição de santificar e fazer santos e o título e antonomásia de se chamar Santo. A terceira Pessoa não pode gerar nem produzir Pessoa que seja Deus? Pois faça santos. A terceira Pessoa não se pode chamar Pai nem se pode chamar Filho? Pois chame-se Santo. Tão grande, tão alta, tão sublime, tão divina coisa é ser santo, e com tão maravilhosos documentos nos ensinaram esta verdade em si mesmas as três Pessoas divinas.

§ IV

Depois do Pai, Filho e Espírito Santo, segue-se a Filha do Pai, a Mãe do Filho, a Esposa do Espírito Santo, a Virgem Santíssima, a qual, como a mais santa entre todas as puras criaturas nos dirá melhor que todas quão grande bem é sermos santos. No capítulo vinte e quatro do Eclesiástico nos refere a mesma Senhora como Deus, que a escolheu por morada, lhe deu a herança de tudo quanto tinha vinculado ao povo de Israel, que era o morgado do mesmo Deus: "Então o Criador de tudo deu-me os seus preceitos e falou-me, e aquele que me criou descansou no meu tabernáculo, e disse-me: Possuí a tua herança em Israel" (Eclo 24,12). E que vos parece que escolheria e tomaria para si a Virgem Maria de toda a universidade de bens naturais e sobrenaturais deste imenso morgado? Só tomou o que era santo, e nenhuma outra coisa. Do que não era santo, posto que fosse precioso e estimado, não quis nada, porque tudo é nada; do que era santo, tomou tudo, porque só o ser santo é tudo. Ouçamos a mesma Senhora, e ponderemos o que diz com a atenção que suas palavras merecem. Primeiramente, do que pertence ao lugar, diz que escolhe uma cidade santa e uma casa santa, para nela servir a Deus em sua presença, sem nenhum outro cuidado: "Exerci diante dele o meu ministério na morada santa, e repousei na Cidade Santa" (Eclo 24,14). E quanto ao que pertencia à pessoa, sendo tantos e tão excelentes os dotes naturais que Deus desde seu princípio tinha repartido com as mulheres famosas daquela nação, de tudo isto nenhum caso fez a Senhora, tudo deixou, tudo desprezou, e só tomou e quis para si a santidade de todos os santos: "Na plenitude dos Santos eu me detive" (Eclo 24,16). Detive-me — diz — na enchente de todos os santos — porque tudo o que não é ser Santo pode inchar, mas não pode encher — aqui me detive, aqui parei, aqui insisti e não passei, nem tive para onde passar daqui.

Oh! quem me dera ter neste auditório todas as senhoras do mundo, tão prendadas e tão presas, tão tidas e tão retidas das vaidades do mesmo mundo, para que vissem o de que só se haviam de deixar prender e deter, à imitação da maior Senhora e Rainha de todas! Tudo quanto a apreensão e fantasia feminil estima e preza, viu a benditíssima Virgem no grande teatro de Israel, de que Deus a fizera herdeira: "Herdeira em Israel". Viu a nobreza do sangue, antiga e ilustre em Sara, soberana e real em Micol, mas não a deteve o esplendor da nobreza, nem lhe moveu ou alterou os espíritos. Viu a formosura servida e adorada em Raquel, buscada e preferida em Abisai, mas não a deteve a formosura, nem julgou por digna de ser vista a que leva após si os olhos. Viu a fecundidade grande e invejada em Lia, maior e mais desvanecida em Fenena, mas não a deteve o apetite natural de ser mãe, nem desejou perpetuar-se em mais vidas. Viu a riqueza doméstica em Rebeca e os tesouros reais em Sulamites, mas não a deteve cobiça ou ambição de riquezas, porque tinha o coração em outros tesouros. Viu as galas e afeites de Jesabel, e todo o valor do Oriente engastado nas joias de Ester, mas não a deteve a aparência vã dos aparatos do corpo, como a que só cuidava em ornar o espírito. Viu a que o mundo chama ventura nas bodas não esperadas de Rute, e nas muito mais venturosas de Séfora, mas não a deteve o especioso laço das bodas, antes lhe fizeram horror as delícias do tálamo. Viu as vitórias e triunfos de Débora, e os despojos e troféus da famosa Judite, mas não a deteve a fama com o ruído de seus aplausos, nem afetou vitórias e triunfos. Viu, finalmente, coroada Abigail, e assentada Bersabée em igual trono com Salomão, mas não a deteve a soberania daquelas alturas, porque era mais alto o seu ânimo que os tronos, e de maior esfera que as coroas.

Pois, Senhora, se todos estes bens da natureza e da fortuna, se todas estas grandezas e felicidades da vida, que os homens tanto estimam, tanto prezam e tanto invejam, nem divididas, nem juntas vos encheram os olhos, se por todas passastes pisando-as, e nenhuma vos pareceu digna, nem de vos deter um momento, nem de vos fazer parar um passo, que é o que vistes, que só vos agradou; que é o que vistes, que só vos deteve ou teve mão, para que ali parassem os passos do vosso desejo, para que dali não passassem os vossos afetos? Vi a humildade, diz a Senhora, vi o desprezo de si e do mundo, vi o recolhimento, vi o silêncio, vi a modéstia, vi a temperança, vi a paciência, vi a fortaleza, vi a mortificação das paixões e a resignação da própria vontade, vi o amor de Deus e a caridade do próximo, vi, enfim, toda a santidade, virtudes e graça de que estiveram cheios os santos e nesta enchente de santidade é que só tomei pé, nesta parei, nesta me detive e nesta me detenho: "Na plenitude dos Santos eu me detive". Isto é o que diz de si a Mãe de Deus. E por que este foi o seu juízo e a sua eleição, por isso foi Mãe de Deus, não só porque estimou o ser santa mais que todas as coisas, mas porque deixou e desprezou todas as coisas para ser mais santa.

§ V

Os anjos, que são a terceira classe dos santos que hoje celebra a Igreja, assim como nos persuadem com suas inspirações, nos ensinam com seu exemplo quão grande coisa é ser santos. O exercício dos anjos no céu é estarem sempre louvando a Deus. Nós não o sabemos louvar, porque o não vemos; eles, que o estão sempre vendo, só o louvam como devem. Mas, quais são os louvores, ou as lisonjas que os anjos cantam a Deus? O profeta Isaías, que uma vez foi admitido a os ouvir, o disse: "Estavam os serafins divididos em dois coros, e o que cantavam alternadamente a grandes vozes era: Santo, Santo, Santo" (Is 6,2s). — Isto diziam e repetiam sem cessar, como também os ouviu, daí a oitocentos anos, S. João no seu Apocalipse: "E não cessavam de dizer: Santo, Santo, Santo" (Ap 4,8). Se isto não estivera tão expresso em um e outro testamento, quem tal cuidara? Deus não é um objeto imenso, as grandezas de Deus não são infinitas, os anjos que o veem e conhecem intuitivamente não são tão entendidos e tão sábios? Pois, como não variam de vozes nem de pensamento? Por que não discorrem por outras perfeições divinas, por que não louvam e não engrandecem outros atributos? Por isso mesmo. Porque veem a Deus, porque o conhecem e porque são entendidos. Quem louva ou lisonjeia discretamente, diz tudo o que pode e tudo o que mais agrada, e a maior grandeza que se pode dizer de Deus, e o louvor que mais lhe agrada é chamar-lhe Santo. Por isso o primeiro coro dos anjos diz Santo, e o segundo responde Santo; o primeiro torna a dizer Santo, e o segundo torna a repetir Santo; e isto dizem, e isto sempre estão dizendo sem cessar, uma e mil vezes, e isto hão de continuar a dizer por toda a eternidade, porque, depois de dizerem que Deus é Santo, Santo e mais Santo, nem os serafins do céu, que são os anjos de mais alto entendimento e de mais profunda ciência, sabem dizer mais, nem lhes fica mais que dizer. É Deus eterno, é imenso, é infinito, é onipotente, mas tudo isso são grandezas porque estão juntas com o ser santo. Se Deus, por impossível, não fora santo, todos os outros seus atributos careceram da sua maior perfeição. Por isso é perfeição em Deus o ser eterno, porque é eternamente santo; por isso é perfeição o ser imenso, porque é imensamente santo; por isso é perfeição o ser infinito, porque é infinitamente santo; por isso é perfeição o ser onipotente, porque é todo-poderosamente santo: "Santo, Santo, Santo".

Isto é o que os anjos dizem de Deus. E de si, que dizem, ou que podem dizer? O que podem e são obrigados a dizer todos os que perseveraram no céu e o não perderam é que todo o seu bem e toda a sua felicidade consistiu em ser santos. Houve no céu entre os anjos aquela grande batalha que sabemos: Lúcifer, com os maus, rebelou-se contra Deus; S. Miguel, com os bons, seguiu as partes de seu Senhor; estes venceram, aqueles foram vencidos, e que ganharam os que ganharam a vitória, que perderam os que perderam a batalha? Nenhuma outra coisa mais que o ser ou não ser santos. Os que ganharam a vitória ganharam o ser santos, porque ficaram confirmados em graça; os que perderam a batalha perderam o ser santos, porque foram privados da mesma graça, e em tudo o mais que tinham por natureza ficaram como dantes eram.

Daqui se entenderá um famoso lugar de Ezequiel no capítulo vinte e oito, onde chama querubim a Lúcifer: "Tu eras um querubim que estendia as tuas asas e protegia, e eu te pus sobre o monte santo de Deus; tu andaste no meio das pedras em brasas. Tu eras perfeito nos teus caminhos desde o dia da tua criação, até que a iniquidade se achou em ti" (Ez 28,14). Tu, ó querubim, eras o anjo de maior esfera, e que debaixo de tuas asas tinhas todos os outros: "Tu eras um querubim que estendia e protegia". Eu te criei Santo e em graça, e te pus no céu: "Eu te pus sobre o monte santo". Tu estavas entre os serafins, onde passeavas com liberdade de superior: "Andaste no meio das pedras em brasas". E desde o dia de tua criação foste "perfeito, até que em ti se achou o pecado e maldade", que tu inventaste.

Em suma, que Lúcifer, como diz o texto, e declaram conformemente todos os Padres, era por natureza serafim, e criado entre os serafins, e superior a todos. Pois, se era serafim, como lhe chama o profeta, em nome de Deus, não serafim, senão querubim? E se lhe nega o nome de serafim, porque já não era anjo, senão demônio, por que "lhe chama querubim"? Porque serafim significa amor e amante, e querubim significa ciência e sábio; e ainda que Lúcifer, pela rebelião e pelo pecado, perdeu o amor e a graça de Deus e os outros dons sobrenaturais, não perdeu a sabedoria e as ciências, nem os outros dotes do entendimento e da natureza, com que fora criado. Tão anjo ficou no saber como dantes era; tão anjo no poder, tão anjo na capacidade da esfera, tão anjo na beleza e formosura natural, e em tudo o mais como dantes, e somente privado da graça e da santidade, em que por sua culpa e maldade se não quis conservar.

De sorte que a principal diferença que então houve e hoje há entre Miguel e Lúcifer, é que Miguel chama-se S. Miguel e Lúcifer não se chama santo. Direis que também foi privado Lúcifer da glória e da vista de Deus. Não foi, porque essa ainda a não tinha, que se já tivera visto a Deus não o pudera ofender nem perder a graça e santidade. Mas, assim como Deus o privou da graça e da santidade, por que o não privou também de tudo o mais? Quando um vassalo se rebela contra seu rei, confiscam-lhe todos seus bens. Pois, se Lúcifer se rebelou contra Deus, por que lhe confiscam só a graça e a santidade, e lhe deixam tudo o mais? Porque só a graça e a santidade são bens: tudo o mais que têm os anjos maus, uma vez que não têm santidade, antes são males que bens. A ciência, sem santidade, é ignorância; a formosura, sem santidade, é fealdade; o poder, sem santidade, é fraqueza; a grandeza, sem santidade, é miséria; e por isso são os anjos maus os mais miseráveis de todas as criaturas, assim como os anjos bons os mais felizes e bem-aventurados de todas: estes porque são santos, aqueles porque não são santos.

§ VI

Vamos aos homens, e perguntai a todos os que estão no céu que coisa é ser santos? A esta pergunta não quero responder com Escrituras nem com palavras, senão com obras. As coisas estimam-se pelo que valem e pelo que custam. Tudo o que fizeram e padeceram os santos, foi por ser santos. A esperança tão longa e tão constante dos patriarcas, a fé e paciência dos profetas, o zelo e pregação dos apóstolos, os tormentos e mortes dos mártires, as penitências e asperezas dos confessores, a continência e pureza das virgens: tudo santo, e tudo por ser santos. Mas não é esta a matéria que se haja de passar e escurecer com uma tão abreviada generalidade. Discorramos por cada uma das hierarquias dos santos, e vejamos quanto se empenharam por conseguir este nome.

Olhai para os patriarcas nos dois primeiros, e vereis a Isac lançado sobre a lenha, esperando com a garganta nua o rigor, por não dizer a desumanidade do golpe, e a Abraão com a espada em uma mão, para cortar a cabeça ao único filho, e com o fogo na outra, para o queimar em holocausto e sepultar em cinzas. Podia haver maior resolução, nem mais heroico e deliberado empenho, assim na sujeição do filho ao pai, como na obediência do pai a Deus? O mesmo Deus confessou que não podia ser maior. Mas, se virdes que um anjo naquele mesmo flagrante tem mão no braço a Abraão, voltai os olhos para o de Jefté, armado doutra espada e do mesmo zelo, e vereis não suspenso, mas executado o tremendo sacrifício, derramando o pai animoso com suas próprias mãos o sangue da inocente filha, também única e sem herdeiro. E por que vos parece que se atreveram estes dois homens a uma tão espantosa e medonha ação, de que se estremece o amor e tapa os olhos a natureza? Abraão, por não quebrar um preceito, Jefté, por não faltar a um voto, e ambos por ser santos. Abraão podia duvidar, com grande fundamento, se um preceito tão novo e inaudito, e tão repugnante às promessas que o mesmo Deus lhe tinha feito, era ilusão; Jefté, com maior razão ainda, podia duvidar se o voto naquele caso obrigava, não sendo tal a sua tenção, nem lhe tendo vindo tal coisa ao pensamento; e, contudo, ambos seguiram a parte mais dificultosa e mais segura, por não deixar em escrúpulo a salvação, nem pôr em dúvida o ser santos.

Aos patriarcas seguem-se os profetas, e aos profetas os apóstolos. E se entre os profetas vos assombrais de ver um Isaías serrado pelo meio, e um Daniel na cova dos leões, e um Jonas engolido da baleia, nos apóstolos, que foram menos em número, vereis a Pedro crucificado, a Paulo degolado, a André aspado, a Felipe apedrejado, a Bartolomeu esfolado, a Mateus e Tomé alanceados, a Simão e Tadeu espedaçados, e todos, enfim, dando o sangue e a vida em testemunho da fé que pregaram, não só para ser santos eles em si, mas para fazer santos a outros.

E que direi eu de vós, ó fortíssimo e luzidíssimo exército dos mártires, tão infinito no número como nos esquisitos gêneros de martírios? Se entro no anfiteatro de Roma, vejo-vos lançados às feras, ou lançados aos Neros, aos Décios, aos Dioclecianos, aos Trajanos, mais feros que as mesmas feras. A muitos de vós reverenciaram os leões, os ursos, os tigres, mas a nenhum perdoou a vida a impiedade mais que brutal dos tiranos, sempre mais obstinados e furiosos. As pedras de Estêvão, as setas de Sebastião, as grelhas de Lourenço e Vicente já eram tormentos vulgares. Que máquinas e invenções de atormentar não excogitou a sevícia raivosa de se ver vencida, para combater e tentar vossa fortaleza? A uns mártires penduravam pelos cabelos, ou por um pé, ou por ambos, ou pelos dedos polegares, e assim, no ar e despidos, com azorragues de nervos rematados em pelotas de chumbo ou abrolhos de aço, os batiam e martelavam com tal força e continuação os cruéis e robustos algozes, que ao princípio açoitavam corpos, depois feriam as mesmas chagas ou uma só chaga, até que não tinham já que açoitar nem ferir. A outros, estirados e desconjuntados no ecúleo, ou estendidos na catasta, aravam ou cardavam os membros com pentes e garfos de ferro, a que propriamente chamavam escorpiões, ou metidos debaixo de grandes pedras de moinho, lhes espremiam como em lagar o sangue, e lhes moíam e emprensavam os ossos, até ficarem uma pasta confusa, sem figura nem semelhança do que dantes eram. A outros cobriam todos de pez, resina e enxofre, e, ateando-lhes o fogo, os faziam arder em pé como tochas ou luminárias nas festas dos ídolos, esforçando-se para este suplício com lhes dar a beber chumbo derretido. A outros, nos mais rigorosos frios do inverno, metiam em tanques enregelados, com banhos de água quente à vista, e liberdade de se passarem a eles, para que enfraquecesse o remédio os que não vencia o tormento. A outros coziam em couros, juntamente com serpentes e cães danados, e assim os lançavam ao mar, para que naquela estreita, medonha e asquerosa prisão, primeiro acabassem mordidos e atassalhados dos dentes venenosos do que afogados das ondas. A outros escalavam vivos pelos peitos, e lhes arrancavam o coração e entranhas palpitantes, ou lhes atavam as mãos e os pés a quatro ramos grossos de árvores, dobrados a força e soltos ao mesmo tempo, com que súbita e violentissimamente os espedaçavam em quartos. A outros assentavam em cadeiras de ferro afogueado, a outros faziam andar descalços sobre lâminas ardentes, a outros metiam em caldeiras de azeite e alcatrão fervendo, a outros em bois de metal abrasado, a outros em fornalhas de chamas vivas. E tudo isto sofriam e suportavam aqueles valorosos cavaleiros de Cristo, não só com paciência e constância, mas com júbilo e alegria. Por quê? Só por ser e segurar o ser santos, como exclama a Igreja: "Todos os Santos, quantos tormentos sofreram, para que chegassem seguros à palma do martírio".

§ VII

Os santos doutores, esquadrão também laureado, não fizeram ou não se desfizeram menos por ser santos. Foram a luz do mundo e o sal da terra; e assim como a tocha se consome para alumiar, e o sal se derrete para conservar, assim eles, para alumiar as cegueiras do mundo e conservar a fé e religião em sua pureza, não só se pode dizer com verdade que consumiram a vida, mas que derreteram e estilaram a alma. Todos esses livros, tantos e tão admiráveis de S. Basílio, de S. Crisóstomo, de Santo Atanásio, de Santo Ambrósio, de S. Jerônimo, de Santo Agostinho e dos dois Gregórios, quatro Doutores da Igreja Grega e quatro da Latina, e os dois que depois se acrescentaram a este sagrado número, Santo Tomás e S. Boaventura, os livros igualmente doutíssimos dos santos bispos, Hilário, Cipriano, Fulgêncio, Epifânio, Isidoro, e um e outro Cirilo, e os dos antiquíssimos Padres Clemente Romano, Dionísio Areopagita, Erineu, Justino, Gregório Taumaturgo, Clemente Alexandrino, Lactâncio, e infinitos outros, todos estes escritos, digo, cheios de divina e celestial doutrina, que outra coisa são, sem encarecimento nem metáfora, senão as almas dos mesmos santos, e as quinta-essências dos seus entendimentos estiladas pela pena?

Ali se veem refutadas e convencidas todas as seitas dos antigos filósofos pitagóricos, platônicos, cínicos, peripatéticos, epicureus, estoicos; ali os mistérios profundíssimos da fé facilitados e críveis, e os argumentos contrários desvanecidos; ali as tradições apostólicas sucessivamente continuadas, e as definições dos concílios gerais e particulares estabelecidas; ali as dificuldades da sagrada Escritura e os lugares escuros dela declarados, e o Velho e Novo Testamento, e os Evangelhos entre si concordes; ali as questões altíssimas da teologia sutilissimamente disputadas e resolutas, as controvérsias debatidas e examinadas, e o certo como certo, o falso como falso, e o provável como provável, tudo decidido; ali as heresias antigas e modernas expugnadas, e as cavilações dos hereges desfeitas, e os textos sagrados corruptos e adulterados por eles, conservados em sua original pureza; os Arios, os Apolinares, os Macedônios, os Nestórios, os Donatos, os Pelágios, os Maniqueus, os Eutíquios, os Elvídios, os Jovinianos, os Vigilâncios e os Luteros e Calvinos, que em nossos tempos os ressuscitaram, sepultados outra vez e convencidos; ali, finalmente, os vícios perseguidos, os abusos emendados, as virtudes sinceras e sólidas louvadas, as falsas e aparentes confundidas, e toda a perfeição evangélica digesta, praticada e posta em seu ponto.

E para tudo isto — que muitos não entendem, nem capacitam — que compreensão e vastidão de todas as ciências divinas e humanas era necessária; que memória de todas as histórias sagradas e profanas; que escrutínio da cronologia de todos os tempos; que notícias de todas as terras e gentes, de suas leis, costumes, cerimônias, ritos; que inteligência e conhecimento exato de todas as línguas, latina, grega, hebreia, caldaica, siríaca, umas originais dos textos sagrados, outras em que foram vertidos! E que estudo, que aplicação, que continuação e trabalho era outrossim necessário para adquirir esta imensa erudição, ajudado o engenho natural e elevado de contínuas orações ao céu, donde vem a verdadeira luz! Estas eram as minas em que cavavam e suavam aqueles diligentíssimos e utilíssimos operários; estas as riquezas inestimáveis que metiam e acumulavam nos tesouros da Igreja; estas as armas finíssimas e escudos impenetráveis de que forneciam a Torre de Davi para as futuras ocasiões e batalhas, como hoje se experimenta, empregando e aplicando a estas — que com razão se chamam obras — todas as forças do espírito, todas as potências da alma e todos os sentidos do corpo, negando-lhe o descanso de dia, e o repouso e sono de noite, e chegando a não gostar nem sentir o mesmo que comiam, como à mesa de el-rei S. Luís de França lhe aconteceu a Santo Tomás. Mas, como eram tão doutos e sábios, sabiam melhor que todos quão grande coisa é ser santos, e por isso o procuravam eles ser com esta vida, e que os demais o fossem com esta mesma doutrina.

Por outro caminho bem diverso conquistaram o ser santos os nacoreta, deixando o trato e comunicação das gentes, e indo-se viver aos desertos; mas também lá lhes não faltaram batalhas, porque se levavam a si consigo; nem vitórias, porque os levava Deus. Estas eram as plantas do céu, de que estavam cultivados os ermos da Palestina, da Tebaida, do Egito, e aqui viviam como anjos, porque souberam fugir dos homens, os Paulos, os Hilariões, os Arsênios, os Onofres, os Pacômios, os Macários. Em muitos anos, e alguns em toda a vida, não se viam; eram porém muito para ver aquelas veneráveis cãs nunca tocadas de ferro, como nazareus da lei da graça, qual de noventa, qual de cento, qual de cento e vinte anos, estendendo o jejum e a abstinência as vidas, que tanto desbarata e abrevia o regalo. Habitavam as grutas e covas, das quais, quando saíam, mais pareciam cadáveres que homens vivos. Das mãos de S. Pedro de Alcântara escreve Santa Teresa que eram como feitas de raízes, e o mesmo podemos dizer das estátuas ou semelhanças destes santos velhos, secos, pálidos, mirrados, e como feitos ou tecidos das raízes das mesmas ervas de que se sustentavam.

Mas como na carne enfraquecida e debilitada com as penitências se criam e crescem os mais robustos espíritos, invejosos os do inferno de tanta santidade, se armavam fortemente contra eles, e, fazendo daqueles desertos campanha, lhes davam crudelíssimos combates. Umas vezes lhes apareciam os demônios transfigurados em áspides, basiliscos, dragões, e outros monstros horrendos que os queriam tragar, como ao grande Antônio; outras os assombravam com tremores espantosos da terra, relâmpagos, trovões e raios, com que parecia que as mesmas grutas se partiam, e caíam sobre eles os montes; e talvez na maior serenidade e frescura do ar, lhes traziam e punham diante dos olhos as mesmas figuras humanas de que tinham fugido, mais capazes pelo gesto e pelos trajos de provocar amor que medo; e estes eram entre todos os mais apertados e furiosos assaltos. Mas, que faziam aqueles constantíssimos atletas da castidade, quando os cilícios, de que sempre andavam armados, lhes não bastavam? Ou se valiam dos lagos e rios enregelados, como S. Francisco, ou nas silvas e espinhos, como São Bento, ou no fogo, metendo nele a mão e deixando derreter os dedos, como S. Diogo; e desta sorte, com a memória do mesmo inferno que lhes fazia a guerra, o venciam e triunfavam dele. Assim venciam, porque eram assistidos da graça de Deus, e assistia-os Deus tão eficazmente com sua graça porque eles continuamente assistiam também a Deus, orando e contemplando.

De alguns se escreve que de noite mediam as horas da oração com um novo e admirável relógio do sol, porque começavam a orar quando se punha e acabavam quando nascia. Mais fazia Simeão Estilita, a quem com razão podemos chamar Anacoreta do Ar, e não da terra. Vivia sobre uma coluna de trinta e cinco côvados de alto, onde perseverou oitenta anos ao sol, ao frio, à neve, aos ventos, comendo uma só vez na semana, e orando de dia e de noite, quase sem dormir. Umas vezes orava de joelhos e prostrado; outras em pé e com os braços abertos e nesta postura estava reverenciando continuamente a Deus com tão profundas inclinações, que dobrava a cabeça até os artelhos. Teodoreto, testemunha de vista, quis saber o número a estas inclinações, e tendo contado mil duzentas e quarenta e quatro, cansado de contar, não foi por diante. Oh! assombro! Oh! prodígio! Oh! exemplo singularíssimo do que pode a fraqueza do nosso barro fortalecida da graça! Um tal gênero de vida mais foi admirável que imitável.

Mas o que mais admira é que lhe não faltaram imitadores. Estilita quer dizer o habitador da coluna, e houve outro estilita, também Simeão, e outro estilita, Daniel, e outros. Tanto preço tem, nos que o sabem avaliar, o ser santo.

§ VIII

Por remate, ou por coroa de todos os santos, põe a Igreja no último lugar o suavíssimo coro das Virgens, cujas vozes, posto que mais delicadas, mas igualmente fortes, nos acabarão de persuadir, como elas se persuadiram, esta mesma verdade. Pesa-me de chegar tão tarde a esta hierarquia, em que é obrigação deter-me mais um pouco; mas como a matéria é de casa, ao menos das grades para dentro será de agrado. Aos de fora seja embora de paciência.

Que extremos não obraram as santas virgens por ser santas? Que façanhas não empreenderam varonilmente? Que rigores e asperezas não executaram em si mesmas? Que galas, que regalos, que delícias e contentamentos da vida; que riquezas, que grandezas, que pompas e fortunas do mundo não desprezaram? Que finezas, que excessos, que máquinas dos que as pretendiam não resistiram? Que bodas humanas, por altas e soberanas que fossem, não renunciaram, só por conservar e defender a virginal pureza e manter a fé prometida a Cristo, com quem se tinham desposado? Santa Edita, filha de Elgaro, rei de Inglaterra, morto o pai e um irmão que tinha único, ficou herdeira do reino, e por mais instâncias que lhe fizeram os povos, juntos em cortes, que se casasse, nem o amor da casa real em que nascera, nem a sucessão da família e da coroa, nem memória do pai e irmão, que nela se extinguia, foram bastantes para a mover um ponto da firmeza de seu propósito, nem para a arrancar do canto de uma religião, onde, coberta de cilício, amortalhou a vida e, depois, sepultou o corpo, que permaneceu incorrupto. Santa Eufrosina, senhora ilustríssima em Alexandria, não podendo de outro modo fugir e escapar de seu pai e do matrimônio nobilíssimo concertado por ele, mudando o trajo de mulher e o nome, e chamando-se Esmaragdo, desconhecida e em terra estranha, tomou o hábito de monge, em que viveu trinta e oito anos enterrada em uma estreita cela, donde nunca saiu. Santa Petronila, filha do Príncipe dos Apóstolos, S. Pedro — antes de ser chamado ao apostolado — tendo feito voto a Cristo de perpétua virgindade, e não se podendo defender das bodas de Flaco, senhor romano, que com amor a solicitava e com poder de armas a queria obrigar a ser sua esposa, pediu de prazo três dias para deliberar, e neles, com ferventíssimas orações, impetrou do mesmo Cristo lhe tirasse a vida, e assim o conseguiu valorosa e gloriosamente no fim do terceiro dia. Mais violentamente se defendeu de semelhante perigo Santa Maxelende, ilustríssima por sangue nos Estados de Flandres, mas mais ilustre pela causa de o haver derramado. Celebraram-se com grande pompa as festas das bodas concertadas por seus pais com Harduíno, Senhor principal, rico e poderoso, que, entre muitos que pretendiam esta fortuna, a tinha alcançado. Foi levada por força a santa virgem às mesmas festas, mas negou a mão com tal desengano, e persistiu nele com tal firmeza que, afrontado e corrido o esposo de se ver desprezado, trocando o amor em fúria, se arremessou à espada, e a santa se deixou matar intrepidamente.

E posto que em tantos e tão apertados casos fosse admirável o valor e constância com que todas estas santas defenderam a pureza virginal que tinham prometido a Cristo, considerada porém a condição natural de mulheres, ainda tenho por maior façanha a de Santa Brígida Virgem, chamada a de Escócia, e a de Santa Uvilgo Fortis, que alguns, com errado mas bem apropriado nome, chamam "Virgem forte". Eram estas santas o extremo da formosura, e vendo-se por esta causa solicitadas e pretendidas de muitos e poderosos senhores para o matrimônio, pediram a seu divino Esposo as privasse daquela graça, que outras tanto estimam e com tantas artes afetam; e o Senhor, que só se namora da beleza da alma, se agradou tanto desta petição, que de repente ficaram tão feias e disformes, que ninguém as podia ver e só elas se viam contentes.

Que direi dos rigores, asperezas e piedosas tiranias com que estes anjos em carne a mortificavam, afligiam e verdadeiramente martirizavam? A austeridade de vida, o rigor e horror das penitências de Santa Clara, primeira cópia do retrato original de Cristo crucificado, seu Pai, São Francisco, quem há que a possa declarar? A de Santa Azela, virgem romana, dentro em Roma, e quando Roma era o maior teatro das delícias e vaidades do mundo, declarou S. Jerônimo. Diz que da mais populosa cidade fez ermo; que a terra nua lhe servia de cama e de lugar de oração; que os joelhos, pela muita continuação dela, se lhe tinham endurecido em calos como de camelo; que se sustentava do jejum, e que só o quebrava com pão e água, mas com tal moderação e parcimônia, que nunca, nem com pão matava a fome, nem com água a sede; que jamais viu nem foi vista de homem, ainda quando visitava os sepulcros dos mártires, e que tendo uma irmã também donzela, esta a amava, mas não a via. Santa Margarida, filha dos reis de

Hungria, de quatro anos tomou o hábito de monja, e de cinco se vestiu de cilício; de dia, para mortificar os passos, entre os pés e o calçado metia certos abrolhos de ferro, e de noite, para o pouco sono que tomava sobre uma tábua, se cingia de peles de ouriços com todos seus espinhos. Santa Genoveva, padroeira da real cidade de Paris, a quem o famosíssimo Simeão Estilita desde a Grécia, onde vivia sobre a sua coluna, mandava visitar a França e encomendar-se em suas orações Santa Macrina, irmã de S. Basílio Magno, tanto no sangue como na aspereza e severidade da vida. Santa Lutgardis, legítima filha do gloriosíssimo patriarca S. Bernardo, singular herdeira de seu ardentíssimo espírito, e digníssimo exemplar de todas as que vestem e professam o mesmo hábito. Estas santas virgens, e muitas outras, que extraordinários modos de penitências não inventaram, mais engenhosas para se martirizar a si mesmas que os tiranos para atormentar os mártires?

É coisa digna de admiração que, padecendo os mártires pela fé e culto de Cristo, os tiranos não dessem em executar neles os mesmos tormentos da Paixão de Cristo; mas isto inventou e executou em Santa Catarina de Sena e em Santa Clara de Monte Falco o amor de seu Divino Esposo. Catarina, com as chagas nas mãos, nos pés e no lado, e a coroa de espinhos na cabeça, e clara, com todos os instrumentos da mesma Paixão do Senhor insculpidos e entalhados no coração. Até as doenças mais penosas provocavam e conseguiam, para que onde não podiam chegar as dores fabricadas da arte, penetrasse as da natureza, e não houvesse em corpos tão delicados parte alguma, dentro nem fora dos ossos, que não penasse com particular tormento. Todas as enfermidades de quantas é capaz o corpo humano padeceu juntamente, e por toda a vida, Santa Lidovina, com excesso da paciência de Jó e afronta da indústria do demônio. Uma Cristina houve, entre as outras que, não se satisfazendo das penas desta vida, padeceu as do purgatório por muitos anos, como também Santa Teresa experimentou as do inferno. A mesma Santa Teresa dizia: "Ou padecer, ou morrer", porque se não atrevia a viver sem padecer. E Santa Madalena de Pazzi, não sei se com maior energia: "Padecer sim, morrer não", porque na morte acaba-se o exercício de padecer, e na vida dura e persevera. Mas dizei-me, virgens puríssimas — ou dizei-o aos que o não sabem entender — por que fostes tão ambiciosas de penas? A vossa vida não era inculpável e inocente? As vossas almas não eram gratíssimas a Deus? Pois, por que sois tão inimigas ou tão tiranas de vossos corpos? Deixai esses rigores e essas penitências para as Teodoras e Pelágias, que foram grandes pecadoras; deixai-as para uma Maria Egipcíaca, que viveu dezessete anos em torpezas, enlaçada do demônio e sendo laço dos homens; mas vós, que não tendes pecados graves que pagar, e se alguns tivestes leves, os tendes tão abundantemente satisfeito, por que vos mortificais, por que vos afligis, por que vos martirizais com tanto excesso? Porque sabiam quão grande coisa era ser santas, e o queriam ser mais e mais.

§ IX

E se estes extremos fizeram as santas virgens por conservar a pureza virginal na paz, que fariam para a defender na guerra? A maior e mais dura guerra com que podiam combater a constância daquelas fortíssimas donzelas os amorosos inimigos, que tão prendados estavam de sua beleza, era a terrível e perigosa indiferença com que lhes propunham a eleição de um de dois extremos: ou o matrimônio ou o martírio, ou casar ou morrer, ou perder o estado virginal ou a vida. Entre estes dois extremos não se dava meio, e cada um deles, vestido das circunstâncias que o acompanhavam, ainda era mais perigoso e mais terrível, porque a vida que se lhes oferecia no matrimônio era adornada de joias, de riquezas, de delícias, de grandezas, de coroas, e ainda do mesmo império do mundo; e a morte, que se lhes ameaçava no martírio, era armada de afrontas, de açoites, de cárceres, de cadeias, de grilhões, de algemas, de espadas, de torquezes, de serras, de rodas, de navalhas, de fogueiras, e de todos os instrumentos e máquinas com que pode atormentar o ferro e o fogo. Deixo os menores estados e fortunas, posto que ilustres e grandes, que a Santa Cecília se dotavam com as bodas de Valeriano, a Santa Tecla com as de Tamíris, a Santa Inês com o filho do prefeito de Roma, a Santa Luzia, a Santa Felícula, a Santa Flávia Domitila, com outros de semelhante qualidade e riqueza; só é muito, para não passar em silêncio, que a Santa Difna se oferecesse com o matrimônio a coroa de Ibérnia, a Santa Efigênia a de Etiópia e a Santa Catarina e Santa Susana todo o Império Romano, que naquele tempo dominava o universo, a uma com as bodas do imperador Maximino, e a outra com as de Maximiano. Mas pesou tanto mais que tudo isto, na estimação daqueles invencíveis corações, a pureza virginal que professavam e tinham consagrado a Cristo, que pela conservar inteira e sem mancha dariam mil coroas e mil impérios, pesando-lhes somente de ter uma só vida, e não mil vidas, a que deram e sacrificaram pela defender. Não chegava Inês a ser mulher, porque era menina de treze anos, mas foi tão varonil e tão bizarro o seu ânimo, que não só aceitou a morte como martírio, mas a justificou como castigo. Disse, quando a levavam a morrer — como refere Santo Ambrósio — que justamente ia sentenciado e condenado à morte o seu corpo, pois contentara a outros olhos que não eram os de seu Esposo, Cristo: "Pereça o corpo que não quero que seja amado por aqueles olhos"[3].

E já que estamos nesta matéria, não vos quero ficar devedor de dois casos, que em toda a História Eclesiástica me contentaram singularmente, e de tal resolução e bizarria que só por instinto divino se puderam empreender e executar. Nem me noteis de multiplicar tantos exemplos, porque quando se há de falar de muitos santos, senão no dia de todos? A maior desumanidade que os tiranos usavam com as santas virgens era mandá-las meter nas casas públicas entre as mulheres infames, para que ali perdessem por força a mesma castidade virginal que defendiam, não entendendo que esta virtude, como as demais, está na alma, e não no corpo, e que só se perde pelo consentimento, e não pelo sentimento. Sendo pois levada Santa Eufrásia a uma destas casas, seguiu-a um soldado denodado, para lograr a ocasião. Era virgem prudente, levava uma redoma de óleo consigo, e disse ao soldado desta maneira: — Com condição que desistas do teu intento, eu te darei um óleo com o qual, se entrares untado nas batalhas, não poderás ser ferido dos inimigos. E para que vejas por experiência a virtude deste óleo, eis aqui me unto o pescoço com ele; faze tu a prova com a tua espada, e seja com toda a força. — Fê-lo assim o soldado, e descarregando um talho com a maior força que pôde, a cabeça da Santa saltou fora dos ombros, o corpo caiu morto em terra e a pureza virginal ficou em pé e inteira. Era Santa Eufrásia de Antioquia; a que agora se segue era de Aquileia, e chamava-se Digna. Tendo rendido aquela cidade Átila, rei dos hunos, gente feroz e bárbara, coube esta santa donzela por despojo a um capitão, o qual também a quis despojar da mais estimada joia que, como tal, tinha consagrado a Cristo. Estavam alojados em uma torre que caía sobre o rio Natizon, e provocada Digna do seu patrão, sem mostrar que se negava ao que ele pretendia, pediu-lhe que quisesse subir ao alto da torre, como a lugar mais retirado; subiram, e tanto que lá se viu Digna, voltada para o bárbaro que vinha atrás, disse-lhe: — Se me queres lograr, segue-me. — E dizendo isto, lançou-se da torre abaixo no rio, onde, afogando com a vida a sua injúria, salvou com a morte a sua castidade. Oh! Digna, verdadeiramente digna de eterna memória, e que ao teu valor, e ao de Eufrásia, se levantem duas estátuas de bronze no Templo da Virtude! Ambas tirastes do perigo mais purificada a pureza, uma por água, outra por sangue, merecedoras ambas que por vós se dissesse de vosso divino Esposo: "Este é Jesus Cristo que veio com a água e com o sangue, não somente com a água, mas com a água e com o sangue" (1Jo 5,6).

Mas, tornando às santas virgens, que aceitaram antes a morte que o matrimônio, só por conservar o estado virginal, ainda temos outras que fizeram maior façanha, porque conservaram o mesmo estado virginal juntamente com o matrimônio. Isto foi conservar-se a sarça verde no meio das chamas, e não martírio, que passou em um ou em poucos dias, senão de toda a vida. Santa Pulquéria, filha do imperador Arcádio, e por morte de seu irmão Teodósio, herdeira do império, casou com Marciano com tal condição que ela havia de guardar o voto que tinha feito de perpétua virgindade, e assim o guardou: o trono era comum, mas o tálamo dividido. Mais fizeram aqueles dois famosíssimos pares, um de Alemanha, outro de Inglaterra, a imperatriz Santa Conegundes e o imperador Santo Henrique, a rainha Santa Edita e o rei Santo Eduardo. Ambos estes príncipes foram casados, e em toda a vida, não só um deles, senão ambos, reciprocamente virgens. E por que não pareça que esta soberania anda vinculada às coroas e só se acha em ânimos reais, na mesma virtude foram insignes Santa Basilisa e S. Julião, casados, de fortuna particular, posto que de nobre sangue. Mas se o estado do matrimônio é tão santo que, sendo dantes puro contrato, o fez Cristo um dos sacramentos de sua Igreja, e como tal uma das fontes da graça, se o uso e comércio natural dele é lícito e justo, por que se abstiveram estes santos dos interesses do mesmo comércio do agrado tão doce e lisonjeiro dos filhos; da multiplicação da família, que o mesmo Deus chama bênção sua; da sucessão da casa própria, para a qual o que se trabalha é com gosto e o que se adquire sem dor, porque não há de passar a outros; e, finalmente, por que se privaram daquele único reparo da mortalidade, e quiseram não só morrer em si, mas acabar consigo? Só se admirará desta resolução, como de todas as outras que temos referido, quem não souber quão grande coisa é ser santo, e quanto pode a ambição desta grandeza nos que verdadeiramente a conhecem. Tudo o que a natureza apetece, tudo o que os sentidos amam, tudo o que o gosto deseja, tudo o que mais solicita e se pega ao coração, tudo o que honra a memória e conserva a posteridade, deixaram e desprezaram estes santos; e, pelo contrário, tudo o que encontra e repugna a esses mesmos apetites naturais, tudo o que molesta e aflige esses mesmos afetos humanos, tudo mortificaram, tudo venceram, tudo sopearam, tudo abraçaram por vontade, e sem obrigação, por gosto, e sem repugnância, por amor, e sem dificuldade. Por quê? Porque queriam ser e haviam de ser santos; e por isso hoje o são, e os celebramos como bem-aventurados.

§ X

De todo este largo discurso estou vendo que tirastes duas conclusões todos os que me ouvistes: uma muito conforme ao assunto que propus, e outra muito contrária a ele. A primeira conclusão é que verdadeiramente, sem dúvida, é muito grande coisa o ser santos. Porque, se Deus, entre todos seus atributos de infinita perfeição estima e em certo modo reverencia sobre todos o atributo de santo; e se todas as Pessoas da Santíssima Trindade, e cada uma em particular, nos deram tão soberanos exemplos e documentos desta mesma estimação; se a Virgem Mãe de Deus, por antonomásia, Virgem prudentíssima, entre todos os bens e felicidades da terra e do céu, nenhuma outra levou os olhos, roubou o coração e prendeu os passos, senão a santidade de todos os santos, em que também o mesmo Deus, seu Filho, a sublimou sobre todos; se os anjos e serafins que assistem ao lado do trono divino, o que só exaltam e apregoam, e os louvores que cantam à majestade de seu Senhor, é ser Santo, Santo e mais Santo; e se a excelência em que o mesmo Senhor confirmou aos anjos bons e obedientes, e a de que privou aos maus e rebeldes, foi a de ser santos, e se os santos de todas as hierarquias, patriarcas, profetas, apóstolos, mártires, confessores, virgens, tanto trabalharam, tanto padeceram, e tais extremos e excessos fizeram por chegar, como chegaram, a ser santos, não há dúvida que o ser santo é grande coisa, e não só grande, senão a maior de todas. E esta é a primeira conclusão que inteiramente concorda com a primeira parte do meu assunto.

A segunda conclusão, e totalmente contrária à segunda parte dele, é que eu prometi de vos provar quão facilmente podemos todos ser santos, e tudo quanto até agora tenho mostrado e discorrido, pelas vidas e ações dos mesmos santos, e por suas grandes batalhas e vitórias, são coisas todas tão dificultosas e repugnantes à natureza, e tão superiores à fraqueza humana, que antes parece nos impossibilitam totalmente, e nos tiram toda a esperança, não só de chegar a ser, mas ainda de aspirar a ser santos. Ora, não vos desanimeis os que isto inferis, antes vos animai e consolai muito, porque a facilidade que vos prometi ainda é mais fácil do que eu o propus e vós podeis imaginar. Tudo o que fizeram os santos por ser santos foi muito bem empregado, e ainda pouco, porque muito mais importa, muito mais vale e muito mais é ser santos; mas, para chegar a o ser, não é necessário tanto, senão muito menos. Não é necessário guardar a perpétua continência das virgens, porque tendes a licença e liberdade do matrimônio, com que foram santos Adão e Eva, Zacarias e Isabel, Joaquim e Ana. Não é necessário ser anacoreta, nem ir viver aos desertos, porque podeis ser santos na vossa casa, como José, Samuel, Davi, que morreram na sua. Não é necessário ser doutor, nem queimar as pestanas sobre os livros, porque basta que saibais os Mistérios da Fé e os Mandamentos, como S. Paulo, por sobrenome o Simples, S. Junípero, Santo Hermano, e aqueles de quem dizia Santo Agostinho: Levantam-se os indoutos, e levam o reino do céu aos letrados. — Não é necessário ser mártir, porque não só não padecendo martírio, mas fugindo dele e escondendo-vos, podeis ser santo, como o foi Santo Atanásio, S. Feliz, S. Silvestre, e outros. Nem menos é necessário ser apóstolo, patriarca ou profeta, porque estes ofícios e dignidades passaram com o tempo, e podeis ser santos como o foram todos os que depois deles vieram.

Pois, que é necessário para ser santo? Uma só coisa, e muito fácil, e que está na mão de todos, que é a boa consciência ou limpeza de coração, como diz o nosso tema: "Bem-aventurados os limpos de coração". Olhai como Deus quis facilitar o céu e o ser santos, que pôs a bem-aventurança e santidade em uma coisa que ninguém há que não tenha, e a mais livre e mais nossa, que é o coração. Assim como o coração é a fonte da vida, assim é também a fonte da santidade; e assim como basta o coração para viver, ainda que faltem outros membros e sentidos, assim, e muito mais, basta a pureza de coração para ser santo, ainda que tudo o mais falte. Se o ser santo dependera dos olhos, não fora Santo Tobias, que era cego; se dependera dos pés, não fora Santo Jacó, que era manco; se dependera de algum outro membro do corpo, não fora Santo Jó, que estava tolhido de todos, e só lhe ficou a língua: e, ainda que não tivera língua, também fora Santo, porque Santa Cristina, sendo-lhe a língua cortada, louvava a Deus com o coração, e com o coração, sem língua, eram tais as suas vozes, que as ouviam não só os anjos no céu, senão também os circunstantes na terra. De sorte que, para um homem ser santo, não é necessário coisa alguma fora do homem, nem ainda é necessário todo o homem: basta-lhe uma só parte, e essa a primeira que vive e a última que morre, para que lhe não possa faltar em toda a vida, que é o coração.

Tendo o coração puro, e ou vos faltem ou sobejem todas as outras coisas, nem a falta vos será impedimento, nem a abundância estorvo para ser santo. Salomão pedia a Deus (Pr 30,8) que o não fizesse rico nem pobre, mas que lhe desse o necessário para passar a vida, receando que não poderia ser santo em qualquer daqueles extremos; mas eu vos asseguro que, ou sejais rico, ou pobre, ou pobríssimo, de qualquer modo podeis ser santo. Se fordes rico e puderdes dar esmola, dai-a, e sereis santo, como foi S. João Esmoler; se fordes pobre, e tiverdes necessidade de pedir esmola, pedi-a, e sereis Santo, como foi Santo Aleixo; e se fordes tão desamparado, que não tenhais quem vos dê esmola, tende paciência, e sereis santo, como foi S. Lázaro.

Tertuliano teve para si que os reis e imperadores não só não podiam ser santos, mas nem ainda cristãos; mas errou neste sentimento, como em outros Tertuliano, porque escreveu quando ainda no cristianismo não havia mais coroas que as do martírio. Rei foi de França S. Luís, rei de Inglaterra Santo Eduardo, rei de Escócia S. Guilhelmo, rei de Suécia Santo Erico, rei de Dinamarca S. Canuto, rei de Boêmia S. Casimiro, rei da Noruega Santo Olao, rei de Castela S. Fernando, e imperador Santo Henrique, e todos santos. Porque, se na grandeza da sua fortuna têm maior matéria para os vícios os príncipes, também têm mais alta esfera para as virtudes.

Das dignidades eclesiásticas se deve fazer o mesmo juízo. Uns santos vereis com mitras de bispos, com capelos de cardeais e tiaras de pontífices na cabeça, e outros com essas mitras, capelos e tiaras aos pés, e por quê? Uns porque deixaram o lustre da dignidade, outros porque sustentaram o peso; uns porque reconheceram o perigo, outros porque continuaram o trabalho; mas, uns e outros, santos. Não foi menos santo São Gregório, sendo papa, do que S. Pedro Celestino, porque renunciou à tiara; nem menos santo Agostinho, sendo bispo, do que santo Tomás, porque recusou às mitras; nem menos santo S. Carlos Borromeu, sendo cardeal, do que S. Francisco de Borja, porque não quis aceitar os capelos.

Aquele é e será mais santo, em qualquer estado, que usar dele com mais puro coração. E se não, discorrei por todos os estados, ou altos ou baixos do mundo, e achareis neles o vosso, para que vejais que no vosso, se quiserdes, podeis ser santo. Que lugares há mais mal avaliados no mundo do que os palácios dos reis, como oficinas da vaidade, da potência, da inveja e do engano, e onde nunca, ou raramente, entra a verdade; mas nem por isso há neles ofício que não esteja santificado. Mordomo-mor foi S. Leodegário, camareiro-mor S. Jacinto, estribeiro-mor S. Vandrigilo, monteiro-mor S. Mauraneu, porteiro-mor S. Patrício, copeiro-mor S. Patroclo, capitão da guarda S. Sebastião, viador S. Saturo, secretário Santo Anastácio, conselheiro S. João Damasceno, S. Germano, S. Melânio, e em cada um destes ofícios muitos outros santos.

Uma das profissões mais arriscadas a não ser justo é a dos ministros da justiça, ou sejam os que a sentenciam, ou os que a defendem, ou os que a escrevem, ou os que a executam; mas todos, se o fizerem com pureza de coração, podem ser santos. Santo Ereberto e Santo Tomás de Cantuária, foram chanceleres; S. Hieroteu e S. Dionísio Areopagita, desembargadores; S. Pudente e Santo Apolônio, senadores; S. Fulgêncio, procurador da fazenda real; Santo Ambrósio, S. Crisóstomo e S. Cipriano, advogados; S. Marciano, S. Genésio e S. Cláudio, escrivães; Santo Anastásio e S. Ferréolo, juízes do crime; Santo Aproniano e S. Basilides, esbirros ou beleguins; e até no vilíssimo exercício de algozes foram santos S. Ciríaco, S. Estratonico, e outros.

Em nenhum gênero de vida parece que anda mais arriscada a eterna que no daqueles que trazem a soldo a temporal à custa do sangue próprio e alheio, tão duros como o ferro de que se vestem, tão violentos como o fogo de que se armam e tão vãos e jactanciosos como o vento que nas caixas e trombetas os chama e nas bandeiras os guia. É porém infinito o número de soldados santos, que dando a vida constantemente por Cristo na Igreja militante, ornados de coroas e palmas entraram na triunfante. Só na perseguição de Trajano padeceram martírio de uma vez seis mil soldados, que foi a famosa Legião dos Tebeus; e na de Diocleciano e Maximiano também em um só dia dez mil, desterrados primeiro para a Armênia, e depois crucificados. Não falo nos generais, como Santo Eustáquio e Constantino nem nos marechais, como S. Nicostrato e Santo Antíoco; nem nos tribunos ou mestres de campo, como S. Marcelino e S. Floreano; nem nos capitães de cavalos, como S. Querino e S. Vital; nem nos capitães de infantaria, como S. Górdio e S. Marcelo; nem nos alferes, como Santo Exupério e S. Juliano, porque da virtude e valor dos soldados se vê quão Santos seriam os que os governavam.

S. Paulo disse que a raiz de todos os pecados é a cobiça; e estando estas raízes tão arraigadas nos que professam a mercancia, e tão estendidas em cada um por todas as partes do mundo, nem por isso deixam de produzir frutos de Santidade. Delas nasceu um S. Francisco de Assis, um S. Fulgêncio, um S. Guido, e não só um, senão dois Firumêncios, ambos santos, e outros muitos.

E, se de todos estes exercícios, de sua natureza tão perigosos, e quase encontrados com aqueles em que se lavram os santos tem dado a terra ao céu tantos e tão gloriosos, que será nos ofícios e artes mecânicas, em que o trabalho, companheiro inseparável das virtudes, desterra a ociosidade, que é origem de todos os vícios? Não falando no gloriosíssimo S. José, nos santos apóstolos e no mesmo Cristo, que, depois de fabricar o mundo, se não desprezou de trabalhar em uma destas artes, escolhendo entre todas a que mais simpatia tinha com o lenho da cruz. S. Jacó de Boêmia foi carpinteiro, S. Sinforiano escultor, S. Paulo Helático torneiro, S. Floro serrador, Santo Elígio ourives, Santo Andrônico prateiro, S. Duustano ferreiro, S. Marciano armeiro, S. Gildas fundidor, S. Próculo pedreiro, S. Crispim sapateiro, Santo Homobono alfaiate, Santo Onúfrio tecelão, S. Gualfundo celeiro, Santo Aquilas correeiro, S. João de Deus livreiro, Santo Isidoro lavrador, S. Maurício hortelão, S. Leonardo pastor, Santo Alderico vaqueiro, Santo Arnoldo marinheiro, S. Patênio pescador, S. Ventiro almocreve, S. Ricardo carreiro, Santo Adriano correio, S. Guilhelmo moleiro, S. Gemiano taverneiro, S. Quiríaco cozinheiro, Santo Alexandre carvoeiro, Santo Henrique carniceiro, Santo Erineu varredor das imundícias ou carretão: e não há ofício, estado e exercício tão trabalhoso, tão baixo, e ainda pouco limpo, que, se se faz com limpeza de coração, não possa fazer santos. "Bem-aventurados os limpos de coração".

§ XI

Temos visto como em todos os estados, em todos os ofícios e em todas as fortunas podemos alcançar a maior fortuna de todas, que é ser santos; temos visto que o instrumento necessário para ser santos é só e unicamente o coração, contanto que seja puro e limpo; só resta para complemento da facilidade com que vos prometi que todos podemos ser santos, declarar quão facilmente podem todos conseguir esta mesma limpeza. A limpeza do coração consiste em estar limpo de pecados, e não há nenhum pecador, por grande que seja, que não possa conseguir esta limpeza de coração tão breve e tão facilmente que, se entrou nesta igreja pecador, não possa sair dela Santo. Presentou-se a Cristo um leproso e, pondo-se de joelhos, disse assim: "Senhor, se quereis, bem me podeis alimpar desta lepra" (Mt 8,2s). — Respondeu o Senhor: "Quero, sê limpo" — e no mesmo ponto ficou limpo daquele tão feio e tão asqueroso mal: "Imediatamente ficou purificado da lepra". Pode haver maior brevidade, pode haver maior facilidade de conseguir a limpeza? Parece que não. Pois eu vos digo, e é de fé, que muito mais breve e muito mais facilmente podeis conseguir a limpeza de coração se o mesmo coração quiser. A lepra do coração, mais feia, mais imunda e mais asquerosa que a do corpo é o pecado. E para que vejais quanto mais fácil e mais brevemente se consegue a limpeza desta lepra, ponhamos o mesmo leproso que Cristo curou à vista de um coração também leproso pelo pecado, e veremos qual consegue a limpeza com maior facilidade.

Estava leproso o coração de Davi, não outro, senão aquele coração de quem ele disse com os mesmos termos do nosso texto: "Cria em mim, Deus, um coração puro" (Sl 50,12). E estava tão penetrado da lepra, que havia já um ano que perseverava no pecado, quando o exortou o profeta Natã a que considerasse o estado miserável de sua consciência, e se convertesse de todo coração a Deus, de quem vivia tão esquecido. Fê-lo assim

Davi; mas que fez? Somente disse: "pequei" (2Rs 12,13), e não tinha bem pronunciado esta palavra quando o profeta lhe disse que já estava perdoado e restituído à graça de Deus: "O Senhor transferiu também o teu pecado" (2Rs 12,13). Comparai-me agora a Davi com o leproso, e vede qual conseguiu a limpeza da lepra mais fácil e mais brevemente. O leproso pôs-se de joelhos, e Davi não se ajoelhou; o leproso disse cinco palavras: "Se queres podes me curar", e Davi não disse mais que uma: "Pequei"; e com tudo isto o leproso não tinha ainda conseguido a limpeza, antes estava duvidoso dela: "Se queres"; e Davi já a tinha conseguido e estava certificado disso da parte do mesmo Deus: *O* "Senhor transferiu também o teu pecado". Logo, muito mais fácil e muito mais brevemente conseguiu o coração de Davi a limpeza da sua lepra do que o leproso a da sua. Mas quando o conseguiu o leproso? Quando Cristo lhe respondeu: "Quero, sê limpo". Agora vos peço eu que me respondais a mim, e eu vos prometo que com a vossa resposta ficarão limpos os vossos corações ainda mais brevemente que o leproso com a resposta de Cristo, porque a resposta de Cristo comunicou a limpeza ao leproso com duas palavras, e a vossa resposta há de comunicar a limpeza aos vossos corações só com uma sílaba. Respondei, pois, cristãos, ao que vos pergunto. Não vos pesa muito de ter ofendido a um Deus de infinita majestade e bondade, por ser ele quem é? Não vos pesa, e vos arrependeis entranhavelmente de ter sido ingratos a um Deus que vos criou, e vos deu o ser, e vos remiu com seu sangue? Não detestais de todo coração todos vossos pecados, por serem ofensas suas? Não tendes nesta hora firmes propósitos de nunca mais o ofender? Sim? Pois este sim, dito de todo coração, basta para que o mesmo coração fique e esteja já limpo de todos seus pecados; e esse sim, sendo uma só sílaba, fez nos vossos corações o mesmo efeito, e mais maravilhoso ainda, que as palavras de Cristo no leproso.

Pois, se na limpeza do coração consiste o ser santos, e esta limpeza de coração se pode conseguir tão facilmente só com um movimento do mesmo coração, que coração haverá tão fraco, ou que homem de tão fraco e de tão pouco coração que não se resolva a ser santo? Se o ser santo fora uma coisa muito dificultosa, bem nos merecia o céu e a bem-aventurança que, pela gozar eternamente, se venceram todas as dificuldades. Mas é tão fácil que, sem vos bolir do lugar onde estais, e sem mover pé nem mão, nem fazer ou padecer coisa alguma, só com um ato do coração, e o ato mais natural, mais fácil e mais suave do mesmo coração, que é amar, e amar o sumo bem, podemos ser santos. Exorta Moisés a amar a Deus de todo coração, que é o mandamento em que se encerram todos, e conclui assim: "Este mandamento não é sobre nós, nem está longe de nós" (Dt 30,11). Se fora sobre nós e estivera "lá no céu", tê-lo-íamos por impossível; se estivera longe de nós, e "com muito mar em meio", tê-lo-íamos por muito dificultoso. Mas é muito fácil e está muito perto, porque está o cumprimento dele dentro do nosso coração: "Esta palavra está muito perto de ti, no teu coração" (Dt 30,14). Moisés, que não prometia o céu, disse que estava perto de nós o cumprimento deste preceito: mas Cristo, que promete o céu, ainda disse mais e melhor, porque diz que o preceito, e o céu, e o merecimento dele não só está perto de nós, senão dentro de nós: "O reino de Deus está dentro de vós" (Lc 17,21). Cuidamos que o céu, onde subiram os santos, está muito longe, e enganamo-nos: o céu não está longe, senão muito perto, e mais ainda que perto, porque está dentro de nós, e dentro do que está mais dentro, que é o coração. E que haja almas, e tantas almas, que tendo o céu dentro de si na vida, fiquem fora do céu na morte, e que podendo tão facilmente purificar o coração e ser santas, só porque não querem o não sejam? Se para amar a Deus e ganhar o céu houvéramos de atravessar os mares tormentosos e contrastar com todos os elementos, pouco era que se fizesse pela bem-aventurança certa do céu o que tantos fazem por tão pequenos interesses da terra; mas, tendo-nos Cristo tão facilitada a bem-aventurança, que entre a mesma bem-aventurança e o coração não haja mais que a condição de ser limpo: "Bem-aventurados os limpos de coração", e, podendo o mesmo coração alcançar essa limpeza em um instante de tempo e com um ato de amor, e de amor ao sumo bem, que não sejamos todos santos e não queiramos ser bem-aventurados?

Quero acabar esta admiração com um ai de S. Bernardo, pregando neste mesmo dia aos seus religiosos, o qual a eles e a todos pode servir de exemplo e de confusão: "Bem-aventurados os limpos de coração, e verdadeiramente bem-aventurados, porque eles verão aquela face divina, a qual os anjos sempre estão vendo e sempre estão desejando ver. A vós, Senhor, diz o meu coração: Nenhuma coisa desejo, senão ver-vos de face a face, porque nenhuma outra há para mim, nem na terra nem no mesmo céu. Desmaia o meu coração nas ânsias deste desejo, porque só o Deus do meu coração é o único e todo o bem que o pode satisfazer. E quando chegará aquela ditosa hora em que, com a vista de vosso rosto, fique satisfeito? Mas, ai de mim" — diz Bernardo — "que pela pouca limpeza de meu coração" — quero-o dizer com as suas próprias palavras — "ai de mim, que a impureza e imundícia de meu coração me impede e faz indigno de ser admitido àquela bem-aventurada vista!". E se isto dizia de si um coração tão puro, um coração tão santo, um coração tão elevado, tão estático, tão seráfico e tão abrasado no amor divino, se isto dizia no coração de Bernardo a humildade, que dirá noutros corações a verdade? Se o corpo estiver no claustro, e o coração no mundo? Se o coração, depois de se dar a Deus, estiver sacrificado ao ídolo? Se o coração, que devera estar cheio de caridade e amor de Deus, estiver ardendo em amor que não é caridade? Se as palavras, que saem do coração, e os pensamentos, que não saem, forem envoltos em impureza? Ai de tal coração e de quem o tem: "Ai de mim pela impureza do meu coração!"[4]. Este "ai" de São Bernardo em dia de Todos os Santos fique por matéria de meditação a todos os que o querem ser. Advirtam, porém, e tenham por certo, que se este ai de conhecimento e temor se converter em ai de dor, em ai de pesar, em ai de verdadeiro e firme arrependimento, esse mesmo ai, dito de todo coração, com ser uma só sílaba — como dizia — bastará para purificar de tal sorte o mesmo coração que, sendo nesta vida santificado por graça, mereça ser na outra beatificado por glória: "Bem-aventurados os limpos de coração".

SERMÃO DA

Segunda Dominga da Quaresma

Em Lisboa, na Capela Real.
Ano de 1651.

"O seu rosto ficou refulgente como o sol e
as suas vestes se fizeram brancas como a neve."
(Mt 17,2)

Obrigado a voltar a Lisboa, fracassada a missão diplomática na Itália, Vieira prega no segundo domingo da Quaresma, na festa da transfiguração do Senhor, que ele denomina o "domingo das mentiras", em referência ao quinto domingo da quaresma, chamado o "domingo das verdades". Por quê? Porque o que hoje se prega encarece a glória do céu naquilo que se quer dizer e é verdade, mas no que se diz é mentira. A palavra de Davi: todo homem é mentiroso. Eis alguns dos temas tratados: 1) os antecedentes inconsequentes das palavras de Davi e a distinção da mentira feita por Santo Tomás em mentiras por excesso e por defeito, sendo estas naturais; 2) bem estabelecido isto, Vieira comenta os textos de São Mateus e de São João com observações e reparos; 3) igualmente os textos dos profetas (Isaías e outros) e de São Paulo; 4) a resposta verdadeira sobre a glória deu-a Cristo: "Vinde e vede". Muitos desejam ver, entretanto, poucos desejam vir.

§ I

O quinto Domingo da Quaresma chama-se vulgarmente, na nossa terra, o Domingo das Verdades; e este segundo Domingo em que estamos, se é lícito falar assim, chamara-lhe eu o Domingo das Mentiras. Mas que fundamento posso eu ter — me dirão todos, e com razão — que fundamento ou motivo posso eu ter para dar um nome tão novo, e ainda tão mal soante e indecente a um dia tão sagrado, como são entre todos os do ano os domingos, e a um domingo tão singular, como é entre todos os desta santa quarentena aquele a que a Igreja dedicou o mistério altíssimo da Transfiguração do Senhor. As causas por que Cristo, Senhor nosso, se transfigurou com tantas circunstâncias de resplendor, grandeza e majestade, descendo do céu o Pai, subindo do seio de Abraão Moisés, e vindo do Paraíso Terreal Elias, e assistindo a tudo os três maiores apóstolos — como notam com Santo Agostinho os Padres, e com Santo Tomás os teólogos — foram duas: a primeira, para nos dar algumas mostras, na terra, da glória que havemos de gozar no céu; a segunda, para que a verdade da mesma glória ficasse provada e estabelecida com o testemunho universal de todas as três leis: a da natureza em Moisés, a da escrita em Elias e a da graça nos apóstolos; e sobretudo com a voz infalível do mesmo Deus, que de todos foi ouvida. Pois, se no mistério e testemunho da Transfiguração de Cristo não só se contém a glória da bem-aventurança em si mesma, senão também a verdade da mesma glória para conosco, e esta glória e esta verdade é o que hoje celebra e manda pregar a todos os fiéis a Igreja Católica, como me atrevo eu a dizer que um dia tão solene e glorioso, e mais do céu que da terra, se pode ou podia chamar o Domingo das Mentiras? Respondo que por isso mesmo, e que em sentido bem entendido e decente se pode chamar assim. E por quê? Porque o que hoje se prega são as excelências da glória do céu, e tudo o que se apregoa e encarece da glória do céu, posto que no que se quer dizer seja verdade, no que se diz é mentira.

Agora vereis se é arrojamento o que digo. Entre os extraordinários favores que Deus fez a Davi, como homem tanto do seu coração, um deles foi, e porventura o maior, arrebatá-lo um dia, e levá-lo em espírito ao céu, onde, correndo as cortinas ao trono da majestade divina e a todo o teatro da glória, lhe mostrou a que ele havia de gozar depois, quando o Filho de Deus, e Filho do mesmo Davi, a comprasse com seu sangue. Vendo, pois, Davi a glória dos bem-aventurados, que havia de ser também sua, que conceito vos parece que faria da glória? Ele mesmo o disse, e foi admirável: “Eu disse no meu êxtase: Todo homem é mentiroso” (Sl 115, 11). Naquele êxtase em que fui arrebatado e levado ao céu, que fiz depois de ver o que vi foi dizer e exclamar que todo o homem mente. — Notável consequência! Pedro vendo a glória do Tabor, diz: “É bom estarmos aqui” (Mt 17,4); e Davi, vendo a glória do céu, diz: “Todo homem é mentiroso?” Sim, e com admirável discurso. Como se dissera: é possível que esta é a bem-aventurança do céu, é possível que isto é o que lá no mundo chamamos glória? Ora, o certo é que nenhum homem há que falando da glória não diga uma coisa por outra; nenhum homem há que falando da glória diga o que ela é, senão o que não é; enfim que, falando da glória, “todo o homem mente”. Este foi o conceito que fez Davi quando foi arrebatado ao céu, e nem eu tinha habilidade para dar em tão alto pensamento, nem tivera confiança para sair com ele a público, se o não dissera primeiro, comentando as mesmas palavras,

Teodoro Heracleota, insigne entre os Padres gregos, que floresceu a mil e trezentos anos, bispo de Heracleia, na Trácia, e doutíssimo intérprete das Escrituras Sagradas, como dele escreve S. Jerônimo no catálogo dos escritores eclesiásticos[1]. As suas palavras são estas: "Davi exclamou no seu êxtase: todo homem é mentiroso. Pois quem fala coisas inefáveis é mentiroso, não porque odeia a verdade mas porque falta na exposição da coisa conhecida". Exclamou Davi no seu êxtase — diz o grande Heracleota — e não duvidou dizer que todo o homem mente, porque todo o homem que quis explicar com palavras as coisas que são inefáveis, e não tem termos com que se declarar, necessariamente há de mentir, não porque seja inimigo da verdade, mas porque a não pode dizer como ela é. E esta é a razão e o sentido verdadeiro com que eu digo que o dia em que os pregadores falamos das excelências da glória é o dia das mentiras.

§ II

Mas, antes que passemos adiante, deixai-me provar que o sentido que acabo de referir é o próprio e genuíno do texto de Davi. A regra certa de conhecer o verdadeiro sentido de qualquer texto, como ensinam, com Santo Agostinho, todos os teólogos e intérpretes das Escrituras, é a coerência que tem o texto com os antecedentes e consequentes dele. Se o que fica atrás e o que se segue adiante correm naturalmente e concordam com o que diz o texto, é sinal certo e evidente de que aquele é o seu próprio, literal e verdadeiro sentido. Vejamos agora que diz Davi antes e depois de referir o seu êxtase e a exclamação que nele fez.

As palavras antecedentes são estas, e nenhuma outra mais, porque assim começa o Salmo: "Eu" — diz Davi — "falei conforme o que cri, e fiquei muito humilhado" (Sl 115,10). — Pois, de falar conforme o que cria podia ficar humilhado um tão grande profeta? Só no caso presente, sim. O que cria Davi era o que lhe ensinava a fé, e nenhuma coisa pode humilhar a fé, senão a vista. Foi arrebatado ao céu, viu lá o que é a glória; e como as evidências claras da glória excedem infinitamente todas as apreensões escuras da fé, ficou humilhado e como envergonhado Davi do pouco que tinha dito da mesma glória, quando falou dela guiado somente pelo que cria: "Falei conforme o que cri, e fiquei muito humilhado". Aquele cego de seu nascimento, a quem Cristo deu vista, muitas vezes tinha ouvido falar no sol; mas quando, com os olhos abertos, viu verdadeiramente o que é o sol, então conheceu quão diferente e quão baixo conceito era o que tinha feito da sua luz e da sua formosura, que só conhecia de ouvidas. O mesmo lhe sucedeu a Davi. Tinha falado da glória só pelo que tinha ouvido à fé e por isso, quando a viu com seus olhos, ficou tão humilhado, tão confuso e tão corrido do pouco que tinha dito, que não duvidou de se desdizer e se desmentir a si mesmo e a todos os homens que dela falaram: "Eu disse no meu êxtase: Todo homem é mentiroso".

As palavras que logo acrescenta e se seguem imediatamente ao mesmo texto são estas: "Que retribuirei eu ao Senhor por todos os benefícios que me retribuiu?" (Sl 115,12). Não pode haver maior coerência nem maior propriedade. Com que pagarei — diz — a Deus o muito com que Deus me pagou? — Pois, Davi, já Deus vos pagou, estando vós ainda nesta vida? Sim, porque já me mostrou no meu êxtase a glória que me tem aparelhado e com que me há de pagar no céu. Por isso lhe chama propriamente, não dádiva nem mercê, "senão retribuição". A glória é a retribuição, o prêmio e a paga com que Deus paga no céu os serviços que lhe fazemos na terra; e como Deus naquele êxtase mostrou a Davi a glória com que lhe havia de pagar seus serviços, por isso ele, com afeto de agradecimento e com desejo de fazer algum novo serviço a Deus, que fosse digna correspondência de tamanho prêmio, querendo pagar uma retribuição com outra retribuição, rompeu naquelas palavras: "Que retribuirei eu ao Senhor por todos os benefícios que me retribuiu?". Mas, como desejava Davi pagar a Deus esta mesma paga, se os bem-aventurados, quando a recebem, nem a pagam nem a podem pagar? A razão e diferença é porque os bem-aventurados do céu já não estão em estado de merecer nem servir. Porém Davi, depois de arrebatado e levado ao céu, tornou a este mundo, e por isso era capaz de pagar a Deus a mesma paga que lhe tinha mostrado, e uma retribuição com outra.

Duvidoso pois Davi, e excogitando o modo que podia ter nesta vida para pagar a Deus com paga equivalente à mesma glória que lhe tinha aparelhado no céu, alumiado pelo mesmo Deus, deu em um pensamento altíssimo, com que milagrosamente se confirma tudo o que dizemos: "Oferecerei a Deus em sacrifício o cálix do Salvador, e invocarei seu santo nome" (Sl 115,13). — E deste modo lhe agradecerei e pagarei a mesma glória que me tem aparelhado no céu. Pois, o cálix do Salvador é o agradecimento e a paga com que Davi há de pagar a Deus a glória com que o mesmo Deus há de pagar e remunerar a Davi os seus serviços? Sim. Nem pode haver outra igual. E por quê? Porque o preço com que o Salvador nos comprou a glória foi o cálix do sangue da sua Paixão, que é o mesmo cálix e o mesmo Sangue que se consagra no Sacramento; e só oferecendo-se a Deus em sacrifício este cálix e este sangue se pode pagar a Deus a glória que nos dá na bem-aventurança, porque é pagar a glória, não só com preço igual, senão com o mesmo preço com que foi comprada. Comprou-se a glória com o cálix do sangue do Salvador? Pois com o cálix do mesmo sangue a pagarei eu a Deus, porque só por este modo pode ser a retribuição do agradecimento igual à retribuição do prêmio: "Que retribuirei eu ao Senhor por todos os benefícios que me retribuiu? Tomarei o cálice da salvação e invocarei o nome do Senhor".

De maneira — tornando ao nosso texto — que, sendo Davi arrebatado em espírito e levado ao céu, viu lá a glória dos bem-aventurados, e, comparando o conhecimento claro e verdadeiro da glória que viu com o conceito que fazem da mesma glória e que dizem dela os que a não viram, o que inferiu desta vista, e a consequência que tirou, foi dizer que "todo o homem mente" — não absolutamente, e em qualquer outra matéria, senão particularmente nesta, e quando falam da glória. Digo quando falam da glória, porque só neste sentido se verifica com propriedade o texto de Davi, o qual absolutamente tomado, e como vulgarmente se entende, tem grande contrariedade na mesma Escritura. No capítulo catorze do Apocalipse diz S. João que viu muitos milhares de homens, "em cuja boca, nunca se achou mentira" (Ap 14,5). Tal foi Natanael, de quem disse Cristo: "Eis aqui um verdadeiro Israelita, em quem não há dolo" (Jo 1,47). Tal foi o Batista, de quem canta a Igreja: "Que não possas manchar a vida sequer com leve crime da língua"[2]. E, verdadeiramente, para não mentir, não é necessário ser santo, basta ser honrado, porque não há coisa mais afrontosa, nem que maior horror faça a quem tem honra, que o mentir. Pois, se é de fé que há tantos que nunca mentiram, como diz Davi que "todo o homem mente"? Os que querem defender a proposição de Davi no sentido vulgar, dizem que não fala do ato nem do hábito da mentira, senão da corrupção da natureza. Mas se basta a corrupção da natureza para dizer que todo o homem é mentiroso, também bastará para dizer que todo o homem é homicida, ladrão e adúltero, o que ninguém jamais disse, nem pode dizer. Aqui vereis quão próprio e verdadeiro é o sentido em que temos declarado, com Teodoro, o texto de Davi. Quando diz que todo o homem mente, não fala em geral de toda a matéria, senão daquela que atualmente estava vendo no seu êxtase, que era a glória, e desta só, e em particular, é que diz que ninguém houve que falasse dela que não mentisse.

Mas, suposto que Davi inferiu e tirou esta consequência da glória que viu, eu também quero inferir e tirar consequências da sua proposição. Dizeis, Davi, que todo o homem, quando fala da glória, mente porque diz menos do que é? Logo, também vós, que sois homem, quando falastes da glória, mentistes? — Concedo, diz Davi, que esse mentir não é culpa. — E se vós, que fostes o mais alumiado de todos os profetas, nesse sentido mentistes, diremos também que os outros profetas, quando nela falaram, mentiram? — Também, diz Davi no sentido em que eu o disse, que tanto o disse por mim, como por eles. — E se os profetas, quando falaram da glória, mentiram, que diremos dos evangelistas? — No mesmo sentido em que falou Davi, ele diz que sim, e eu também com ele. E não temais que seja descrédito da verdade dos evangelistas, senão crédito da excelência da glória. Estai comigo, e assentemos o admirável desta proposição sobre as bases mais sólidas da teologia.

Santo Tomás, dividindo a mentira em suas espécies, na questão cento e dez, artículo segundo, diz assim com Aristóteles, a quem cita no quarto das Éticas. Vede se são os dois corifeus da Filosofia e da Teologia. "A mentira", diz Santo Tomás, "divide-se em duas espécies: uma por excesso e outra por defeito; a mentira por excesso é a que excede a verdade, porque diz mais; e a mentira por defeito é a que falta à verdade, porque diz menos."[3] — Funda-se esta divisão — a qual é adequada — na oposição que a mentira tem com a verdade, porque a inteireza da verdade consiste em dizer o que é, assim como é; e assim como dizer mais do que é, é mentira por excesso, assim dizer menos do que é, é mentira por defeito. E desta segunda espécie de mentira — que é natural, e não moral — nem os profetas, nem os evangelistas se podem livrar quando falam da glória, não porque não queiram dizer a verdade, e a digam do modo que podem, mas porque as verdades da glória são tão altas, tão sublimes e tão superiores a toda a capacidade e linguagem humana, que, por mais que digam o que é, sempre dizem muito menos.

§ III

Comecemos pelos evangelistas, e seja São Mateus o primeiro no mesmo Evangelho de hoje. Conta São Mateus a famosíssima história da Transfiguração de Cristo, Senhor nosso, no monte Tabor, aonde levou consigo os três mais avantajados e mais familiares discípulos, e se lhes manifestou glorioso. E que é o que refere desta glória o evangelista? Diz que o rosto do Senhor ficara resplandecente como o sol, e as suas vestiduras alvas como a neve: "Resplandeceu o rosto dele como o sol, e as vestiduras dele se fizeram brancas como a neve" (Mt 17,2). Por certo que se a glória que Cristo mostrou aos discípulos não foi mais que esta, nem é necessária para a ver ir ao céu, nem ainda subir ao monte: resplendor como o do sol e brancura como a da neve, em qualquer vale se acha e de qualquer vale se vê. S. João Crisóstomo, descrevendo o resplendor que terão no céu os corpos gloriosos dos bem-aventurados, diz que farão tanta vantagem à luz do sol quanta faz a luz do sol a uma candeia: "A luz será não aquela que hoje existe mas totalmente outra, que superará com a luminosidade tanto esta, quanto esta supera a luz do candeeiro"[4]. E se a luz de qualquer corpo glorioso não só é tão superior à do sol, "senão totalmente diversa e doutra espécie", sendo o resplendor do corpo de Cristo glorioso quase infinitamente maior que o de todos os bem-aventurados, como diz o evangelista que era como o sol? Santa Teresa, a quem Cristo repetidamente mostrou as mesmas galas do Tabor, diz que aquele resplendor e brancura são tão diferentes de tudo o que cá se vê e a que se sabe o nome, que a neve lhe parecia preta e o sol escuro e indigno de se porem nele os olhos. Os mesmos três apóstolos experimentaram bem no mesmo caso esta grande diferença, porque com a vista do Senhor transfigurado ficaram tão assombrados e atônitos que estavam fora de si, como notou São Marcos: "Porque não sabia o que dizer, pois estavam atônitos de medo" (Mc 9,6). Logo, se em homens costumados a ver o sol e a neve causou aquela vista tão estupendos efeitos, muito diferentes eram do sol e da neve o resplendor e brancura que viam. Finalmente, S. João Damasceno, Santo Epifânio, S. Gregório Nazianzeno, Santo Agostinho e outros Padres dizem que aquele resplendor e aquela brancura não só emanou do corpo glorioso, nem só da alma sempre bem-aventurada de Cristo, senão da mesma divindade do Verbo unida hipostaticamente a uma e outra parte da humanidade sagrada, da qual divindade, como de fonte e princípio principal, se difundiam no rosto e nas vestiduras do Senhor aqueles admiráveis efeitos, em prova manifesta e quase sensível de que o homem que viam era juntamente Deus, como logo apregoou a voz do Pai: "Este é o meu filho amado" (Mt 17,5). O Verbo Divino chama-se nas Escrituras "Resplendor da glória e figura da substância do Pai" (Hb 1,3); e também se chama "Candor e brancura da luz eternal" (Sb 7,26). E deste resplendor divino é que manou o resplendor do rosto, e deste candor, também divino, a brancura das vestiduras na Transfiguração de Cristo.

Pois, se a comparação do sol e da neve, aplicada a qualquer corpo bem-aventurado e glorioso, mais é injúria que semelhança; se o resplendor e brancura do rosto e vestiduras de Cristo excediam com infinitas vantagens a formosura e galas de toda a corte do Empíreo e se estes dois reflexos da majestade, ou estas duas amostras da glória no Senhor dela mais tinham de divinas que de sobrenaturais e no candor e na luz eram raios expressos da divindade, como diz o evangelista que "o resplendor do rosto era como o sol" e "a brancura das roupas como a da neve"? Aqui vereis com quanta verdade disse Davi que nas matérias da glória "todo homem é mentiroso", não excetuando nenhum homem, ainda que seja evangelista. A verdade dos evangelistas em todas as outras matérias é tão adequada como infalível; mas quando chegam a falar da glória, não por defeito do historiador, mas por excesso da mesma glória, são tão imperfeitas as cores com que a pintam, e tão desiguais as semelhanças com que a descrevem, que não dizem o que é como é, senão como não é. Declaram o muito pelo pouco, encarecem o mais pelo menos, explicam o que chamam semelhante pelo que não tem semelhança. Enfim, de tal maneira narram as verdades da glória, que sempre ficam dentro dos termos e divisão da mentira. Não diz Santo Tomás que "a mentira por defeito é dizer menos do que é?" Pois isto é o que sucede até aos evangelistas quando falam da glória.

§ IV

No carro de Ezequiel, chamado o carro da glória de Deus, o rosto de homem significava a S. Mateus, e o de águia a São João. Ora, vejamos se o evangelista S. João, como águia de mais aguda vista, alcança a dizer mais que S. Mateus. No capítulo vinte um e vinte dois do seu Apocalipse diz São João que viu descer do céu a cidade triunfante da glória, ornada como a esposa no dia das bodas: "Vi a cidade, Jerusalém nova, que de Deus descia do céu, preparada como uma esposa ornada para o seu esposo" (Ap 21,2). E, começando a descrição da cidade, assim como Deus a fábrica do mundo, pela luz, diz que a alumiava a claridade de Deus, e que esta claridade era semelhante a uma pedra preciosa, e esta pedra preciosa semelhante a jaspe, e este jaspe semelhante a cristal: "Tinha a claridade de Deus e a sua luz semelhante a uma pedra preciosa, como pedra de jaspe, à maneira de cristal" (Ap 21,11). O jaspe, de que aqui fala São João, não é aquela pedra vulgar e grosseira a que nós damos o mesmo nome, mas outra, só parecida com ela no arremedado ou remendado das cores, a que os Gregos chamaram esfingites. Desta pedra refere Suetônio que lavrou para si uma galeria o mesmo imperador Domiciano, que desterrou para a Ilha de Patmos a São João. E acrescenta Plínio que pouco antes tinha sido descoberta em Capadócia, no tempo de Nero, o qual com lâminas da mesma pedra vestira o interior do Templo da Fortuna, e era tal o seu natural resplendor que, com as portas e janelas fechadas ao sol, conservavam a luz do dia.

Vai por diante o evangelista na sua descrição da Cidade da Glória, cujos muros altíssimos e fortíssimos diz que eram edificados em quadro, e todos deste mesmo jaspe. Mediu-os um anjo com uma cana de ouro, e achou que tinham por cada lado doze mil estádios de comprimento, que fazem das nossas léguas quatrocentas e quarenta e quatro, para que até o número seja quadrado, em tudo significador de firmeza. Nos quatro lanços do muro havia doze portas, as quais nunca se fechavam, porque naquela região não há noite. E destas doze portas, três olhavam para o Oriente, três para o Ocidente, três para o Setentrião, três para o Meio-Dia, em sinal de que para todas as partes do mundo, e para todas as nações e estados dele, sem excluir a ninguém, está o céu patente. As portas todas eram da mesma arquitetura, e todas da mesma grandeza, proporcionada à altura e à magnificência dos muros, "e cada uma delas aberta em uma pérola" (Ap 21,21). Se no antigo Panteão, que era o templo de todos os deuses, e por isso, figura do céu, se mostra ainda hoje, por maravilha, a porta dele aberta em uma só peça de mármore, quão admiráveis seriam aquelas portas, muito maiores que o mesmo templo, abertas em uma só pérola? A estas doze portas respondiam outros tantos fundamentos, sobre os quais assentava toda a cidade, e cada um era lavrado não da mesma, senão de várias pedras, e tão preciosas como várias. O primeiro fundamento, diz São João, era de diamante, o segundo de safira, o terceiro de carbúnculo, o quarto de esmeralda, o quinto de rubi, o sexto de sárdio, o sétimo de crisolito, o oitavo de berilo, o nono de topázio, o décimo de crisópraso, o undécimo de jacinto, o duodécimo de ametista. E, segundo o número e ordem destes doze fundamentos, estavam esculpidos e gravados neles os mesmos doze apóstolos, porque só fundada na fé e doutrina dos apóstolos pode estar segura a esperança de entrar na glória.

Mas se tão suntuoso e magnífico era o exterior da Cidade, qual vos parece que seria ou será o interior? Toda a cidade, em toda a sua grandeza, todos seus edifícios e palácios — que todos são palácios reais — todas suas ruas e praças, diz o evangelista que eram de ouro puro e sólido, mas não ouro espesso, como o nosso, senão diáfano e transparente como vidro: "E a mesma cidade era de puro ouro, semelhante a um vidro claro, e a praça da cidade era de puro ouro como vidro transparente" (Ap 21,18.21). De sorte que a Cidade da glória no pavimento, nas paredes e no interior dos aposentos, toda é um espelho de ouro, porque todos perpetuamente se veem a si mesmos, todos veem a todos e todos veem tudo. Nada se esconde ali, porque lá não há vício; nada se encobre, porque tudo é para ver; nada se recata ou dissimula, porque tudo agrada; e por que tudo é amor, tudo se comunica. Ainda tem outra excelência aquela bem-aventurada cidade, a qual, se lhe faltara, não fora da glória. Vindo a Roma, nos tempos de sua maior opulência e grandeza um embaixador de Pirro, rei dos epirotas, não fazia fim de admirar o que o poder e a arte tinha junta naquele empório de riquezas e delícias. — E perguntado pelos romanos se achava algum defeito na sua cidade? — Sim, acho — respondeu o embaixador. — E qual é? — Que também em Roma se morre. — Não assim, diz São João, nesta riquíssima cidade que vos tenho descrito: "Não há lá morte, nem lutos, nem dor, nem queixa" (Ap 21,4) — porque do trono do supremo rei sai um rio de cristal que rega toda a cidade, cujas margens estão cobertas de árvores, e as árvores carregadas de frutos, e os frutos melhores que os da árvore da vida, que não só fazem os homens imortais, senão eternos: "O rio da água da vida, resplandecente como cristal, saía do trono de Deus e do cordeiro. No meio da sua praça e de uma e de outra parte do rio, estava a árvore da vida" (Ap 22,1).

§ V

Esta é, Senhores, a Cidade da Glória, descrita pelo evangelista São João; e basta que fosse assim como se descreve para ser merecedora das nossas saudades, e que fizéssemos mais do que fazemos por ir viver nela. Mas é necessário entender com distinção isto mesmo que está dito. Em dizer o evangelista que naquela bem-aventurada pátria não há morte, nem dor, nem tristeza, nem queixa, nem algum dos outros acidentes que tão molesta fazem a vida deste vale de lágrimas, é verdade entendida assim como soa, em que não pode haver dúvida. Porém isto não é dizer o que há no céu, senão o que não há. Não há mortes, não há dores, não há trabalhos. O demais, que pertence à magnificência e riqueza da mesma Cidade, o ouro, as pérolas, os diamantes, e todo o outro aparato e preço da pedraria de que são edificados os muros, e quanto eles abraçam e cercam é o de que só se duvida. E com razão. Alguns doutores têm por provável que tudo isto haja no céu; os demais o negam absolutamente e, para mim, com evidência. Os vossos mesmos olhos e os vossos mesmos pensamentos me hão de fazer a prova. Pergunto: Vistes já ouro, vistes já pérola, vistes já diamantes, e todas as outras pedras de preço de que São João fabrica a Cidade da Glória? Sim. Logo é certo e evidente que a Cidade da Glória não é edificada desse ouro nem dessas pedras. Por quê? Porque São Paulo, que foi ao céu e viu o que lá há, diz que o que Deus tem aparelhado na bem-aventurança para os seus escolhidos são tudo coisas que nunca os olhos viram: "O olho não viu o que Deus tem preparado para aqueles que o amam" (1Cor 2,9). Logo, pelo mesmo caso que nós vemos esse ouro e essas pedras, segue-se com evidência que não são esses os materiais de que é fabricada a Cidade ou Corte da Glória. Dirá alguém que, ainda que vemos ouro e pedras preciosas, não vimos nunca cidade alguma, nem ainda uma só casa fabricada desse ouro e dessas pedras e a cidade que descreve São João não só é cidade de qualquer modo, senão uma cidade de mais de quatrocentas léguas em quadra. Boa solução ou instância. Mas eu torno a perguntar. E imaginando vós com o pensamento, podeis conceber e fabricar nele uma cidade tão grande como esta, edificada toda de ouro, de diamantes e pérolas? Não há dúvida que, sem sermos tão grandes arquitetos, como Vitrúvio, a podemos imaginar e idear assim, e ainda mais a gosto de cada um. Logo a Cidade da Glória não é como a descreve S. João, porque o mesmo São Paulo diz que o que Deus lá nos tem aparelhado não só não o viram jamais olhos, mas que nem o pode conceber o pensamento, nem entrar na imaginação humana: "O olho não viu, nem jamais subiu ao coração do homem" (1Cor 2,9). Pois, se isto é assim com verdade infalível e irrefragável, como nos pinta o evangelista São João e nos descreve a Cidade do Céu feita toda de ouro e pedras preciosas?

Explicarei este desenho do Discípulo Amado de Cristo com o que aconteceu a um discípulo de Zêuxis, famosíssimo pintor da antiguidade. Disse-lhe o mestre que, por obra de examinação lhe pintasse uma imagem da deusa Vênus com todos os primores da formosura a que pudesse chegar a sua arte. Fê-lo assim o discípulo, e, com estudo e aplicação de muitos dias e desvelo de muitas noites, presentou o quadro ao mestre. Via-se nele a deusa toda ornada e enriquecida de joias, que mais pareciam roubadas à natureza que imitadas da arte: nos dedos anéis de diamantes, nos braços braceletes de rubis, na garganta afogador de grandes pérolas, no toucado grinalda de esmeraldas, nas orelhas chuveiros de aljôfar, no peito um camafeu em figura de cupido, cercado de uma rosa de jacintos, com os ais da mesma flor por raios; as alpargatas semeadas de todo o gênero de pedraria, as roupas recamadas de ouro e tomadas airosamente em um cintilho de safiras. Esta era a forma do quadro, e nele todo o engenho e arte do discípulo. Estava esperando a aprovação do mestre. Mas que vos parece que lhe diria Zêuxis? "Fizeste-a rica, porque a não pudeste fazer formosa". — O mesmo digo eu ao ouro, às pérolas e às pedras preciosas com que São João nos descreve a Cidade da Glória. — Evangelista sagrado, riquíssima está a cidade que nos pintastes; mas fizeste-la tão rica porque a não pudeste fazer formosa. A formosura que espera ver a nossa fé no céu não é como esta, em que só se pode enlevar a cobiça da terra. Bem o advertistes vós, águia divina, quando tomastes por salva que a cidade que descrevíeis era "descida do céu à terra". O ouro, os diamantes, as pérolas, tudo é terra e da terra.

E como pode o lustroso e precioso da terra informar-nos com verdade da beleza sobrenatural e formosura inestimável da glória? É verdade que São João, na ideia que formou, imaginou quanto se podia imaginar, e na descrição que fez, disse quanto se podia dizer; mas como as coisas da glória são tão diversas de tudo o que se vê, e tão levantadas sobre tudo o que se imagina, por mais e mais que se diga delas, sempre se diz menos. E como o dizer menos na filosofia de Aristóteles e na teologia de Santo Tomás é uma das espécies da mentira, ninguém se deve admirar que, no sentido em que falo, pareça que o maior dos evangelistas incorresse na sua visão aquela gloriosa censura que Davi, também arrebatado no seu êxtase, deu a todos os que falam na glória: "Eu disse no meu êxtase: todo homem é mentiroso".

§ VI

Dos evangelistas passemos aos profetas. Isaías, que é o maior de todos, e neste ponto é singular entre os demais, porque viu a Deus no trono da glória, diz assim: "Desde muito tempo os homens não ouviram, nem com os ouvidos perceberam o que tens preparado para os que te esperam" (Is 64,4). Quer dizer que as coisas que nos esperam e Deus nos tem preparado na glória são tão altas, tão sublimes e tão superiores a tudo o de que neste mundo se tem notícia, que nunca jamais chegaram aos ouvidos dos homens. Que sejam as coisas da glória maiores que tudo o que viram os olhos e tudo o que pode inventar a imaginação, já o mostramos; mas que sejam também maiores que tudo o que ouviram os ouvidos, é coisa para mim muito dificultosa. Que há, ou que pode haver que não tenham ouvido os ouvidos? Ouviram tudo o que escreveram os historiadores; ouviram tudo o que fingiram os poetas; ouviram tudo o que especularam os filósofos; ouviram tudo o que publicou, acrescentou e exagerou a fama; ouviram tudo o que, debaixo do mais sagrado secreto, descobriu e não calou o silêncio. Mas não está aqui a dificuldade. Pois, em que está? Está em que os ouvidos têm ouvido tudo o que disseram os profetas, e tudo o que está escrito e dito nas Escrituras sagradas. Argumento agora assim. É certo que os profetas e os outros escritores sagrados falam muitas vezes na glória, e no que Deus tem prometido e aparelhado no céu para bem-aventurança e prêmio dos que o servem nesta vida. Também é certo que tudo o que nos profetas e nos outros livros sagrados se diz e neles está escrito, nós o lemos e ouvimos. Logo, se as Escrituras Sagradas dizem o que Deus nos tem aparelhado na glória, e nós ouvimos tudo o que dizem essas mesmas escrituras, como diz Isaías que ninguém ouviu o que Deus nos tem aparelhado na glória: "Desde muito tempo os homens não ouviram o que tens preparado para os que te esperam"?

A solução deste fortíssimo argumento é a mais evidente prova de tudo o que imos dizendo. Os profetas e as outras Escrituras falam da glória; nós ouvimos tudo o que dizem os profetas e as Escrituras, e, contudo, não ouvimos nada da glória, porque, por mais que os profetas e as Escrituras digam da glória, nunca chegam a dizer o que ela é. E porque eles, dizendo, não dizem, por isso nós, ouvindo, não ouvimos: "Desde muito tempo os homens não ouviram". Mais ainda. Se ninguém ouviu o que é a glória, segue-se que nem os profetas, que falaram dela, o ouviram. Maravilhosa consequência, mas verdadeira! E assim é. Ouviram uns profetas aos outros profetas, e ouvia-se cada um a si mesmo; mas nem ouvindo todos a todos, nem ouvindo-se cada um a si ouviam o que é a glória porque, por mais levantado que seja o espírito dos profetas, por mais sublime que seja o seu estilo, e por mais que sobre-humana a sua eloquência, em chegando a falar da glória, ou não dizem o que é, ou dizem o que não é. Dizem figuras, dizem comparações, dizem semelhanças; mas todas essas comparações são tão desiguais, todas essas semelhanças tão diferentes e todas essas figuras tão pouco parecidas, que nas comparações fica a glória totalmente abatida, nas semelhanças desluzida e nas figuras desfigurada. E se não, vejamos ou ouçamos o que os mesmos profetas têm dito.

Quer Isaías que comecemos desde o princípio do mundo: "Desde muito tempo os homens não ouviram". Seja assim. E quais foram desde o princípio do mundo as figuras com que Moisés e os outros profetas nos representaram a glória? A primeira foi o Paraíso Terreal, depois o Tabernáculo e a Arca do Testamento, o Maná, a Terra de Promissão, a cidade de Jerusalém, o Templo de Salomão. Mas que semelhança têm estas coisas, por mais que fossem os milagres da natureza e da arte, com a glória do céu? No Paraíso Terreal entrou a serpente e o pecado; e a primeira prerrogativa da glória é a segurança da graça, em que todos os que lá vivem são confirmados. No Tabernáculo de Moisés andou a Arca do Testamento com os filhos de Israel peregrinando pelo deserto; no céu está Deus e os bem-aventurados de assento, como na própria pátria. O Maná, posto que tinha todos os sabores, não durava de um dia para o outro, porque se corrompia; e a glória não só é perpétua e incorruptível em si, mas aos mesmos nossos corpos de carne faz incorruptíveis e imortais. Da Terra de Promissão se dizia, por encarecimento, que manava leite e mel. Mas que comparação tem o leite com os deleites do céu, e o mel com as doçuras da glória? A cidade de Jerusalém quer dizer Visão de Paz; e quantas vezes se viu a mesma Jerusalém combatida, sitiada e destruída com guerras? Só no céu é a paz segura e sem temor, porque dentro não pode haver desunião e de fora não chegam lá inimigos. No Templo de Salomão estava coberto com um véu o *Sancta Sanctorum* [*Santo dos Santos*], donde Deus, oculto e invisível, falava por oráculos, e onde só podia entrar o Sumo Sacerdote uma vez no ano; mas na glória, sem véu nem cortina, se deixa Deus ver e gozar manifesto a todos, e não em um só dia ou ano — que fora assaz — senão por toda aquela Eternidade, inteira sem divisão e continuada sem limite, em que não há anos nem dias.

Que mais dizem os profetas? Dizem que o céu é um rio de delícias que sempre corre: "E os farás beber na torrente das tuas delícias" (Sl 35,9). Mas se todo o mar oceano, comparado com a imensidade das delícias celestiais, é estreito, que será um rio? E se as mesmas delícias são permanentes e eternas, e não diversas, senão sempre as mesmas, como podem ser correntes? Dizem que o céu é um perpétuo convite de esquisitos e soberanos manjares: "E o Senhor fará neste monte uma festa com animais gordos, com tutanos gordos" (Is 25,6). Mas os convites começam com fome, continuam com gosto e acabam com fastio. A glória, pelo contrário, é uma perpétua satisfação do desejo e um perpétuo desejo da mesma satisfação, em que não há fome, porque a fome molesta, nem fastio, porque o fastio cansa; nem o gosto acaba jamais, porque não tem fim. Dizem que é um reino em que todos os que nele entram recebem a coroa da mão de Deus: "Receberão da mão do Senhor um reino de honra e um diadema brilhante" (Sb 5,17). Mas o reino compõe-se de rei e vassalos, e na glória não há súditos: só são sujeitos a Deus, por vontade, os que reinam com ele, e essa mesma sujeição amorosa é o cetro da liberdade e a coroa do alvedrio. Dizem que é um dia de bodas com vínculo indissolúvel: "Eu te desposarei para sempre" (Os 2,19). Mas que amor ou que gosto há nas bodas que em poucos dias não enfraqueça ou se mude? Cresce com a esperança, satisfaz-se com a novidade e diminui com a posse. Na glória não é assim, porque o bem infinito sempre é novo, e onde a novidade não envelhece, o amor e o gosto não diminui. Dizem, finalmente, que "a alegria da glória será como a dos lavradores no dia da messe, quando colhem o fruto dos seus trabalhos, e como a dos soldados vitoriosos, quando repartem os despojos dos inimigos vencidos". Mas, que semelhança tem a baixeza destas comparações e a desproporção de todas as outras, para medirmos ou estimarmos por elas as felicidades do céu? Mais parecem inventados para abater a grandeza da glória, para escurecer seu resplendor e para afear sua formosura que para nos representar nem as sombras do que ela é.

Quase lhes aconteceu aos profetas com o céu lá de cima, que não vemos, o mesmo que aos matemáticos e astrólogos com este céu cá de baixo, onde chega a nossa vista. Viram os matemáticos esse labirinto de luzes, de que está semeada sem ordem toda a esfera celeste, tão diversas na grandeza como várias no movimento e infinitas no número; e para assentar alguma coisa certa em uma confusão tão imensa, que fizeram? Repartiram o mesmo céu, e fingiram em todo ele grande multidão de figuras, umas naturais, outras fabulosas. Aqui puseram um touro, ali um leão, acolá uma serpente. Aqui um cervo, ali um cisne, acolá uma águia. Em uma parte a Hércules, em outra a Órion, em outras a medusa, a berenice, a andrômeda; o cavalo Pégaso voando com asas, o rio Erídano volteando a corrente, a nau Argos navegando; um golfinho, um caranguejo, uma balança, um carro, o Escorpião, o centauro, a hidra, o capricórnio, e outras quimeras como estas, tão feias nos aspectos como nos nomes. Pois, no céu há estes animais, estas fábulas, estes monstros? Não, que tudo são estrelas resplandecentes e formosas. Mas foi necessário aos matemáticos fingir no céu estas mentiras e pôr lá estas fábulas, para, por meio delas, se entenderem entre si e ensinarem de algum modo ao mundo a verdade do que passa no céu.

Perdoai-me a comparação, profetas sagrados, e agradecei à reverência dos vossos oráculos não usar eu do nome e da licença que já me deu um de vós, e o mais alumiado de todos. No céu não há segadores, messes, nem soldados, nem despojos; no céu não há convites, nem bodas, nem inundação de torrentes; no céu não há Jerusaléns, nem Tabernáculos, nem Paraísos Terreais, nem Terras de Promissão, que tudo isso é terra e coisas da terra. Mas vós, como matemáticos do céu empíreo, pusestes lá todas essas figuras, com tão pouca semelhança e proporção como com necessária impropriedade, para por meio delas ensinar a nossa rudeza, e pela consideração dos gostos grosseiros que percebemos, nos levantar a fé e o pensamento à conjectura dos que não alcançamos. Nem podia haver outro argumento ou experiência que melhor nos demonstrasse o eminentíssimo conceito que devemos fazer das coisas da glória, pois os vossos mesmos entendimentos, ainda sobrenaturalmente elevados, não têm conceitos nem palavras bastantes com que nos declarar suas grandezas.

§ VII

E se os mesmos profetas, quando chegam a falar da glória, dizem tanto menos do que ela é, ou verdadeiramente o que não é, que podemos nós, os pregadores, dizer em matéria que tanto excede toda a capacidade mortal? Por isso, ainda quando mais encarecemos, sempre mentimos. Só São Paulo pudera pregar da glória, porque era pregador que a viu com seus olhos; mas ouçamos o que ele disse depois de a ver: "Arrebatado ao paraíso ouviu palavras inefáveis que ao homem não é lícito falar" (2Cor 12,4). Eu — diz São Paulo falando de si em terceira pessoa fui — arrebatado ao céu, e lá vi o que Deus tem aparelhado para os seus escolhidos; mas são coisas tais que me não é lícito dizê-las. — Neste não me é lícito reparo. Que coisa mais lícita, que coisa mais justa, que coisa mais santa, mais útil e mais necessária que falar da glória do céu, e mais quem a tinha visto? O rico avarento teve para si que faria maior impressão de temor em seus irmãos a pregação de Lázaro, porque tinha visto as penas do inferno; e não há dúvida que também em nós excitaria muito mais o desejo a pregação de São Paulo, porque tinha visto a glória de céu. Pois, se esta pregação era tão eficaz e tão útil para a salvação de muitas almas que tão esquecidas vivem do céu, por que se escusa São Paulo de pregar e apregoar os bens da glória, e se escusa com lhe não ser lícito: "Não é lícito"?

Há casos em que muitas coisas vedadas se dispensam e se podem fazer licitamente, mas a mentira, ainda em matéria leve, é de sua natureza tão intrinsecamente má, que em nenhum caso é lícito mentir. E porque o mentir nem por salvar almas é lícito, e as coisas da glória se não podem dizer sem mentir, por isso São Paulo, em todo o rigor da palavra, se escusou com lhe não ser lícito: "Não é lícito ao homem falar". De sorte que, reduzido nas matérias da glória a termos ou de mentir ou de calar, tomou por expediente o calar, porque lhe não era lícito o mentir. Mas, se a São Paulo não era lícito falar na glória com este defeito, logo também aos profetas e aos evangelistas não foi lícito? Sim, foi, porque eles não tinham visto a glória; S. Paulo sim. S. Paulo, como testemunha de vista, tinha obrigação de dizer tudo o que vira, sob pena de desacreditar e infamar a glória; os demais, que a não tinham visto, não eram obrigados a dizer de suas grandezas senão o que podiam, e do modo que podiam, como fizeram. E, posto que disseram da glória muito menos do que ela é e merece, nem por isso incorreram em culpa, porque quando Davi disse que todos mentiam, falou da mentira material, a qual não é ilícita nem culpável, antes neste caso, louvável e de grande glória da mesma glória. A razão da diferença é porque, como define Santo Agostinho: "Mentir é ir contra a mente"[5]. O mentir, com mentira formal e ilícita, é dizer um homem o contrário do que entende. Os outros escritores sagrados no que disseram da glória disseram o que entendiam e o que podiam; porém, São Paulo, ainda que dissesse o que podia, sempre havia de dizer contra o que entendia, como homem que tinha visto a glória, e por isso "não lhe era lícito".

Assim calou o maior pregador do mundo, e assim pudera também a Igreja mandar os pregadores que calássemos neste dia, pois o calar sempre é lícito. Mas quis antes que disséssemos — ou mentíssemos — esse pouco que podemos dizer, do que passarmos totalmente em silêncio as grandezas da glória, porque a maior grandeza das suas grandezas é não se poder falar nelas sem mentir.

E se algum crítico acaso tiver estranhado a palavra e o assunto, saiba que usar talvez da mentira para persuadir a verdade, não só não encontra as leis da boa e verdadeira retórica, mas é um dos maiores primores da sua energia. Fala Sêneca da hipérbole, tão usada de todos os que falaram em coisas grandes, e diz assim: "Nisso toda hipérbole se estende até que chegue a verdade com a mentira"[6]. O fim por que a hipérbole se estende tanto fora dos mesmos limites do que pretende persuadir, é porque quer chegar à verdade por meio da mentira: mente e diz mais do que a coisa é, para que se lhe venha a crer o que é: "Nunca a hipérbole tanto espera quanto ousa". Não é tão mal entendida a hipérbole, que espere tanto do ouvinte quanto ela se atreve a afirmar. "Mas afirma o que é incrível, para que se lhe creia tudo o que se pode crer." Por este exemplo ficará entendido o fim e fundamento do meu discurso. O estilo que segui foi uma hipérbole às avessas. Há hipérbole por excesso e hipérbole por diminuição, e ambas mentem para chegar à verdade: "Para que chegue a verdade com a mentira". A hipérbole por excesso diz o muito que se não pode crer, para que se creia o que é; e a hipérbole por diminuição diz o pouco que se pode dizer, para que se creia o que será. O que será a glória do céu é o que se colhe eficazmente do meu discurso.

É certo que bastava só a consideração ou a suspensão deste que será, para todos os que temos fé nos levantarmos sobre todas as coisas da terra e as tratarmos com o desprezo que pede o altíssimo fim para que fomos criados. Se tudo o que temos dito, se tudo o que todos disseram, se tudo o que todos escreveram, se tudo o que todos imaginaram, em comparação da glória merece nome de mentira, a verdade que será? Há mentiras que se veem, como diz o Espírito Santo: "Visões mentirosas" (Eclo 34,2), e tais são as aparências deste céu inferior que vemos ou cuidamos que vemos. Cuida o vulgo que vê o céu, e engana-se, porque não chega lá a nossa vista. Isto que chamamos céu é uma mentira azul, e o que chamamos iris ou arco celeste é outra mentira de três cores; e, se as mentiras do céu da terra são tão formosas, quais serão as verdades do céu do céu: "Os céus são os céus do Senhor" (Sl 113,16)? S. Bernardo, sem subir tanto acima, tomou por empresa uma harpa com a letra que dizia: "Que será na pátria?". Se no desterro há tal harmonia e tal suavidade, na pátria, que será? Mas muito melhor o nosso Davi, depois que viu na mesma pátria, não o que será por conjectura, senão o que é por realidade, trocou a empresa e desencordoou a sua harpa. E que disse? Que tudo quanto tinha cantado a ela, e quanto cantam e contam todos os que falam na glória, tudo é mentira: "Eu disse no meu êxtase: todo homem é mentiroso".

§ VIII

Suposto, pois — dai-me agora uma breve atenção — suposto pois que tudo o que se tem dito, tudo o que se diz e tudo o que se pode dizer da glória que nos espera no céu é tanto menos, e tão pouco, e tão nada que sem encarecimento se pode chamar mentira, que havemos ou que podemos fazer para saber verdadeiramente o que é e como é a glória? Não há nem pode haver mais que um só meio, mas esse muito certo e adequado. E qual é? Ir ao céu, e vê-la. Perguntaram uma vez a Cristo dois que queriam ser seus discípulos onde morava: "Rabi, onde moras?" (Jo 1,38). E o Senhor, que não tinha casa na terra, senão no céu — donde nunca saiu ainda quando veio ao mundo — que respondeu? "Vinde, e vê-lo-eis" (Jo 1,39). — E sem irem e verem não o podiam saber? Não. Excelentemente Alcuíno e Beda: "Não disse onde morava mas os convidou a vir e ver porque a habitação, isto é a glória de Cristo, pode ser vista mas não pode ser explicada com palavras"[7]. Não disse o Senhor onde morava aos que o queriam saber, e somente lhes respondeu que "viessem e vissem", porque a morada de Cristo é a glória, e o que é, e como é a glória, "só se pode ver, mas não se pode dizer". Isto é o que respondeu Cristo, e isto é o que eu digo e o que só podem dizer os pregadores sobre este assunto. Façamos muito por ir ao céu, e lá veremos o que é a glória: "Vinde, e vê-lo-eis". E quando, por mercê de Deus, formos ao céu, e virmos verdadeiramente o que é a glória, então veremos e conheceremos também quão pouca semelhança tem de verdade quanto cá se diz e se ouve.

Quando a Rainha Sabá viu a corte e casa real de Salomão, não só admirada do que se via, mas, como diz o texto sagrado, quase desmaiada de pasmo, rompeu nestas palavras: "Não acreditava naquelas palavras, até que vim e os meus olhos viram e provei que não me disseram metade. A tua sabedoria é maior e as tuas obras também do que a fama que ouvi. Felizes os teus homens e felizes os teus servos que estão sempre diante de ti" (3Rs 10,7). Eu, sapientíssimo rei Salomão, quando estava nas minhas terras — diz a rainha — muitas coisas tinha ouvido da vossa sabedoria, da vossa grandeza, da vossa corte e da magnificência da vossa casa, às quais porém não dava crédito, por me parecerem incríveis; mas, depois que vim e as vejo com meus olhos, já tenho conhecido e provado que nem ametade se me tinha dito do que verdadeiramente é. Bem-aventurados os vossos servos, e bem-aventurados os vossos cortesãos, pois têm e gozam a felicidade de estar sempre em vossa presença. — Parece que não pudera dizer mais se falara com Deus na glória. E se as grandezas da corte e casa de Salomão as não pôde crer nem perceber uma rainha tão sábia, senão "depois de vir e ver" — e se tudo o que tinha ouvido na sua terra não chegava a ser ametade do que agora via com seus olhos, que proporção e que semelhança pode ter o pouco ou nada que cá dizemos e ouvimos, com o muito, com o infinito, com o imenso da glória que lá veem os que a gozam? Por isso o Senhor e autor dela nos diz: "Vinde e vede".

Mas o mal e a desgraça é que todos querem ver e há muito poucos que queiram vir. Todos querem ver e gozar a glória; mas há poucos que queiram vir e seguir a Cristo pelo caminho que ele nos veio ensinar para chegarmos a ela. Se o divino Mestre trocara os termos, e assim como disse: "Vinde e vede", dissera: "Vede e vinde", se fora possível e conveniente que primeiro se nos desse vista da glória, e depois se nos prometessem os meios de a conseguir, como é certo que não seria necessário que Deus nos chamasse ou rogasse, senão que nós mesmos, arrebatados daquela imensa formosura e felicidade incompreensível, não só com vontade e desejo, mas com ímpeto e violência romperíamos por todas as dificuldades da vida, e pela mesma vida e mil vidas por alcançar tanto bem. Porém, que merecimento seria então o da fé, que prêmio o da esperança e que valor o da caridade, sendo necessária, e não livre? Para maior bem do mesmo bem e para maior aumento da mesma glória nos pede Deus primeiro os passos e depois nos promete a vista: "Vinde e vede".

E, verdadeiramente que ainda que o caminho do céu e a passagem deste Cabo de Boa Esperança tivera maiores dificuldades, bem se puderam empreender todas, sem o testemunho da vista, debaixo da palavra de Cristo. Quando o mesmo Senhor, antes de se fazer homem por nós, disse a Abraão que deixasse a sua pátria, não lhe prometeu o céu, senão outra terra, e não lha mostrou então, mas somente lhe disse que lha mostraria depois: "Vinde para a terra que eu te mostrarei" (Gn 12,1). E que fez Abraão debaixo desta palavra? Apenas se pode dizer sem injúria e afronta da nossa fé. Deixou a pátria, deixou a casa nobre e rica que tinha herdado de seus pais, deixou a companhia dos parentes, o amor dos amigos, a familiaridade dos conhecidos, para ir peregrinar entre gentes estranhas. Enfim, rompeu todas aquelas cadeias com que a criação e a natureza costuma prender o coração humano, que tudo nota e pondera a História Sagrada. E que tudo isto executasse com tanta prontidão de ânimo um homem que pouco antes fora gentio e adorava os deuses falsos? Sim — diz Santo Estêvão — e ninguém se espante, porque o Deus que mandou a Abraão que fizesse este divórcio e renúncia geral de quanto tinha e amava no mundo, era o Deus da glória: "O Deus da glória apareceu a nosso Pai Abraão e lhe disse: sai da tua terra e da tua parentela, e vem para a terra que eu te mostrarei" (At 7,2). Em toda a sagrada Escritura se não lê ou dá a Deus semelhante título ou epíteto de Deus da Glória, senão neste lugar unicamente. E por que usou de tal paráfrase aquele famoso pregador apedrejado, a quem, entre as mesmas pedras, se lhe abriu o céu? Não foi só para encarecer a fineza do que Abraão obrara, mas para distinguir os motivos que ele podia ter na mesma obra e nós podemos ter nas nossas. Se não fazemos grandes coisas por amor de Deus porque é Deus, ao menos por que as não faremos porque é "Deus da glória"? Fazê-las por Deus porque é Deus, é fineza: fazê-las por Deus porque é Deus da glória, é conveniência; fazê-las por Deus porque é Deus, é amor de Deus: fazê-las por Deus porque é Deus da glória, é amor-próprio. E que nem por este amor-próprio, nem porque Deus nos há de premiar com a glória lhe façamos tais serviços que sejam merecedores dela? Grande miséria!

E se é miséria grande o pouco que fazemos por alcançar e ver a glória, muito maior miséria é o muito que fazemos pela perder e não ver. Cada pecado que cometemos é um pecado e duas ofensas: uma ofensa contra Deus e outra ofensa contra a glória. Assim o entendeu aquele moço pródigo, a quem a experiência das pagas que o mundo dá restituiu o entendimento que o mesmo mundo lhe tinha tirado. "Pai meu" — dizia ele falando com Deus —, "pequei contra o céu e pequei contra vós" (Lc 15,18); contra o céu, que é a glória para que fui criado, e contra vós, que sois o Deus que me criastes para ele. Em primeiro lugar pôs a ofensa do céu e no segundo a de Deus, porque como era homem que se tinha posto à soldada, mais sentia a perda do galardão que o desagrado do amo. Eu já me contentara que nas nossas fidalguias se usaram com o céu e com Deus estes desprimores. Se não deixamos os pecados por contrição, e por serem ofensas de Deus, deixemo-los ao menos por atrição e porque nos privam da glória. Não ofender a Deus porque é Deus é obrigação; não o ofender por não perder a glória é interesse. E sendo nós tão interesseiros ou tão servos e tão escravos dos interesses da terra que, ao menos pelos interesses do céu e da glória, não deixemos de ofender a quem no-la há de dar ou tirar para sempre? Não foi o Pródigo o pródigo; nós o somos, e mais feiamente. Ele disse: "Pequei contra o céu", e não foi pródigo do céu, senão da fazenda; nós somos avarentos da fazenda e pródigos do céu e da glória.

Oh! como podem temer que não são criados para ela os que tão pouco fazem pela ver, ou tanto fazem pela não ver! De quantos deixaram o coração no Egito, nenhum chegou a ver a Terra de Promissão, porque sem vir não há ver, e quem não vem de todo o coração, não se move. Desde essas moradas eternas nos está Cristo glorioso chamando e convidando a todos, e dizendo como aos que lhe perguntaram onde morava: "Vinde e vede". "Vinde", nos diz agora aquele mesmo Senhor, que no dia do Juízo, unidas outra vez nossas almas a estes mesmos corpos, há de dizer aos que ouvirem sua voz: "Vinde benditos" (Mt 25,34). Vinde, nos diz. E donde e para onde? Da terra para o céu, do desterro para a Pátria, do cativeiro para a liberdade, da guerra para a paz, da tempestade para o porto, do trabalho para o descanso, do tempo para a eternidade, do vale de lágrimas para o Monte da Glória. E que haja ainda quem duvide vir? "Vinde". E não vos digo — diz o Senhor — que venhais como eu vim, pelo Monte Calvário: basta-me que venhais pelo Tabor, o mais ameno do mundo, contanto que venhais em meu seguimento. E se ainda pelo Tabor não vos atreverdes a vir, como Pedro, João e Diogo, pelo caminho estreito dos conselhos, vinde como Moisés e Elias, pelo mais largo dos Mandamentos, que para isso fiz dois caminhos, desejando que venham todos. "Vinde". "Vinde", enfim, e vereis o que antes de vir se não pode ver: "Vinde e vede". Vereis o que nunca vistes, vereis o que nunca ouvistes, vereis o que nunca imaginastes; e vereis quão diferentes, quão outras e quão infinitamente incomparáveis são as coisas da glória a todas as que lá vos disseram os meus profetas e evangelistas, não por eles quererem mentir — que não é possível — mas porque tudo o que há na terra, ou desde a terra se vê no céu, nenhuma comparação tem nem semelhança com o que se vê e goza na glória. Em particular vos convido, como a homens, a ver gloriosa em seu trono a minha Humanidade. — E então julgareis se os raios de que se coroa são de sol, e a cor de que veste, de neve: "O seu rosto ficou refulgente como o sol e as suas vestes se fizeram brancas como a neve" (Mt 17,2).

SERMÃO DA

Primeira Sexta-Feira da Quaresma

Na Capela Real.
Ano de 1651.

"Mas eu vos digo: Amai a vossos inimigos,
fazei bem aos que vos têm ódio."
(Mt 5,44)

Neste início da Quaresma, Vieira pregara nos dias anteriores sobre a morte (excitando a memória) e sobre a fé (ilustrando entendimento); e agora prega sobre o amor dos inimigos (aperfeiçoando a vontade). O tema é: o amor dos inimigos é o ato mais heroico da caridade até onde se estende. Assim: 1) parece que as Altezas e as Majestades não são obrigadas; vejam-se os exemplos de Salomão e de Davi; 2) estes também são obrigados porque o preceito é do Rei dos Reis e do Senhor dos Senhores e é dito a todos sem distinção nem exceção; vejam-se os exemplos de Davi e Saul; 3) os inimigos dos reis e as duas partes do preceito amar e fazer bem; 4) os outros inimigos dos reis e o maior de todos: o adulador — como discerni-los, sendo camaleões, aranhas etc.; 5) o melhor critério: que sejam ouvidos os aduladores, mas que os reis e as autoridades não se deixem mover por eles, ou, antes, ter os ouvidos tapados (não entraria a adulação) e ter igualmente as mãos soltas (com elas seriam suas todas as ações e, como suas, verdadeiramente reais).

§ I

Que depressa nos leva a Igreja a Deus, e com toda a alma! Anteontem nos excitou a memória, ontem nos ilustrou o entendimento, hoje nos aperfeiçoa a vontade. Excitou-nos a memória com a lembrança da morte: "Lembra-te homem que és pó"; ilustrou-nos o entendimento com o maior exemplo da fé: "Não encontrei tamanha fé em Israel" (Mt 8,10); aperfeiçoa-nos a vontade com o ato mais heroico da caridade, que é o amor dos inimigos: "Amai os vossos inimigos". Este ato, como tão singular da lei e tão próprio da profissão cristã será o assunto único de todo o meu discurso. E, posto que a matéria do amor dos inimigos seja tão pregada e tão batida, o que determino tratar sobre ela é uma questão muito nova e muito própria deste lugar. Funda-se toda sobre aquele "Vós" do nosso texto: "Mas eu vos digo". E a questão ou dúvida é: Se debaixo deste vós se entendem também as altezas e as majestades. As pessoas soberanas são superiores a toda a lei, e por isso será necessário examinar exatamente até onde se estende o preceito de Cristo, e resolver com a graça do mesmo Senhor, e sem lisonja de nenhum outro, se são obrigados também os reis a amar seus inimigos.

§ II

Primeiramente parece que não são obrigados. E está por esta parte toda a autoridade de Salomão em uma obra famosa de sua sabedoria e grandeza. No capítulo terceiro dos Cânticos descreve ele a fábrica de uma carroça triunfal em que saía a passear pela Corte de Jerusalém nos dias de maior solenidade. A matéria era dos lenhos mais preciosos e cheirosos do Líbano, as colunas de prata, o trono de ouro, as almofadas de púrpura, e no estrado onde punha os pés estava esculpida a Caridade: "O rei Salomão fez para si uma liteira de madeira do Líbano. Suas colunas, as fez de prata, o encosto de ouro, o assento de púrpura, e sob os pés a caridade" (Ct 3,9s)[1]. Nestas últimas palavras está o reparo, não só grande, mas digno de suma admiração. É possível que um rei tão sábio como Salomão, e não gentio, senão fiel, quando faz a maior ostentação de sua grandeza e majestade, leve a caridade debaixo dos pés? O rei assentado no trono, e a caridade debaixo dos pés do rei? O rei entronizado, e a caridade pisada: "E sob os pés a caridade"? Sim, porque cuidam alguns reis — ou obram como se o cuidaram — que tão fora estão de serem sujeitos às leis da caridade, que antes a mesma caridade e todas suas leis lhes estão sujeitas a eles. Não falo dos Neros, nem dos Calígulas, e muito menos dos Sardanapalos, que semelhantes monstros da natureza humana eram tiranos crudelíssimos, e não reis nem homens. Falo dos que são como Salomão naquele tempo, e do mesmo Salomão particularmente, o qual, para a pompa e vaidades inúteis, e para fazer a sua Corte inveja das outras e ostentação de todo mundo, carregou e oprimiu os seus povos com tal excesso, que chegaram por desesperação a sacudir o jugo e privar da obediência e do reino a Roboão, seu primogênito. Se se antojava o apetite e vaidade de Salomão já perdido, que houvesse prata e mais prata: "colunas de prata", que houvesse ouro e mais ouro: "encosto dourado", que houvesse púrpura e mais púrpura: "e assento de púrpura". — Tudo isto há de haver, dizia ele, por qualquer via, por mais violenta que seja. E se a caridade o contradisser, mete-se a caridade debaixo dos pés. — Pois, não vês, ó rei, sábio, a opressão e opressões do teu povo? Não ouves os gemidos dos pobres? Não te lastimam as lágrimas dos miseráveis? Não consideras que o nome de rei te obriga a ser pai dos vassalos? Não reconheces no seu mesmo sofrimento que todos te amam como filhos, e que, quando te aborreceram e foram teus inimigos, os deveras, contudo, amar? Onde está a proximidade? Onde está a humanidade? Onde está a caridade? Onde? Lá está, debaixo dos pés do rei, porque os reis não são sujeitos à caridade nem a suas leis: "E sob os pés a caridade".

A este hieroglífico de Salomão se ajunta um argumento para mim de muito formal consequência. Os reis não são obrigados a amar os amigos: logo, muito menos, a amar os inimigos. Quem não tem amor para o amor, como há de ter amor para o ódio? Não há entre todos os corações humanos, e entre todos os estados do mundo, nem vontades mais desamoráveis que as soberanas, nem coisa mais oposta ao amor que a majestade. E por que razão, se razão se pode chamar? Por duas. Pela desigualdade e pela obrigação dos vassalos. O amor recíproco, que por outro nome se chama amizade, diz Aristóteles que o não pode haver senão entre iguais; e como entre os reis e os vassalos há uma desigualdade tão distante, como do inferior ao supremo, a mesma soberania, que os remonta sobre a igualdade, os desobriga da correspondência. E porque amarem os vassalos ao rei é obrigação natural, esta é a segunda isenção ou regalia que logram as majestades para nem lhes ser necessário amar para ser amados, nem depois de ser amados, ficarem obrigados a amar. Como o amor dos vassalos é dívida, nem os reis ficam obrigados à paga, nem os vassalos têm ação para a desejar nem pedir. Daqui se segue aquela grande dor — por lhe não chamar injustiça — de que tenha mais ventura com os reis o servir que o amar, porque os serviços alguma vez são premiados, o amor nunca é correspondido. Não seriam as majestades majestades se se sujeitassem a amar. Por quê? Por outras duas razões da sua parte. Amar é inclinar-se à vontade primeiro, e depois render-se; e o render-se é contra a potência da majestade, o inclinar-se contra a soberania. Por isso disse bem quem lhe conhecia esta condição, que nem pode haver majestade com amor, nem amor com majestade: "Não combinam bem, nem moram na mesma sede a majestade e o amor". E se os reis, como dizia, nem amados se inclinam a amar os amigos, odiados e aborrecidos, como se hão de sujeitar a amar inimigos?

Seja exemplo o rei de melhor coração de quantos empunharam cetro. Teve Davi muitos e grandes inimigos — que não fora Davi se os não tivera. — E como os amava? Ele mesmo o diga: "Perseguirei os meus inimigos, e apanhá-los-ei, e não voltarei até que eles acabem. Eu lhes quebrarei as forças, e eles não poderão ter-se em pé, e cairão debaixo de meus pés" (Sl 17,38-39). A meus inimigos hei-os de perseguir até os tomar às mãos, nem hei de desistir ou descansar até os desfazer e consumir de todo. Eu lhes quebrarei o orgulho e lhes torcerei o pescoço, até os meter debaixo dos pés. E se Cristo manda que não só façamos bem aos inimigos, mas que oremos por eles: "orai pelos que vos perseguem e caluniam" (Mt 5,44), ouvi como os encomendava o mesmo Davi a Deus em suas orações: "Convertei os males contra os meus inimigos, e na tua verdade destruí-os" (Sl 53,7). O mal que me desejam meus inimigos, peço-vos, Senhor, que o convertais contra eles, e que pela má vontade que me têm, vós lhes ponhais as mãos e a boa vontade, destruindo-os e aniquilando-os.

Finalmente, chegado à hora da morte, tempo em que até os corações mais duros não só perdoam a seus inimigos, mas lhes pedem perdão, duas mandas do testamento de Davi foram deixar muito encarregado a seu filho Salomão que de nenhum modo se esquecesse de mandar matar a Joab e a Semei, por certos agravos que lhe tinham feito. E se desta maneira amava a seus inimigos um rei canonizado, que se levantava à meia-noite a rezar o saltério, e debaixo da púrpura vestia cilícios, os que não são tão santos nem tão beatos, vede como guardaram o "Amai os vossos inimigos", e como tomaram por si o "eu vos digo"?

§ III

Isto é o que se oferece pela primeira parte, e mais aparente que sólida da nossa questão; a segunda não só defende, mas define que também as altezas e majestades, por mais altas e soberanas que sejam, se entendem e compreendem debaixo daquele *vobis,* e que todas igualmente, como os outros cristãos, sem nenhuma exceção nem privilégio, estão sujeitos ao preceito de Cristo, e obrigados a amar seus inimigos e a lhes fazer bem: "Amai os vossos inimigos e fazei bem aos que vos odiaram" (Mt 5,44).

O fundamento desta obrigação está na primeira palavra do mesmo texto: "Eu vos digo": Eu. E quem é esse eu? Não é Platão, nem Licurgo, nem Numa Pompílio, cujas leis, contudo, por serem racionais, as veneravam e obedeciam todos os reis que alcançaram fama de justos; mas é aquele Eu que disse a Moisés: "Eu sou o que sou" (Ex 3,14) — o que só tem o ser de si, e o deu a todas as coisas; aquele Eu que faz os reis e também os desfaz, quando eles não fazem o que devem: "Por mim reinam os reis" (Pr 8,15); aquele Eu que traz escrito na orla da opa real: "Rei dos reis, e Senhor dos senhores" (Ap 19,16); aquele Eu de quem os reis são mais súditos do que os vassalos dos reis, porque os reis todos receberam o domínio e jurisdição da mão e consenso dos povos e, se conservam em si e perpetuam na sua posteridade o mesmo poder e soberania, é por mercê e à mercê de Deus enquanto ele for servido, e com um aceno da sua vontade não mandar o contrário. E este Eu: "Eu vos digo" — este Eu é o que diz a todos, sem distinção nem exceção de pessoas ou dignidades: "Amai os vossos inimigos", para que entendam os Reis da terra e de terra: "E agora, reis, entendei: instruí-vos, os que julgais a terra" (Sl 2,10) — que este e qualquer outro preceito de Deus o devem receber não pesadamente, senão com alegria, e observar com temor e tremor: "Servi ao Senhor em temor e alegrai-vos nele com tremor" (Sl 2,11), sob pena de que, se eles não amarem os inimigos, Deus os terá por inimigos a eles, e os destruirá, e perecerão como tais: "Para que se não ire o Senhor e pereçais no caminho da justiça" (Sl 2,12).

Nem faz contra isto o exemplo alegado de Davi, antes persuade o contrário, porque Davi era soldado de Deus e capitão general de seus exércitos, e aqueles a quem chamava seus inimigos eram os inimigos de Deus, observando tal diferença e distinção entre uns e outros, que aos inimigos seus amava e fazia bem, e só aos de Deus perseguia e fazia cruel guerra: tão insigne vingador das injúrias divinas, como perdoador das próprias. Assim perdoou tantas vezes a Saul, e desejou perdoar a Absalão, e sentiu e lamentou sua morte, como a de Abner, alegando sempre a Deus que a nenhum seu inimigo dera mal por mal: "Se retribuí com mal aos que me faziam mal" (Sl 7,5), sendo eles tão ingratos que lhe davam mal por bem: "Retribuíam-me males por bens" (Sl 34,12). E se mandou matar a Joab e a Semei, foi por justiça, como rei, e não por vingança, guardando estas duas sentenças e execuções para o testamento e para a hora da morte, para que se visse que o fazia por escrúpulo, e não por ódio. Este era o coração de Davi, e por isso coração verdadeiramente real e digno de que Deus tirasse a coroa da cabeça de Saul para lha pôr na sua, como o mesmo Saul confessou.

Andava Saul pelos montes à caça de Davi para lhe tirar a vida, quando acaso entrou só em uma gruta onde o mesmo Davi estava escondido com os poucos que seguiam sua fortuna. Todos lhe disseram e instaram que lograsse a ocasião que Deus lhe tinha metido nas mãos, e, com a morte de Saul, se livrasse de uma vez das suas perseguições. Mas ele, contentando-se com lhe cortar um retalho da roupa para amostra da sua fidelidade, depois que Saul saiu da gruta apareceu subitamente diante dele, e, mostrando-lhe aquele testemunho tão claro do perigo em que estivera e da vida que lhe não quisera tirar nem consentir que lha tirassem, prostrado a seus pés lhe disse desta sorte: — Eis aqui, ó Rei de Israel, a quem andas buscando pelos desertos para o matar. Eis aqui aquele bichinho vil da terra, à caça do qual sai da sua corte em pessoa um tão grande monarca. Eis aqui como te merece que o persigas com tão mortal ódio, e o faças andar desterrado e fugitivo de ti por estes montes. Ficou assombrado do que via e do que ouvia Saul, e, compungido, e com as lágrimas nos olhos, lhe disse: Agora conheço, Davi — e não só lhe chamou Davi, senão filho — "agora conheço, filho, e sei certissimamente que haverás de reinar, e que deste mesmo Reino de Israel, que eu chamo meu, haverás de ser tu o Rei" (1Rs 24,21). O que só te peço, é que me prometas e jures diante de Deus que a mesma piedade que usaste comigo a terás da minha casa e descendência, e não extinguirás do mundo o meu nome: "Jura-me que não apagarás a minha descendência depois de mim, e não retirarás o meu nome da casa de meu pai". Tão certa e infalivelmente conheceu e creu Saul que havia Davi de ser rei. Mas onde tirou esta certeza, que chama certíssima, e não antes, senão agora e neste mesmo caso: "Agora sei certissimamente que haverás de reinar"?

Abulense, e todos os outros expositores dizem que o inferiu Saul da generosidade de ânimo com que, sendo tão capital inimigo de Davi, ele lhe perdoara. Mas não é necessário que o digam expositores, porque o mesmo Saul o ponderou e o disse. Notai todas as palavras: "Porque tu, Davi, deste-me bem por mal, sendo que eu sempre te dei mal por bem" (Ibid. 18). "E bem mostraste e provaste hoje isto comigo, pois, entregando-me Deus nas tuas mãos, não me mataste" (Ibid. 19). "Por que que homem há que, tendo encontrado o seu inimigo, o deixaria ir em paz?" "Mas eu confio e estou certo" — concluiu Saul — "de que Deus não há de deixar sem prêmio esta diferença que hoje usaste comigo" (Ibid. 20). E como? Tirando-me a mim a coroa da cabeça e pondo-a na tua: "Porque sei certissimamente que haverás de reinar"? Assim entendeu Saul, posto que obrava o contrário, que um homem que, tendo na sua mão a vingança, não sabia vingar agravos, um homem que, podendo fazer mal a seu maior inimigo, lhe fazia os maiores bens, um homem que pagava o ódio com amor, e a morte, que lhe queriam dar, com a vida, um tal homem como este não o tinha Deus dotado de um coração tão generoso e tão real, senão porque o queria e havia de fazer rei: "Porque haverás de reinar".

Reparem muito os reis no que inferiu com tanta certeza este rei e reparem também no que eu agora quero inferir, não com menor certeza. Assim como é certo que Deus deu a coroa a Davi porque se não vingou de Saul, assim digo, e tenho por certo que, se Davi pelo contrário se vingara, ainda que Deus o tivesse destinado para a coroa, lha não havia de dar. Caso notável é que, repartindo Jacó na hora da morte a bênção que tocava ou havia de tocar a cada um de seus filhos, a do cetro e coroa de Israel a desse e colocasse no quarto. Este quarto filho era então Judas, do qual descenderam os Davis, os Salomões e outros reis do reino por isso chamado de Judá, e do qual também descendeu Cristo. Mas, por que razão? O reino e a primeira bênção, segundo o uso dos patriarcas e conforme a lei natural que ainda hoje se observa, pertence ao primogênito, que era Rúben. E, posto que Rúben perdeu este direito e se fez indigno da coroa pela gravíssima injúria que cometeu contra seu pai, no incesto que todos sabem, a Rúben seguia-se, com o mesmo direito, Simeão, que era o filho segundo, e a Simeão se seguia Levi, que era o terceiro. Pois, por que não deu Jacó a bênção ou investidura do reino nem a Simeão, nem a Levi, senão a Judas, e deixando deserdados daquele grande e supremo morgado ao segundo e ao terceiro filho, o assentou e instituiu no quarto?

Também aqui não havemos mister doutores, porque na bênção de ambos os deserdados dá o mesmo texto e o mesmo Jacó a causa: "Simeão e Levi, são irmãos, instrumentos de uma carniceria cheia de injustiça. Não permita Deus que nos seus conselhos intervenha a minha alma, e que a minha glória entre nos seus conluios, porque na sua sanha mataram aquele homem, e conforme a sua vontade arrombaram um muro. Maldito o seu furor, porque é obstinado e maldita a sua ira, porque é inflexível" (Gn 49,5). Simeão e Levi foram aqueles dois irmãos que, para vingar a injúria que o príncipe Siquém tinha feito à sua irmã, mataram ao mesmo Siquém e a todos os siquemistas, e lhes destruíram e assolaram a cidade. E homens tão duros de coração, homens tão furiosos, pertinazes e vingativos — posto que a causa parecesse justificada — não só não são dignos de reinar, nem de ter o supremo domínio sobre os outros homens, mas merecem justissimamente que, se por outra qualquer via lhes pertence o cetro e a coroa, de nenhum modo, e em nenhum tempo a logrem, antes sejam para sempre privados e deserdados do reino, como eu, com a minha maldição, em nome de Deus os deserdo. — Isto disse e fez Jacó, deserdando e privando do reino aos dois filhos, a quem de direito pertencia, só por serem vingativos e não perdoarem agravos. E o mesmo sucederia sem dúvida a Davi, se ele, com o perdão de Saul, lhe não tirara da cabeça a coroa de que, por inimigo, era indigno, e a pusera na sua.

De tão longe ia Deus estabelecendo e fundando já o preceito que hoje havia de promulgar por sua própria boca, ensinando, com tão graves e temerosas experiências, aos reis que quando dissesse: "Eu vos digo", também falava com eles. E notem os que de presente reinam que com muito maior razão lho diz hoje Cristo do que o disse antigamente, porque aquele "Eu" ainda então não era o que hoje é. Era Deus, era supremo Legislador, era Rei dos Reis, mas ainda não era Rei que tivesse pedido perdão pelos que o crucificavam, nem Rei que tivesse tomado por título Rei dos que lhe tiraram a vida. Lendo Santo Agostinho no título da cruz: "Rei dos Judeus" (Jo 19,19), admira-se muito de que Cristo tomasse título de Rei dos judeus, sendo Rei de todo o mundo e de todas as nações dele. Nos quatro braços da mesma cruz se significava o domínio que tinha o Rei crucificado sobre as quatro partes do mundo; e nas letras hebraicas, gregas e latinas, que eram as mais universais, o senhorio e império de todas as nações. Pois, se Cristo era Rei de todo o mundo e de todos os homens, por que toma só por título o de Rei dos judeus? Porque, ainda que era Rei de todos, e morrera por todos, só os judeus foram aqueles que lhe tiraram a vida, e onde foi maior o amor dos inimigos, ali assentou melhor o título de Rei. Rei de todos, Redentor de todos, e o que perdoou os pecados de todos; mas dos judeus, de quem recebeu os maiores agravos, dos judeus que lhe tiveram o maior ódio, dos judeus que mais que todos foram seus inimigos, desses particularmente Rei: "Rei dos Judeus". Para que acabem de entender os que são e se chamam reis, que não só pelo preceito que lhes pus, senão pelo exemplo que lhes dei, e para perpetuarem os seus reinos, como eu eternizei o meu, todos, sem exceção, são obrigados ao amor dos inimigos, e todos a fazer bem aos que lhes tiverem ódio: "Amai os vossos inimigos e fazei bem aos que vos odiaram".

§ IV

Declarado *o* "Eu vos digo", e provado como também aos reis compreende o preceito de amar os inimigos, segue-se a declaração do "amai", e o modo com que os hão de amar, cuja prática, se for como se usa, não tem menos dificuldade nem menor perigo. Mas antes que cheguemos a este ponto, é necessário averiguar outro, e saber e distinguir quem são os inimigos dos reis. Perguntando um doutor da lei a Cristo, Senhor nosso, que havia de fazer para se salvar, respondeu o Senhor que amar a Deus sobre todas as coisas e ao próximo como a si mesmo, fazendo-lhe primeiro repetir o texto: "Amarás ao Senhor teu Deus de todo o teu coração, e ao teu próximo como a ti mesmo" (Lc 10,27). Porém o doutor, para se justificar, como diz S. Lucas: "Querendo justificar-se" (Lc 10,29), desta mesma resposta de Cristo levantou outra questão, dizendo: "E quem é o meu próximo?" (Lc 10,29). Bem está que seja eu obrigado a amar a meu próximo; mas esse meu próximo, quem é? O mesmo digo eu, ou me podem dizer e perguntar a mim. Bem provado está que os reis têm obrigação de amar a seus inimigos; mas esses inimigos dos reis, quem são? A resposta não é fácil, antes tal e de tão mau gosto que se eu a der, como devo, também pode granjear inimigos.

Começando pelos de mais longe, parece que os inimigos dos reis são os que lhes impugnam o reino, os que lhes sitiam as cidades, os que lhes infestam os mares, os que lhes roubam as conquistas, e os outros, que por qualquer modo lhes fazem guerra. Mas estes não são os de que mais propriamente fala Cristo. Os que nos fazem guerra — posto que a nossa língua equivocamente lhes dê o mesmo nome — não se chamam propriamente "inimigos", chamam-se "hostes". "Inimigos" são os inimigos por inimizade e ódio, como costumam ser os de dentro; "hostes" são os inimigos por hostilidade e por guerra, que só podem ser os estranhos e os de fora. Isto posto Tertuliano teve para si que nenhum cristão podia ser hoste: "Um cristão não é hoste de ninguém"[2]. E, persistindo coerentemente neste seu parecer, chegou a afirmar que nenhum rei podia ser cristão, nem algum homem, que fosse cristão, podia ser rei: "Poderiam os cristãos ser Cesares, ou os Cesares, cristãos?". E que fundamento teve ou podia ter este antiquíssimo autor, e de muito são e profundo juízo em outras matérias — ao qual S. Cipriano chamava o Mestre — para ensinar uma doutrina tão alheia do que hoje se pratica em toda a cristandade? O fundamento que teve foi o exemplo da humildade e paciência de Cristo, persuadindo-se que as armas do cristão não podia ser a espada, que o mesmo Senhor mandara embainhar a S. Pedro, senão a mansidão e a paciência. E como via, pelo contrário, que à obrigação e ofício dos reis e imperadores eram necessárias as armas e os exércitos para defender seus estados e vingar as injúrias que lhes fizessem ou intentassem fazer seus inimigos, esta mesma vingança dos inimigos julgou que os excluía da lei do Evangelho e os fazia incapazes de ser cristãos, definindo como por conclusão evidente que todo aquele que por este modo fizesse mal a seus inimigos, e por consequência os não amasse, se fosse rei, não podia ser cristão, e se quisesse ser cristão, havia de deixar de ser rei.

Este erro de Tertuliano — que ainda hoje seguem os hereges anabatistas — se refutou e desfez publicamente daí a cento e vinte anos, com a conversão e batismo do imperador Constantino Magno, que foi o primeiro príncipe cristão que houve no mundo, o qual, contudo, sendo convertido pelo mesmo São Pedro, nem por isso desistiu da guerra e empresas militares, armando, como dantes, exércitos, dando batalhas, alcançando vitórias, conquistando cidades e províncias. Nem daqui se segue que ele ou outro imperador e rei cristão pudesse ter ódio a seus inimigos e fazer-lhes mal, porque — como bem supunha Tertuliano nesta parte — seria obrar direitamente contra o preceito expresso de Cristo, que manda amar e fazer bem a todos e quaisquer inimigos: "Amai aos vossos inimigos, e fazei bem aos que vos odiaram".

Mas, se esses reis cristãos, na invasão das terras de seus inimigos, talam os campos, arrasam castelos, escalam cidades e derramam tanto sangue, matando homens a milhares, como podem fazer tudo isto e amar juntamente aos mesmos seus inimigos? Eu o direi, e respondo a uma pergunta com outra. Quando o legítimo juiz, segundo o merecimento dos autos, condena à morte e à confiscação de bens um réu, e manda executar nele a sentença, pode fazer isto sem ódio? É certo que não só sem ódio, senão amando muito ao mesmo homem, e não procedendo àquele rigor senão muito a seu pesar, e obrigado somente das leis da justiça, de que é ministro. Pois, do mesmo modo obra o rei cristão na guerra que faz a seus inimigos, porque naqueles casos ele e só ele é o legítimo juiz. Qual cuidais que é a maior dignidade e autoridade do rei? Porventura o domínio e superioridade suprema sobre tantas cidades e povos, de quantos se compõe um reino ou muitos reinos? Não. A maior autoridade e soberania dos reis é que nas controvérsias com outros príncipes estranhos eles sejam e Deus fiasse deles o serem juízes em causa própria. E como os reis são juízes, e juízes postos por Deus em seu lugar, assim como o juiz inferior pode sentenciar o réu a perdimento da vida e da fazenda, sem ódio, antes com amor, assim o rei, na guerra justa e julgada por sua própria autoridade, pode mandar matar e despojar seus inimigos, amando-os juntamente, e observando o preceito de os amar: "Amai os vossos inimigos".

Isto quanto à primeira parte do preceito está claro; mas quanto à segunda ainda parece dificultoso, porque Cristo não só manda que amemos aos inimigos, senão que lhes façamos bem: "E fazei bem aos que vos odiaram". Pois, se o rei cristão, com a guerra e hostilidades dela, faz a seus inimigos o maior mal desta vida, antes os dois maiores males, que é despojá-los dos bens que possuem e da mesma vida se resistirem, como pode estar com isto o não lhes fazer mal — que não basta — mas o fazer-lhes positivamente bem, que é o que manda o preceito: "Amai e fazei bem"? Também a esta pergunta respondo com outra dentro no mesmo exemplo. Quando o juiz, entre dois litigantes, condena o injusto possuidor, e o executa com violência, privando-o do que injustamente possuía, faz-lhe bem ou mal? Não há dúvida que lhe não faz mal, senão bem, e o maior de todos os bens. Por quê? Porque o obriga a restituir por força o que nunca havia de restituir por vontade, e por meio desta restituição, sem a qual se não podia salvar, o põe em estado de salvação. Tal é o bem e grandíssimo bem que os reis cristãos fazem aos outros príncipes seus inimigos, quando, por meio da guerra justa e poderosa, recuperam deles as terras, cidades ou reinos que eles ou seus maiores lhes tinham usurpado. Porque, obrigando-os por força a restituir o alheio, os desobrigam da restituição que nunca haviam de fazer de grado, sendo, nestes casos, mais venturosos os despojados e vencidos do que cuidam e festejam os vencedores. A espada antigamente era a insígnia do juiz, por onde disse São Paulo: "Porque não é sem razão que ele leva a espada" (Rm 13,4); e como os juízes inferiores não têm jurisdição nem alçada sobre os pleitos dos reis, o que eles não podem com a espada da justiça fazem os reis com a justiça da espada. É verdade que derramam sangue, e muito sangue; mas assim como o médico o tira sem querer mal nem fazer mal, assim o podem fazer os reis, não por ódio, senão com boa vontade, e não para matar o corpo mal afecto, senão para o descarregar do humor que o mata e o reduzir à saúde. Esta é a reta intenção com que deve proceder na guerra todo o rei justo, por duas razões. A primeira para obedecer ao preceito de Deus, que é o Senhor dos exércitos; a segunda, para o fazer propício a suas armas que, movidas por ódio ou vingança, nunca podem ter bom sucesso. Assim o entendeu e deixou escrito aquele tão grande rei como soldado, Davi: "Se causei mal ao meu amigo e poupei injustamente o meu adversário, que um inimigo me persiga e apanhe" (Sl 7,5).

§ V

Temos visto e distinguido quais são os inimigos que se chamam "hostes", e declarado em todo o rigor da Teologia como se podem amar e devem amar, ainda quando se lhes faz ou faça guerra — matéria muito própria do tempo presente, e não menos necessária a purificar a emulação nacional, que entre gente de pouca nobreza e entendimento passa talvez a ser ódio. — Agora, recolhendo-nos dos muros ou das raias a dentro, segue-se ver quais sejam os outros que propriamente se chamam "inimigos": "Amai os vossos inimigos". E, suposto que não falamos de inimigos em geral, senão dos inimigos dos reis, dentro dos limites da nossa questão, uma coisa entendo neste ponto, e outra parece que se não pode entender. Entendo que os inimigos dos reis, neste caso, não podem ser outros senão os vassalos; mas não entendo, nem sei como se pode entender nem imaginar — ao menos entre nós — que haja homem tão indigno e tão vil que mereça tão abominável nome. Se o primeiro e maior amor dos vassalos é o do seu rei; se os mortos suspiravam por este nome, e nele se sustentam os vivos; se, para o sustentar, defender e conservar, todo o outro amor já não é amor, desprezando-se a fazenda, o sangue, a vida, a mulher, os filhos, como pode ser que haja ainda, ou possa haver, não digo homens, senão monstros que sejam e se possam chamar inimigos dos reis? Eu não direi quais são, porque o não sei entender, como já disse; mas referirei e me referirei somente aos que os nomeiam, e são testemunhas todas legais, e a quem a opinião do mundo dá grande crédito.

Entre os políticos, Xenofonte, Tácito, Cassiodoro; entre os históricos, Tito Lívio, Suetônio, Quinto, Cúrcio; entre os filósofos, Sêneca, Plutarco, Severino Boécio; entre os Santos Padres, Jerônimo, Crisóstomo, Gregório, Agostinho, Bernardo — deixando os demais — todos, só com discrepância no encarecimento, dizem e ensinam concordemente que os inimigos dos reis, e os maiores inimigos, são os aduladores. E, suposto que sejam os aduladores, como logo se provará largamente, onde vivem, ou onde estão encastelados estes inimigos dos reis? É certo que não são os que lavram os campos, nem os que aram os mares, nem os que presidiam as torres, nem os que pleiteiam nos tribunais, nem os que comerciam nas praças, nem menos todos os outros que, com o trabalho de suas mãos, servem à república e só conhecem de palácio as paredes, e as adoram de fora. Logo, se não são os que somente as veem de fora, devem de ser sem dúvida os que as frequentam de dentro, verificando-se também dos reis o que Cristo pronunciou geralmente de todos os homens: "Os inimigos do homem serão os seus familiares" (Mt 10,36). Os domésticos, os familiares, os que só são admitidos a ouvir e ser ouvidos, estes são os aduladores, e por isso, os inimigos. Assim comenta o texto de Cristo S. Bernardino de Sena, declarando que a razão de serem inimigos os domésticos, é por serem aduladores, e que esta pensão ou desgraça é a mais perniciosa dos príncipes: "Nenhuma coisa pode ser mais perniciosa ao príncipe do que o inimigo doméstico, pois tais são os aduladores"[3].

S. Gregório Magno que, depois de grandes cargos políticos nas duas maiores cortes, de Roma e Constantinopla, foi cabeça suprema de toda a Igreja, e por si mesmo e seu juízo, ciência e experiência, uma das mais eminentes cabeças do mundo, não só diz que os aduladores secretos são públicos inimigos dos reis, mas dá por regra e cautela aos mesmos reis, que quando virem que são maiores os louvores com que forem adulados deles, tanto os reconheçam por maiores inimigos, e creiam que o são: "Tanto maiores devem ser considerados os hostes quanto adulam com mais louvores"[4]. E se isto não veem claramente todos os reis, é porque é tal o doce veneno da lisonja que, entrando pelos ouvidos, lhes cega também os olhos. Por isso S. Pedro Damião, tão prático e desenganado das cortes, que por fugir muito longe delas, renunciou à púrpura, a que compararia os aduladores de palácio? Comparou-os às andorinhas de Tobias, as quais, fazendo o ninho na sua casa, lhe pagaram a hospedagem com lhe tirar a vista. Tais — diz ele — são os aduladores: "Aqueles que ungem a cabeça de quem ouve com o óleo da adulação cegam os olhos interiores para que não gozem de uma luz verdadeira"[5]. Santo Agostinho, autor em toda a matéria primaz, com doutrina tirada da escolha de el-rei Davi ensina que há dois gêneros de inimigo: uns que perseguem, outros que adulam; mas que mais se há de temer a língua do adulador que as mãos do perseguidor: "Destes existem dois gêneros, os que perseguem e os que adulam, mas é a língua do adulador que mais persegue do que a mão do perseguidor"[6]. A mão do perseguidor arma-se com a espada, com a lança, com a seta, com o veneno, e com todos os outros instrumentos de ferir e matar que a fúria e violência do fogo acrescentou à dureza do ferro; e, contudo, diz o maior doutor da Igreja que mais se há de temer a língua desarmada do adulador que todas as armas do perseguidor e inimigo. Mas, porque dirão os palacianos — como dizem aos da nossa profissão — que falou Santo Agostinho como teólogo e como santo, e não como político, ponhamos-lhe de um lado a Pitágoras e do outro a Sócrates, que nem foram teólogos, nem santos, mas ambos famosíssimos mestres da república mais política, qual foi a de Atenas. Que diz Pitágoras? "Gosta antes dos que te argúem que dos que te adulam, e tem maior aversão aos aduladores que aos inimigos, porque são piores." — E Sócrates, que diz? "À benevolência dos aduladores dá-lhe logo as costas, e foge deles como de um infortúnio", por que te não suceda algum infortúnio dos que a adulação desses inimigos traz sempre consigo. — Creiam ao menos a Sócrates e a Pitágoras os que não quiserem dar crédito a Santo Agostinho.

Sinésio, aquele insigne varão que compôs os livros *De Regno* [*Sobre o Reino*][7] e, depois de governar prudentissimamente o mundo, com igual zelo e santidade governou e ilustrou a Igreja, escrevendo ao imperador Arcádio, o conselho que lhe dá sobre todos, exortando a que o observe com o primeiro e maior cuidado, é que não consinta junto a si aduladores, e se guarde e vigie deles, porque, por mais cercado que esteja de guardas o seu palácio, a adulação se sabe introduzir sutilissimamente sem ser sentida, e bastará ela só para primeiro o sujeitar e dominar a ele, e depois o despojar do império: "Somente a adulação, sem que os guardas percebam, penetra no mais íntimo do palácio, sem ser sentida, e depreda o império". Coisa dificultosa parece que, tendo Arcádio presidiado o seu império com as legiões romanas, e não havendo então inimigo estranho que com poderosos exércitos lhe fizesse guerra, houvesse de bastar poucos homens desarmados para, dentro em sua própria casa, destruírem o imperador e mais o império. Mas tão oculta e poderosa guerra é a que faz aos príncipes a adulação, e tão perniciosos inimigos mais que todos, são os aduladores. Ouçam os políticos o texto da sua Bíblia: "A adulação, mais do que as armas dos inimigos, é o mal perpétuo dos reis cuja grandeza muitas vezes destruiu". A adulação é aquele perpétuo mal ou achaque mortal dos reis, cuja grandeza, opulência e impérios muitas mais vezes destruiu a lisonja dos aduladores que as armas dos inimigos.

Comentando este texto de Cornélio Tácito[8] outro Cornélio de maior erudição, de melhor juízo e de mais largas experiências que ele, confirma a verdade do seu dito com a falta da verdade, de que só carecem os que são senhores de tudo, e com os exemplos de Nero, César e Roboão, todos desastradamente perdidos, não por inimigos de fora, mas pelos aduladores domésticos: "Na verdade, os reis têm em abundância todas as coisas no palácio, com exceção da verdade. O que é que fez a Nero, castissimamente educado, cruel? A adulação. O que é que fez César rebelar contra a pátria? A adulação. O que é que tornou Roboão tirano? A adulação"[9]. Nem a Roboão aproveitou ter por pai a Salomão, nem a Nero ter por mestre a Sêneca, nem a César ter-se esmerado nele a natureza em o dotar de uns espíritos tão generosos e verdadeiramente reais, para que a adulação de seus próprios familiares a um não corrompessem as virtudes, a outro não despojassem do reino, a outro não tirasse a vida, e a todos não destruísse tão infausta e miseravelmente, como todos sabem. Esta mesma conclusão inferiram sobre a lição de todas as histórias do mundo aqueles dois grandes historiadores, que em sentença de Lípsio, depois de Salústio e Lívio, merecem os dois seguintes lugares: entre os latinos Cúrcio, e entre os espanhóis Mariana. "O reino mais vezes costuma ser destruído pelos que são seus habitantes do que pelas armas dos inimigos"[10] — diz Cúrcio na história de Alexandre. — "Veja que a adulação mais do que as armas do hoste perde os reis e os príncipes"[11] — diz Mariana no Comentário de Oseias. — De sorte que tudo o que se sabe por vista ou por memória dos períodos e catástrofes dos reinos e dos fins mal-afortunados dos reis e causas deles, as menos vezes se deve atribuir aos inimigos de fora, que são os que só se temem, senão a quem? Aos lisonjeiros e aduladores de dentro, aos que têm as entradas francas e as chaves tão douradas como as línguas, aos que participam os segredos e arcanos da monarquia, e os que só são admitidos a dizer e a ser ouvidos; enfim, aos inimigos interiores e domésticos, que são os que mais se deveram temer.

§ VI

Antes, porém, que refira o que dizem os demais — pois somente sou relator neste ponto — para que se ouça com maior atenção e se dê inteiro crédito ao que eles disserem, é necessário sossegar primeiro um escrúpulo ou suspensão com que estou vendo que este nome de inimigo dos reis, ou se reputa por injusta censura, ou, quando menos, por demasiado encarecimento. Todas as pessoas que os reis admitem assistência mais interior de palácio, além das qualidades e talentos que os fazem dignos de tão soberana eleição, ninguém pode duvidar que o seu maior cuidado e desvelo é servir e agradar ao seu príncipe, e que eles são os que mais lhes desejam a vida e procuram a saúde; eles os que mais solicitam o bem, a conservação e aumento do reino; eles os que, de dia e de noite, sem descansar, mais se empregam e mais trabalham no que mais que tudo importa. E, posto que as suas palavras — como pede o respeito e reverência real — se pronunciem vestidas ou adornadas com algum daqueles enfeites que popularmente se chamam lisonjas, nem por isso desmerece o afeto de seus corações o nome de amigos, e verdadeiros amigos, com que vem a ser afronta, não só injusta e caluniosa, mas indigna de se dizer nem ouvir, que sujeitos tão ilustres e tão leais sejam chamados inimigos dos reis, e se lhes aplique no texto de Cristo a censura de "Vossos inimigos".

Tudo isto digo eu também, e geralmente assim é. Mas, porque nesta regra, como em todas, pode haver alguma exceção, ouçamos sobre ela o mesmo Legislador, que é o melhor intérprete das suas leis. E assim o mesmo Cristo que diz "Amai os vossos inimigos" será também o que nos declare estes inimigos quem são, e como são, e como não podem deixar de o ser. Diz Cristo: "Ninguém pode servir a dois senhores" (Mt 6,24). — E por quê? Porque, "se tiver amor a um, há de ter ódio ao outro". Suposta esta definição infalível da suma verdade, pergunto agora: e os que servem aos reis em palácio, a quantos senhores servem? Se alguns se não quiserem lisonjear também a si mesmos, é força que confessem que servem a dois senhores: ao senhor rei, e ao senhor interesse próprio. Logo, segue-se que, se amam a um, têm ódio a outro, e que se de um destes senhores são amigos, do outro são inimigos: "Se tiver amor a um, há de ter ódio ao outro". Notai que não diz Cristo: "Amará a um e não amará o outro", senão "terá ódio a um e ama o outro", porque se não pode servir e amar a um sem ser inimigo do outro. E, se em algum dos que servem ao rei se provasse que ama mais o seu interesse que o rei, provado estava que este tal é inimigo do rei.

O Papa chama-se "Servo dos servos", e creio eu que a muitos reis se pudera estender o mesmo título sem ofensa da Sé Apostólica. Por que há tantos que queiram servir de perto aos reis? Por que querem que também os reis os sirvam a eles? Não digo tanto. Servem aos reis porque lhes serve o servi-los. Arrima-se a hera à torre, não por amor da torre, senão por amor de si; não porque queira coroar a torre — que as coroas de hera não são as dos Reis — mas porque a hera não pode crescer sem arrimo, e ela quer crescer e subir. Por isso vemos tão subidos e tão crescidos os que talvez, antes de chegarem a este arrimo, mal se levantavam da terra. Pelo contrário, vemos também que muitos se retiraram do serviço do rei, porque lhe negaram ou dilataram a subida. Logo, ao senhor interesse é que serviam, e não ao rei. Sete anos de pastor servira Jacó a Labão, pai de Raquel, mas não servia a ele: servia a ela. E por que servia Jacó a Raquel, e não a Labão? Porque Raquel era a que amava. Porque amava a Raquel, por isso servia a Labão, e o amor não está no por isto, está no porquê. Porque amam o seu interesse, por isso servem ao rei. Indigna coisa, por certo, que seja o rei o Labão, quando o vil interesse é a Raquel. Mas ouçamos a outro melhor autor.

"A aranha apoia-se nas mãos e habita nos palácios dos reis" (Pr 30,28). A aranha — diz Salomão — não tem pés, e, sustentando-se sobre as mãos, mora nos palácios dos reis. — Bom fora que moraram nos palácios dos reis e tiveram neles grande lugar os que só têm mãos. Mas a aranha não tem pés, e tem pequena cabeça, e sabe muito bem o seu conto. Sobe-se mão ante mão a um canto dessas abóbadas douradas, e a primeira coisa que faz é desentranhar-se toda em finezas. Com estes fios tão finos, que ao princípio mal se divisam, lança suas linhas, arma seus teares, e toda a fábrica se vem a rematar em uma rede para pescar e comer. Tais são — diz o rei que mais soube — as aranhas de palácio. Quem vir ao princípio as finezas com que todos se desfazem e desentranham em zelo do serviço do príncipe, parece que o amor do mesmo príncipe é o que unicamente os trouxe ali; mas, depois que armaram os teares como tecedeiras e as redes como pescadores, logo se descobre que toda a teia, por mais fina que parecesse, era urdida e endereçada a pescar, e não a pescar moscas. E se não, veja-se o que todos pescam. As melhores comendas, os títulos, as presidências, os Senhorios, e talvez, diz o mesmo Salomão, que sendo a malha tão miúda, pescam o mesmo dono da casa. "O homem que fala ao seu amigo com palavras meigas e fingidas arma uma rede aos seus passos" (Pr 29,5). As palavras brandas do adulador são redes que ele arma para tomar nelas ao mesmo adulado. — E este é o artifício sem arte dos aduladores reais. Servem lisonjeiramente aos príncipes para os ganhar ou lhes ganhar a graça, e para se servirem da mesma graça para os fins que só pretendem de seus próprios interesses. E como, por declaração do mesmo legislador do nosso texto, ninguém pode servir a dois senhores sem amar a um e ser inimigo do outro, provado fica, sem réplica, e concluído, que quantos forem em palácio os amigos de seus interesses, tantos são os inimigos dos reis.

§ VII

E se eles disserem que são isto discursos, também eu folgara muito que não só foram discursos, senão muito mal fundados e muito falsos; mas no nosso mesmo texto o "fazer bem" é prova do "amar": "Amai e fazei o bem". Vejamos, pois, o bem ou mal que os aduladores fazem aos reis, e logo se verá claramente se os amam ou são seus inimigos. A maior fatalidade dos reis é nascerem todos em signo de ser louvados. Lançou Jacó a bênção a Judas, seu quarto filho, e as palavras por onde começou foram estas: "Judas, a ti louvarão teus irmãos" (Gn 49,8). Os irmãos eram onze, e muitos deles tiveram muito que louvar; pelo contrário, Judas não deixou de fazer muitas ações dignas de ser vituperadas. Pois, se nos outros houve também coisas merecedoras de louvor, e em Judas merecedoras de vitupério, por que se dá por bênção só a Judas que ele será o louvado, e que todos o louvarão: "A ti louvarão"? Porque Judas, como vimos ao princípio, ainda que era o filho quarto, foi o que levou o cetro e a coroa, e em quem se fundou o direito hereditário da casa e sucessão real; e é bênção ou fatalidade dos reis que tudo o que fizerem ou quiserem, ainda que não seja louvável, seja louvado: "Te louvarão". Se o rei, como Saul, tomar para si os despojos de Amalec consagrados a Deus, e os aplicar a usos profanos: "Te louvarão". Se o rei, como Davi, por uma simples informação suspeitosa, singular e sem nenhuma legalidade, privar do patrimônio a Mefiboset, e o der ao seu criado Siba: "Te louvarão". Se o rei, como Salomão, para edificar soberba e deliciosamente o bom ou mau retiro do Líbano, derrubar as casas dos poucos poderosos, e queimar as choupanas dos miseráveis: "Te louvarão". Se o rei, como Roboão, sobre o jugo pesadíssimo e intolerável de seu pai, acrescentar tributos sobre tributos, opressões sobre opressões e rigores sobre rigores, nadando todo o reino em rios de lágrimas: "Te louvarão". E quem são os panegiristas destes louvores? Não são os que padecem o dilúvio fora da arca, não são os que moram e morrem fora das paredes de palácio, senão os que vivem e reinam de portas a dentro. Estes são os aduladores, que louvam o que não deveram louvar, e aplaudem o que não deveram aplaudir, e ajudam o que deveram estorvar, atentos somente a não desgostar ou entristecer o agrado em que têm fundado seus interesses, sem atenção ao crédito e à fama, nem talvez à consciência dos mesmos reis, como verdadeiros inimigos: "Eles alegraram o rei com a sua malícia" (Os 7,3).

Eu bem creio do bom entendimento de alguns, que no mesmo tempo em que louvam e aplaudem com a boca, gemem e choram com o coração. Nem eles deixam de o confessar assim, onde não é perigoso o sigilo. Mas, como servem mais ao próprio interesse que ao rei, esta covarde dependência lhes equivoca a dor com a alegria e o coração com a língua. Caso verdadeiramente lamentável e trágico, mas já representado no teatro de Roma. Depois que o imperador Nero se esqueceu de si, e da temperança e compostura real em que fora criado, fez tão pouco caso da própria autoridade e decência que, entre os citaredos e estriões, saía no teatro público a competir com eles em todas as baixezas ridículas daquelas artes, próprias de gente vil e infame. A este espetáculo ou ludíbrio da maior fortuna assistiam todas as ordens, senatória, consular e equestre; assistiam os centuriões, os tribunos, e toda a flor das legiões romanas; assistiam principalmente todos os familiares do palácio imperial, e, entre eles, diz com grande ponderação Tácito: "Estava Afrânio Burro triste, e louvava".

Era Afrânio Burro homem de grave e maduro juízo, mestre ou aio que tinha sido, com Sêneca, do mesmo Nero. E, quando todos os outros faziam grandes aplausos às mudanças, saltos e gestos do imperador citaredo, como se foram outros tantos triunfos, só Afrânio estava triste, mas também louvava como os demais: "Estava Afrânio Burro triste, e louvava". Pois, homem ou animal — que te não quero chamar com o nome próprio, por não parecer que o faço apelativo — se conheces a indecência, a desautoridade e a afronta do teu príncipe, se estás engolindo as lágrimas e afogando os gemidos, por que ao menos não emudeces e calas, para que veja Nero na tua tristeza a tua dor, e leia no teu silêncio o teu voto? Mas no mesmo tempo em que estás chorando o que condenas, hás de louvar o que choras: "Estava Afrânio Burro triste, e louvava"? Sim, que tais são os aduladores de palácio, ainda os de maiores obrigações e de menos corrupto juízo.

Uns autores comparam estes aduladores ao camaleão que, não tendo cor certa nem própria, se reveste e pinta de todas as cores, quaisquer que sejam as do objeto vizinho. Outros os comparam à sombra, que não tem outra ação, figura ou movimento que a do corpo interposto à luz, do qual nunca se aparta, e sempre, e para qualquer parte o segue. Outros o comparam ao espelho, retrato natural e recíproco de quem nele se vê, porque, se lhe pondes os olhos, olha para vós; se rides, ri; se chorais, chora lágrimas, porém, sem dor, e riso sem alegria, que não fora o espelho adulador se assim não fora. Mas, como o camaleão, a sombra e o espelho tudo são assistentes mudos, a comparação de Santo Agostinho é a mais própria e semelhante de todas, porque os comparou ao eco: "É agradável e gostoso quando as florestas respondem aos nossos gritos, e recebidas as vozes retornam com uma mais numerosa repercussão. Eis o eco adulador". — O eco sempre repete o que diz a voz, nem sabe dizer outra coisa; e onde as concavidades são muitas, é cena verdadeiramente aprazível ver como os ecos se vão respondendo sucessivamente uns aos outros, e todos sem discrepância dizendo o mesmo. O que disse a primeira voz é o que todos uniformemente repetem. E isto que fez a natureza nos bosques, faz a adulação nos palácios, diz Agostinho. Diz o rei que quer fazer uma guerra; e, ainda que a empresa seja pouco provável, e o sucesso de perigosas consequências, que respondem os ecos? Guerra, guerra, guerra. Diz que quer fazer uma paz; e, ainda que a ocasião seja intempestiva, e os pactos e condições pouco decorosas, que respondem os ecos? Paz, paz, paz. Diz que quer enriquecer o erário, e para isso multiplica os tributos; e, ainda que os fins ou pretexto tenham mais de vaidade que de utilidade, que respondem os ecos? Tributos, tributos, tributos.

E para que eu também acrescente a minha comparação, são parecidos os aduladores àqueles quatro animais do Apocalipse, os quais cercavam o trono do Cordeiro dominador da terra, e tendo cada um deles quatro rostos e quatro línguas, nenhuma coisa diziam nem sabiam dizer, senão amém "E os quatro animais respondiam: Amém" (Ap 5,14). Pois, para isto assistem ao trono, para isto os tem junto a si o supremo Dominante? Para isto tanta diversidade de rostos e tanto aparato de línguas? Sim, para isto, e só para isto: para quando sair do trono a voz, eles dizerem os améns. E para que os améns digam com o rosto, e o rosto não desdiga do que eles dizem, por isso, sendo a voz uma só, os rostos são muitos, e tão vários quantos podem ser os afetos da majestade adulada. Se o rei está benigno e humano, para isso tem "rosto de homem". Se está colérico e irado, para isso tem "rosto de leão". Se está sobrelevado e altivo, para isto tem "rosto de águia". Se está melancólico e carregado, para isto tem "rosto de bezerro" (Ez 1,10). Enfim, muitos rostos e uma só voz, porque sempre a língua e os gestos estão aparelhados, ou na vontade, declarada para a aprovar, ou na inclinação só presumida para a prevenir.

§ VIII

A intenção reta dos príncipes não é esta, senão que cada um diga livremente o que entende, e aconselhem o que mais importa; mas, como o norte sempre fixo do adulador é o interesse e conveniência própria, nenhum há que se fie deste seguro real, e todos temem arriscar a graça onde tem posta a esperança. Dizia Sêneca — e dizia o que obrava — que "antes queria ofender com a verdade que agradar com a lisonja"[12]. Mas, quem era Sêneca? Era aquele grande estoico, em cuja estimação a maior riqueza era o desprezo de todas. Era tão opulento o seu patrimônio que só ele pudera fundar e enriquecer muitas casas, e tão grandes como as que hoje são titulares, e tudo renunciou Sêneca, e aplicou ao fisco real. E quem com a sua fazenda quer acrescentar os tesouros do rei, escolhe antes ofender com a verdade que agradar com a adulação. Porém, aqueles que com os tesouros do rei querem acrescentar a sua casa e enriquecer a sua pobreza ou a sua vaidade, que se pode crer ou esperar que façam? Que digam cinquenta lisonjas para granjear uma comenda, e que não se atrevam a dizer meia verdade por se não arriscar a perdê-la. Oh! reis! Oh! monarcas do mundo, que por esta causa, e só por esta, é digna de compaixão a vossa suprema fortuna!

O Salmo 50, *Miserere mei, Deus* [Tende piedade de mim, Deus] não só o fez Davi para lamentar a sua miséria como pecador senão também como rei. Esse foi o seu pensamento e o seu sentimento quando disse: "Eu, Senhor, só para vós pequei" (Sl 50,6). E por que só para vós, e não para os outros? Porque só vós me estranhastes o meu pecado, porque fui pecador, e nenhum dos outros mo estranhou, porque era rei. — O pecado de Davi só para Deus foi pecado, diz Esíquio em próprios termos: "Porque para todos os outros, como era rei, foi indulgência; e porque somente Deus enviou-lhe Natã para repreendê-lo de crime tão ímpio"[13]. Eis aqui de que serve aos reis o ser rei, e quão lisonjeiramente o servem os que o servem. Se alguma vez na antecâmara de Davi — onde ele o não ouvisse — se tocou no seu pecado, o que os palacianos discorriam era desta maneira. Que o amor de Bersabé fora um galanteio de príncipe soldado; que o casar-se com ela fora uma honrada restituição de sua fama; que o matar a Urias fora um conselho necessário, prudente e generoso, porque o fez morrer nobremente na guerra: prudente, porque pareceu acaso o que foi indústria; e necessário, porque o modo mais seguro de sepultar o agravo é meter debaixo da terra o agravado. Tão levemente se falava em palácio em um caso, mais que escandaloso, atroz, chamando ao adultério galanteio, ao homicídio necessidade e à aleivosia prudência. No capítulo oitavo do Segundo Livro dos Reis se nomeiam as pessoas de que constava a casa e família superior de Davi; e é coisa que excede todo o encarecimento da lisonja, que em tantos homens de tão grandes qualidades e suposições se não achasse nem um só que, ou por zelo da honra, ou por escrúpulo da consciência, ou por obrigação do ofício, ou por memória de benefícios e mercês recebidas, se atrevesse a acudir a um rei na sua desgraça, e lhe abrir os olhos com a verdade em tão perigosa cegueira (2Rs 8,16ss). Por isso ele, considerando o seu desamparo, e conhecendo o risco da própria salvação, orava e clamava a Deus dizendo: "Salvai-me, Senhor, porque já não há santo e entre os filhos dos homens já não se encontram verdades" (Sl 11,2). Salvai-me vós, Senhor, acudi-me e socorrei-me como Deus, porque entre os homens já não acho nem um só que tenha virtude e valor para me dizer a verdade.

Dois porquês aponta Davi nestas palavras, muito dignos de reparo: porque faltaram os santos: "porque já não há santos"; e porque faltaram homens que com inteireza lhe dissessem a verdade: "e entre os filhos dos homens já não se encontram verdades". "Os filhos dos homens", em frase da Escritura, significa os homens de ilustre geração, quais são os que assistem ao lado dos reis; e de lhes faltarem estes se lamenta Davi. Pois, por que faltaram os santos, por isso não há quem fale verdade aos reis? Sim: de um porquê se segue o outro porquê. Porque faltaram os santos, que são os que não querem nada deste mundo, essa é a razão por que Davi e os outros reis não têm quem lhes diga a verdade, estando cercados de tantos que os lisonjeiam e adulam. Até entre os gentios era verdadeira esta consequência. Entre os gentios também, por seu modo, havia santos, os quais eram os filósofos, principalmente estoicos e cínicos. Diógenes, filósofo cínico, queria tão pouco das coisas deste mundo, que nem uma choupana tinha em que viver, e morava dentro em uma cuba. Foi-o ver por maravilha Alexandre Magno, e, dizendo-lhe com sua natural magnificência que pedisse quanto quisesse, que responderia Diógenes? Peço-te que não tires o que me não podes dar. E disse isto porque era inverno, e Alexandre, com a sombra do corpo, lhe tirava o sol. Parece-vos que adularia aos reis um homem que tão pouco queria deles? Bem o mostrou em uma famosa resposta sua, que refere Valério Máximo. No tempo em que reinava Dionísio em Sicília, estava Diógenes à porta ou à boca da sua cuba, lavando umas ervas para comer, e disse-lhe um dos que passavam: "Se tu adularas a Dionísio, não comeras ervas. E ele respondeu: E se tu te contentaras com comer ervas, não adularas a Dionísio"[14]. Porque os reis se não servem de homens que se contentem com comer ervas, por isso estão comidos de aduladores, e cercados de inimigos: "Porque já não há santos". Para ser santo deste gênero não é necessário que faça milagres o que serve ao rei: basta ser homem que se contente com o seu pouco, e não aspire a ter mais do que tem, nem a ser mais do que é.

Mas, se há algum destes — que sim há — o primeiro cuidado dos quatro animais que estão "Ao redor do trono" e nele têm cercados ou sitiados os reis, o primeiro e maior cuidado dos aduladores é que Dionísio não ouça a Diógenes, antes se asseste contra ele toda a artilharia, para que não suceda romper as linhas da circunvalação, e, por força ou por vontade, se retire muito longe da corte. É texto e caso expresso da Escritura sagrada, não já em homem filósofo, senão profeta. El-rei Jeroboão, depois da divisão das coroas de Israel e Judá, tinha o seu palácio em Betel, e junto dele a mesquita que edificara aos dois bezerros de ouro, para divertir o povo de irem sacrificar ao templo de Jerusalém. Vivia na mesma cidade de Betel o profeta Amós, o qual dizia a Jeroboão algumas verdades das que Deus revelava acerca daquele reino e seu perigo. E, como os aduladores de Jeroboão se temessem da eficácia e energia de Amós, ao qual caluniavam com o rei, que totalmente lhe não tinha perdido o amor e reverência, um deles chamado Amasias, se foi ter com o profeta, e lhe disse em termos de amizade estas palavras: "Vidente, vai-te embora! Foge para Judá! Come por lá o teu pão e lá profetizarás. Mas em Betel, não te ponhas a profetizar! Porque é um santuário do rei, um templo do reino" (Am 7,12s). Quer dizer: Tu Amós, que vês os futuros, põe-te logo a caminho, e foge daqui, e vai-te para a tua pátria: lá comerás o teu pão e profetizarás; porém, aqui não te aconteça falar mais palavra, porque Betel é a casa e palácio do reino, a santificação do rei. — Reparai muito nesta última cláusula, que em moral e político sentido fecha admiravelmente todo o nosso discurso: "Porque é a casa e palácio do reino, a santificação do rei". De maneira que, exortando Amasias ao profeta Amós, ou cominando-lhe que se saia da corte e fuja dela, o motivo que alega para isso é que a casa e palácio real é a santificação do rei. E por quê? Não pudera melhor definir um adulador o que é palácio. É o palácio, na definição dos aduladores, a santificação do rei, porque ali são santificados os reis e todas as suas ações; e quanto o rei faz, ordena, deseja ou imagina, tudo é santo. Se Jeroboão se divide de Roboão, seu legítimo Senhor, ainda que seja rebelião: santo. Se proíbe ao povo que apareça no Templo de Jerusalém três vezes no ano, ainda que seja contra a lei expressa de Deus, santo. Se levanta altares aos bezerros de ouro, e os manda adorar, ainda que seja manifesta e pública idolatria: santo. — E por que tu, Amós — dizia Amasias — aconselhas outra coisa ao rei, contra o que todos seus criados lhe aprovamos, e não queres ajuntar a tua voz com as nossas, dizendo também conosco santo, santo, santo — não só não hás de entrar mais em palácio, mas sair logo da corte e de todo o reino: "Vidente, vai-te embora! Foge para Judá! Mas em Betel, não te ponhas a profetizar!

Tal é a sagacidade dos aduladores e sua potência. E tão tiranizadas andam entre eles as mesmas majestades aduladas, que não só lhes não dizem a verdade, nem querem que outros lha digam, mas afastam e lançam muito longe da corte a todos os que lha podem dizer. Não é isto manifesta tirania? Biantes, um dos sete sábios da Grécia, perguntado qual era o animal mais venenoso, respondeu que, dos bravos, o tirano, dos mansos, o adulador. Em chamar veneno à adulação acertou-lhe o nome; mas em distinguir o tirano do adulador não disse bem, porque todo o adulador é tirano. O maior tirano que houve no mundo foi Herodes; mas os seus aduladores ainda foram maiores tiranos, porque o rei foi tirano dos vassalos, e os aduladores foram tiranos do rei. O texto de Miqueias, que lhe explicaram acerca do nascimento do novo rei, fala expressamente de dois nascimentos do Messias, um temporal, como homem, e outro eterno, como Deus: o temporal, como homem: "Porque de ti sairá o chefe que há de reger o meu povo" (Mt 2,6); o eterno, como Deus: "E cujas origens remontam ao princípio, aos dias da eternidade" (Mq 5,2). E os aduladores, que fizeram? Calaram totalmente o segundo nascimento, e só fizeram menção do primeiro, com que, enganado Herodes, e supondo que o nascido em Belém era somente homem, e não Deus, entendeu que o podia matar, e assim deliberou a morte dos inocentes. Mas qual foi o motivo deste engano? O que os aduladores têm em todos os seus, que é o próprio interesse. Divinamente São João Crisóstomo: "Na verdade, o rei é adulado a fim de que os danos da verdade se tornem lucros do interesse humano"[15]. Sendo a matéria tão grave, e a mais grave que podia haver, pois envolvia a coroa e a salvação, não duvidaram, contudo, os aduladores de mentir e lisonjear ao rei, "para que os danos da verdade fossem lucros do interesse". Tão certa é a proposição do nosso assunto, e tão verdadeira e sólida a razão fundamental dele, que todos os que em palácio são amigos do seu interesse, são inimigos do rei: "Vossos inimigos".

§ IX

Suposto, pois, que os aduladores são inimigos dos reis, e os reis como todos os outros cristãos têm também obrigação de amar a seus inimigos e fazer-lhes bem, seguia-se agora exortar os príncipes a este amor e beneficência: "Amai os vossos inimigos, e fazei bem aos que vos odiaram". Mas este meu sermão hoje será a primeira oração evangélica que, contra todas as leis da retórica, acabará sem peroração. Se a cristandade de todos os príncipes católicos na observância deste preceito de Cristo é tão comum, geralmente, e tão notória, que sendo os aduladores de palácio os seus maiores inimigos, esses são os maiores validos, os mais favorecidos e os mais amados conforme o "amai", e esses os mais cheios de honras, mercês e benefícios, conforme o "fazei bem", nenhum lugar nos fica para a peroração do discurso, pois os mesmos exemplos deste amor e beneficência real excedem todos os limites da eficácia a que se podia estender a exortação. Assim víramos estimados, premiados e satisfeitos os que não servem à sombra de telhados de ouro nem ao calor de braseiros de prata, senão ao sol e ao frio, lidando com as ondas e com as balas.

Uma só invectiva me ocorria para poder acabar o sermão, mas essa contra el-rei Davi, estranhando-lhe e repreendendo muito o modo tão alheio desta caridade com que ele tratava aos aduladores seus inimigos. No Salmo sessenta e nove diz Davi estas palavras, ou as torna a repetir, porque já tinha dito as mesmas no Salmo trinta e nove: "Voltem atrás envergonhados os que me desejam males. Voltem logo confundidos os que me dizem: Bem, muito bem!" (Sl 69,4). Primeiro que tudo se deve advertir, em confirmação do que fica dito, que aqueles "que me dizem: Bem, muito bem!" são os mesmos "que me desejam males", porque adular é querer mal, e ser adulador é ser inimigo, e quantos são os "Bem, muito bem!" que vos dizem, tantos são os males que vos querem. E a estes aduladores, que Davi reconhecia por seus inimigos, que é o que lhes fazia ou resolvia fazer como rei? Quatro coisas. Primeira, que experimentassem a grande aversão que lhes tinha: "Voltem-se, voltem-se". Segunda, que logo saíssem de sua casa, e não aparecessem mais em sua presença: "Voltem-se logo". Terceira, que não fossem adiantados em nada, senão abatidos e atrasados: "Voltem atrás". Quarta e última, que pois se não envergonharam de ser aduladores, padecessem a vergonha de ser conhecidos publicamente e tratados como tais: "Voltem atrás envergonhados, voltem logo confundidos". — Isto é, Davi, o que vós fazíeis aos aduladores, vossos inimigos como rei; mas não é isto o que lhes devíeis fazer como profeta, que tão clara luz tivestes do Evangelho de Cristo. Pois, se Cristo vos manda que "ameis a vossos inimigos", como vós os aborreceis tanto que os não podeis ver, e os lançais de vossa casa e de vossa presença? E se Cristo vos manda que "façais bem aos que vos odiaram", como vós lhes fazeis tanto mal que os afrontais e envergonhais, não secretamente, mas com infâmia pública, que para homens que tiveram tantos postos é o maior vitupério?

Responde Davi, e a invectiva que eu fazia contra ele revolta ele contra mim. — E tu, pregador, és filósofo e teólogo, e ainda não sabes a definição do amor? "Amar é querer bem àquele a quem se ama." — E que maior bem posso eu querer a um adulador, que fazer que não continue em tão vil exercício? E que maior benefício pode esperar de mim um amigo do seu interesse e inimigo da verdade, que tirá-lo da ocasião de fazer traições à mesma verdade e a vender infamemente pelo interesse? Se eles, adulandome, são meus inimigos, maiores inimigos são de si mesmos; e eu quero que cessem deste ódio que se têm, tanto maior quanto menos conhecido. E se, adulando-me, podem fazer mal ao meu governo e à minha coroa, muito maior é o mal que se fazem às suas consciências e às suas almas; e eu quero que desistam deste grande mal contra seu gosto, pois o não hão de fazer por vontade. Se Assuero, depois que conheceu a cobiça e falso amor de Amã, o lançara de sua graça e de sua casa, não chegara ele a ser tão mofino, que viesse a morrer em um pau; e o que aquele rei não soube fazer a tempo a seus aduladores, faço eu logo aos meus, sem o dissimular, porque os amo e lhes desejo o verdadeiro bem, e quero observar neles o preceito de Cristo: "Amai os vossos inimigos e fazei bem aos que vos odiaram". — Deste modo rebateu Davi a minha invectiva, e, ajuntando eu ao exemplo que me alegou de Amã, o de Sejano em Roma, o de Olivato em França, o de Wolsey em Inglaterra, o de Alvaro de Luna em Espanha, e os da antiga e fresca memória no nosso Portugal, conheci a verdade sobre-humana da razão de Davi, e fiquei convencido dela.

Mas, porque eu em todo este sermão só professei e protestei referir, e não ajuizar, posto finalmente agora entre dois extremos tão contrários, como o de el-rei Davi e o dos outros reis, acabarei com o exemplo do primeiro fundador da nossa corte, o qual, entre um e outro extremo, tomou um tal meio de composição que, parece, satisfez a ambos. E que meio foi este? Ouvir os aduladores, mas não se mover por eles. S. Pedro Damião e outros santos comparam os aduladores às sereias, as quais com a suavidade das suas vozes de tal modo encantavam os navegantes, que voluntariamente se lançavam e precipitavam às ondas e se afogavam no mar em que elas viviam. Houve de passar por este mesmo mar que era junto a Sila e Caribdes — o fundador de Lisboa, Ulisses, e usando da sua ciência e sagacidade, que fez? Navegava em uma formosa galé da Grécia, e para que a chusma não faltasse à voga dos remos, nem a outra gente náutica à mareação das velas, e todos escapassem do encanto das sereias, tampou-lhes a todos os ouvidos, de tal sorte que as não ouvissem. Ele, porém, para que pudesse ouvir as vozes, deixou os ouvidos abertos, e para não padecer os efeitos do encanto nem se precipitar ao mar, como acontecia a todos, mandou-se atar ao mastro tão fortemente, que, ainda que quisesse, não se pudesse bulir nem mover. Esta é a história ou fábula engenhosamente fingida por Homero para ensinar que os varões sábios e constantes, como Ulisses, ainda que ouçam os aduladores e o contraponto doce das suas lisonjas, nem por isso se hão de deixar vencer de seus enganos e artifícios, mas persistir e continuar a derrota certa, sem mudar, deter nem torcer a carreira do bom governo. Assim o pudera fazer também quem tanto confiar ou presumir de sua constância, e não conhecer que isto mesmo, ainda somente dito, é fábula. Mas, se eu tivera autoridade para emendar a Homero, e confiança para aconselhar a Ulisses, não o havia de querer com os ouvidos abertos e as mãos atadas, senão com os ouvidos tapados e as mãos soltas. Porque, com os ouvidos tapados não daria entrada à adulação, e com as mãos soltas seriam todas as ações suas, e como suas verdadeiramente reais. Deste modo se conquista no mundo a fama imortal, e se assegura também no céu a glória eterna.

SERMÃO DE

Santa Teresa

No Colégio da Companhia de Jesus da Ilha de S. Miguel[1].

"Cinco dentre elas eram loucas,
e cinco prudentes."
(Mt 25,2)

Em sua viagem para Lisboa em busca de novas normas do rei sobre o Estatuto dos índios no Maranhão e no Grão-Pará, o navio de Vieira foi atacado por piratas holandeses que o saquearam e deixaram os passageiros na Ilha Graciosa; de lá passou Vieira à Ilha Terceira e à de São Miguel. O acaso o levou assim ao púlpito do colégio dos jesuítas, como Jonas fora vomitado às praias de Nínive. O evangelho do dia narra a parábola das virgens néscias e prudentes. Com os olhos nos céus, as prudentes parecem a Vieira néscias e as néscias com os olhos na terra parecem a Vieira prudentes, desta forma: 1) as prudentes, comparadas com Santa Teresa, foram néscias, isto é, dormiram quando tinham a obrigação de vigiar. Em matéria de salvação, as prudentes se contentaram com o que basta; cuidaram que, arriscando-se por socorrer as companheiras, corriam perigo, e não intercederam pelas companheiras; 2) as néscias, comparadas conosco, foram oito vezes prudentes: escolheram o estado de virgens; saíram a acompanhar o esposo e a esposa; no mesmo momento se levantaram; ornaram as suas lâmpadas; pediram às companheiras; tomaram conselho; foram comprar; vieram ainda que tarde; bateram à porta do céu. Concluindo: Deus é que vem ao nosso encontro e nós fugimos dele.

---

§ I

Quantas vezes os que pareceram acasos foram conselhos altíssimos da providência divina! Acaso parece que estava Cristo encostado sobre o poço de Sicar: e era conselho da providência divina, porque havia de chegar ali uma mulher — a Samaritana — que se havia de converter. Acaso parece que entrava Cristo pela cidade de Naim: e era conselho da providência divina, porque havia de sair dali um moço defunto, que havia de ressuscitar. Acaso parece que passeava Cristo pelas praias do Mar de Galileia, e era conselho da providência divina, porque havia de chamar dali a dois pescadores que, deixadas as redes e o mundo, o haviam de seguir. Parece-me, senhores, que me tenho explicado. Acaso, e bem acaso, aportei às praias desta ilha; acaso e bem acaso entrei pelas portas desta cidade; acaso e bem acaso me vejo hoje neste púlpito, que é verdadeiramente o poço de Sicar, onde se bebem as águas da verdadeira doutrina. E quem me disse a mim nem a vós se debaixo destes acasos se oculta algum grande conselho da providência divina? Quem nos disse se haverá nesta Naim algum mancebo morto no seu pecado, que por este meio haja de ressuscitar? Quem nos disse se haverá nesta Samaria alguma mulher de vida perdida, que por este meio se haja de converter? Quem nos disse se haverá nesta Galileia algum Pedro ou algum André, engolfados no mar deste mundo, que por este meio haja de deixar as redes e os enredos? Bem vejo que a força dos ventos e a violência das tempestades foi a que me trouxe a estas ilhas, ou me lançou e arremessou nelas. Mas quem pode tolher ao autor da graça e da natureza, que obre os efeitos de uma pelos instrumentos da outra, e que com os mesmos ventos e tempestades faça naufragar os remédios para socorrer os perigos? Obrigado da tempestade e do naufrágio chegou S. Paulo à Ilha de Malta, e do que ali então pregou o Apóstolo, tiveram princípio aquelas religiosas luzes com que hoje se alumia e se defende a Igreja. Bem conheço quão falto estou da eloquência, e muito mais do espírito de São Paulo; mas na ocasião e nas circunstâncias presentes, ninguém me pudera negar uma grande parte de pregador, que é chegar a esta ilha vomitado das ondas.

Uma das coisas mais admiráveis, ou a mais admirável de todas as que se leem em matéria de pregação, é o grande e universal fruto que fez a do profeta Jonas em Nínive. As maldades da cidade eram as mais enormes, o povo gentílico e sem fé, o pregador estrangeiro e não conhecido, o sermão brevíssimo, desarmado e seco, sem prova de razão nem de Escritura, e, contudo, que este sermão e este pregador convertesse o rei e a corte, e a populosíssima cidade a uma penitência tão geral, tão extraordinária, tão pública? Mas era Jonas um pregador vomitado pelas ondas. Pregava nele a tempestade, pregava nele a baleia, pregava nele o perigo, pregava nele o assombro, pregava nele a mesma morte, de que duas vezes escapara. Por certo que não foi tão grande a tempestade de Jonas como a em que eu e os companheiros nos vimos. O navio virado no meio do mar, e nós fora dele, pegados ao costado, chamando a gritos pela misericórdia de Deus e de sua Mãe. Não apareceu ali baleia que nos tragasse, mas apareceu — não menos prodigiosamente naquele ponto — um desses monstros marinhos[2] que andam infestando estes mares. Ele nos tragou, e nos vomitou depois em terra. Vomitado assim em terra Jonas, o tema que tomou foi: "Daqui a quarenta dias se há de soverter Nínive"

(Jn 3,4). — Em terra onde os terremotos são tão contínuos e tão horrendos; em terra onde os montes são vivos, e comem e se sustentam de suas próprias entranhas, e estão lançando de si os incêndios a rios; em terra onde o fogo é mais poderoso que o mesmo mar oceano, e levanta no meio dele ilhas e desfaz ilhas; em terra onde povoações inteiras em um momento se viram arruinadas e sovertidas, que tema mais a propósito que o de Jonas: "Daqui a quarenta dias Nínive se há de soverter?" Se Nínive se sovertesse, seria milagre e castigo; mas, se se sovertesse — o que Deus não permitirá — esta cidade, podia ser castigo sem milagre. Supostas todas estas circunstâncias, mui a propósito vinha o tema ao pregador e ao lugar; mas é o dia mui de festa para assunto tão triste e tão funesto.

Gloriosa Teresa, terra onde vós estais e onde a devoção dos moradores tanto vos venera, segura pode estar de ser sovertida. Convertida, sim; sovertida, não. Por meio de Jonas converteu Deus a Nínive, e era Jonas tão imperfeito naquele tempo, que desobedecia a Deus e fugia dele. Mas tanto pode a força da graça! Quando vós, santa, vivíeis na terra, o maior emprego de vossas orações era encomendar os pregadores a Deus, para que convertessem e levassem a ele muitas almas, como vós levastes tantas. Oh! quem merecera nesta hora um raio da vossa luz e um assopro do vosso espírito! Não é menor hoje a vossa caridade, nem menos poderosa a vossa valia. Intercedei, gloriosa virgem, com a Virgem e Mãe de vosso Esposo, para que me alcance do seu esta graça. Bem sabeis, santa, que graça é a que eu desejo: não aquela graça que faz soar bem as palavras nos ouvidos, não aquela graça que deleita e suspende os entendimentos, senão aquela graça que acende as vontades, aquela graça que abranda, que rende, que fere, que inflama os corações. Desta graça nos alcançai da Virgem Santíssima quanta ela vê que há mister a dureza de nossas almas e a frieza da minha. *Ave Maria.*

§ II

"Cinco dentre elas eram loucas, e cinco prudentes" (Mt 25,2).

Com os olhos no céu, com os olhos na terra e com os olhos no Evangelho determino pregar hoje, que é o modo com que nas festas dos santos se deve pregar sempre. Deve-se pregar com os olhos no céu, para que vejamos o que havemos de imitar nos santos; deve-se pregar com os olhos na terra, para que saibamos o que havemos de emendar em nós; e deve-se pregar com os olhos no Evangelho, para que o Evangelho, como luz do céu na terra, nos encaminhe ao que havemos de emendar na terra e ao que havemos de imitar no céu. O que hoje nos põe diante dos olhos o Evangelho são dez virgens, cinco néscias e cinco prudentes, e isto é o que dizem as palavras que propus: "Cinco dentre elas eram loucas, e cinco prudentes".

Mas quando olho — coisa notável! — quando olho para as virgens prudentes com os olhos no céu, e quando olho para as néscias com os olhos na terra, vejo-as com os apelidos trocados. As prudentes, vistas com os olhos no céu, parecem-me néscias; e as néscias, vistas com os olhos na terra, parecem-me prudentes. Isto é o que se me afigura hoje, e esta será a matéria do sermão: que as prudentes, vistas com os olhos no céu, foram néscias, e que as néscias, vistas com os olhos na terra, foram prudentes. Mais claro: que as virgens prudentes, comparadas com Santa Teresa, foram néscias: "Cinco dentre elas eram loucas"; e que as virgens néscias comparadas conosco, foram prudentes: "E cinco prudentes".

§ III

A primeira coisa em que as virgens prudentes, comparadas com Santa Teresa, foram néscias, é que as virgens prudentes dormiram quando tinham obrigação de vigiar, e Santa Teresa vigiou quando tinha segurança para dormir. A obrigação que todas as virgens tinham de vigiar, declarou Cristo no fim do Evangelho quando disse: "Vigiai, porque não sabeis o dia nem a hora" (Mt 25,13). — Mas, poderá alguém replicar, e não sem fundamento, que estas virgens, ainda que não sabiam a hora, ao menos sabiam o dia, porque foram convidadas para o dia das bodas. Contudo, é certo que não sabiam nem o dia nem a hora: não sabiam a hora em que havia de vir o Esposo, porque, havendo muito que esperavam, "veio à meia-noite" (Mt 25,6); e não sabiam o dia, porque quem veio à meia-noite, se viera um pouco antes, vinha em um dia, e se viera um pouco depois, vinha em outro. E como o Esposo veio ao ponto da meia-noite, em que um dia natural acaba e o outro começa, ainda depois de vir não se sabe em que dia veio. — Não se sabe se foi no dia dantes ou no dia de depois; nem se sabe se foi em ambos os dias ou em nenhum deles, porque o ponto da meia noite é instante, e aquele instante não é parte de nenhum dos dias, porque não é tempo. Sendo, pois, assim, que as virgens não sabiam o dia nem a hora, que contudo se descuidassem e adormecessem todas, néscias e prudentes: "Adormeceram todas e dormiram" (Mt 25,5), não há dúvida que foi grande fraqueza: nas néscias foi ser o que eram, nas prudentes foi serem néscias. No mesmo Evangelho o temos.

Diz o Evangelho que saíram as dez virgens a receber o Esposo, e que, tardando o Esposo, adormeceram todas. Mas notai: quando diz que saíram, faz distinção de umas a outras, e diz que umas eram néscias e outras prudentes: "Cinco dentre elas eram loucas e cinco prudentes". Quando, porém, diz que adormeceram e dormiram, não faz distinção alguma; de todas fala pela mesma linguagem: "Adormeceram todas e dormiram". Pois, se o Evangelho faz distinção de prudentes a néscias quando saíram, por que não faz a mesma distinção de prudentes a néscias quando dormiram? Porque quando saíram foram diferentes no cuidado, e quando dormiram foram iguais no descuido: quando saíram foram diferentes no cuidado, porque cinco levaram óleo nas redomas, e cinco não; quando dormiram foram iguais no descuido, porque umas cinco e outras cinco, nenhuma resistiu ao sono, todas dormiram. E como ao sair cinco foram cuidadosas e cinco descuidadas, por isso fala delas com distinção o evangelista, e a cinco chama néscias e a cinco prudentes; porém, ao dormir, como todas foram descuidadas, e nenhuma houve que vigiasse, por isso fala de todas sem distinção, porque não houve entre elas néscias e prudentes: todas foram néscias.

Todas as dez virgens foram néscias neste caso, se bem as prudentes menos néscias que as néscias; porque as néscias dormiram sem desculpa, as prudentes podiam dizer que quem está prevenido não dorme. Nas néscias tudo dormia, nas prudentes dormiam os olhos, mas vigiavam as redomas. Enfim, as virgens prudentes comparadas com as néscias, foram prudentes, porque tiveram mais prevenção; mas, comparadas com Santa Teresa, foram néscias. Por quê? Porque elas dormiram tendo obrigação de vigiar, pois não sabiam o dia nem a hora, e Santa Teresa vigiou tendo segurança para dormir, porque sabia o dia e a hora, e ainda mais.

§ IV

Um dos maiores favores que Santa Teresa recebeu de Deus, e em que excedeu a todos ou quase todos os santos, foram dois secretos que o mesmo Senhor lhe revelou, ocultos a todos os homens: o primeiro, quando havia de morrer; o segundo, que se havia de salvar. Alguns santos tiveram revelação de sua morte; Santa Teresa teve-a de sua morte e de sua predestinação. Por isso digo que Santa Teresa vigiou sabendo mais que o dia e mais que a hora: soube o dia e a hora, porque soube quando havia de morrer; e soube mais que o dia e mais que a hora, porque soube também que, morrendo, se havia de salvar. E que sobre estas duas ciências, sobre a ciência e certeza de quando havia de morrer, e sobre a ciência e certeza de que se havia de salvar, vigiasse, contudo, Santa Teresa sem adormecer nem se descuidar um momento, antes fazendo uma vida tão rigorosa e tão maravilhosa. Esta é a maior maravilha de toda a sua.

Todos os homens neste mundo vivemos com duas ignorâncias: a primeira da morte, a segunda da predestinação. Todos sabemos que havemos de morrer, mas ninguém sabe o quando. Todos sabemos que nos havemos de salvar ou condenar, mas ninguém sabe qual destas há de ser. E por que ordenou Deus que a morte fosse incerta e a predestinação duvidosa? Não pudera Deus fazer que soubéssemos todos quando havíamos de morrer, e se éramos ou não predestinados? Claro está que sim; mas ordenou com suma providência que estivéssemos sempre incertos e duvidosos da predestinação, para que a morte nos suspendesse sempre o temor com a incerteza, e a predestinação nos sustentasse a perseverança com a dúvida. Se os homens souberam quanto haviam de viver e quando haviam de morrer, que seria dos homens? Se eu, sabendo que posso morrer hoje, me atrevo a ofender a Deus hoje, quem soubesse que havia de viver quarenta anos, como não ofenderia confiadamente a Deus ao menos os trinta e nove? Por esta causa ordenou Deus que a morte fosse incerta, e pela mesma que a predestinação fosse duvidosa. Se os homens soubessem que eram precitos, como desesperados haviam-se de precipitar mais nas maldades; se soubessem que eram predestinados, como seguros haviam-se de descuidar na virtude; pois, para que os maus sejam menos maus e os bons perseverem em ser bons, nem os maus saibam que são precitos, nem os bons saibam que são predestinados. Não saibam os maus que são precitos, para que não se despenhem como desesperados, nem saibam os bons que são predestinados, para que se não descuidem como seguros. De maneira que estas duas ignorâncias, a ignorância da morte e a ignorância da predestinação, são as bases do temor da morte e do temor do inferno, e estes dois temores, as duas mais fortes colunas sobre que todo o edifício da vida cristã se sustenta, para que os homens não vivessem como néscios, mas obrassem como prudentes. Porém a Santa Teresa tratou-a Deus com tal exceção, e fez da lealdade do seu amor tão diferente confiança, que em lugar destas duas ignorâncias lhe deu as duas ciências contrárias: a ciência de quando havia de morrer e a ciência de que se havia de salvar, porque sabia que nem a ciência e certeza da hora da morte lhe havia de diminuir a vigilância, nem a ciência e segurança da salvação lhe havia de entibiar o cuidado. Saiba Teresa quando há de morrer, e saiba que se há de salvar, para que, obrando sobre estas duas ciências, saiba também o mundo quão fielmente me ama.

Tendo o evangelista São João escrito as ações da vida de Cristo, e passando a escrever as da sua morte e vésperas dela, diz assim: "Antes do dia da Páscoa, sabendo Jesus que era chegada a hora de sua morte" (Jo 23,1). "Como tivesse amado aos seus em todo o tempo da vida, neste fim os amou mais" (Ibid. 1). — Vai por diante o evangelista: "E sabendo mais que ia para o céu e para Deus, assim como de lá tinha vindo" (Ibid. 3) e: "Tirou o Senhor os vestidos e, pondo-se em trajos de servo, começou a lavar os pés aos discípulos" (Ibid. 4). — E assim vai continuando tudo o que o Senhor obrou naquelas horas últimas e tão cheias. De modo que, antes de São João descrever as últimas e maiores ações de Cristo, o reparo que fez e o prólogo de que usou foi advertir e ponderar que tudo fizera o Senhor com duas ciências particulares: com "ciência da hora de sua morte" — e com "ciência de que ia para o céu". — Mas, com que fundamento e com que energia pondera o evangelista neste passo que obrava Cristo com estas duas ciências? Para sabermos que Cristo, enquanto Deus e enquanto homem, tinha ciência de todas as coisas presentes e de todas as futuras, não era necessário que o evangelista no-lo advertisse. Pois, por que nota e pondera tanto neste passo que tinha Cristo ciência do dia e da hora da sua morte, e ciência de que ia e havia de ir ao céu? A razão foi porque Cristo, Senhor nosso, viveu com tanta cautela e vigilância em toda a sua vida como se não tivera conhecimento da hora de sua morte, e preparou-se com tantas diligências e tão grandes e heroicas obras para a morte como se não tivera conhecimento nem certeza de sua salvação. E que tendo Cristo ciência e certeza da salvação: "Sabendo que ia para Deus" — fizesse tantas diligências para a morte, e que tendo ciência e certeza do dia e da hora da morte: "Sabendo que chegara a sua hora" — se portasse com tanta cautela e vigilância na vida? Foram umas circunstâncias de virtude e exemplo tão relevantes estas, ainda na vida e na morte do mesmo Cristo, que quis ele que as advertisse e ponderasse o evangelista, e que nós reparássemos muito nelas: "Sabendo que era chegada a sua hora, amou-os até o fim: Sabendo que ia para Deus, depôs suas vestiduras" (Jo 13,1.3s).

Ah! prudentíssima virgem Teresa, que com este dobrado "sabendo", com estas mesmas duas ciências fizestes néscias as que o Evangelho canoniza de prudentes! "Vigiai, porque não sabeis o dia nem a hora" (Mt 25,3). Elas, não sabendo o dia nem a hora, dormiram; vós, sabendo mais que o dia e mais que a hora, vigiastes. As duas ciências que Cristo tinha por natureza e por graça tinha Santa Teresa por revelação. Sabia por revelacão o dia e a hora de sua morte: "Sabendo que chegara a sua hora"; sabia por revelação que se havia de salvar e gozar de Deus: "Sabendo que ia para Deus"; e vivia com tanta vigilância sobre suas ações como se o não soubera, antes receara muito o contrário. Sabia que lhe havia de durar ainda a vida muitos anos, e vivia com tanta cautela como se temera morrer naquele dia. Sabia que era predestinada e que se havia de salvar, e preparava-se com tão extraordinárias obras para a morte como se duvidara muito de sua salvação. Enfim obraram em Teresa estas duas ciências o que não chegam a obrar em nenhum homem aquelas duas ignorâncias, não tendo a esposa de Cristo outro paralelo das finezas de seu amor neste caso mais que as do próprio Esposo.

Se Cristo fora um homem como nós, e não soubera quanto lhe havia de durar a vida, nem se havia de ir ao céu depois da morte, que na vida fizesse o que fez, e antes da morte se dispusesse como se dispôs, menos admiração fora; mas que tendo os anos e dias da vida sabidos, e o céu certo e seguro, que desde o princípio da vida se dedicasse a tais extremos de pobreza, de humildade, de sujeição, de perseguições, de trabalhos, e que antes da morte — com maior e mais estupendo exemplo — dispa os vestidos, lave os pés aos discípulos, ore com tanta eficácia no Horto, emudeça as injúrias, sofra os açoites e espinhos, peça perdão pelos inimigos, e encomende sua alma nas mãos do Pai com vozes e com lágrimas? Grande circunstância, e de grande valor e admiração nas obras de Cristo!

Vede agora se será também grande nas de Teresa. Que comece Teresa desde menina, juntamente com o uso da razão o uso da penitência e das virtudes, e que, sabendo quando há de morrer e que lhe restam muitos anos de vida, não afrouxe um momento, antes acrescente rigores? Que comece Teresa a fazer por sua salvação mais que fizeram os maiores santos e que, sabendo de certo que é predestinada e que se há de salvar, se ponha a retratar suas ações na melhor e maior idade da vida pelas que Cristo obrou nas vésperas da morte? Que, tendo o céu seguro despisse os vestidos, não do mundo, mas da religião moderada, e descalçasse os pés e se vestisse das primitivas asperezas de Elias? Que, tendo o céu seguro, se retirasse totalmente do trato humano, e gastasse não uma, não duas e três horas, senão toda a vida em oração e união com Deus tão alta? Que, tendo o céu seguro, se disciplinasse com cadeias de ferro; e dos espinhos de que seu Esposo formou a coroa, tecesse ela cilícios? Que, tendo o céu seguro, não falasse nem respondesse uma palavra contra os que tão gravemente a infamaram e perseguiram? Que, tendo o céu seguro, não só perdoasse a seus inimigos, mas orasse eficazmente por eles a Deus e lhes alcançasse mercês? E que, tendo o céu seguro, chorasse os pecados que não tinha, como se fosse a maior pecadora?

Até aqui, Teresa, as imitações de vosso Esposo. Não sei se passe daqui, mas quero passar, pois ele quis que vós passásseis. Que tenha Teresa o céu seguro, e que quando mais a apertavam as dores terríveis de suas enfermidades, pedisse a Deus lhas dilatasse até o fim do mundo? Que tenha Teresa o céu seguro, e que viva com tanto escrúpulo e delicadeza de consciência, que não cometesse nem um pecado venial com advertência? Que tenha Teresa o céu seguro, e que diga a Deus: "Senhor, ou padecer ou morrer", estimando mais a vida com tormentos que a mesma glória a que havia de subir morrendo? Finalmente, que tenha Teresa o céu seguro, e que se vá livremente a padecer as penas do inferno em vida, porque as não havia de padecer depois da morte? Esta circunstância é, gloriosa Teresa, a que faz singulares vossas vitórias, ainda aquelas em que outros santos se pareceram convosco. Eles obraram, e vós obrastes; mas eles, como nós, incertos da morte; vós, como Cristo, com certeza da vida. Eles, como nós, com o céu duvidoso; vós, como Cristo, como céu seguro. Eles, como nós, entre o temor da morte e do inferno; vós, como Cristo, livre e superior a todos os temores.

§ V

Toda a santidade e toda a virtude deste mundo, bem considerada, é temor. A maior e mais qualificada façanha que neste mundo se fez por Deus foi a de Abraão. Leva

Abraão seu filho Isac ao monte, ata-o sobre a lenha do sacrifício, tira pela espada para lhe cortar a cabeça; manda-lhe Deus suspender o golpe, e diz estas palavras: "Agora conheço, Abraão, que temes a Deus" (Gn 22,12). — Que temes a Deus? Pois, como assim? Quando Abraão por amor de Deus sacrifica seu próprio filho, quando Abraão por amor de Deus corta as esperanças de sua casa, quando Abraão por amor de Deus mata a seu mesmo amor, parece que então havia de dizer Deus: Agora, Abraão, conheci que me amas; mas: agora conheci que me temes? Sim, porque, bem considerada aquela façanha de Abraão, e vista por dentro como Deus a via, teve mais de temor que de amor. Bem via Abraão que matar a Isac era matar-se a si mesmo; mas via também que se o não matava, desobedecia, que se desobedecia, ofendia a Deus, que se ofendia a Deus, condenava-se, e este temor de se não condenar o pai foi o que pôs a espada na garganta ao filho. Quando o pai e o filho iam caminhando para o sacrifício, diz o texto que "levava Abraão em uma mão a espada e na outra o fogo" (Gn 22,6). Oh! que bons dois espelhos para aquela ocasião! Na mão da espada ia a morte do filho; na mão do fogo ia o inferno do pai. Se obedeces, hás de matar; se desobedeces, hás de arder. O amor via-se ao espelho da espada, o temor via-se ao espelho do fogo. — É possível, pai, que hás de matar o teu filho único e amado? E que a vida e o sangue que lhe deste a hás de derramar com tuas próprias mãos? Não há de ser assim: viva Isac, e caia rendido o braço da espada. Mas, se não morrer Isac — replicava o temor — se Isac sacrificado se não abrasa neste fogo, há de ir Abraão, por desobediente, arder no do inferno. Ou arder Abraão, ou morrer Isac. Oh! que cruel dilema para um pai! Mas passar a espada pela garganta de Isac é um momento, instava o temor, e arder Abraão no inferno é uma eternidade: pois, padeça um instante o filho para que não pene eternamente o pai. Torne-se a levantar o braço da espada; e já ia descarregando resolutamente o golpe, mas acudiu Deus. E como toda esta resolução de tirar Abraão a vida a seu filho foi por temor de não ofender a Deus e se condenar, por isso Deus não disse: Agora conheci, Abraão, que me amas, senão, "agora conheci que me temes".

Tal foi o sacrifício celebradíssimo de Abraão, e tais são ordinariamente quase todos os sacrifícios dos homens, ainda os mais celebrados: chegadas aos olhos de Deus, as maiores finezas vêm a ser temor. Não assim os sacrifícios de Teresa. Como sabia de certo que era predestinada, como estava segura que se não havia de condenar, era santa sem temor de Deus. E que não temendo a Deus, ou não tendo que temer em Deus, fosse tão timorata que nem um pecado venial cometesse com advertência; e que não temendo a Deus, ou não tendo que temer em Deus, fosse tão temente a Deus que lhe pedisse muitas vezes antes o inferno que ofendê-lo? Este foi o subir mais alto da perfeição, este foi o adelgaçar mais fino do amor de Teresa.

Os outros grandes amadores de Deus amam a Deus com todos seus atributos: Santa Teresa amou a Deus com um atributo menos. Revelando Deus a Santa Teresa que era predestinada e que se havia de salvar, ficou Deus para com Teresa como se não tivera justiça, porque, suposto o decreto da predestinação, nem a justiça divina a havia de condenar, nem podia. E amar a Deus com o atributo da justiça menos é o mais a que podia chegar a fineza e fidalguia do amor. Por todos seus atributos deve Deus ser amado. Deve ser amado por sua onipotência, porque nos criou, e por sua bondade, porque nos remiu; deve ser amado por sua sabedoria, porque nos governa, e por sua providência, porque nos sustenta; deve ser amado por sua liberalidade, porque nos há de premiar, e por sua formosura, porque o havemos de ver. E com isto ser assim, por nenhum atributo é Deus mais amado que pelo da sua justiça. Se em Deus não houvera justiça, e se na outra vida não houvera inferno, que poucos haveria que amassem a Deus? Epicuro, aquele grande sectário da gentilidade, fez dois cânones notáveis na sua seita. O primeiro, que a bem-aventurança consistia nas delícias desta vida; o segundo, que em Deus não havia justiça. Ambos estes cânones foram errados, e ambos são heréticos. Mas, suposto o erro do primeiro, esteve posto com grande juízo o segundo. Pôs a bem-aventurança nas delícias deste mundo, e logo negou o atributo da justiça a Deus, porque mal podia ter por glória os gostos desta vida quem tivesse por fé que podia ser por eles condenado na outra. Daqui infiro eu que há cristãos mais que Epicuros. Que tenha por glória as delícias desta vida quem tem por fé que não há justiça que o condene na outra, erro é, mas erro com alguma desculpa; porém, que creia eu de fé que Deus tem justiça, e que me há de castigar e condenar na outra vida, e que, contudo, tenha por glória as delícias e os gostos desta? Vede se pode ter alguma desculpa tão grande cegueira e tão bárbara.

Ora, isto que Epicuro teve por fé, teve Teresa por privilégio. Epicuro[3] fingiu a Deus sem atributo de justiça, e Deus, revelando a Teresa que a não havia de condenar, pôs-se para com ela no mesmo estado, como se a não tivera. Mas que diferentes consequências foram as de Teresa? Epicuro, tanto que considerou a Deus sem justiça, teve por delícias e por glória ofender a Deus. E Teresa, tanto que viu a Deus sem justiça, então teve por glória só amá-lo e querer antes mil infernos que ofendê-lo. Oh! que grande documento se pode tirar daqui para amar e para temer a Deus! Quando quisermos temer a Deus, havemos de lhe tirar um atributo; e quando o quisermos amar, havemos-lhe de tirar outro: temer a Deus como se não tivera misericórdia, amar a Deus como se não tivera justiça. Assim amava Teresa, mas não temia assim, porque não tinha que temer. Para Teresa amar mais perfeitamente a Deus, e para Deus ser mais perfeitamente amado, Deus — digamo-lo assim — despiu-se de um atributo, e Teresa de uma virtude: Deus pôs de parte o atributo da justiça, Teresa pôs de parte a virtude do temor; e como Deus esteve com menos este atributo, e Teresa com menos esta virtude, nestes dois menos consistiu a perfeição de mais amar e de ser mais amado: em Deus a perfeição de ser mais amado, porque foi amado sem ser temido; em Teresa a perfeição de mais amar, porque amou sem temer. E que tendo Teresa tão longe de si as causas de temer, se vissem nela tão em seu ponto os efeitos do temor? O cuidado, a cautela, a vigilância; tão solícita, tão ansiosa, tão diligente; sem divertir, sem afrouxar, sem adormecer, por isso disse e torno a dizer que as prudentes do Evangelho, em sua comparação foram néscias: elas, tendo tanta obrigação de vigiar, dormiram: "Adormeceram todas e dormiram"; Teresa, tendo tanta segurança para dormir, sempre vigiou: "Vigiai, porque não sabeis o dia nem a hora".

§ VI

A segunda coisa em que as virgens prudentes, comparadas com Santa Teresa, foram néscias, é que as prudentes em matéria de salvação quiseram só o que basta, e Santa Teresa quis mais do que sobeja. Achando as virgens néscias que se lhes apagavam as alâmpadas, chegaram-se às prudentes a pedir que lhe quisessem dar o óleo que traziam prevenido: "Dai-nos de vosso azeite" (Mt 25,8). Responderam as prudentes que o fossem antes comprar, que podia suceder "que não bastasse para umas e mais para as outras" (Mt 25,9). Isto responderam as prudentes, e nisto digo eu que se mostraram néscias. Néscias? Antes parece que prudentes, e prudentíssimas. Se eu dissera que se mostraram avarentas, se eu dissera que se mostraram ruins amigas, se eu dissera que se mostraram cruéis, ou, quando menos, pouco piedosas, censura é esta que outros dão às prudentes neste caso. Mas néscias, quando em matéria tão importante não querem dar o que duvidam se lhes bastaria ou não bastaria? Sim, e por isso mesmo. Porque duvidaram se bastaria ou não bastaria, quando haviam de duvidar se sobejaria ou não sobejaria, porque em matéria de salvação, só o que sobeja é bastante: o que basta não basta. Bem vejo que haveis de ter esta minha proposição por paradoxa, e tomara eu muito que não fora tão verdadeira como é. Torno a dizer, cristãos, que, em matéria de salvação, só o que sobeja é bastante: o que basta não basta. Vá em todo o rigor da Teologia. É certo que ninguém se pode salvar sem auxílio de Deus; é certo que os auxílios de Deus uns são suficientes, outros eficazes; é certo que só com os auxílios suficientes, enquanto se lhes não ajunta a eficácia, ninguém se salvou nunca, nem se há de salvar. Argumento agora assim: os auxílios suficientes chamam-se suficientes porque bastam para um homem obrar bem, e se salvar. Pois, se são suficientes, se são bastantes, se bastam, como se não salva nem há de salvar ninguém com eles, enquanto somente tais? Por isso mesmo. Porque são somente bastantes, e em matéria de salvação o que basta não basta. Há de ser mais que bastante para bastar, porque só basta o que sobeja.

Nas obras é o mesmo que nos auxílios — que são as duas coisas da parte de Deus e da nossa, sem as quais não pode haver salvação. — E se não, respondei-me e dai-me a razão por que se perde e se condena tanto mundo, sendo tantos os que têm a verdadeira fé de Deus, e o conhecem e a professam? A razão é — e julgue-o cada um em si — porque na matéria da nossa salvação nos contentamos só com o que basta, e nesta matéria o que basta não é bastante. Para um homem se salvar basta morrer bem. E para morrer bem é necessário mais alguma coisa? É necessário viver bem. Logo, para um homem em matéria de salvação ter o que basta: é-lhe necessário muito mais do que basta, porque para se salvar é-lhe necessário morrer bem, que é muito, e para morrer bem é-lhe necessário viver bem, que é muito mais. Mas porque nós queremos o morrer bem sem o viver bem, porque queremos o que basta sem o que o faz bastar, por isso nos perdemos e nos condenamos. Desejamos os cristãos salvar-nos assim, nem mais nem menos como o desejava o profeta Balaão: "Oh! morra a minha alma" — dizia Balaão — "como morrem as dos justos" (Nm 23,10). — Cala, néscio, diz Santo Agostinho. Não hás de dizer: Morra a minha alma como a dos justos, senão: Viva a minha alma como as dos justos, porque a regra da morte é a vida. Quem vive bem, morre bem; quem vive mal, morre mal; e viver mal, como tu vives, e depois morrer bem, como tu queres, é impossível. Donde se segue que o morrer bem, que é o que basta para a salvação, não basta: basta, porque quem morre bem salva-se;

não basta, porque para morrer bem é necessário viver bem. Tudo temos na parábola do Evangelho.

Perderam-se as cinco virgens néscias, e ficaram fora das bodas porque lhes faltou o óleo. E por que lhes faltou? Porque o óleo que bastava não bastou. Ora, vede se está bem arguido. Quando à meia-noite se deu rebate às virgens que vinha o Esposo, acordaram todas e acharam as néscias que "as suas alâmpadas se iam apagando" (Mt 25,8); e iam-se apagando as alâmpadas porque estiveram ardendo até a meia-noite, enquanto elas dormiram. Pois, vinde cá, mulheres: assim vós, que de néscias tendes o nome, como vós que o tendes de prudentes, por que deixastes gastar o vosso óleo debalde tantas horas? Enquanto não vinha o Esposo, bastava que estivesse acesa uma alâmpada, donde depois se acendessem, as demais. Assim como nos olhos de uma sentinela vigia todo o exército, assim na brasa de um morrão estão acesas todas as armas. Isto mesmo me parece a mim que deviam fazer as virgens enquanto esperavam pelo Esposo, principalmente tendo elas sentinela ao largo, ou trazendo ele corredores diante, que foram os que bradaram: "Ouviu-se um grito: Eis aí vem o esposo" (Mt 25,6). Podiam ter uma alâmpada acesa e as nove apagadas, com que se poupava muito óleo. E quando o não fizessem as cinco que o tinham de sobejo nas redomas, deviam-no fazer as outras cinco que não tinham essa prevenção, porque depois ninguém lhes podia negar o fogo para acender as alâmpadas apagadas, assim como lhes negaram o óleo para prover as vazias. Pois, se por esta via se poupava o óleo e se escusavam todas as outras prevenções, por que o não fizeram assim nem as néscias nem as prudentes, antes tiveram as alâmpadas acesas toda a noite? Sabeis por quê? Porque o lume daquelas alâmpadas, como dizem todos os doutores, é a graça de Deus, e o óleo são as obras nossas, com que nos havemos de salvar; e as alâmpadas de nossa salvação, se não estão acesas antes de vir o Esposo, quando vem o Esposo não se podem acender. As alâmpadas do fogo material podem-se acender umas com o fogo das outras, e podem se acender naquele ponto, estando apagadas até então; porém, as alâmpadas da graça e da salvação não ardem com o fogo alheio, senão com o próprio; e se não estão e perseveram acesas de antes, não se podem acender depois. Cuidar alguém que há de ter a alâmpada apagada toda a noite, e que a há de acender quando vier o Esposo, cuidar alguém que há de estar em pecado toda a vida, e que se há de pôr em graça na hora da morte, é engano do demônio e injúria que se faz à justiça e à misericórdia de Deus. É verdade que para um homem se salvar basta que Deus o ache em graça na hora da morte; mas para estar em graça na hora da morte não basta buscá-la naquela hora; é necessário tê-la na vida. De maneira que para a salvação basta a graça da morte e sobeja a graça da vida; mas para a graça da morte, que basta, é necessário a da vida, que sobeja. O óleo que tinham as virgens, segundo a conta que nós lhes fazíamos e a que elas deviam de fazer, bem bastava; mas, porque somente bastava, não bastou. Era necessário que sobejasse para bastar, porque só no que sobeja se segura o que basta.

Desafiava o gigante Golias e afrontava arrogante os esquadrões de Israel, e querendo Davi sair ao desafio, vai-se ao rio, toma cinco pedras, deita quatro no surrão, mete uma na funda, faz tiro, e derruba o gigante. Pois, Davi, tirador famoso, se para derrubar o gigante basta uma pedra, para que levais cinco? Porque quis Davi segurar o tiro, e o que sobeja é o que segura o que basta. A pedra que se tirou derrubou o gigante; as que ficavam no surrão seguraram o tiro. Quem tem muitas balas segura o ponto, porque tira com confiança; quem não tem mais que uma bala, e nela leva ou a morte do inimigo ou a sua, treme-lhe o braço, porque tira com receio. Por isso Davi levou cinco pedras, para que o tiro, com quatro fiadores, fosse seguro. Donde eu infiro que mais se deve a vitória às quatro do surrão que à da funda, porque o sucesso não esteve no tiro, senão no acerto, e a da funda executou o golpe, as do surrão seguraram o braço. Uma pedra bastou, quatro sobejaram, e as quatro que sobejaram fizeram que bastasse uma. Assim que a pedra da funda, se bem se considera, era bastante e não era bastante: era bastante porque bastou, e não era bastante porque pudera não bastar. E como nas matérias de duvidosa execução não basta o que só basta, e só basta o que sobeja, por isso digo que as prudentes, na resposta que deram às néscias, foram também néscias, porque puseram a dúvida no bastar ou não bastar do óleo, quando a deveram pôr no sobejar ou não sobejar. Comparadas as prudentes com as néscias, foram prudentes porque as néscias não tiveram cuidado de que sobejasse o óleo, nem ainda de que bastasse; mas, comparadas com Santa Teresa, por mais que se chamem prudentes, foram néscias, porque elas, em matéria de salvação, contentaram-se com o que basta, e Teresa não se contentou nem com o que basta; nem com o que sobeja. Dai-me atenção.

§ VII

Para um homem se salvar basta não fazer pecado mortal, e se também não fizer pecado venial, sobeja; e Santa Teresa não se contentou com não cometer pecado mortal, que é o que basta, nem se contentou com não cometer pecado venial advertidamente, que é o que sobeja, senão que fez voto a Deus de em todas as suas ações buscar sempre o que fosse maior perfeição. Valentia de espírito e de resolução prodigiosa, e que de nenhum outro santo se lê semelhante. Mais. Para uma alma se salvar basta obedecer a Deus, e se se conformar em tudo com sua vontade, sobeja; e Teresa não só se contentou com obedecer, que é o que basta, nem só com se conformar, que é o que sobeja, senão que passou de conformidade a transformação, e se transformou de tal modo na vontade divina, que ela e Cristo viviam e amavam com um só coração. E em sinal disto lhe abriu um serafim o lado esquerdo com uma seta de fogo, e lhe tirou nas farpas dela o cadáver do coração que tivera e lhe ficara no peito sepultado. Mais. Para uma alma se salvar, basta tratar da salvação própria, e se tratar também da salvação e reformação das almas alheias, dentro dos limites de seu estado, sobeja; e Teresa não só se contentou com tratar da salvação própria tão exatamente, que é o que basta; nem com tratar da reformação e perfeição das almas alheias dentro de seu estado, que é o que sobeja; mas, excedendo os limites de mulher, passou a ser doutora da Igreja, e a escrever livros de perfeição, e a ensinar e alumiar o mundo em pontos de espírito e de contemplação altíssimos, a que nenhuma pena antes da sua tinha chegado. Mais. Para se salvar uma alma, basta sofrer os trabalhos com paciência, e se chegar a tanta perfeição que os sofra com alegria, sobeja; e Santa Teresa, sendo tantas as perseguições e trabalhos de sua vida, não só os sofria com paciência, que é o que basta, nem só com alegria, que é o que sobeja, senão que chegou a os receber e aceitar por prêmio dos serviços que fazia a Deus. E assim, dizia de si: "*Nunca hize a Dios algun servicio, que no me lo pagasse con algun trabajo*". Mais. Para uma alma se salvar basta amar aos inimigos, e se chegar a lhes fazer boas obras, sobeja; e Santa Teresa, tendo tantos inimigos e perseguidores, e ainda aqueles que por hábito e profissão o não deveram ser, não só os amava, que é o que basta, nem só lhes fazia bem, que é o que sobeja, senão que tomava sobre si os seus males, e se oferecia a fazer a penitência dos mesmos agravos que lhe faziam, sendo ela a que recebia a injúria e a que a pagava. Mais. Para uma alma se salvar, basta guardar a continência e se guardar, e se votar virgindade perpétua, não só basta, mas sobeja; e Santa Teresa, não só se contentou com ser continente, que é o que basta, nem só com ser virgem, que é o que sobeja; mas competindo em certo modo com a Mãe de Deus, passou a ser virgem e mãe juntamente. Digam-no tantos conventos de anjos humanos, uns com nome de mulheres, outros com nome de homens, que todos reconhecem a Santa Teresa por mãe. E para que esta maternidade de Teresa se parecesse em tudo com a da Virgem Maria, assim como Cristo teve duas gerações, uma eterna, em que nasceu de pai sem mãe, e outra temporal, em que nasceu de mãe sem pai, assim a regra e religião carmelitana regenerada teve duas gerações e dois nascimentos, um antiquíssimo, de pai sem mãe, quando nasceu de Elias, e outro moderno, de mãe sem pai, quando nasceu de Teresa. Finalmente, para uma alma se salvar basta guardar os mandamentos de Deus, e se guardar também os conselhos de Cristo, não só basta, mas sobeja; e Santa Teresa não só guardou os mandamentos de Deus, que é o que basta, nem só os conselhos, que é o que sobeja, mas fez muitas coisas que não caem debaixo de preceito nem de conselho. Chorar os pecados alheios e fazer penitência por eles, antepor o padecer por Deus ao ver a Deus, jejuar sete meses no ano, e passar muitas vezes muitos dias sem comer totalmente, querer estar no inferno até o dia do Juízo, só pela salvação de uma alma, isto não há preceito que o mande, nem conselho particular que o persuada, e isto fez Teresa. Assim se não contentava aquele eminentíssimo espírito, aquele imenso coração, aquela alma superior a tudo e maior que tudo, assim se não contentava com o que basta, assim se não contentava com o que sobeja, assim anelava sempre a mais e mais. Mas baste ao nosso discurso quanto tem corrido em seguimento deste glorioso não bastar, e descansemos um pouco na ponderação ou na vista dele.

Ungiu a Madalena os pés e a cabeça de Cristo, e disse o Senhor que aqueles unguentos, que admitia, eram a unção antecipada de seu corpo para quando o levassem à sepultura: "Ao derramar ela este bálsamo sobre o meu corpo, ungiu-me para a sepultura" (Mt 26,12). Morre Cristo na cruz, e diz o texto que veio José e Nicodemos, e que ungiram o sagrado corpo com cem libras de unguentos. E a esta segunda unção estava presente a Madalena, que fizera a primeira, e São João, que ouvira as palavras de Cristo e as refere (Jo 12,7s). Pois se o corpo de Cristo já estava ungido pela Madalena, e "ungido para a sepultura" — por que o tornam a ungir agora José e Nicodemos? Dir-me-eis que ungiram ao Senhor sobre estar ungido porque nas obras do serviço de Deus não nos havemos de contentar com o que basta, senão com o que sobeja. Aceito a resposta. Mas ainda tem outra maior instância. Ungido Cristo, levam-no à sepultura, passa o sábado, em que não era lícito comprar nem vender, amanhece o domingo, e ainda não era bem descoberta a manhã, quando partem as Marias a comprar unguentos, e vêm com eles para ungirem outra vez ao Senhor: "E compraram perfumes para irem ungi-lo" (Mc 16,1). Há tal teimar a ungir como este? Não está o corpo de Cristo ungido pela Madalena, não está ungido por José e por Nicodemos? Pois, se já está ungido uma vez e outra vez, por que vêm as Marias a ungi-lo ainda? Porque o amor acredita-se no supérfluo: quem ama pouco contenta-se com o que basta; quem ama muito contenta-se com o que sobeja; e quem ama mais que muito, nem com o que basta, nem com o que sobeja se contenta: ainda sobe mais acima, ainda passa mais adiante. Os unguentos da Madalena bastavam, os unguentos de José e Nicodemos sobejavam, os unguentos das Marias ficaram superiores a todos, porque foram sobre os que bastavam e sobre os que sobejavam. Isto fizeram aquelas santas mulheres, criadas na escola e na familiaridade de Cristo; e isto fez a nossa Santa Teresa, criada na mesma escola e na mesma familiaridade. Por esta ação mereceram as Marias ver os anjos e ver a Cristo ressuscitado primeiro que os apóstolos. E ao merecimento destas ações se devem atribuir as grandes e extraordinárias visões com que Deus favoreceu e honrou a Santa Teresa, quase sobre todos os santos. As visões das Marias meteram medo aos apóstolos e discípulos, que era o pequeno rebanho de que então contava a Igreja: "Mulheres que estavam conosco nos meteram medo" (Lc 24,22). E as visões de Santa Teresa puseram em medo e cuidado a mesma Igreja de Deus na sua maior grandeza, que por isso foram tão examinadas e tão duvidadas, até que se aprovaram de todo. Mas as Marias viram uma só vez os anjos; Santa Teresa viu anjos muitas vezes. As Marias viram só duas vezes a Cristo, uma no dia da Ressurreição, outra no dia da Ascensão; Santa Teresa via a Cristo em diferentes figuras, já de glorioso, já de passível, quase todos os dias. Das Marias não sabemos que tivessem visões da divindade, e de Santa Teresa lemos em sua vida que viu como as criaturas estão eminentemente em Deus; que viu como se distinguem as três pessoas divinas, sendo uma só essência; que viu como está o Filho no peito do Pai, e outros segredos da divindade altíssimos que cá se creem e não se entendem, e só se hão de ver e entender na Pátria. De sorte que, parece, andava Deus em amorosa emulação e liberal competência com Teresa: ela em servir e amar, e Deus em pagar e se comunicar; ela não se contentando com o que basta, nem se satisfazendo com o que sobeja, e Deus excedendo sem nenhum limite o supérfluo naquilo que de nenhum modo é necessário. Visões, revelações, êxtases, raptos, não são necessários nem para a salvação nem para a perfeição. E nestas amorosas e divinas superfluidades pagava Deus a Teresa o não se contentar seu espírito com o necessário, nem ainda com o supérfluo; o não se contentar com o que basta, nem ainda com o que sobeja.

Assim pagava Deus a Teresa, mas eu não me pago tanto de ver como Deus paga quanto de ver como os santos servem. E o que muito noto naquelas grandes ações do espírito de Santa Teresa é que, bem consideradas elas, o seu servir a Deus foi pagar a Deus. Notai. Para Deus remir suficientemente o mundo, bastava querer; para o remir por modo mais alto, bastava encarnar; mas andou Deus tão fino conosco na Redenção que não se contentou de remir só com o querer, que bastava; nem de remir só com o encarnar, que sobejava; senão passou excessivamente muito avante, e quis remir morrendo e padecendo. Esta fineza fez Deus pelos homens, e esta lhe estivemos devendo, até que Teresa nos desempenhou e pagou por nós. Deus com a redenção pagou nossos pecados, e Teresa com os seus extremos pagou a nossa redenção. Porque só Deus no remir os homens se não contentou com o que bastava nem com o que sobejava; Teresa no servir a Deus não se contenta com o que basta nem com o que sobeja. Oh! como se parecem nos passos a esposa e o Esposo! Ainda que Teresa fora das virgens que hoje foram comprar o óleo, eu fio que se encontrara com ele. Diz o texto: "Que indo as virgens, veio o Esposo" (Mt 25,10). Pois, se elas iam e o Esposo vinha, por que se não encontraram? Porque iam por diferente caminho. Não assim a nossa Teresa: caminha tanto pelo mesmo caminho e pelos mesmos passos do Esposo, que porque ele se não contentou com o que bastava nem com o que sobejava em nos amar, também ela se não contenta com o que basta nem com o que sobeja em o servir. Vede agora, em comparação deste saber, se foram néscias as virgens prudentes? Ela não se contenta nem ainda com o que sobeja, e elas punham em dúvida só se bastaria: "Para que não suceda talvez faltar-nos ele a nós e a vós" (Mt 25,9).

§ VIII

A terceira coisa em que as virgens prudentes comparadas com Santa Teresa foram néscias é que as prudentes cuidaram que, arriscando-se por socorrer as companheiras, corriam perigo, e Santa Teresa entendeu que tudo o que se arrisca pela caridade, quando mais se arrisca, então está mais seguro. Bem quiseram as virgens prudentes socorrer e suprir a falta das companheiras, quando não por companheiras e por amigas, ao menos por autoridade e majestade da festa, e pelo que a elas mesmas lhes tocava; porque, sem as outras cinco, diminuíam-se muito as luzes, descompunham-se as parelhas e ficava desairoso o acompanhamento. Contudo, por se não arriscarem a ficar fora das bodas, quiseram antes entrar sós que porem-se a perigo de não entrar: "Para que não suceda talvez faltar-nos". Aquele "não suceda talvez" foi o ponto em que tocou o fraco a sua prudência. Imaginaram que arriscando-se pela caridade podiam correr perigo, e foi errado pensamento, porque ninguém melhor se assegura a si e a suas coisas que quem pela caridade as arrisca e se arrisca. Ouvi o maior caso que se lê em todas as Histórias Sagradas e humanas.

Sitiada pelo exército de Holofernes a cidade de Betúlia, tomados e quebrados os canais, e divertidas as fontes de que bebiam, estavam já desmaiados todos e determinados a se entregar ao inimigo, por não perecer a sede, quando Judite, não podendo sofrer a entrega e cativeiro da sua pátria, se deliberou ao mais raro pensamento que pudera caber em um homem atrevido e denodado, quanto mais em uma mulher, e santa. Despe o cilício de que estava toda coberta, enxuga os olhos das lágrimas com que orava ao céu, manda vir cheiros, joias, galas, espelhos; veste, compõe, enriquece, esmalta os cabelos, a garganta, o peito, as mãos, os braços e até os pés, não de todo cobertos — que assim o nota a Escritura — e feita Judite um tesouro da cobiça, um pasmo da formosura, e mil laços do apetite, sai confiada pelas portas da cidade, salta o fosso, passa as sentinelas, entra pelo exército inimigo, e vai direita à mesma tenda de Holofernes. Bravas ações de mulher, mas mais bravos ainda os pensamentos! Os seus intentos eram — como refere a mesma Judite no texto — que Holofernes com seus próprios olhos se cativasse de sua formosura, e que ela com palavras discretas e amorosas o prendesse mais; para que assim preso e cativo, lhe metesse a ocasião os cabelos do tirano em uma mão e a espada na outra, com que lhe cortasse a vida. Valentes intentos, Judite, mas arriscados muito. Reparai, senhora, como mulher, reparai como nobre, e reparai também, e muito mais, como santa. Se como mulher mais que mulher não reparais nos riscos da vida entre esquadrões armados de bárbaros, como nobre por que não reparais na opinião, e como santa por que não reparais na honestidade? Os mesmos laços que armais a Holofernes, como podeis vós escapar deles? As prisões, quando prendem, também se prendem. Antes parece que Judite primeiro se prendeu a si do que a Holofernes, e que antes de Holofernes cair, já Judite estava caída. Porque a obrigação e pureza da lei de Deus não só proíbe o pecado, senão o perigo; e quem se deliberou a perigar já caiu, porque se expôs a cair. "Quem ama o perigo, nele perecerá" (Eclo 3,27), diz a mesma lei divina. Pois, se Judite era tão santa e tão observante da lei de Deus, como põe a tão manifesto risco a sua honestidade, e com ela a consciência? Que arrisque a vida, seja valor; que arrisque também o crédito, seja excesso de amor da pátria; mas a honestidade e a consciência, que por nenhum preço se há de arriscar, nem pela vida, nem pela honra, nem pela liberdade, nem por uma cidade, nem por um reino, nem por todo o mundo, que a arriscasse Judite, e que a arriscasse sendo santa? Sim e não. Sim, porque tudo isso arriscou Judite pela caridade; e não, porque tudo o que se arrisca pela caridade então se segura mais. Arriscou a vida, arriscou a opinião, arriscou a honestidade, mas segurou a honestidade; segurou a opinião e segurou a vida, porque tudo arriscou pela caridade e por livrar sua pátria de cativeiro. E como Judite sabia que Deus é o assegurador dos riscos que se empreendem por seu amor e dos próximos, por isso, fiada no seguro de Deus, não incorreu no crime dos que se põem a perigo, porque quem arrisca com seguro não corre risco. Nem o texto da lei divina, se bem se pondera, quer dizer outra coisa. Notai: "Quem ama o perigo, nele perecerá" quem ama o perigo perecerá nele. — Uma coisa é entrar no perigo amando o perigo, outra coisa é entrar no perigo amando a Deus: quem entra no perigo por amor do perigo perece nele, porque o mesmo perigo, a quem ama e por quem se arrisca, o perde; mas quem entra no perigo por amor de Deus não perece nem pode perecer, porque o mesmo Deus, a quem ama e por quem se arrisca, o guarda. Se vós entrais no perigo por amor da cobiça, quem vos há de guardar? A cobiça? Se vós entrais no perigo por amor da soberba, quem vos há de guardar? A soberba? Se vós entrais no perigo por amor do amor, quem vos há de guardar? O amor profano e cego? Entrai vós nos perigos por amor de Deus e do próximo, e vereis como Deus vos livra e vos segura neles.

Ah! Senhor, bendita seja e infinitamente bendita vossa bondade! Falta-nos neste passo o exemplo do Evangelho, porque faltaram as virgens prudentes no conhecimento desta verdade e no exercício desta confiança. Mas a prova que não temos no Evangelho, temo-la no pregador. Mui ingrato seria eu, e serei a Deus, se assim o não confessara e assim o não confessar toda a vida e toda a eternidade. A quem aconteceu jamais depois de virado o navio e depois de estarem todos fora dele sobre o costado, ficar assim parado e imóvel por espaço de um quarto de hora, sem a fúria dos ventos descompor, sem o ímpeto das ondas o soçobrar, sem o peso da carga e da água, de que estava até o meio alagado, o levar a pique, e depois dar outra volta para a parte contrária, e pôr-se outra vez direito, e admitir dentro em si os que se tinham tirado fora? Testemunhas são os anjos do céu, cujo auxílio invoquei naquela hora, e não o de todos, senão daqueles somente que têm à sua conta as almas da gentilidade do Maranhão. — Anjos da guarda das almas do Maranhão, lembrai-vos que vai este navio buscar o remédio e salvação delas. Fazei agora o que podeis e deveis, não a nós, que o não merecemos, mas àquelas tão desamparadas almas que tendes a vosso cargo. Olhai que aqui se perdem também conosco. — Assim o disse a vozes altas, que ouviram todos os presentes, e supriu o merecimento da causa a indignidade do orador. Obraram os anjos, porque ouviu Deus a oração. E não podia Deus deixar de a ouvir, porque orava nela o mesmo perigo. Sabe o mesmo Senhor que por nenhum interesse do mundo, depois de eu o ter tão conhecido e tão deixado, me tornara a meter no mar, senão pela salvação daqueles pobres tesouros, cada um dos quais vale mais que infinitos mundos. E como o perigo era tomado por amor de Deus e dos próximos, como podia faltar a segurança no mesmo perigo? O mesmo perigo nos livrou, ou se livrou a si mesmo. Os perigos da caridade são riscos seguros, e nos riscos seguros não pode haver perigo. — Assim que, Senhor, mudo o estilo, e não vos dou já as graças por me livrardes do perigo, senão por me meterdes nele. Quando por tal causa me metestes no perigo, então me livrastes. Grandes são os perigos que ainda me restam e me ameaçam neste tão temeroso golfo, e mais em inferno tão verde e em ano tão tormentoso! Mas, como há de temer os perigos quem neles leva a mesma salvação que vai buscar por meio deles?

Quem cuidais que tirou do perigo a Jonas e quem cuidais que o meteu no perigo? O não querer ir buscar a salvação dos próximos o meteu no perigo, e o meter-se no perigo pela salvação dos próximos o tirou dele. Mandou Deus a Jonas que fosse pregar aos gentios de Nínive; não quis Jonas, e para fugir da missão, e ainda do mesmo Deus que lha encomendava, embarca-se de Jope para Társis. E que lhe sucedeu a Jonas nesta viagem ou nesta fugida? O que lhe sucedeu foi que, indo todos os navios com vento a popa e mar bonança, só contra o de Jonas se levantou uma tempestade tão terrível, que não bastando amainar velas e calar mastos, não bastando alijar ao mar a carga, não bastando tudo o mais que sabe e pode a arte em semelhantes trabalhos, deixado já o leme e o navio à mercê dos mares e dos ventos, e desconfiados até do socorro do céu, o piloto e marinheiros, que eram gentios, desceram ao porão onde vinha Jonas a pedir-lhe que fizesse oração ao seu Deus, pois os seus deuses não lhes valiam. Tal era a tempestade, tal o perigo, tal a desesperação de todos. E bem, profeta Jonas, e vós não quereis ir pregar e salvar as almas dos gentios a que Deus vos manda, pois quando cuidáveis que fugíeis do trabalho, incorrereis no maior perigo e perecereis onde vós quisestes, porque não quisestes salvar os próximos onde Deus queria. De maneira que o não querer ir buscar a salvação dos próximos foi o que meteu no perigo a Jonas. E que fez Jonas para sair daquele perigo? Notável caso! Para Jonas sair daquele perigo, mete-se noutro perigo maior pela salvação dos próximos. E este segundo perigo o salvou e livrou do primeiro. Ora vede.

Subido Jonas ao convés do navio, reconheceu que ele era a causa da tempestade, e para que os demais se salvassem e ele só perecesse, pediu que o lançassem ao mar. De sorte que aquele mesmo Jonas, que pouco há se embarcou neste navio por não ir salvar os gentios de Nínive, esse mesmo pede agora que o lancem do navio ao mar para que se salvem os gentios do navio. Fazem-no assim por último remédio os marinheiros, vai Jonas ao mar, traga-o uma baleia, mergulha para o fundo o monstro, somem-se e desaparecem ambos. Pode haver maior perigo? Pode-se imaginar maior? Não pode. No mar podia-o salvar ou entreter uma tábua; no ventre da baleia a morte e a sepultura tudo foi junto. Mas Jonas não se arrojou a este perigo por salvar os mareantes do seu navio, próximos, ainda que gentios? Sim. Pois, tende mão, que ainda não desconfio de sua vida. Perigo tomado pela salvação dos próximos não pode ser perigo em que se perigue. Arrojado do navio, e naufragante, sim; tragado e engolido do monstro marinho, sim; metido no profundo do mar e sepultado nos mais escuros abismos, sim; mas afogado, mas morto, mas digerido ou mastigado da baleia quem se lançou ao mar pela salvação dos próximos, não pode ser. Torno a dizer que não pode ser, e já o vejo. Olhai para as praias de Nínive. Passados três dias e três noites, aparece ao romper da alva diante do porto de Nínive uma galé de forma nunca vista à vela e só com dois remos. A vela era a nuvem de água que respirava a baleia, e umas vezes parece que subia, outras que se animava; os remos eram as duas grandes barbatanas com que, batendo a compasso, ia vogando. Abica à praia o desconhecido baixel, levanta aberto pelo meio o castelo de proa, que então se conheceu que era boca, estende a língua como prancha sobre a areia, e sai de dentro vivo o sepultado Jonas. Pasmais do caso? Não pasmeis. Não vos dizia eu que não podia perigar quem por salvação dos próximos se entregou ao mar e aos perigos? Pois, assim lhe aconteceu ao felicíssimo Jonas. Levado de um perigo em outro perigo, uns o livraram dos outros. No navio perigava dos ventos, no mar perigava das ondas, na baleia perigava do aperto da respiração e de tudo; mas como o primeiro perigo foi tomado por caridade, todos os outros perigos eram remédios. O perigo do mar livrou-o do perigo do navio, o perigo da baleia livrou-o do perigo do mar; e este perigo, como era o último e o maior de todos, livrou-o de si mesmo. Há mais seguro perigar? Há menos perigosa segurança? Com razão disse São Zeno Veronense que foi Jonas "mais venturoso no sepulcro que no navio"[4], porque, uma vez que a baleia lhe guardou a vida, muito mais seguro navegava nela que no navio: o navio podia perigar nos mares e nos ventos, a baleia era embarcação segura das tempestades.

Maior tempestade padeceram as virgens no óleo das suas redomas do que Jonas em tanto mar. Todas naufragaram, porque todas deram em seco: as néscias no das suas alâmpadas e as prudentes no da sua avareza. Forte "*ne forte*" (para que não suceda talvez) foi aquele! Perderam-se cinco, quando se puderam salvar todas, porque não tiveram caridade as outras cinco para se arriscarem com elas. Tanto perigaram as néscias no seu perigo, como na demasiada segurança das prudentes. Se as prudentes se quiseram arriscar por elas socorrendo-as, nesse mesmo risco se salvariam umas e outras: as néscias, pelo socorro que recebiam; e as prudentes, pelo socorro que davam, ou, para o dizer com mais certeza, as néscias pelo risco de que se tiravam, e as prudentes pelo risco em que se metiam, que quem se arrisca pela caridade não pode correr risco. Nenhuma comunidade esteve jamais tão arriscada como o povo de Israel, quando Deus o quis acabar no deserto; e o que fez Moisés para o livrar daquele risco foi arriscar-se também com ele: "Senhor, ou haveis de perdoar ao povo, ou riscai-me do vosso livro" (Ex 32,31s). — É certo que Moisés não podia licitamente querer ser riscado dos livros de Deus, e foi este o mais arriscado lanço em que se meteu nenhum homem. Contudo, pediu este risco, e meteu-se nestes riscos Moisés, seguro de que Deus o não riscaria por ele se arriscar, quando o fazia pela caridade dos próximos, porque os riscos da caridade nem riscam nem arriscam. Tão longe esteve Moisés de ser riscado dos livros de Deus por esta causa, que antes mandou Deus que se escrevesse em seus livros que chegara Moisés por caridade a pedir que o riscassem deles. Se Moisés se não arriscara, salvar-se ele e perecera o povo; mas porque se quis arriscar pelo povo, ele e o povo, todos se salvaram. O mesmo havia de suceder às nossas prudentes, se elas o souberam ser e se souberam arriscar; mas, porque lhes faltou esta ciência e esta prudência, em que Santa Teresa foi tão eminente, por isso eu em comparação dela digo que foram néscias. Em comparação das néscias do Evangelho foram prudentes as prudentes, porque as néscias cuidaram que havia outrem de fazer por elas o que elas não fizeram por amor de si; e as prudentes não quiseram fazer por amor de outrem o que outrem não havia de fazer por elas. Mas estas mesmas prudentes, comparadas com Santa Teresa, foram néscias, porque elas cuidaram que, arriscando-se por amor de Deus e dos próximos, corriam perigo; e Santa Teresa entendia e sabia por experiência que tudo o que se arrisca pela caridade, quando mais se arrisca, então se segura mais.

Tudo quanto teve e quanto podia ter arriscou Teresa por amor de Deus e dos próximos. E estes mesmos riscos foram uma prudente indústria com que tudo acrescentou e segurou mais. Arriscou a vida, arriscou a honra, arriscou a mesma perfeição de sua alma; e do primeiro perigo saiu com mais saúde, do segundo com mais crédito, do terceiro com maior santidade. Era Santa Teresa tão enferma, como lemos em sua vida, e o que mais sentia nesta fraqueza natural era o impedimento que as enfermidades lhe faziam aos exercícios da oração e da penitência. Veio, finalmente, a resolver-se consigo e contra si, a orar com toda a continuação, e a tratar seu corpo com todo rigor, ainda que perdesse totalmente a vida. E que tirou a santa desta resolução? Coisa maravilhosa! A saúde que lhe não puderam dar nenhuns remédios, lhe deram os mesmos riscos em que a punha. Com a penitência, com que mais havia de enfermar, lhe crescia a saúde, e com o trabalho, com que mais havia de enfraquecer, se lhe aumentavam as forças.

As perseguições a que Santa Teresa se expôs quando empreendeu reduzir a regra carmelitana moderada ao antigo rigor e inteireza de seu primeiro instituto foram maiores do que se podem imaginar e do que parece se podiam sofrer. Armou-se contra ela a religião e armou-se o mundo e, o que mais é, que os bons do mundo e os melhores da religião — posto que com bom zelo — eram os que mais a perseguiam. Raros eram os que defendiam seu espírito; todos o tinham por ilusão e enredo do demônio; muitos por fingimento e hipocrisia; e não faltava quem lhe desse ainda mais escandalosas censuras. Tudo ocasionavam os tempos, que com as novas heresias de Lutero andavam mui perigosos e cheios de temores. Mas, como a santa se arriscava a todos estes descréditos pela salvação e perfeição dos próximos, em que veio a parar tudo? Os descréditos pararam em maior estimação, as injúrias em maior honra, as perseguições em maiores aplausos; e os mesmos religiosos que tinham a Teresa por indigna filha, a receberam depois por digníssima Mãe, e como de tal se honram e a veneram.

Finalmente, houve muitas pessoas timoratas e doutas que aconselhavam a Santa Teresa que se retirasse do magistério espiritual das almas, e que na vida particular e solitária, a que a mesma doçura da contemplação a inclinava, vacando somente a Deus e a si, seria maior o aproveitamento de seu espírito. Foi esta a maior prova, por lhe não chamar a mais apertada tentação, que podia ter a alma de Teresa, cujos mais prezados interesses, cujas mais amadas delícias, cujos regalos, cujas ânsias, cujos suspiros, era aquela íntima união com Deus, quieta e suavíssima, em que, elevada sobre todas as coisas da terra, tão celestialmente o gozava. Continuou, contudo, a santa prosseguindo na mesma empresa começada, sem reparar nestes riscos de sua maior perfeição, e noutros ainda maiores que lhe ameaçavam; e como todos eram tomados pela caridade, quanto mais parece que arriscava os dons do céu, tanto mais se achava rica e favorecida deles. Era muito o que arriscava, mas muito mais o que recebia. Mercês sobre mercês, favores sobre favores, glórias sobre glórias, como se os mesmos riscos fossem degraus para mais subir e crescer. Em suma, que, arriscando Teresa por amor de Deus e dos próximos saúde, honra e perfeição, dos perigos da saúde saía mais forte, dos perigos da honra mais acreditada, dos perigos da perfeição mais santa. Oh! quantos e quão seguros louvores se puderam agora discorrer sobre todos estes perigos, e muito mais sobre o terceiro. Parece que pugnava nele o espírito contra o espírito, a virtude contra a virtude, a santidade contra a santidade; mas necessária era tão gloriosa peleja para tão excelente vitória. Corto o fio, e não sem dor, ao que quisera dizer. Peço-vos, contudo, licença, para concluir o sermão na forma em que o propus ao princípio: suposto que vos não hei de cansar outra vez, perdoai-me esta.

§ IX

A quarta e última coisa em que as virgens prudentes, comparadas com Santa Teresa, foram néscias, é que as prudentes, podendo rogar ao Esposo que esperasse pelas companheiras ou, quando menos, que lhes não fechasse as portas, não intercederam por elas; e Santa Teresa intercede sempre eficazmente por seus devotos e por todos os que lhes pedem favor e a ela se encomendam. Esta foi a quarta e última imprudência das prudentes. Nas quais, se bem reparastes, achareis que as notamos de imprudentes nas obras, imprudentes nas palavras, imprudentes nos pensamentos e imprudentes nas omissões, que são os quatro modos gerais por que só se pode pecar contra uma virtude. No primeiro, foram imprudentes de obra, porque dormiram quando haviam de vigiar; no segundo, foram imprudentes de palavra, porque disseram não baste, quando haviam de dizer não sobeje; no terceiro, foram imprudentes de pensamento, porque cuidaram que, arriscando-se pela caridade, podiam correr perigo; no quarto foram imprudentes de omissão, porque ao menos não pediram por quem lhes pedia. Elas não pediram nem intercederam por quem lhes pediu, e Santa Teresa, como dizia, pede e intercede eficazmente por todos os que lhe pedem e se valem de seu favor. Mas este ponto não o hei de provar eu, porque na mesma instituição desta festa está provado.

Bem pudera a Companhia de Jesus festejar em todas as suas casas a santa Madre Teresa de Jesus, como santa muito sua, porque a mesma santa em muitos lugares de seus livros confessa que dos religiosos da Companhia de Jesus recebeu grandes aumentos e grandes luzes o seu espírito, por sinal que ordinariamente lhes chama: "*Aquellos benditos Padres*". Contudo, a festa de hoje não se celebra por esta causa, senão pela que eu dizia. Estava um enfermo — como todos sabeis e vistes — na última desesperação da natureza e na última de confiança da arte, enfim, no último estado em que estavam as alâmpadas das cinco virgens: "Porque as nossas lâmpadas se apagam" (Mt 25,8); não lhe restava mais que meterem-lhe na mão a candeia da fé, tanto por momentos se lhe ia apagando a vida. Assim, menos vivo que morto, recorreu a Santa Teresa, invocando seu favor naquele extremo perigo e obrigando-se com voto ao público reconhecimento dele por toda a vida, se de sua mão a recebesse. Não foi a virgem prudentíssima como as prudentes que negaram o óleo a quem lho pedia, porque logo o concedeu invisivelmente, mas com efeito visível e manifesto. No mesmo ponto reviveu a alâmpada que se ia apagando e ressuscitou a vida já quase morta. E este é o segundo ano em que com esta demonstração pública se dá cumprimento ao voto. Óleo chamei à virtude milagrosa deste benefício, e não é só propriedade da metáfora, senão realidade vista e conhecida.

Do sepulcro de Santa Teresa mana um óleo suavíssimo, de que recebem saúde muitos enfermos. E é muito para notar que do lugar onde está Santa Teresa morta saia óleo que dá vida, como se com este óleo dera em rosto a caridade de Santa Teresa à pouca que tiveram as virgens do Evangelho. Elas deixaram apagar as alâmpadas alheias por mais conservar o lume das suas; e Santa Teresa apagou a sua para acender as alheias. Isso quer dizer sair o óleo da sua sepultura e o remédio da vida donde ela está morta. Com toda a verdade assim foi, porque esta foi a fineza donde nasceu a eficácia da sua intercessão. Um dia em que estava a Santa mais favorecida de Cristo, disse-lhe o Senhor que pedisse o que quisesse. E que vos parece que pediria Teresa? Se fora alguma das prudentes do Evangelho, havia de pedir para si, e quando menos para si primeiro: o "a nós" havia de ir diante: "a nós e a vós" (Mt 25,9). Mas foi tanta a prudência de Teresa e tanta a sua caridade que, não pedindo nada para si, tudo pediu para nós: pediu que todas às vezes que rogasse por seus devotos, lhe concedesse o Senhor o que pedisse, e assim lhe foi outorgado. As prudentes do Evangelho nem deram o que lhes pediam, nem pediram por quem lhes pedia; Santa Teresa pediu por todos os que lhe pedissem, para poder dar tudo o que lhe pedirem. Eis aqui, cristãos, o grande e inestimável tesouro que tendes depositado naquelas mãos santas. Em todas vossas necessidades, em todos vossos trabalhos, em todos vossos perigos, em todas vossas enfermidades do corpo, e muito mais da alma, recorrei ao amparo, ao patrocínio e à caridade desta piedosa virgem que tanto pode com Deus, e vereis como vos socorre.

§ X

E para que conheçamos todos quanta necessidade temos dos socorros e auxílios superiores, voltemos um pouco sobre nós os olhos que até agora tivemos postos em Santa Teresa, e veremos para maior glória sua e maior confusão nossa que, se as prudentes, comparadas com ela, foram néscias, comparadas conosco, foram prudentes, tão néscios e tão imprudentes somos nas matérias de nossa salvação. As prudentes, como vimos, em comparação de Santa Teresa foram quatro vezes néscias; as néscias, em nossa comparação, foram oito vezes prudentes. Primeiramente as néscias, para se salvarem, escolheram o estado de virgens, que é tão alto e tão parecido ao do céu: "O reino dos céus é semelhante a dez virgens" (Mt 25,1). — E muitos cristãos, que estado tomam? O da torpeza, o da sensualidade, o dos adultérios, o das afeições sacrílegas com almas dedicadas a Deus, e outras abominações ainda de piores nomes, e nisto passam um ano e outro ano, e toda a vida. Vede se sois mais néscias que as néscias?

As néscias — e é a segunda prudência — saíram de suas casas, mas "saíram a acompanhar o Esposo e a Esposa" (Mt 25,1). E os homens ordinariamente a que saem? Uns saem só a sair, que é perder tempo, outros saem a ver e ser vistos, que é perder as almas próprias e as alheias; outros saem a jogar, a pleitear, a murmurar, que é perder o dinheiro, a fama e a consciência; e ainda quando saem à Igreja, que é as menos vezes, saem a ofender e injuriar a Deus em sua própria casa. Vede se somos nós os néscios mais que as néscias?

As néscias — e vai a terceira prudência — é verdade que adormeceram e dormiram, mas tanto que ouviram a primeira voz ou o primeiro clamor de que vinha o Esposo: "No mesmo ponto se levantaram" (Mt 25,7). Quantas vezes clamam os pregadores nos púlpitos, quantas vezes clamam dentro no peito as próprias consciências, quantas vezes clama o mesmo Deus com as vozes e com os brados de todas as criaturas — como nesta ilha — já com a terra tremendo, já com o fogo rebentando, já com as cinzas chovendo e os homens com elas sobre a cabeça, sepultados no sono do pecado e da ocasião, sem abrir os olhos, nem espertar, continuando a dormir cegos como dantes. Vede se somos nós mais néscios que as néscias?

As néscias — e é a quarta prudência — "ornaram as suas alâmpadas" (Ibid. 7) e o mundo, onde tanto se trata hoje do ornato, de que ornato é que trata? Galas e mais galas para o corpo, sedas e mais sedas para o corpo, ouro e mais ouro, joias e mais joias, vaidades e mais vaidades para o corpo; e a pobre alma, desprezada, rota, despida, envergonhada, sem ter com que cobrir a fealdade e ignomínia em que os pecados trocaram a sua natural formosura! Vede se somos néscios mais que as néscias?

As néscias — e foi a quinta prudência — vendo que se lhes apagavam as alâmpadas, com ser coisa de tanta repugnância o pedir aos iguais, não duvidaram nem repararam em pedir às companheiras: "Dai-nos do vosso azeite" (Mt 25,8). Quantos há que querem antes roubar que pedir? Quantos que querem antes vender a alma, e ainda o corpo, que pedir? Quantos e quantas que querem antes dar-se ao demônio que pedir, nem ao mesmo Deus? E não só não pedem a Deus o remédio para a necessidade, nem o socorro para a tentação, mas nem ainda depois do pecado lhe querem pedir o perdão dele! Vede se somos nós os néscios mais que as néscias!

As néscias — e vai a sexta prudência — ainda que as prudentes lhes não quiseram dar o óleo, tomaram, contudo, o conselho que lhes deram de que fossem comprar: "Ide antes aos que vendem" (Mt 25,9).

Quantas vezes nos dão bons conselhos os confessores? Quantas vezes nos dão bons conselhos os pais? Quantas vezes nos dão bons conselhos os amigos? Quantas vezes nos dão bons conselhos os livros? Quantas vezes nos dão bons conselhos os anjos da guarda, por meio das inspirações? Quantas vezes nos dão bons conselhos os exemplos, os castigos e os casos tão raros e portentosos que vemos suceder no mundo, para que escarmentemos em cabeça alheia, e nós, contudo, tão loucos e tão desaconselhados? Vede se somos mais néscios que as néscias?

As néscias — e foi a sétima prudência — sem reparar no trabalho, nem no dinheiro, nem na autoridade, "foram comprar o óleo às tendas" (Mt 25,10). E nós, sendo que tudo nos custa e tudo compramos, e a tão caros preços, só o céu não queremos comprar. Há dinheiro para o apetite, há dinheiro para a vaidade, há dinheiro para a vingança, há dinheiro para o jogo, há dinheiro para a peita; mas não há dinheiro para a restituição, não há dinheiro para a esmola, não há dinheiro para as capelas e obrigação do morgado, não há dinheiro para os legados e satisfação do testamento, e quando não queremos o céu de graça, para comprarmos a peso de ouro o inferno não falta dinheiro. Vede se somos nós os néscios muito mais que as néscias?

As néscias, finalmente — e é a oitava e última prudência — vieram, ainda que tarde, bateram à porta do céu, e chamaram muitas vezes pelo Esposo: "E por fim vieram também as outras virgens, dizendo: Senhor, Senhor, abre-nos" (Mt 25,11).

Elas vieram, bateram e chamaram; nós nem viemos, nem batemos, nem chamamos, antes está a representação e a tragédia tão trocada em tudo, que Deus é o que vem, e nós fugimos, Deus é o que chama, e nós não respondemos, Deus é o que bate, e nós não abrimos. Vem Deus, e está batendo e chamando às portas do nosso coração: "Eu estou à porta e bato" (Ap 3,20), e nós respondemos às três Pessoas da Santíssima Trindade: "Não vos conheço" (Mt 25,12). Dizei-me ou diga cada um a si mesmo: Quantos tempos há que Deus vos anda batendo à alma — e pode ser que a última vez fosse neste mesmo sermão: — Filho, eu criei-te. Filho, eu remi-te com o meu sangue. Filho, tu hás de morrer. Filho, eu não te hei de salvar, nem posso, sem boas obras. Pois, que é o que determinas? — Isto nos diz Deus, e isto vos digo eu em seu nome. — Que determinamos, cristãos, que determinamos? Esperamos que se nos feche a porta do céu? Esperamos que se nos diga para sempre: "Fechou-se a porta"? (Mt 25,10) As virgens que tiveram as alâmpadas acesas com boas obras entraram; as que as tiveram apagadas ficaram de fora. Respondei-me, por reverência de Deus, a duas perguntas muito breves. Pergunto: credes e tendes por fé que sem boas obras ninguém se pode salvar? Se sois cristão e católico, haveis de dizer que sim. Pergunto mais: e essas boas obras, sem as quais vos não podeis salvar, tendes-las vós ou não? Muitos há que, se hão de falar verdade, devem dizer que as não têm. Pois, se não tendes boas obras, e sem boas obras não vos podeis salvar, essa esperança que tendes de vossa salvação, em que a fundais? Há Deus de faltar à sua justiça? Há de mudar suas leis por amor de vós? Dir-me-eis que ainda que não tendes agora as boas obras, que tendes propósitos de as fazer depois. E se antes desse depois vier o Esposo: "Enquanto elas foram a comprar, chegou o Esposo" (Mt 25,10)? Se antes desse depois vier a morte? Se antes desse depois vos pedirem conta? Atreveis-vos a estar no inferno para sempre? Torno a dizer: Atreveis-vos a estar no inferno, a arder naquelas chamas para sempre? Este para sempre repetia muitas vezes Santa Teresa, ainda sendo muito menina, e este para sempre foi o princípio da sua oração e o primeiro fundamento da sua santidade. Com este para sempre me quero despedir de vós, e que este para sempre vos fique soando nos ouvidos e imprimindo-se nas memórias: para sempre, para sempre, para sempre.

SERMÃO DA

Quinta Dominga da Quaresma

Na Igreja Maior da Cidade de São Luís no Maranhão.
Ano de 1654.

"Se disser que não o conheço,
serei como vós, mentiroso."
(Jo 8,55)

Antes de voltar — inesperadamente — a Lisboa, Vieira prega o tema que o ocupa e preocupa nesses últimos anos em Lisboa e agora muito mais seriamente no Maranhão: o tema da verdade e da mentira. Neste domingo, que é chamado o "domingo das verdades", insistirá na verdade dos pregadores e na mentira dos ouvintes e reduz os temas a um só: dizer uma só verdade. Que verdade será esta? A verdade que vos digo é que no Maranhão não há verdade; até os céus e o sol mentem. Eis a explanação: 1) A mentira é a filha primogênita do ócio. No Maranhão, o ócio é a causa principal das mentiras. Em síntese, mentem as línguas, porque mentem as imaginações; mentem as línguas, porque mentem os ouvidos; mentem as línguas, porque mentem os olhos; e mentem as línguas, porque tudo mente e todos mentem ("Hoje vos restituí vossa honra, porque provei que mentem todos os que dizem mal de vós. Vós bem sabeis melhor que eu que tudo são mentiras; mas eu tomei por minha conta este manifesto por amor dos forasteiros que me ouvem, que não são práticos nos costumes da terra"). 2) A questão dos falsos testemunhos nas confissões. E o argumento final: a conveniência de não mentir, por ser o Maranhão muito pequeno.

§ I

Temos juntamente hoje no Evangelho duas coisas que nunca podem andar juntas: a verdade e a mentira. E porque não podem andar juntas, por isso as temos divididas: a verdade no pregador, a mentira nos ouvintes; o pregador muito verdadeiro, o auditório muito mentiroso. Uma e outra coisa disse Cristo aos escribas e fariseus, com quem falava. O pregador muito verdadeiro: "Se eu vos digo a verdade" (Jo 8,46); o auditório muito mentiroso: "Serei como vós, mentiroso" (Jo 8,55).

De três modos — que há muitos modos de mentir — mentiram hoje estes maus ouvintes. Mentiram, porque não creram a verdade; mentiram, porque impugnaram a verdade; mentiram porque afirmaram a mentira. Não crer a verdade é mentir com o pensamento; impugnar a verdade é mentir com a obra; afirmar a mentira é mentir com a palavra. Tudo isto lhe tinha profetizado a Cristo seu pai Davi, quando disse: "Por ocasião do teu grande poder se convencerão de mentira os teus inimigos" (Sl 65,3). De muitos modos mostrareis eficazmente a verdade de vosso ser, mas vossos inimigos vos mentirão também por muitos modos: mentir-vos-ão não crendo; mentir-vos-ão impugnando; mentir-vos-ão mentindo, como hoje fizeram. Disse-lhes Cristo que era Filho de Deus verdadeiro, a quem eles chamavam Pai sem o conhecerem; disse-lhes que os que recebessem e observassem sua doutrina viveriam eternamente, e aqui mentiram não crendo a verdade: "Se eu vos digo a verdade, por que não me credes?" (Jo 8,46). Disse-lhes mais, que Abraão desejara ver o seu dia, isto é, o dia em que havia de descer do céu à terra, e nascer homem entre os homens, e que, finalmente, o vira com grande júbilo e alegria da sua alma, e aqui mentiram impugnando a verdade: "Tu não tens ainda cinquenta anos, e viste Abraão?" (Jo 8,57). — E o Bezerro, que vós dissestes que vos livrara do Egito, quantos anos tinha? Não era nascido e gerado naquele mesmo dia? O ditame com que o tivestes por Deus era falso, mas a suposição com que entendestes que em Deus podia haver duas gerações, uma antes e outra depois, era verdadeira. Respondeu Cristo: "Antes que Abraão fosse, Eu já era" (Jo 8,58). — Mas este "era", declarou-o pela palavra "Eu sou", para que entendessem que era aquele mesmo Deus que, quando se definiu a Moisés, disse: "Eu sou o que sou" (Ex 3,14), porque no eterno não há passado, nem futuro: tudo é presente. Enfim, mentiram afirmando a mentira, porque disseram que Cristo "era samaritano e endemoninhado" (Jo 8,48). E, para mentirem duas vezes em uma mentira, repetiram a mesma blasfêmia ratificando o que tinham dito e alegando-se a si mesmos: "Não dizemos nós bem?" (Jo 8,48). Mal é dizer mal, mas, depois de o haverdes dito, dizerdes ainda que dizeis bem, é um mal maior sobre outro mal, porque é estar obstinado nele.

Estas são as mentiras com que os escribas e fariseus hoje contradisseram, caluniaram e quiseram afrontar e desonrar ao Filho de Deus, como o Senhor lhes disse: "Eu dou honra a meu Pai, e vós a mim desonrastes-me" (Jo 8,49). Mas, posto que a Sabedoria eterna fosse caluniada e injuriada por semelhante gente, nem por isto ficou afrontado nem desonrado Cristo, porque tudo o que disseram dele e lhe fizeram foi por inveja, por ódio, por raiva, por vingança; e quando as causas são estas as injúrias não injuriam, as afrontas desafrontam, as desonras honram. Não está muito honrado Cristo? Dizei-o vós. Ora, eu, que pregarei neste dia, em que tanto se espera o assunto dos pregadores? Hei também de dizer-vos uma grande injúria, uma grande afronta e uma grande desonra da vossa terra. Contudo, ainda que as verdades causam ódio, espero que não haveis de ficar mal comigo, porque hei de afrontar todos para desafrontar a cada um. O discurso dirá como. *Ave Maria.*

§ II

"Se disser que o não conheço, serei como vós, mentiroso" (Jo 8,55).

A este Evangelho do Domingo Quinto da Quaresma chamais comumente o domingo das verdades. Para mim todos os domingos têm este sobrenome, porque em todos prego verdades, e muito claras, como tendes visto. Por me não sair, contudo, do que hoje todos esperam, estive considerando comigo que verdades vos diria; e segundo as notícias que vou tendo desta nossa terra, resolvi-me a vos dizer uma só verdade. Mas que verdade será esta? Não gastemos tempo. A verdade que vos digo é que no Maranhão não há verdade.

Cuidavam e diziam os sábios antigos que em diferentes ilhas do mundo reinavam diferentes deidades: que em Creta reinava Júpiter, que em Delos reinava Apolo, que em Samos reinava Juno, que em Chipre reinava Vênus, e assim de outras. Se o império da mentira não fora tão universal no mundo, pudera-se suspeitar que nesta nossa ilha tinha a sua corte a mentira. Todas as terras, assim como têm particulares estrelas, que naturalmente predominam sobre elas, assim padecem também diferentes vícios, a que geralmente são sujeitas. Fingiram a este propósito os alemães uma galante fábula. Dizem que quando o diabo caiu do céu, que no ar se fez em pedaços, e que estes pedaços se espalharam em diversas províncias da Europa, onde ficaram os vícios que nelas reinam. Dizem que a cabeça do diabo caiu em Espanha, e que por isso somos furiosos, altivos, e com arrogância graves. Dizem que o peito caiu em Itália, e que daqui lhes veio serem fabricadores de máquinas, não se darem a entender, e trazerem o coração sempre coberto. Dizem que o ventre caiu em Alemanha, e que esta é a causa de serem inclinados à gula, e gastarem mais que os outros com a mesa e com a taça. Dizem que os pés caíram em França, e que daqui nasce serem pouco sossegados, apressados no andar e amigos de bailes. Dizem que os braços com as mãos e unhas crescidas, um caiu na Holanda, outro em Argel, e que daí lhes veio — ou nos veio — o serem corsários. Esta é a substância do apólogo, nem mal formado, nem mal repartido, porque, ainda que a aplicação dos vícios totalmente não seja verdadeira, tem contudo a semelhança de verdade, que basta para dar sal à sátira. E suposto que à Espanha lhe coube a cabeça, cuido eu que a parte dela que nos toca ao nosso Portugal é a língua, ao menos assim o entendem as nações estrangeiras que de mais perto nos tratam. Os vícios da língua são tantos, que fez Drexélio um abecedário inteiro e muito copioso deles. E se as letras deste abecedário se repartissem pelos estados de Portugal, que letra tocaria ao nosso Maranhão? Não há dúvida, que o M. *M* — Maranhão, *M* — murmurar, *M* — motejar, *M* — maldizer, *M* — malsinar, *M* — mexericar, e, sobretudo, *M* — mentir: mentir com as palavras, mentir com as obras, mentir com os pensamentos, que de todos e por todos os modos aqui se mente. Novelas e novelos são as duas moedas correntes desta terra[1], mas têm uma diferença, que as novelas armam-se sobre nada, e os novelos armam-se sobre muito, para tudo ser moeda falsa.

Na Bahia, que é a cabeça desta nossa província do Brasil, acontece algumas vezes o que no Maranhão quase todos os dias. Amanhece o sol muito claro, prometendo um formoso dia, e dentro em uma hora tolda o céu de nuvens, e começa a chover como no mais entranhado inverno. Sucedeu-lhe um caso como este a D. Fradique de Toledo, quando veio a restaurar a Bahia no ano de mil seiscentos e vinte e cinco. E tendo toda a gente da armada em campo para lhe passar mostra, admirado da inconstância do clima, disse: "*En el Brasil hasta los cielos mienten*". Não sei se é isto descrédito, se desculpa. Que mais pode fazer um homem, que ser tão bom como o céu da terra em que vive? Outra terra há em Europa [Roma], na qual eu estive há poucos anos, em que se experimentaram cada dia as mesmas mudanças pelas quais Galeno não quis curar nela; porém, ali há outra razão, porque, como a terra tem jurisdição sobre o céu, segue o céu as influências da terra. Mas o que se disse do Brasil por galanteria, se pode afirmar do Maranhão com toda a verdade. É experiência inaudita a que agora direi, e não sei que fé lhe darão os matemáticos que estão mais longe da linha. Quer pesar o sol um piloto nesta cidade onde estamos, e não no porto, onde está surto o seu navio, senão com os pés em terra: toma o astrolábio na mão com toda a quietação e segurança. E que lhe acontece? Coisa prodigiosa! Um dia acha que está o Maranhão em um grau; outro dia em meio; outro dia em dois; outro dia em nenhum. E esta é a causa por que os pilotos que não são práticos nesta costa areiam e se têm perdido tantos nelas. De maneira que o sol, que em toda a parte é a regra certa e infalível por onde se medem os tempos, os lugares, as alturas, em chegando à terra do Maranhão, até ele mente. E terra onde até o sol mente, vede que verdade falarão aqueles sobre cujas cabeças e corações ele influi. Acontece-lhes aqui aos moradores o mesmo que aos pilotos, que nenhum sabe em que altura está. Cuida o homem nobre hoje que está em altura de honrado, e amanhã acha-se infamado e envilecido. Cuida a donzela recolhida que está em altura de virtuosa, e amanhã acha-se murmurada pelas praças. Cuida o eclesiástico que está em altura de bom sacerdote, e amanhã acha-se com reputação de mau homem. Enfim, um dia estais aqui em uma altura, e ao outro dia noutra, porque os lábios são como o astrolábio. É isto assim? A vós mesmos o ouço, que eu não o adivinhei. Vede se é certa a minha verdade: que não há verdade no Maranhão.

§ III

Ora, eu me pus a especular a causa por que o clima e o céu desta terra influi tanta mentira, e parece-me que achei a causa verdadeira e natural. Assim como o céu com uma virtude influi outra virtude, assim o clima, que também se chama céu, com um vício influi outro vício. Ponhamos o exemplo na verdade, que é a virtude contrária da mentira: diz Davi: "A verdade nasceu da terra" (Sl 8,12). — E logo advertiu que a terra de que falava não era toda a terra, senão a sua: "E a nossa terra produzirá o seu fruto" (Sl 84,13). Mas donde lhe veio aquela terra — que era a de Promissão — donde veio uma virtude tão singular no mundo, que nascesse dela a verdade? O mesmo profeta o disse: "A verdade nasceu da terra e a justiça olhou desde o céu" (Sl 84,12). Toda esta virtude da terra veio-lhe do céu. Influiu o céu na terra a justiça, e nasceu nela a verdade. A verdade é filha legítima da justiça, porque a justiça dá a cada um o que é seu. E isto é o que faz e o que diz a verdade, ao contrário da mentira. A mentira, ou vos tira o que tendes, ou vos dá o que não tendes; ou vos rouba, ou vos condena. A verdade não: a cada um dá o seu, como a justiça. E porque o céu influiu naquela terra a justiça, por isso influiu e nasceu nela a verdade. Influiu uma virtude e nasceu outra.

O mesmo passa nos vícios. Se o clima influi soberba, nasce a inveja; se influi gula, nasce a luxúria; se influi cobiça, nasce a avareza; se influi ira, nasce a vingança. E, para nascer a mentira, que é o que influi? Ociosidade. Onde o clima influi ócio, dá-se a mentira a perder. Nasce, cresce, espiga, e de um não-sei-quê tamanho como um grão de trigo, podeis colher mentiras aos alqueires. Estes são os dois vícios do Maranhão e estas as duas influências deste clima: ócio e mentira. O ócio é a primeira influência, a mentira a segunda; o ócio a causa, a mentira o efeito. Não há terra no mundo que mais incline ao ócio ou à preguiça, como vós dizeis, e esta é a semente de que nasce tão má erva. Ouvi a São Paulo. Fala o apóstolo da ilha de Creta, que é a Cândia, que hoje vai conquistando o turco, e diz assim: "Os cretenses sempre mentirosos e preguiçosos" (Tt 1,12); os cretenses têm dois vícios, que sempre se acham neles: mentirosos e preguiçosos. Pudera dizer mais, se falara da nossa ilha, e de toda esta terra? Digam-no os naturais. Nem a sua diligência nem a sua verdade o podem negar. Não há gente mais mentirosa nem mais preguiçosa no mundo. Deitados na sua rede: "Preguiçosos"; ouvidos nas suas palavras: "Sempre mentirosos". Mas como estas virtudes veem do céu, como são influências do clima, pegaram-se também aos portugueses. Falta a verdade, porque sobeja a ociosidade. Dai-me vós homens ociosos, que eu vo-los darei mentirosos. E se não: vamos ao Evangelho.

As mais desfechadas mentiras, que nunca se ouviram nem imaginaram, foram as que hoje lhe disseram a Cristo na cara os escribas e fariseus, pelas quais o mesmo Senhor lhes chamou mentirosos: "Serei semelhante a vós, mentiroso" (Jo 8,55). Disseram que era samaritano e endemoninhado. E não só o disseram esta vez, como advertiu Orígenes, mas assim o diziam publicamente: "Não dizemos bem que tu és um samaritano e que tens demônio" (Jo 8,48). E notai o que disseram mais abaixo: "Agora conhecemos que és samaritano e endemoninhado" (Jo 8,52)[2]. — Pois se agora o conhecestes, como o dizíeis dantes? Porque os mentirosos dizem as coisas antes de as saber. Mas tornemos à substância da mentira. Cristo lançava os demônios de todos os corpos, e eles chamam-lhe endemoninhado; Cristo era galileu natural de Nazaré, e chamam-lhe samaritano. E se o diziam pela religião e pelos costumes, os samaritanos eram idólatras e apóstatas da lei, e Cristo era o legislador e reformador dela. Estas eram as mentiras que diziam os escribas e fariseus. E o povo, que dizia? Dizia a verdade: que Cristo era um grande profeta, que era o rei prometido de Israel, que era o Messias. Pois se o povo simples e sem letras conhecia e dizia a verdade, os escribas e fariseus, que se prezavam de sábios, como cuidavam e diziam tão desatinadas mentiras? Porque os escribas e fariseus era gente abastada e ociosa, e o povo não. Ide-lhe ver as mãos, achar-lhas-eis cheias de calos. Quem trabalha, trata da sua vida; quem está ocioso, trata das alheias. Quem trabalha, como cuida no que faz, fala verdade, porque diz as coisas como são. O ocioso, como não tem que fazer, mente, porque diz o que imagina.

Esta é a razão por que a mentira é filha primogênita do ócio. Vede como se forma dentro em vós mesmos este monstruoso parto. Quem está ocioso não tem mais que fazer que pôr-se a imaginar; da ociosidade nasce a imaginação, da imaginação a suspeita, da suspeita a mentira. É a imaginação no ocioso como a serpente de Eva. Estava ociosa Eva no Paraíso, entrou a serpente coleando-se mansamente sem pés, mas com cabeça; começou pela especulação e acabou pela mentira. Começou pela especulação: "Por que vos mandou Deus?" (Gn 3,1); e acabou pela mentira, e duas mentiras: "Nunca morrereis, e sereis como deuses" (Gn 3,4s). Consentiu Eva na mentira peçonhenta: de Eva passou a Adão, de Adão ao gênero humano. Não sucede assim às mentiras imaginadas, que vós, como bicho-da-seda, gerastes dentro em vós mesmos, fabricando de vossas entranhas a mortalha para vós e o vestido para os outros? Meterá a língua a tesoura; e sem tomar as medidas à verdade, vós lhes cortareis de vestir. Por que cuidais que se dizem tantas coisas malfeitas? Por que se fizeram? Não, que a mim me consta do contrário. É porque se imaginaram; e tanto que vieram à imaginação, já estão na prancha da língua.

Que bem o disse Davi: "Durante todo o dia a tua língua cogitava maldades" (Sl 51,4)? Todo o dia a vossa língua estava cuidando e imaginando maldades. "Todo o dia". Vede se era ocioso aquele de quem falava Davi: todo o dia não tinha outra coisa que fazer. E que fazia? Estava a sua língua cuidando e imaginando maldades. Não sei se reparais na impropriedade das palavras. O cuidar, o imaginar, é obra do entendimento, não é da língua: a língua fala, o entendimento imagina. Pois se a imaginação está no entendimento, como diz Davi que estes fabricadores de maldades imaginavam com a língua: "Durante todo o dia a tua língua cogitava maldades"? Falou Davi com esta que parece impropriedade para declarar com toda a propriedade o que queria dizer. Não diz que imagina com a língua, porque a língua imagine, que isso não pode ser; mas diz que imaginam com a língua por duas razões: primeira, porque a sua língua não diz o que é senão o que imagina; segunda, porque quanto lhes vem à imaginação, logo o põem na língua. O mesmo Davi: "Cogitaram e falaram iniquidade" (Sl 72,8). Em imaginando a maldade; logo a dizem, sem outra causa para a dizerem mais que a sua maldade, sem outro fundamento mais que a sua imaginação. Por isso lhes chama o profeta: "palavras de precipitação" (Sl 51,6), tão precipitados em afirmar quanto imaginam sem consideração, sem advertência, sem reparo, sem escrúpulo, sem temor de Deus, sem meter espaço nem fazer diferença entre o imaginar e o dizer, como se tiveram a imaginação na língua, ou a língua na imaginação como se a língua fora a que imagina, ou a imaginação a que fala: "A tua língua cogitava a injustiça". Quantas vezes se diz do honrado e da honrada, do inocente e da inocente o que nunca lhes passou pela imaginação? Mas basta que o maldizente o imagine ou o queira imaginar, para o pôr na conversação e na praça, e o afirmar com tanta certeza como se o lera em um Evangelho. Deus nos livre de tais línguas, e muito mais de tais imaginações, porque se a vossa honra lhes entrou na imaginação, nenhum remédio tendes; não há de parar aí, há de passar à língua: "Cogitaram, e falaram" (Sl 72,8).

Daqui entendereis a razão de um notável preceito de Deus, que por uma parte parece rigoroso, e por outra menos necessário. Proíbe Deus, sob pena de pecado mortal e de inferno, que ninguém tenha juízo temerário do seu próximo. Juízo temerário é cuidar eu e julgar mal de meu próximo dentro do meu pensamento. Pois, se o meu juízo fica dentro do meu pensamento, e não sai fora, nem pode fazer bem nem mal ao próximo, por que o proíbe Deus com tanta severidade? Primeiramente notai e adverti quão estimada é, e quão delicada para com Deus a honra e a reputação de cada um de nós. Nem cá dentro no meu entendimento, nem cá dentro na minha imaginação quer Deus que estejais mal reputado. Zela Deus e cia a vossa honra e a vossa reputação até de mim para comigo. Vede quanto ciará e sentirá que passe aos ouvidos e ande pelas bocas de uns e outros. Daqui nasce a razão por que Deus proíbe tão rigorosamente os juízos temerários. Não quer que haja juízos temerários, para que não haja falsos testemunhos. Os falsos testemunhos formam-se na língua: os juízos temerários formam-se na imaginação; e como da imaginação à língua há tão pouca distância, para que não haja falsos testemunhos na língua proíbe que não haja juízos temerários na imaginação. Não se contentou Deus com meter o inferno entre a imaginação e a língua com um preceito de pecado mortal, mas meteu outra vez o inferno entre o entendimento e a imaginação, para que com estes dois muros de fogo tivesse defendida a nossa honra das nossas línguas. E, contudo, isto não basta. Por quê? Porque, em se passando a primeira muralha, está vencida a segunda; em chegando à imaginação, já está na língua: "Cogitaram, e falaram" (Sl 72,8).

Senhores meus, vivemos em uma terra muito ociosa, e por isso muito sujeita a imaginações. Aqui se há de pôr o remédio. Diz o apóstolo Santiago que não há fera mais dificultosa de enfrear que a língua. Para se pôr o freio na língua, hão-se de meter as cabeçadas na imaginação. Nos vossos engenhos, para que não corra a levada, pondes o resisto no açude. O primeiro a quem mentis é a vós. Não mentiram as línguas a todos se as imaginações não mentiram a cada um. Aqui é que se há de pôr o resisto. Jó, que conhecia muito bem a simpatia das potências com os sentidos, dizia: "Fiz concerto com os meus olhos de não cogitar em uma virgem" (Jó 31,1). Fiz concerto com os meus olhos, para estar seguro dos meus pensamentos. Concertai-vos com os vossos pensamentos, se quereis estar seguro das vossas línguas. Mas porque dais entrada a quanto quereis no pensamento, por isso dizeis tantas coisas que nunca passaram pelo pensamento.

§ IV

Vejo que estão agora alguns no auditório mui contentes, dizendo consigo que isto não fala com eles, porque é verdade que não são mudos, e que quando se acham em conversação também falam nas vidas alheias; mas que não são homens que digam o que imaginam: dizem o que ouvem, e quem diz o que ouve não mente. Ora, estai comigo. Se vós soubéreis quantas voltas dão as palavras desde a boca até os ouvidos não houvéreis de dizer isso, ainda que fôreis mui verdadeiros. Quero-vos pôr o exemplo na melhor boca e nos melhores ouvidos do mundo. Perguntou São Pedro a Cristo que havia de ser de São João. Respondeu o Senhor: "Quero que fique assim" (Jo 21,22). — Isto é o que Cristo disse. E os apóstolos que disseram? "Começaram a dizer uns com os outros que São João não havia de morrer."

— E acrescenta o evangelista: "Jesus não disse que ele não havia de morrer, senão que queria que ficasse assim" (Jo 21,23). Pois se Cristo o não disse, como o disseram os apóstolos? Eles é certo que não quiseram dizer uma coisa por outra; mas desde a boca aos ouvidos são tantas as voltas que dão as palavras, ou no que soam, ou no que significam, que o que na boca de Cristo é ficar nos ouvidos dos apóstolos é não morrer. Não podia haver nem melhor boca que a de Cristo, nem melhores ouvidos que os dos apóstolos; e se entre o dizer de tal boca e o perceber de tais ouvidos sucedem estas contradições, que será quando a boca não é de Cristo, e quando os ouvidos não são de São Pedro nem de São João? Quantas vezes vos disseram uma coisa e percebestes outra? Quantas vezes ouvis o que não ouvis? Quantas vezes entre a boca do outro e os nossos ouvidos ficou a honra alheia pendurada por um fio? E queira Deus que não ficasse enforcada. Isto acontece quando os homens ouvem com os ouvidos; mas quando ouvem com os corações, ainda é muito pior. E os corações também ouvem? Nunca vistes corações? Os corações também têm orelhas, e estai certos que cada um ouve, não conforme tem os ouvidos, senão conforme tem o coração e a inclinação.

Enquanto Moisés estava no Monte Sinai recebendo a lei de Deus, pediram os Judeus a Arão que lhes fundisse um bezerro de ouro; e como era o primeiro dia da dedicação daquela imagem, celebraram-no eles com grandes festas. Desce do monte Moisés com Josué, ouviram as vozes ao longe: disse Moisés: — Eu ouço cantar a coros; — disse Josué: Não é senão tumulto de guerra (Ex 32,18). Aqui temos "coros nos acampamentos" (Ct 7,1). Se as vozes eram as mesmas, como a um parecem música e a outro parecem trombetas? A razão é clara. Moisés era religioso, Josué era soldado: ao religioso, parecem-lhe as vozes do coro; ao soldado, de guerra. Cada um ouve conforme o seu coração e a sua inclinação. Deus nos livre de um coração mal inclinado. Se ouvir um *Te Deum laudamus* [Te louvamos Deus], há de dizer que ouviu uma carta de excomunhão. Os que ouvem são os ouvidos; mas os que ouvem bem ou mal são os corações. Tudo o que entra pelo ouvido faz eco no coração, e conforme está disposto o coração, assim se formam os ecos. Ainda vos hei de declarar isto com outra comparação mais própria. Na fundição de Arão a temos.

Quer um fundidor formar uma imagem. Suponhamos que é de S. Bartolomeu com o seu diabo aos pés. Que faz para isto? Faz duas formas de barro, uma do santo e outra do diabo, e deixa aberto um ouvido em cada uma. Depois disto derrete o seu metal em um forno, e tanto que está derretido e preparado, abre a boca ao forno, corre o metal, entra por seus canais no ouvido de cada forma, e em uma sai uma imagem de S. Bartolomeu muito formosa, noutra uma figura do diabo, tão feia como ele. Pois valha-me Deus, que diferença é esta? O metal era o mesmo, a boca por onde saiu a mesma, e entrando por um ouvido faz um santo, entrando por outro ouvido faz um diabo? Sim, que não está a coisa nos ouvidos, senão nas formas que estão lá dentro. Onde estava a fôrma do diabo, saiu um diabo; onde estava a fôrma do santo, saiu um santo. Senhores meus, todos os nossos ouvidos vão a dar lá dentro em uma fôrma, que é o coração. Se o coração é fôrma do santo, tudo o que entra pelo ouvido é santo; se é fôrma do diabo, tudo o que entra pelo ouvido é diabólico.

Querei-lo ver? Olhai para o nosso Evangelho. Disse Cristo aos escribas e fariseus:

"Eu honro a meu Pai" (Jo 8,49); "Eu não busco a minha glória" (Ibid. 50); "Se alguém guardar os meus preceitos, viverá eternamente" (Ibid. 51). — Ouvidas estas palavras, quem não diria, quando menos, que era um santo quem as dizia, principalmente tendo provado a sua doutrina com tantos milagres? E os escribas e fariseus que disseram? "Agora conhecemos que trazes dentro em ti o demônio" (Ibid. 52). — Pois também de umas palavras tão santas e tão divinas formam estes homens um conceito tão diabólico? Sim, também, porque tais eram as formas em que receberam o que lhes entrou pelos ouvidos. Aqueles malditos homens eram filhos do diabo, como Cristo lhes disse nesta mesma ocasião: "Vós tendes como pai o diabo" (Jo 8,44) — e de uns corações diabólicos, de umas formas endemoninhadas, ainda que o metal fosse tão divino, que havia de sair senão um demônio: "tendes um demônio"? Isto sucedeu às palavras de Cristo, para que vejamos o que pode suceder às demais. É verdade que as fôrmas não são todas umas. Assim como sai um diabo e outro diabo, pode sair também um São Bartolomeu; mas, ainda assim, o melhor é não entrar por ouvidos de homens, posto que as fôrmas não sejam do diabo, senão do santo, porque se a fôrma é do diabo, ficais diabo; e se é de São Bartolomeu ficais esfolado. Ninguém passou pelos dois estreitos da boca e ouvidos humanos que não deixasse neles, quando menos, a pele.

Notável é o artifício com que a natureza formou os nossos ouvidos. Cada ouvido é um caracol, e de matéria que tem sua dureza. E como as palavras entram passadas pelo oco deste parafuso, não é muito que, quando saem pela boca, saiam torcidas. Tornemos às de Cristo hoje. Disse o Senhor aos seus ouvintes: "Abraão desejou ver minha vinda ao mundo, viu-a e alegrou-se" (Jo 8,56). — Isto é o que entrou pelos ouvidos dos escribas e fariseus. E que é o que saiu pelas bocas? "Ainda não tens cinquenta anos, e viste Abraão?" (Jo 8,57). — Vede como saíram torcidas as palavras dos ouvidos à boca. Cristo disse que Abraão vira a ele, e os fariseus dizem que dissera que ele vira a Abraão: "E viste Abraão?". Assim torceram o nome e mais o verbo. Ao nome mudaram-lhe o caso, e ao verbo a pessoa. Cristo disse o nome em nominativo, e eles puseram-no em acusativo; Cristo disse o verbo na terceira pessoa, e eles puseram-no na segunda. De "Abraão viu", formaram "viste Abraão". Eis aqui como saem as palavras dos ouvidos à boca, torcidas e retorcidas: torcidos os nomes, torcidos os verbos, torcidas as pessoas, torcidos os casos. Então dizeis que dissestes o que ouvistes.

Mais sucede nesta passagem dos ouvidos à boca. Como os ouvidos são dois e a boca uma, sucede que, entrando pelos ouvidos duas verdades, sai pela boca uma mentira. Parece coisa de trejeito, mas é tão certa que a primeira mentira que se disse no mundo foi desta casta: uma mentira feita de duas verdades. Antes que vo-la diga, quero vos mostrar como isto pode ser. Quando quereis dizer que fulano é grande mentiroso, dizeis que é uma quimera. Mas que coisa é quimera? Mui poucos de vós deveis de o saber. Quimera é um animal fingido, composto de dois animais verdadeiros: um monstro, meio homem, meio cavalo, é quimera; um monstro meio águia, meio serpente, é quimera; um monstro, meio leão, meio peixe, é quimera; mas não há tais monstros nem tais quimeras no mundo. De maneira que as ametades são verdadeiras; os todos, ou monstros que delas se compõem, são fingidos. As ametades são verdadeiras porque há homem e cavalo, há águia e serpente, há leão e peixe; os monstros que se compõem destas ametades são fingidos; porque não há tal coisa no mundo. Isto mesmo fazem os mentirosos: partem duas verdades pelo meio, e sem mudar nem acrescentar nada ao que dissestes, de duas verdades partidas fazem uma mentira inteira. Tal foi a mentira que disse o diabo a nossos primeiros pais, e foi a primeira mentira que no mundo se disse: "Por que vos mandou Deus" — diz o diabo a Eva — "que de todas as árvores, quantas há no paraíso, não comêsseis?" (Gn 3,1). — Há tal mentira como esta? E foi feita de duas verdades. Deus deu a nossos primeiros pais uma permissão e um preceito. A permissão foi: Comei de todas as árvores; o preceito foi: Não comais desta árvore. E que fez o diabo? Do comei de todas as árvores, tomou o de todas as árvores, e do não comais desta árvore tomou o não comais, e, ajuntando o não comais com o de todas as árvores, disse que mandara Deus que de todas as árvores não comessem. Pode haver maior mentira? Pois foi grudada de duas verdades. Defendei-vos lá agora das vossas mentiras com dizer que dissestes as mesmas palavras que ouvistes e que não acrescentastes nada. Que importa que não acrescenteis, se diminuístes? Pior é uma verdade diminuída que uma mentira mui declarada, porque a verdade diminuída na essência é mentira, e tem aparências de verdade; e mentiras que parecem verdades são as piores mentiras de todas.

Mas por que acabemos de uma vez com as mentiras de ouvidas, para que seja mentira o que dizeis, não é necessário que ouçais mal nem que diminuais ou acrescenteis o que ouvistes: pode um homem dizer pontualmente o que ouviu e ouvir pontualmente o que disseram, e com tudo isso mentir. Quando os judeus acusaram a Cristo diante de Pilatos, buscavam diversos falsos testemunhos, e nenhum concluía. Ultimamente diz o evangelista que vieram duas testemunhas falsas, as quais disseram que ouviram dizer a Cristo que, se o Templo de Jerusalém se desfizesse, ele o reedificaria em três dias. Para inteligência deste testemunho havemos de saber que, entrando Cristo no Templo de Jerusalém, e achando que nele estavam comprando e vendendo, fez um azorrague das cordas que ali estavam, e a açoites lançou fora os que compravam e vendiam. Espantados eles da resolução de Cristo, disseram que lhes desse algum sinal do poder com que fazia aquilo. Respondeu o Senhor: "Desfazei este templo, e eu o levantarei em três dias" (Jo 2,19). Pois se Cristo disse derribai o Templo, e em três dias o levantarei, e eles testemunharam o que lhe ouviram, como eram testemunhas falsas? "Chegaram duas testemunhas falsas" (Mt 26,60).

O Evangelista o declarou: "Falava do templo do seu corpo" (Jo 2,21) — o qual templo o Senhor excitou três dias depois de derrubado, que foi no dia da ressurreição. E como Cristo disse aquelas palavras em um sentido, e eles as referiram em outro, ainda que as palavras eram as mesmas que tinham ouvido, sem mudar, nem acrescentar, nem diminuir, as testemunhas eram falsas. Cuidais que para mentir e para dizer testemunhos falsos é necessário mudar, diminuir ou acrescentar as palavras que ouvistes? Não é necessário nada disso: basta mudar-lhes o sentido, ou a intenção, ainda que as não entendais, porque haveis supor que as podem ter, e mais quando as pessoas são tais — como era a de Cristo — que podem falar com mistério. Quantas vezes se dizem as palavras sinceramente com uma tenção muito sã, e vós as interpretais e corrompeis de maneira que de um louvor fazeis um agravo, de uma confiança uma injúria, de uma galantaria uma blasfêmia e de uma graça levantais uma tal labareda que se originaram dela muitas desgraças. E se isto sucede quando os homens dizem o que ouviram, e só o que ouviram, que será quando dizem o que imaginaram, e o que sonharam, ou o que ninguém imaginou nem sonhou?

§ V

Também contra este segundo discurso há quem cuide que está adargado. Dizem alguns, ou diz algum: não sou eu daqueles, porque a mim nunca me saiu pela boca coisa que me entrasse pelos ouvidos; para afirmar, hei de ver com os olhos primeiro; e se para isso for necessário que os olhos não durmam quarenta noites, estando vigiando a uma esquina, hei-o de fazer sem descansar, até ver averiguada a minha suspeita. Ah! ronda do inferno! Ah! sentinela de Satanás! Este mesmo, se lhe mandar o confessor que faça exame de consciência meio quarto de hora antes de se deitar, não o há de poder fazer com o sono. Mas para destruir honras, para abrasar casas, estará feito um Argos quarenta noites inteiras. Não cuidem porém estes malignos vigiadores, que por aí se livrarão de mentirosos. Fostes, vigiastes, observastes, vistes, dissestes, e tendes para vós que falastes verdade? Pois mentistes muito grande mentira. Os olhos mentem de dia, quanto mais de noite. Grande caso! No Livro quarto dos Reis, capítulo terceiro (4Rs 3,22): Saíram em campanha contra os moabitas el-rei de Israel, el-rei de Judá e el-rei de Edon. Estavam ainda os exércitos para dar batalha na manhã seguinte; eis que, ao romper do sol, olharam os moabitas para os arraiais dos inimigos, e viram que pelo meio deles corria um rio de sangue. Começaram a aclamar com grande alegria: — Sangue, sangue, sem dúvida que os três reis pelejaram esta noite entre si e mataram-se uns aos outros: vamos a recolher os despojos. — Saíram os moabitas correndo tumultuariamente; mas eles foram os despojados e os vencidos porque o sangue que viram, ou se lhes afigurou que viram, não era sangue. Foi o caso que passava um rio por meio dos arraiais dos três reis, e como ao sair do sol feriram os raios na água que ia correndo, fez tais reflexos a luz que parecia sangue. E esta aparência de sangue, tão enganosamente visto, e tão falsa, e tão facilmente crido, foi o que precipitou aos moabitas, e os levou a meterem-se nas mãos de seus inimigos. Se reparais no caso, as duas coisas mais claras que há no mundo é o sol e a água. Os nossos provérbios o dizem: Claro como a água, claro como a luz do sol. E quais foram as coisas de que se formou aquele engano nos olhos dos moabitas, com que cuidaram que o rio era sangue? Uma coisa foi o sol e outra coisa foi a água: o sol porque feriu com seus raios as águas, e as águas porque, feridas, deram com os reflexos aparências de sangue. De sorte que se enganaram os olhos nas duas coisas mais claras que há no mundo. Pois se os olhos se enganam nas coisas mais claras, como se não enganarão nas mais escuras, e às escuras? De dia, engana-vos o sol, e de noite, quereis-vos desenganar com as trevas?

Dir-me-eis que havia lua e estrelas quando vistes. Essa pequena luz é a que cega mais, porque faz que umas coisas pareçam outras. Trouxeram um cego a Cristo, pôs-lhe o Senhor as mãos nos olhos e perguntou-lhe se via? Respondeu o cego: "Senhor, vejo os homens como árvores que andam" (Mc 8,24).

— Mais cego estava agora este cego que dantes, porque dantes não via nada, agora via umas coisas por outras. Os homens que são de tão diferente figura e estatura, via-os como árvores, e as árvores que estão presas com raízes na terra, via que andavam como homens. Eis aqui o que tem ver com pouca luz. O mesmo acontece a estes cegos vigiadores, que vão estudar de noite o que hão de rezar de dia: "Vejo homens como árvores que andam". O cego de Cristo, figurava-se-lhe que os homens eram árvores, e estes cegos do diabo figura-se-lhes que as árvores são homens. Põem-se a espreitar, veem uma árvore em um quintal: eis, lá vai um homem. A árvore está tão pregada pelas raízes que dois cavadores a não arrancarão em um dia, e ele há de jurar aos Santos Evangelhos que viu entrar e sair aquele vulto: "árvores ambulantes". Oh! maldito ofício! oh! infernal curiosidade! Já se os olhos levarem alguma nuvenzinha, como sempre levam, ou de desconfiança, ou de ódio, ou de inveja, ou de suspeita, ou de vingança, ou de outra qualquer paixão, aí vos gabo eu: "Água tenebrosa nas nuvens do ar" (Sl 17,12). Notou Davi admiravelmente que a água nas nuvens é negra. Vedes lá vir um aguaceiro escuro mais que a mesma noite: que negrume é aquele? Não é mais que água e nuvem: a nuvem é um volante, a água é um cristal; e destes dois ingredientes tão puros e tão diáfanos se faz uma escuridade tão negra e tão espessa. Se quem vai vigiar e espreitar a vossa vida e a vossa honra levar alguma nuvem diante dos olhos, ainda que seja tão delgada como um volante, por mais que a vossa vida e a vossa honra seja tão clara e tão pura como um cristal, há-lhe de parecer escura e tenebrosa: "Água tenebrosa nas nuvens do ar". Finalmente, reduzindo todo o discurso, ou discursos: mentem as línguas, porque mentem as imaginações; mentem as línguas, porque mentem os ouvidos; mentem as línguas, porque mentem os olhos; e mentem as línguas, porque tudo mente e todos mentem.

§ VI

Tenho acabado de provar a matéria que propus. Mas parece-me que estais dizendo — como disse no princípio — que tenho dito muitas afrontas à vossa terra. Porém eu digo — como também prometi — que antes a tenho desafrontado. E senão, pergunto: Qual vos está melhor: que seja verdade o que se diz ou que sejam mentiras? Não há dúvida que vos está melhor que sejam mentiras. Pois isto é o que eu tenho dito. Se fora verdade o que se diz, era grande afronta vossa; mas como tenho mostrado que tudo são mentiras, ficais todos muito honrados. Hoje vos restituí vossa honra, porque provei que mentem todos os que dizem mal de vós. Vós bem sabeis melhor que eu que tudo são mentiras; mas eu tomei por minha conta este manifesto por amor dos forasteiros que me ouvem, que não são práticos nos costumes da terra. Dos apóstolos de Cristo se diziam e se haviam de dizer muitos males, porque é uso do mundo dizer mal dos bons. E o Senhor, para os desafrontar e animar, disse-lhes esta divina sentença: "Bem-aventurados vós, quando os homens disserem todo o mal de vós mentindo (Mt 5,11). Nesta palavra está a consolação e a desafronta. Se os homens dizem mal falando verdade, é grande desgraça; mas se eles dizem mal, mentindo, não importa nada. Por isso disse, e quero que saibam todos, que o que nesta terra se diz são mentiras. O mentiroso conhecido há de se entender às avessas; e entendido às avessas, nem afronta, nem mente, por que diz verdade. E assim haveis de entender tudo o que ouvis. Guarde-vos Deus de que o mentiroso diga bem de vós, porque é sinal que sois o contrário do que ele diz. Essa foi a razão porque Cristo, quando o diabo o nomeou por Filho de Deus, lhe mandou que calasse, porque, como o diabo é pai da mentira, em dizer que era Filho de Deus dizia que o não era. E esse foi também o modo geral com que o mesmo Senhor hoje se desafrontou de todas as injúrias que os escribas e fariseus lhe tinham dito, qualificando-os por mentirosos: "Serei semelhante a vós, mentiroso" (Jo 8,55).

É verdade que os forasteiros a quem eu prego esta doutrina fazem um terrível argumento contra a nossa terra. Chegam a este porto, põem os pés em terra, e, ouvindo dizer mal de todos e de tudo, fazem este discurso: Ou estes homens mentem, ou falam a verdade; se falam verdade, esta é a mais má terra de todo o mundo, pois nela se cometem tantas maldades; e se mentem também a terra é muito má, pois os homens têm tão pouca consciência, que levantam tantos falsos testemunhos. Este é o argumento que parece não tem fácil solução. Mas eu respondo a uma e outra parte dele. Quanto à primeira, digo que as maldades que se dizem são falsas, e que, como falsas, não se devem crer. São falsas? — insta a outra parte — logo onde os homens levantam tantos falsos testemunhos, não pode ser senão a pior terra do mundo. Eis aí o engano e a falsa suposição em que estão os que não têm prática interior da terra. No Maranhão é verdade que há muitas mentiras, mas mentirosos, isso não; muito falso testemunho, sim, mas quem levante falso testemunho, por nenhum caso. Pois como pode isto ser? Como pode ser que haja falsos testemunhos sem haver quem os levante? Eu vo-lo direi. Nas outras terras os homens levantam os falsos testemunhos; nesta terra os falsos testemunhos levantam-se a si mesmos. Se vos parece dificultosa a proposição, vamos à prova. Confessa-se um homem, e, chegando ao quinto mandamento, diz: Pai, acuso-me que eu desejei a morte a um homem, e o busquei para o matar, e propus de lhe fazer todo o mal que pudesse. — E por quê? — Porque me tirou a minha honra com um falso testemunho de que eu estava tão inocente como S. Francisco. — Irmão, perdoai-lhe, para que Deus vos perdoe. — Passamos adiante, chegamos ao oitavo mandamento: — Levantastes algum falso testemunho? — Não, Pai, pecado é de que nunca me acusei, seja Deus louvado. — Vem uma mulher, chega ao quinto: — Digo a Deus minha culpa, que eu há tantos meses que tenho ódio a uma mulher, e roguei-lhe muitas pragas, que a fala e a confissão lhe faltasse na hora da morte, e que nem nesta vida nem na outra lhe perdoava; que seus filhos visse ela mortos diante de si a estocadas frias. — Por quê? — Porque me levantou um aleive a mim e a uma filha minha, com que nos infamou em toda esta terra, e não me atrevo a lhe perdoar. — Ora, senhora, estamos em Quaresma; alguma coisa havemos de fazer por amor de um Deus que padeceu tantas afrontas e se pôs em uma cruz por amor de nós. — Enfim, compungiu-se, prometeu de perdoar. Chega o confessor ao oitavo mandamento. — E vossa mercê levantou algum falso testemunho? — Senhor Pai, melhor estreia me dê Deus: muito grande pecadora sou, mas nunca Deus permita que eu diga das pessoas o que nelas não há; se ouço alguma coisa, ajudo também, mas levantar falso testemunho, nunca em minha vida o fiz. — Isto que aqui vos pus em dois, acontece infinitas vezes. De maneira que no quinto todos se queixam que lhes levantam falsos testemunhos; no oitavo ninguém se acusa de levantar falso testemunho. Logo, bem dizia eu que nesta terra os falsos testemunhos se levantam a si mesmos. Em suma, que temos aqui os pecados, mas não temos os pecadores: temos os falsos testemunhos, mas não temos as falsas testemunhas. Isto é o que posso cuidar. Mas, se acaso é o contrário, miseráveis daqueles que assim vivem! Grande miséria é que os falsos testemunhos se levantem; mas maior miséria é, que, depois de levantados, se faça deles tão pouco caso e tão pouco escrúpulo. Ou deixais de confessar o falso testemunho, conhecendo que o levantastes ou não o conhecendo: se o deixastes de confessar conhecendo-o, mentis a Deus; se o deixais de confessar pelo não conhecer, mentis-vos a vós. E uma e outra cegueira, é bem merecido castigo: que minta a Deus e que se minta a si mesmo, quem mentiu tão gravemente contra seu próximo, e que de um ou de outro modo se vá ao inferno!

§ VII

Senhores meus, se algum sermão não tinha necessidade de exortação era este. Só vos digo, como a homens e como a cristãos, que não só por consciência, mas por conveniência se deve aborrecer a mentira e amar a verdade. Por conveniência, porque viveis em uma terra muito pequena. Em toda a parte fazem muito mal as mentiras, mas nas terras grandes têm saca e têm muito por onde se espalhar; nas terras pequenas, todas ali ficam. Em Lisboa muita mentira se diz, mas repartem-se as mentiras por todo o reino e por todo o mundo. Chegou navio de Levante, fala-se nas guerras do turco, nas do veneziano, nas do tártaro, nas do polaco; fala-se no Papa, nos cardeais, nos outros príncipes e potentados de Itália: dizem-se muitas mentiras, mas repartem-se; umas caem em Constantinopla, outras em Veneza, outras em Roma, outras na Toscana, Saboia etc. Vem navio do Norte, fala-se em el-rei de França, no imperador, no sueco, no parlamento de Inglaterra, nos Estados de Holanda e Flandres: dizem-se muitas mentiras, mas repartem-se, por Paris, por Londres, por Viena de Áustria, por Amsterdão, por Estocolmo, etc. Partem também os nossos correios todos os sábados, e levam grande cópia das mentiras por todo o reino e o mesmo é das frotas do Brasil e da Índia; porém as mentiras do Maranhão não têm nem outra parte donde vir nem outra parte para onde ir: aqui nascem e aqui ficam; e quando as mentiras todas ficam na terra, e todas vos caem em casa, ainda por conveniência e razão de estado as haveis de lançar fora. E se não, fazei-me por curiosidade duas contas, as quais eu agora não posso fazer. Uma é: quantas mentiras se dirão cada dia no Maranhão? A outra: quantas casas há nesta cidade, e logo reparti as mentiras, e vereis quantas cabem a cada casa! E que será em uma semana, que será em um mês, que será em um ano?

Pois, se tudo isto vos fica em casa, e é força que assim seja, não é muito pouca razão de estado, e muito grande sem-razão, que vos andeis levantando falsos testemunhos, que vos andeis infamando e afrontando uns aos outros? Não fora muito melhor serdes todos muito amigos, muito conformes, amardes-vos todos, honrardes-vos todos, autorizardes-vos todos, e poupardes todos desgostos? Há outros pecados que parece que os pode desculpar o gosto ou o interesse; mas o mentir e o levantar falso testemunho? Que dão a um homem por mentir? Que gosto se pode ter em levantar um falso testemunho? Se é por me vingar de meu inimigo, muito maior mal me faço a mim que a ele, porque a ele, quando muito, tiro-lhe a honra: a mim condeno-me a alma. Ora, cristãos, por reverência daquele Senhor — que sendo Deus se preza de se chamar Verdade — que façamos hoje uma muito firme e muito verdadeira resolução de não haver paixão nenhuma, nem respeito, nem interesse que vos faça torcer nem faltar um ponto à verdade; quanto ao passado, que examinemos muito devagar e muito escrupulosamente se temos faltado à verdade em alguma coisa, principalmente em matéria da honra de nossos próximos. Olhai, Senhores, que este, este é o pecado que mais facilmente se comete, e com mais dificuldade se restitui. Olhai, cristãos, que as balanças em que se pesam as consciências na outra vida são muito delicadas, e que será grande desgraça ir ao inferno para sempre por um falso testemunho. O remédio está em uma consciência muito bem examinada, em uma confissão muito bem-feita e em uma satisfação muito verdadeira, advertindo-vos e protestando-vos da parte de Deus, que sem estas três condições, nem nesta vida podeis alcançar a graça, nem na outra merecer a glória.

SERMÃO DO

Mandato

Concorrendo no mesmo dia o da Encarnação.
Ano de 1655.
Pregado na Misericórdia de Lisboa, às 11 da manhã.

"Sabendo Jesus que saíra de Deus e ia para Deus,
como tinha amado os seus que estavam no mundo, amou-os até o fim."
(Jo 13,1)

Dois sermões fez Vieira nesta Quinta-Feira Santa: este na Misericórdia, outro na Capela Real. Eles encerram a série de sete sermões pregados nessa Quaresma decisiva para a missão de Vieira no Maranhão e no Grão-Pará. O texto litúrgico de São João une o dia da Encarnação do Filho e o dia da partida do mesmo Verbo encarnado. Foi maior o amor de Cristo no dia da Encarnação ou no dia de hoje? O amor de Cristo não míngua, não para nem cresce. Seus extremos foram descer do céu e fazer-se homem e lavar os pés aos homens deixando-se no Santíssimo Sacramento. Sem temeridade nem temor, diz e afirma que maiores foram os extremos do dia de hoje que os do dia da Encarnação. E por quê? Porque, se no dia da Encarnação foi grande extremo de amor descer Deus do céu à terra, muito maior extremo foi no dia de hoje lavar Cristo os pés aos homens; e deixar seu corpo no Sacramento como alimento dos homens, como aconteceu na ceia. Estes são os dois pontos que ele desenvolve durante o sermão. Exaltando o amor infinito e fino de Cristo, o propósito de Vieira é sempre a salvação de todos: "para que a vossa graça e o vosso amor nos façam dignos, não dizemos de vos gozar, senão de vos amar por toda a eternidade. Amém".

§ I

Grande dia! Grande amor! Depois que o Eterno se fez temporal, também o amor divino tem dias. O evangelista São João querendo-nos declarar a grandeza e grandezas do mesmo amor neste dia, a primeira coisa que ponderou, com tão alto juízo como o seu, foi ser um dia antes de outro dia: "Antes do dia da festa da Páscoa" (Jo 13,1). Tanto pode acrescentar quilates ao amor a reflexão ou circunstância dos dias. E que farei eu? Dois dias hei de combinar também hoje, mas não o dia de antes com o dia de depois, senão o dia de depois com o dia de antes; e não livremente ou por eleição própria e minha, senão por obrigação forçosa dos mesmos dias. Assim como depois de longo círculo de anos se encontram e ajuntam dois planetas a fazer uma conjunção magna, assim no ano presente concorrem e se ajuntam hoje no mesmo dia os dois maiores mistérios e os dois maiores dias: o dia da Encarnação do Verbo, e o dia da partida do mesmo Verbo encarnado. O dia da Encarnação do Verbo: "Sabendo que ele saíra de Deus" (Ibid. 3), — que foi o princípio do seu amor para com os homens: "Como tinha amado os seus" (Ibid. 1), — e a partida do mesmo Verbo encarnado: "E vai para Deus" (Ibid. 3), — que foi o fim sem fim do mesmo amor: "Amou-os até o fim" (Ibid. 3).

O real profeta Davi, antevendo em espírito estes dois dias, diz que o dia de hoje fala com o dia da Encarnação, e o dia da Encarnação com o dia de hoje, e que ambos se entendem entre si, e se respondem um ao outro: "Um dia diz uma palavra a outro dia" (Sl 18,3). Assim explica este famoso texto Santo Agostinho[1]. E se perguntarmos que é o que falam estes dias, que devem de ser coisas muito dignas de se ouvir e saber, responde o mesmo Davi que as noites dos mesmos dias nos dirão e declararão o que eles falam: "Um dia diz uma palavra a outro dia, e uma noite mostra sabedoria a outra noite" (Sl 18,3). Pois as noites, que são escuras, nos hão de declarar o que dizem os dias? Sim. Porque os mistérios do dia de hoje e do dia da Encarnação, ambos se celebraram nas noites dos mesmos dias. Tanto silêncio e reverência era devido à majestade de tão divinos mistérios. Os do dia da Encarnação de noite: "Quando tudo repousava num profundo silêncio e a noite estava no meio do seu curso" (Sb 18,14) — e os do dia de hoje também de noite: "E acabada a ceia" (Jo 13,2). As luzes a que se há de ver toda esta famosa representação são as da fé; os lugares, um cenáculo grande em Jerusalém e uma casa humilde, mas real, em Nazaré. E a questão ou problema, qual será? Se foi maior o amor de Cristo no dia da Encarnação ou no dia de hoje.

Posto, pois, um dia defronte do outro dia, e um mistério à vista de outro mistério, e um amor competindo com outro amor, é certo que nunca o amor divino se viu em mais glorioso teatro, pois sai a competir consigo mesmo. Nas outras comparações do amor divino com o amor dos homens, ou seja com o amor dos irmãos, ou com o amor dos pais, ou com o amor dos filhos, ou com o amor dos esposos, ou com o amor dos amigos — que deve ser o maior de todos — ainda que saia vencedor o amor de Cristo, sempre fica agravado na vitória, porque entra afrontado na competência. Só hoje, se vencer, será vencedor glorioso, porque tem competidor igual e se vencerá a si mesmo. Quando Davi saiu a desafio com o gigante, mediu-lhe o gigante com os olhos a estatura; e posto que não duvidava da vitória, na desigualdade de tão inferior combatente teve por injuriosa a batalha. Do mesmo modo, e com mais verdade, Cristo. Quando o seu amor se compara com outro amor, compete o gigante com Davi; mas quando se compara o amor de Cristo com o amor do mesmo Cristo, como fazemos hoje, é competir o gigante com o gigante. Assim o disse ou cantou o mesmo Davi: "Exultou como gigante para correr o caminho" (Sl 18,6). Entrou Cristo na estacada como gigante. E que fez? Justou consigo mesmo. A primeira carreira foi do céu para a terra: "Do mais alto do céu foi a sua saída" (Sl 18,7); a segunda carreira foi da terra para o céu: "E o seu curso até o outro extremo"; e neste encontro se cerrou a justa, e se quebraram as lanças um e outro amor. É em verso de Davi o mesmo que diz a prosa do nosso Evangelho. A primeira carreira: "Do mais alto do céu foi a sua saída" — foi no dia da Encarnação, quando "o Verbo saiu do Pai"; a segunda carreira: "E o seu curso até o outro extremo" — foi no dia de hoje, quando "o mesmo Verbo tornou para o Pai". Na primeira carreira, amor: "Como amasse os seus" (Jo 13,1); e na segunda, também amor: "Amou-os até o fim" (Jo 13,1). O "amasse" e o "amou" distinguem os dias: o "amasse" declara um amor, e o "amou" outro; mas nem juntos, nem divididos sinalam a vitória, nem resolvem qual foi maior. Esta famosa decisão entre os maiores combatentes que jamais se viram, havemos de ver hoje. Assistir-nos-á com a graça quem foi presente em um e outro dia, e quem teve a maior parte em um e outro mistério, que foi a Mãe do mesmo amor: "Mãe do amor formoso" (Eclo 24,24). Mas como invocaremos seu favor e patrocínio? Com as mesmas palavras com que também hoje a invocou o anjo: "Ave cheia de graça".

§ II

"Como amasse, amou."

Nestas palavras — como dizia — deixou o evangelista indecisa a nossa questão, porque não disse: como amasse mais amou menos, nem como amasse menos amou mais; senão como amasse amou. Distinguiu somente os tempos, e pelos tempos o amor, sem preferência, porém, ou vantagem nem do amor passado ao presente, nem do presente ao passado. Falou S. João como divino teólogo, e não só como quem tecia a história, mas como quem compunha o panegírico do amor de Cristo. Quanto à substância do amor, Cristo Senhor nosso tanto nos amou no dia da Encarnação como no dia de hoje e em todos os dias da sua vida, porque o seu amor é amor perfeito, e não fora seu se assim não fora. O amor dos homens, ou míngua, ou cresce, ou para; o de Cristo nem pode minguar, nem crescer, nem parar, porque é, foi, e será sempre amor perfeito, e por isso sempre o mesmo e sem alteração nem mudança. Ama Cristo enquanto homem, como ama enquanto Deus. Perguntam os teólogos: como ama Deus a uns mais e a outros menos, se o seu amor — o qual se não distingue da sua essência — é sempre um só e o mesmo, infinito, simplicíssimo e imutável? E respondem que a diferença ou desigualdade não está no amor, senão nos efeitos, porque a uns sujeitos faz Deus maiores bens que a outros. Os homens amamos os objetos pelo bem que têm: Deus ama-os pelo bem que lhes faz. E assim como julgamos a maioria do amor de Deus belos efeitos, assim havemos de julgar também a do amor de Cristo. Este é o fundamento sólido e certo sobre que excitamos a nossa questão, e estes os termos de igual certeza com que a havemos de resolver. Nem daqui deve inferir ou cuidar a rudeza do nosso entendimento que seria menos afetuoso ou menos amoroso, este modo de amar de Cristo, porque assim como em Deus o fazer o bem se chama amor efetivo, e o querê-lo fazer amor afetivo, assim no amor de Cristo os afetos foram a causa dos efeitos que veremos, e os efeitos a demonstração dos afetos.

Vindo, pois, aos efeitos e demonstrações de um e outro amor no dia de hoje e no dia da Encarnação, parece que assim no número como no modo os esteve medindo e proporcionando o mesmo amor, que neles se quis igualar e vencer. O Concílio Niceno, no Símbolo da Fé, ponderando o amor de Cristo na Encarnação, reduz os efeitos dele a dois extremos: descer do céu e fazer-se homem: "Que por nós homens, e pela nossa salvação, desceu dos céus e se fez homem, nascendo de Maria Virgem". Isto diz o Espírito Santo no Concílio, falando do dia da Encarnação. E falando do dia de hoje, que é o que diz e pondera o mesmo Espírito Santo no Evangelho? Outros dois efeitos e outros dois extremos: lavar os pés aos homens e deixar-se no Santíssimo Sacramento: "E, acabada a ceia, começou a lavar os pés aos discípulos" (Jo 13,2.5). Supostos de uma e outra parte este par de extremos, uns e outros não só admiráveis mas estupendos, comparando-se o amor de Cristo, e competindo-se em uns e outros, que diremos ou que podemos dizer? Sem temeridade nem temor, digo e afirmo que maiores foram os extremos do dia de hoje que os do dia da Encarnação. E por quê? Porque, se no dia da Encarnação foi grande extremo de amor descer Deus do céu à terra: "Desceu dos céus" — muito maior extremo foi no dia de hoje lavar Cristo os pés aos homens: "Começou a lavar os pés dos discípulos". E se foi grande extremo de amor no dia da Encarnação fazer-se Deus homem: "E se fez homem" — muito maior extremo foi no dia de hoje deixar Cristo seu corpo no Sacramento para que o comessem os homens, como fez na Ceia: "E terminada a ceia". — Estes serão os dois pontos do nosso discurso, em que ele descobrirá muito mais do que aparece no que está dito.

§ III

Tão grande e tão prodigiosa coisa foi descer Deus em Pessoa do céu à terra que, visto de muito longe este mistério, não só causava admiração e espanto ao entendimento, mas horror e assombro à mesma fé. Viu Jacó em sonhos aquela famosa escada que chegava da terra até o céu, pela qual subiam e desciam anjos, encostado e inclinado Deus no alto dela; e assombrado do que via, acordou com um grito, dizendo: "Ó que terrível, ó que temeroso lugar" (Gn 28,17)!! De vários modos se costuma ponderar a estranheza deste dito. Eu só noto que nem a vista podia causar horror, nem a novidade espanto. O que só poderia causar horror a Jacó era ver que os que subiam e desciam fossem somente anjos, e que nem ele, que estava no baixo da escada, subisse, nem Deus, que estava no alto, descesse, com que se demonstrava uma grande separação entre Deus e o homem, como aquela de que disse Abraão ao avarento: "Entre nós e vós formou-se um grande abismo" (Lc 16,26). E posto que hoje esta apreensão seria para nós de grande horror, porque sabemos o contrário, naquele tempo nem podia causar horror pela vista, nem espanto pela novidade, como dizia, porque tudo o que Jacó viu, e tudo o que mostrava significar o que via, era o mesmo que ele e os demais supunham. Até o tempo de Jacó, e ainda depois, no tempo da lei escrita, nunca Deus prometeu aos homens o céu, senão tudo prêmios da terra. E daqui nasceu aquela parêmia ou provérbio: "O céu do céu deu ao Senhor, e a terra aos Filhos dos homens" (Sl 114,16); que o céu era para Deus, e a terra para os homens. Logo não se podia assombrar nem espantar Jacó de que ele, sendo homem, e estando na terra, não subisse pela escada; e muito menos de que Deus, sendo Deus, e estando no céu, não descesse. Pois se Jacó não tinha que admirar nem que estranhar no seu sonho, de que acordou com tanto horror e tão notável assombro?

Acordou assombrado Jacó, não do que vira, senão do que na mesma visão Deus lhe revelara. Revelou Deus a Jacó que naquela escada era significado o mistério altíssimo da Encarnação do Verbo, e que para ele, Jacó, e os outros homens poderem subir ao céu, ele, Deus, havia de descer do céu à terra: "Que por nós homens, e pela nossa salvação, desceu dos céus". E vendo Jacó que a majestade suprema de Deus, deixando do modo que o podia deixar o trono do empíreo, havia de descer em pessoa do céu à terra, a revelação desta estupenda novidade, que nunca entrou na imaginação humana, lhe causou no mesmo sono tal horror e assombro que acordou tremendo e gritando: "Terrível é este lugar"(Gn 28,17). Duas coisas viu Jacó no que viu, que muito e com muita razão lhe assombraram, não a vista, senão o entendimento. E quais foram? A primeira que, sendo a escada para descer Deus, a descida era muito maior que a escada. Pois a descida maior que a escada? Sim. Porque a escada chegava da terra ao céu, que é distância limitada, e a descida era de Deus ao homem, que é distância infinita. E vendo unir dois extremos infinitamente distantes, quem, ainda estando muito em si, não ficaria atônito e assombrado! A segunda causa, e não menor, do mesmo assombro, foi que por meio da Encarnação do Verbo, assim revelada a Jacó, vinha a conseguir muito mais o menor anjo do que a soberba de Lúcifer tinha afetado. Porque Lúcifer quis ser igual a Deus, e fazendo-se Deus homem, ficava Deus por este lado sendo inferior ao menor anjo. Este foi o grande mistério — diz Santo Agostinho — por que os anjos da escada uns desciam, outros subiam. Como Deus estava no alto da escada e Jacó ao pé dela, os anjos que ficavam da parte de Deus desciam e os que ficavam da parte de Jacó subiam, e este subir e descer não era ato ou movimento da vontade dos mesmos anjos, senão ordem e constituição da sua própria natureza. Os da parte superior da escada, onde estava Deus, desciam, porque todos os anjos são muito inferiores a Deus; e os da parte inferior, onde estava Jacó, subiam, porque estes mesmos são muito superiores ao homem. E como os anjos são superiores ao homem, e Deus não havia de tomar a natureza angélica senão a humana, isto era o que assombrava a Jacó e lhe parecia coisa terrível: que Deus houvesse de descer e abater-se tanto, que ficasse por esta parte muito inferior a qualquer anjo.

Lá disse Davi que Deus tinha feito ao homem pouco menor que os anjos: "Pouco menor o fizeste do que os anjos" (Sl 8,6). Mas isto se entende no domínio e não na natureza, porque deu Deus a Adão o senhorio e império de todos os animais da terra, do mar e do ar, como logo declarou o mesmo profeta: "Pouco menor o fizeste do que os anjos e de glória e de honra o coroaste; e o constituíste sobre as obras de tuas mãos. Tudo puseste debaixo de teus pés: as ovelhas e as vacas todas e, além destes, os outros animais do campo, as aves do céu e os peixes do mar" (Sl 8,6ss).

De maneira que no domínio e uso de todas as coisas criadas para serviço seu nos três elementos, é o homem pouco menor que os anjos; porém, no ser e nobreza natural, não só quanto à parte do barro, em que aparentamos com os brutos, senão ainda quanto à parte espiritual da alma e suas potências, em que imitamos a natureza angélica, não é o homem pouco menor, senão muito menor e muito inferior a qualquer anjo, e tanto quanto for de mais superior hierarquia. A escada de Jacó tinha nove degraus, que são as nove ordens de criaturas racionais que há entre Deus e o homem, as quais, por outro nome, chamamos nove coros dos anjos, e todos estes degraus desceu Deus, e os deixou e passou por eles, para se unir com a natureza humana, que jazia em Jacó abaixo de todos.

É o que ponderou São Paulo naquelas palavras: "Em nenhum lugar [*nusquam*] tomou os anjos, mas tomou a descendência de Abraão" (Hb 2,16), cujo fundo e energia não acho tão declarada nos expositores como ele pede. Dizem que *nusquam* [em nenhum lugar] é o mesmo que *nunquam* [nunca] ou *nequaquam* [jamais]; mas *nusquam* não é simples negação, nem advérbio de tempo, senão de lugar, e propriamente quer dizer: em nenhuma parte. Pois por que diz São Paulo que não tomou Deus a natureza angélica em nenhuma parte, *nusquam*? Porque tinha Deus nove partes em que a tomar: três na primeira hierarquia, três na segunda e três na terceira. E esta foi a maravilha do mistério da Encarnação, que por tomar Deus a natureza humana, deixasse em tantas partes a angélica. Na primeira hierarquia deixou serafins, querubins, tronos; na segunda deixou potestades, principados, dominações; na terceira deixou virtudes, arcanjos, anjos; e no homem, que era o décimo, último e ínfimo lugar, onde jazia Jacó, ali tomou a nossa natureza caída, para a levantar, e enferma, para lhe dar saúde, que foi o fim para que tanto se abateu e desceu. Estando el-rei Ezequias mortalmente enfermo, prometeu-lhe o profeta Isaías a vida em nome de Deus; e em testemunho de que a promessa era divina deu-lhe, por sinal no céu, que o sol tornaria atrás dez linhas, ou dez degraus, e assim sucedeu: "E retrocedeu o sol dez linhas pelos graus por onde descera" (Is 38,8). E por que tornou o sol atrás dez linhas, ou dez degraus, e não onze, ou nove, senão dez, nem mais nem menos sinaladamente? Porque naquele prodígio, verdadeiramente grande, se significava outro maior, que era o da Encarnação do Verbo, na qual, assim como o sol, estando no zênite — que não podia ser de outra sorte — tornou atrás dez linhas, até se pôr nos horizontes da terra, assim Deus, desde o mais alto de sua majestade infinita, desceu outras dez linhas até se pôr na última e ínfima da natureza humana, e assim como fez aquele estupendo prodígio por amor de Ezequias, e em benefício da sua saúde, assim obrou o da Encarnação muito mais estupendo, por amor dos homens e para saúde dos homens: "Por nós homens e pela nossa salvação, Ele desceu dos céus e se encarnou".

§ IV

Isto é o que neste dia se obrou em Nazaré. Mudemos agora a cena e ponhamo-nos no Cenáculo de Jerusalém, e veremos com quanta maior razão se pode dizer daquele lugar: "Terrível é este lugar!" (Gn 27,17). Despe-se Cristo das roupas exteriores, cinge-se com uma toalha, deita água em uma bacia com suas próprias mãos: entende-se destas ações que quer lavar os pés aos discípulos. E qual foi, com esta vista, o assombro, o pasmo, o horror com que as mesmas paredes do Cenáculo parece que tremiam? Não estava aqui Jacó, mas estava Pedro, o qual, mais fora de si que no Tabor, exclamou dizendo: "Vós, Senhor, a mim lavar os pés?" (Jo 13,6). "Eternamente não consentirei tal coisa" (Jo 13,8). Já neste primeiro movimento se vê quanto vai de dia a dia e de mistério a mistério. Comparai-me a S. Pedro com Jacó. Jacó, depois que viu a escada, e que Deus havia de descer por ela, desejava sumamente que descesse, e enquanto tardava a vir, lhe parecia uma eternidade: "Até que viesse o desejo dos outeiros eternos" (Gn 49,26). Pelo contrário, Pedro, vendo que Cristo lhe quer lavar os pés, não sofre nem consente em tal ação, antes diz resolutamente que "a não consentirá por toda a eternidade". — Se isto era amor e reverência de Cristo em Pedro, também Jacó o reverenciava e amava muito. Pois se Jacó deseja que Deus desça e se abata a se fazer homem, por que não consente Pedro que se abata a lhe lavar os pés? Por isso mesmo. Porque tanto vai de um abatimento a outro abatimento. Encarnar Deus era fazer-se homem, lavar os pés aos homens era fazer-se servo; encarnar era vestir-se da nossa humanidade, fazer-se servo dos homens era despir-se da sua divindade.

Não me atrevera a dizer tanto se São Paulo o não tivera dito, e ainda muito mais. É passo muitas vezes ouvido, mas que terá que explicar até o fim do mundo: "O qual, tendo a natureza de Deus, não julgou que fosse nele uma usurpação o ser igual a Deus; mas ele se aniquilou a si mesmo tomando a natureza de servo, fazendo-se semelhante aos homens e sendo reconhecido na condição como homem" (Fl 2,6s). Quer dizer: sendo o Verbo Eterno igual ao Pai em tudo, se fez, e se desfez. Se fez porque, sendo Deus, se fez homem: "Fazendo-se semelhante aos homens e sendo reconhecido na condição como homem"; e se desfez porque, sendo Deus e homem, se fez servo, e, fazendo-se servo, se desfez e aniquilou a si mesmo: "Aniquilou-se a si mesmo tomando a natureza de servo". Agora pergunto: Quando se fez Deus homem e quando se fez servo? Fez-se homem na Encarnação, e fez-se servo no lavatório dos pés. Logo, na Encarnação se fez e no lavatório se desfez. Muitos autores entendem todo este texto só da Encarnação, e que o fazer-se Deus homem foi juntamente fazer-se servo. Mas esta interpretação é imprópria, por não dizer injuriosa à natureza humana. O ser homem é indiferente, ou para ser servo ou para ser senhor; e Cristo, enquanto homem, não só foi Senhor, senão grande Senhor. Assim o disse o anjo no mesmo dia da Encarnação, anunciando que, enquanto Deus, seria Filho do Altíssimo e enquanto homem, herdeiro do cetro de seu pai Davi. Nesta suposição falou sempre o mesmo Cristo: "Não é o servo maior do que seu Senhor. Se eles me perseguiram a mim, também vos hão de perseguir a vós" (Jo 15,20); e hoje, depois do mesmo ato do lavatório: "Vós me chamais Mestre e Senhor, e dizeis bem porque o sou" (Jo 13,13). Nem encontram, antes confirmam esta distinção as mesmas palavras de S. Paulo, as quais dizem que tomou o Senhor a forma de servo, não fazendo-se, senão feito homem: "Tomou a natureza de servo, feito semelhante aos homens" — porque, feito homem na Encarnação, tomou a forma de servo lavando os pés aos homens. Expressa e esquisitamente Dionísio Alexandrino: "Jesus Cristo, Senhor e Deus dos apóstolos, tendo recebido a natureza de servo, levantou-se na ceia e depôs as suas vestes, e se cingiu com uma toalha: esta é a natureza do servo"[2].

A baixeza do servo não é obra ou injúria da natureza, senão da fortuna. A natureza a todos os homens fez iguais; a fortuna é a que fez os altos, os baixos e os baixíssimos, quais são os servos. E esta foi a fineza do amor de Cristo hoje sobre a do dia e obra da Encarnação. Quando se fez homem, tomou as condições da natureza; quando se fez servo e lavou os pés aos homens, tomou as baixezas da fortuna. Aquilo foi fazer-se, e isto desfazer-se: "Aniquilou-se a si mesmo tomando a natureza de servo".

Com duas comparações ou metáforas, declara São Paulo este fazer-se e desfazer-se: com metáfora da roupa que se veste e se despe, e com metáfora do vaso que se enche e se vaza. Com metáfora da roupa que se veste e se despe: "Sendo reconhecido pelo hábito como homem" (Fl 2,7); com metáfora do vaso que se enche e vaza: "Aniquilou-se [esvaziou-se] a si mesmo" (Fl 2,7); e ambas as metáforas parece que as tomou S. Paulo do mesmo ato do lavatório em que estamos. A da roupa enquanto se despe: "Depôs suas vestes" (Jo 13,4) — e a do vaso enquanto se vaza: "Lançou água numa bacia" (Jo 13,51). E por que usou S. Paulo destas duas metáforas e destas duas comparações? Porque só com elas podia mostrar a diferença deste ato e deste dia ao ato e ao dia da Encarnação. No dia e ato da Encarnação, fazendo-se Deus homem, Deus vestiu-se da humanidade, porque a uniu a si e se cobriu com ela; e a humanidade, que era um vaso de barro pequeno e estreito, ficou cheia de Deus, porque Deus a encheu com toda a imensidade de seu ser: "Porque nele habita toda a plenitude da divindade corporalmente" (Cl 2,9). E sendo isto o que se fez no dia da Encarnação, tudo isto — quanto à vista dos olhos humanos — se desfez no dia e no ato de hoje. Porque, lançando-se Cristo aos pés dos homens, e tais homens, e fazendo-se servo seu, e servo em ministério tão vil e tão abatido, parece que Deus se despira outra vez da humanidade de que estava vestido, desunindo-se dela, e que a mesma humanidade, que estava cheia de Deus, perdida a união com a divindade, ficara totalmente vazia: "Aniquilou-se [esvaziou-se], tomando a natureza de servo" (Fl 2,7). E foi isto assim como parece? Não. Mas, posto que a humanidade de Cristo por este ato não perdeu a união com a divindade, nem deixou de estar tão cheia de Deus como dantes estava; abaixar-se, porém, e pôr-se em estado tão abatido que o parecesse ou pudesse parecer aos homens, foi uma diferença tão notável e tão estupenda que só o mesmo S. Paulo a pôde ponderar e encarecer. Agora entra o mais profundo pensamento das suas palavras.

"Não julgou uma usurpação ser igual a Deus, e aniquilou-se a si mesmo tomando a natureza de servo" (Fl 2,6s). O fazer-se Cristo servo, sendo Deus — diz S. Paulo — não foi porque cuidasse ou tivesse para si o mesmo Cristo que a sua divindade não era sua, senão alheia, como se a tivesse roubado ao Pai. Pois Cristo podia cuidar nem ter para si que a sua divindade não era sua? Claro está que não podia ter para si uma coisa tão contrária à verdade, nem cuidar o que era tão alheio de todo o pensamento. Por que diz logo o Apóstolo do terceiro céu que, quando Cristo se fez servo, não cuidou nem teve para si que a sua divindade não era sua? Porque foi tal ato o de Cristo se abater aos pés dos homens, que podiam os mesmos homens cuidar que Cristo o cuidara assim. Homem que tanto se abate, ou não é Deus; ou, se foi Deus alguma hora, tem deixado de o ser; ou, se ainda é Deus, deve de cuidar sem dúvida que o não é, porque, sendo Deus, e tendo para si que é Deus, não se podia abater a coisa tão baixa. E como o ato foi alheio de quem o fazia, que os homens podiam entrar em tal pensamento, que ou cuidassem que Cristo não era Deus, ou cuidassem que o mesmo Cristo cuidou que o não era, por isso pondera e adverte São Paulo primeiro que tudo que, quando Cristo se abateu à baixeza de servo, não foi porque cuidasse ou tivesse para si que não era Deus: "Não julgou uma usurpação ser igual a Deus, e aniquilou-se a si mesmo tomando a natureza de servo". É o que também advertiu e ponderou o nosso evangelista na prefação com que entrou a narrar este mesmo ato. Por isso disse que, quando o Senhor começou a lavar os pés dos discípulos, sabia que era Deus, e que nas mesmas mãos com que lhes lavava os pés, tinha o poder de tudo: "Sabendo que saíra de Deus e ia para Deus, e que o Pai depositara em suas mãos todas as coisas, começou a lavar os pés aos discípulos" (Jo 13,3.5). Crendo pois São Pedro firmissimamente esta verdade — que por isso disse: "Senhor, tu a mim?" (Jo 13,6) — que muito é que, sendo aquele grande piloto que nunca perdeu o tino nas maiores tempestades, e se atreveu a caminhar a pé sobre as mesmas ondas do mar, agora areasse e se afogasse em tão pouca água como a daquela bacia, e não pudesse tomar pé na profundidade imensa de tão tremendo mistério?

§ V

Sossegou Cristo o assombro e resistência de S. Pedro. Mas como? "Pedro, o que eu agora faço, tu não o sabes nem o entendes, mas sabê-lo-ás depois" (Jo 13,7). — Depois, Senhor? E quando? Quando vires no céu, revestido de sua própria majestade, o mesmo que agora vês meio despido e cingido com este pano servil. — Neste sentido entendem o "sabê-lo-ás depois", Santo Agostinho, S. Crisóstomo, Beda, Ruperto, Teofilato, Eutímio. E com razão. Assim como as semelhanças se não podem conhecer senão de perto, assim as distâncias não se podem medir senão de longe. — Que importa que digas "tu a mim?", se de ti conheces pouco e de mim nada? Quando vires o tudo que sou, então entenderás o muito que faço. Se falas pelo que viste no Tabor, este é o excesso que se havia de cumprir em Jerusalém, de que Moisés e Elias, mais assombrados do que tu, falavam. Agora deixa-te lavar, sob pena de me não veres eternamente, nem chegares a saber o que estás vendo e não sabes: "O que eu faço, não sabes agora".

Assim disse com graves e temerosas palavras o Senhor, e se dissera o mesmo a outro apóstolo, não me admirara tanto, mas a S. Pedro? Isto é o que me admira muito, e muito mais na memória e concurso dos dois dias em que estamos. Perguntou Cristo noutra ocasião aos discípulos, que também estavam juntos: "Quem dizem os homens que é o Filho [*Filium*] do homem?" (Mt 16,13). — Os outros referiram vários ditos, porém São Pedro respondeu: "Vós, Senhor, sois Cristo, Filho [*Filius*] de Deus vivo" (Mt 16,16). — Ajuntai agora esta resposta de São Pedro com a pergunta de Cristo, e vereis como o príncipe dos Apóstolos, em tão poucas palavras, compreendeu e resumiu todo o mistério da Encarnação: "Filho [*Filium*] do homem — Filho [*Filius*] de Deus vivo". No *Filium* e no *Filius* compreendeu as duas gerações, uma eterna e outra temporal; no "do homem" e no "de Deus vivo" compreendeu as duas naturezas, divina e humana; e no "tu és" compreendeu a união hipostática, com que uma indissoluvelmente se uniu à outra. Pois se São Pedro antes deste dia, estando na terra, foi capaz de entender e saber tão perfeitamente o mistério da Encarnação, como agora, com muito mais tempo e estudo da escola de Cristo, não estava ainda com suficiente capacidade para entender e penetrar o mistério do lavatório dos pés: "O que eu faço, não sabes" (Jo 13,7)? E se pela confissão do mesmo mistério da Encarnação se deram ao mesmo Pedro as chaves do céu, como se lhe reserva para o céu a ciência do que estava vendo e admirando: "Saberás depois" (Jo 13,7)? Aqui vereis quanto maior profundidade de mistérios e de amor se encerra na ação tremenda de Cristo se prostrar aos pés dos homens do que no mesmo mistério altíssimo de Deus se fazer homem. A alteza do primeiro com luz do céu pôde-a alcançar na terra um pescador; a profundidade deste segundo não a pôde sondar em tão pouca água o maior apóstolo. A alteza do mistério da Encarnação revelou-a o Pai, que está no céu, a Pedro estando na terra: "Não foram a carne e o sangue que te revelaram, mas sim meu Pai que está nos céus" (Mt 16,17); mas a profundidade do lavatório dos pés não a revelará ao mesmo Pedro o Filho, senão quando o Filho e Pedro ambos estiverem no céu: "Saberás depois".

Parece-me que São Paulo falou com o espírito de São Pedro, quando disse: "Nem a altura, nem o profundo poderá nos separar da caridade de Cristo" (Rm 8,39). Esta caridade de Cristo, conforme dizem os intérpretes, ou se pode entender do amor com que nós amamos a Cristo, ou do amor com que Cristo nos ama a nós; e neste segundo sentido diz S. Paulo que nem a alteza nem o profundo pôde fazer que Cristo nos não amasse, porque na alteza da Encarnação, sendo Deus, nos amou fazendo-se homem, e no profundo do lavatório dos pés, sendo já homem, nos amou pondo-se aos pés dos homens. Mas o eloquentíssimo apóstolo, depois de pôr o alto, então pôs o profundo: "Nem a altura, nem o profundo" — porque mais pondera e mais encarece o amor de Cristo o profundo do lavatório, onde se abateu aos pés dos homens que o alto da Encarnação, donde desceu a ser homem.

Isto é o que eu sou obrigado a ponderar nesta profundíssima ação; mas quando Cristo diz a Pedro: "O que eu faço, não sabes" — onde Pedro não sabe entender, quem saberá falar? À vista, contudo, da sua ignorância, me atreverei eu a dizer as minhas, mas no concurso e comparação somente de um dia com outro dia. O que todos encarecem no dia da Encarnação é humilhar-se Deus a se fazer homem, mas é certo que este ato não foi de humildade; o lavar Cristo os pés dos homens, sim, é a maior humildade de todas. E por que não foi humildade o fazer-se Deus homem? Porque Deus não é humilde nem pode ser humilde. Humildade essencialmente é o conhecimento da própria dependência, da própria imperfeição e da própria miséria; e sendo Deus suma independência, suma perfeição e suma felicidade, nem é nem pode ser humilde. Como dizem logo todos os santos que Deus se humilhou neste grande ato? Porque se humilhou por humilhação, e não por humildade. De el-rei Acab disse Deus ao profeta: "Não viste humilhado a Acab?" (3Rs 21,29). — E Acab não era humilde, nem tinha humildade, mas estava naquele caso humilhado, não por humildade, senão por humilhação. A este modo — mas por modo diviníssimo e santíssimo — se humilhou também Deus quando se fez homem, porque até então nem era nem podia ser humilde. Porém, no primeiro instante da Encarnação, ou no segundo depois de encarnado — como querem outros teólogos — então começou também a ser humilde, e sumamente humilde, como hoje mostrou mais que nunca. Onde se deve notar que este grande extremo de humildade, depois da humilhação de se fazer homem, não só foi consequência do novo estado, senão obrigação. Porque se Deus, antes de ser humilde, se humilhou tanto que se abateu a ser homem, segue-se que, depois de ser humilde, tinha obrigação de se humilhar muito mais. Obrigado pois Deus a se humilhar mais do que se tinha humilhado, que havia de fazer? Só lhe restava o que hoje fez. Ajoelha-se diante dos homens e lava-lhes os pés com suas próprias mãos, porque só prostrado aos pés dos homens se podia humilhar mais do que se tinha humilhado fazendo-se homem.

Esta consequência, como forçosa, a que a humilhação do primeiro mistério obrigou e empenhou a Cristo para a humildade do segundo, reconheceu profeticamente Davi, quando disse que "um abismo chama outro abismo" (Sl 41,8). — Abismo já sabeis que é um pego imenso e profundíssimo, como aquele de que fala a Escritura na primeira criação dos elementos: "E as trevas cobriam a face do abismo" (Gn 1,2). E que dois abismos foram estes, em que o primeiro chamou pelo segundo? Não dissemos ao princípio que o dia da Encarnação se falava com o dia de hoje: "Um dia diz uma palavra a outro dia" (Sl 18,3)? Pois quando estes dois dias se falaram, então chamou o mistério da Encarnação pelo mistério do lavatório dos pés, e estes foram os dois abismos. O primeiro abismo foi a Encarnação do Verbo porque, fazendo-se Deus homem, se abismou e sumiu de tal sorte a divindade na natureza humana que desapareceu totalmente, e por isso, estando dentro nela, não aparecia. O segundo abismo foi o lavatório dos pés porque, tendo-se Cristo sumido na Encarnação, enquanto Deus, lançado depois aos pés dos homens, também se sumiu ali enquanto homem. O mesmo Cristo o disse: "Eu sou um bichinho da terra, e não sou homem, porque sou o opróbrio dos homens e o abjeto da plebe" (Sl 21,7). E quem é esta plebe, e quem é este abjeto? A plebe eram os apóstolos, por natureza, por geração e por ofício plebe, porque eram uns pobres pescadores; e o abjeto desta plebe era Cristo posto a seus pés e lavando-lhos, porque não pode haver ato mais abjeto e vil, e mais inferior à mesma plebe, que ajoelhar-se diante dela e lavar-lhe os pés. A água era somente a de uma bacia, mas o abismo da ação era tão profundo que nele se abismou e sumiu de tal sorte Cristo, ainda enquanto homem, que já não parecia nem aparecia nele sinal do que era, senão uma negação do que tinha sido: "um não homem". Muito mais se desfez logo Cristo sem comparação, e muito mais fez o seu amor no ato do lavatório dos pés que na obra da Encarnação, porque na Encarnação fez-se homem; no lavar os pés aos homens fez-se "não homem".

E se assim se sumiu Cristo lavando os pés a Pedro e aos outros discípulos, que direi eu, ou que posso imaginar, quando o vejo prostrado aos pés de Judas? Aqui se somem também até os entendimentos dos serafins, e emudecem de pasmo as línguas dos anjos. Se Pedro, Senhor, vos disse assombrado: "Vós a mim?", com quanto maior assombro vos podemos nós dizer: "Vós a Judas?". A Judas, aquele traidor endemoninhado, de quem diz S. João: "Como o diabo já tinha metido no coração de Judas a determinação de o entregar" (Jo 13,2)? A Judas, aquele precito infernal e maior de todos os precitos, do qual vós mesmo dissestes: "Melhor fora a tal homem não haver nascido" (Mt 26,24)? Não quero outra ponderação que estas vossas mesmas palavras. — Diz Cristo que em Judas era melhor o não ser que o ser, e não se pudera mais encarecer, nem a ínfima miséria de Judas, nem o ínfimo abatimento de Cristo posto a seus pés. Eu bem sei as sutilezas com que a filosofia disputa se em Judas e em qualquer outro condenado fora melhor o não ser que o ser; mas onde temos uma conclusão absoluta de Cristo não valem nada as argúcias dos filósofos. Salomão faz três classes de homens: os vivos, os mortos e os que não nasceram; e só na consideração dos males temporais desta vida antepõe os mortos aos vivos, e os que não nasceram a uns e outros. Que diria se fizera a comparação com os males eternos que esperavam a Judas e com o pecado em que estava obstinado, que é o maior de todos os males? Por todas as razões era melhor em Judas o não ser que o ser. E que se pusesse Cristo aos pés de um homem cujo ser era pior que o não ser? Do ser, qualquer que seja, ao não ser, há infinita distância; e sendo esta distância infinita, hoje se viram no Cenáculo de Jerusalém dois degraus ou dois estados mais abaixo do não ser. O primeiro em Judas, que estava mais abaixo do não ser, porque lhe fora melhor não ser que ser; e o segundo em Cristo que, estando Judas mais abaixo do não ser, ele estava aos pés de Judas. Medi agora, começando de Deus, a baixeza em que está posto o Filho do mesmo Deus por amor dos homens. Abaixo de Deus, com infinita distância, está todo o criado; abaixo de todo o criado, com distância também infinita, está o não ser; abaixo do não ser está Judas, e abaixo de Judas está Cristo. Tanta diferença vai de Deus no dia da Encarnação feito homem, a Cristo no dia de hoje, posto aos pés de tal homem. Aquele foi o "como amasse"; este é o "amou até o fim".

§ VI

Tarde chego, sacramentado Senhor, à comparação desse sacrossanto e diviníssimo mistério com o mistério de vossa Encarnação, também diviníssimo; mas esse mesmo trono de majestade, em que vos vemos e adoramos, ou vos adoramos sem vos ver, nos está publicando os triunfos de vosso amor neste dia em que, por ser o último de vossa visível presença, vos deixastes conosco. Seja esta a primeira prova.

Profetizando Isaías o mistério da Encarnação do Verbo com palavras mais expressas e circunstâncias mais singulares que todos os outros profetas, disse que "uma Virgem conceberia e pariria um Filho, o qual se chamaria Emanuel" (Is 7,14). Nesta última palavra reparam muito os pouco versados na frase da Escritura. Cristo, Senhor nosso, não se chamou Emanuel, chamou-se Jesus: como diz logo o profeta que o Filho que nascesse de uma Virgem se havia de chamar Emanuel? Mas este reparo, como digo, é por ignorância da frase hebreia. Na língua hebraica, assim como as coisas se chamam palavras: *verba*, assim o chamar-se significa ser, e isso quer dizer *vocabitur* [será chamado]. Da mesma frase usou o anjo, no mesmo dia e mistério da Encarnação, anunciando à Virgem que o que de suas puríssimas entranhas havia de nascer "se chamaria Filho do Altíssimo" (Lc 1,32) — sendo assim que Cristo, por humildade, não se chamava Filho do Altíssimo, senão "Filho do homem". Mas falaram por esta frase assim o profeta como o anjo no mesmo caso, porque *vocabitur* quer dizer será. Suposto pois que o chamar-se significa ser e o nome se toma pelo significado, que quis significar o profeta quando disse que o Filho que nasceria de uma Virgem se havia de chamar Emanuel? Emanuel quer dizer: "Deus conosco", e isto é o que anunciou e prometeu Isaías nesta famosa profecia, dando por nova aos homens, tão admirável como certa, que aquele mesmo Deus cuja majestade se conservou sempre tão retirada e longe de nós, sem jamais se abalar nem sair do céu, agora se havia de humanar tanto que se fizesse homem e descesse à terra para nela morar e estar conosco: "Deus conosco".

Disse sem se abalar jamais nem sair do céu porque, quando se diz nas Escrituras que Deus formou o barro de Adão, e que desceu a impedir a fábrica de Babel, e que apareceu a Moisés na sarça, e lhe deu a lei no Monte Sinai, e outras ações semelhantes, os que obravam visivelmente estas coisas — segundo o mais provável sentir dos doutos — eram anjos que representavam a Deus, e não o mesmo Deus em pessoa. Por isso Deus naquele tempo dizia: "O céu é o meu trono" (At 7,49). E Davi contava e cantava por grande maravilha que, estando Deus tão alto, se dignasse de olhar cá para baixo e pôr os olhos na terra: "Quem é como o Senhor nosso Deus, que habita nas alturas e atende às coisas humildes no céu e na terra?" (Sl 112,5). Porém, como o amor não se contenta de longes, e sofre mal ausências, pôde tanto o amor dos homens com Deus que o trouxe do céu à terra, e o fez homem, não tanto para nos remir e salvar — como muitos cuidam — quanto pelo desejo que tinha e pelo gosto que havia de ter de estar conosco: "Deus conosco".

É celebérrima questão entre os teólogos, no caso em que Adão não pecasse, se havia de encarnar Deus? Santo Tomás e a sua escola dizem que não; Scoto, com a sua, afirma que sim. Distingo e concordo ambas as opiniões. Porque Adão pecou, encarnou Deus em carne passível, porque era mais proporcionado à culpa, e mais conveniente à satisfação o padecer e morrer. Porém se Adão não pecara, havia de encarnar contudo Deus, mas em carne impassível, porque onde não havia culpa não era necessária a pena, e fazia-se homem, no tal caso, não para satisfação do nosso pecado, senão para satisfação do seu amor. Não é esta distinção minha, senão do mesmo Concílio Niceno: "Encarnou Deus por amor de nós e por amor de nossa saúde". — Onde se vê claramente que o mistério da Encarnação teve dois motivos distintos: um motivo o remédio e outro motivo o amor, mas o amor primeiro que o remédio. De sorte que, se o remédio não fora necessário, pelo motivo só do amor dos homens havia de encarnar Deus, porque esse foi o primeiro motivo, e o primário: "Por amor de nós". Íeis visitar um amigo, soubestes no caminho que estava ferido, e visitastes-lo como amigo e como ferido; mas com tal pressuposto que, se não estivera ferido, só por amigo o havíeis de visitar, que este foi o vosso primeiro intento. O mesmo sucedeu no mistério da Encarnação, ao qual Zacarias chamou visita de Deus: "Lá do alto nos visitou o sol nascente" (Lc 1,78). O primeiro decreto de Deus se fazer homem, antes da previsão do pecado, foi unicamente o amor dos homens, e para morar e estar com eles, como já então dizia: "As minhas delícias em estar com os filhos dos homens" (Pr 8,31). Aconteceu depois o pecado de Adão e a ferida mortal do gênero humano, com que ao motivo do amor se ajuntou o motivo do remédio, e Deus, que só nos havia de visitar por amigo, nos visitou também por feridos: "Por nós e pela nossa saúde". E assim como ao outro amigo, na visita que só fazia por amor e por gosto, lhe acresceu a dor e a pena, assim Deus, que havia de vir homem impassível, veio passível. Em suma, que o intento e fim da Encarnação, como dizia, não foi tanto para Deus nos remir e salvar, que foi o segundo motivo, quanto para satisfazer a seu amor e estar conosco, que foi o primeiro; e por isso Isaías, que com tanta expressão de circunstâncias revelou os arcanos da Encarnação do Verbo, podendo dizer que o Filho que havia de nascer da Virgem se chamaria Jesus, que quer dizer Salvador, não disse senão que se chamaria Emanuel, que quer dizer Deus conosco, porque o principal motivo de Deus se fazer homem não foi tanto o remédio de salvar os homens, quanto o amor e desejo de estar com eles: "Deus conosco".

§ VII

Este foi o motivo mais afetuoso, este o afeto mais fino, esta a fineza mais subida de ponto, com que o amor divino no dia da Encarnação, e logo em seu princípio, mostrou o fim com que trouxera a Deus à terra. Fim desde o primeiro decreto, e de sua própria origem, pura e sinceramente amoroso, sem mistura de outro intento, ou outro afeto, porque o remir foi amor com misericórdia; o estar conosco, puro amor. Mas que direi no dia de hoje, encarnado e sacramentado Deus? Por mais que vosso divino amor no dia da Encarnação se mostrasse tão fina e tão puramente amoroso, nem eu posso deixar de dizer, nem ele pode negar que no dia de hoje foi amoroso sobre amoroso e amor sobre amor. Por quê? Porque, se naquele dia encarnastes para estar conosco: "Deus conosco" — neste dia vos sacramentastes, não só para estar conosco, senão também para estar em nós: conosco nesse altar onde vos adoramos, e em nós entrando em nossos peitos, onde vos recebemos. O amor — vede se é maior este — o amor essencialmente é união, e quanto mais une ou procura unir os que se amam, tanto maiores efeitos tem e tanto maiores afetos mostra de amor. Estar conosco é assistência de fora, estar em nós é presença íntima; estar conosco é estar perto, estar em nós é estar dentro; estar conosco é companhia, estar em nós é identidade: logo, menos fez o amor da Encarnação em estar Cristo conosco que o amor do Sacramento em estar conosco, e mais em nós.

Admiravelmente uniu estes dois extremos e distinguiu estes dois amores o mesmo Discípulo amado. Depois de se remontar esta Águia divina com aquele voo altíssimo, igual à voz ou ao trovão, com que disse: "No princípio era o Verbo" (Jo 1,1), cerra as asas, dá consigo em terra, e diz que "o mesmo Verbo se fez carne" — e sem interpor palavra, acrescenta: "E morou em nós (Jo 1,14). Evangelista, que no alto e no baixo sempre vos remontais, permiti que vos entendamos. Se falais da união do Verbo com a humanidade, por que não dizeis que se fez homem, senão "que se fez carne"? E se falais do tempo em que o mesmo Verbo, por isso e para isso humanado, morou e habitou conosco, por que dizeis que "habitou em nós"? Não fora S. João o mais amado e o mais amante de Cristo se não acudira por seu amor, e o deixara nas auroras da Encarnação sem o subir ao zênite do Sacramento. É agudeza de Santo Agostinho, também águia. Não disse que o Verbo se fizera homem, senão carne, porque na carne "pela força da palavra", havia de instituir Cristo o Sacramento de seu Corpo: "A minha carne verdadeiramente é comida" (Jo 6,56)— e não disse que habitou conosco, senão em nós, porque se o amor da Encarnação se satisfez de estar conosco: "Deus conosco", — o do Sacramento, mais ansioso porque mais amor, não se satisfez de estar somente conosco, senão também em nós: "E habitou em nós".

Depois de Deus pela Encarnação se fazer homem, a mesma carne e o mesmo corpo, que tinha tomado, era novo impedimento para estar em nós, porque dois corpos não podem estar no mesmo lugar. Pois que remédio acharia o amor, para facilitar este impossível tão repugnante ao seu desejo? O remédio foi que a mesma carne, que tinha tomado na Encarnação, se fizesse manjar nosso no Sacramento: "A minha carne verdadeiramente é comida"; e deste modo se uniram juntamente ambos os fins de um e outro amor: o de estar conosco, que fora o da Encarnação, e o de estar conosco, e mais em nós, que é o de hoje.

Mas ainda neste estar sobre estar temos outra fineza sobre fineza, porque não só quis o amor de hoje que Cristo estivesse conosco e estivesse em nós, senão que nós também estivéssemos nele. Este é o segundo efeito do Sacramento, e mais amoroso ainda que o primeiro em quem o come: "Quem come a minha carne está em mim, e eu nele" (Jo 6,57). — Não só eu nele por uma união, mas eu nele e ele em mim por união dobrada e modo de estar recíproco. É o que declarou com um discreto solecismo Santo Agostinho: "Se permanece, também é permanecido"[3]. Que diria Donato se tal ouvisse? Mas estas são as gramáticas do amor, e mais em dia em que o Verbo se fez passivo. Até os filósofos, para admitirem uma união perfeita, reconhecem duas: uma da parte da forma e a outra da parte do sujeito; uma da parte unida e outra da parte a que se une. E esta é a filosofia de Cristo.

Quando Cristo na cruz substituiu em seu lugar a S. João, disse à Mãe Santíssima: "Eis o teu filho" — e logo ao Discípulo amado: "Eis a tua mãe" (Jo 19,26). Parece que tanto dizem neste caso as primeiras palavras como as segundas, porque, se a Senhora era mãe de João, já ficava entendido que João era filho da Senhora. Por que repete logo Cristo o que tinha já dito, e em tempo que as suas palavras eram tão contadas? Porque nos dois primeiros legatários da sua última vontade e recíprocos herdeiros de seu amor, queria que o amor e as correspondências de uma e outra parte fossem também recíprocas. O coração da Senhora e o de S. João eram os dois corações que Cristo mais amava e mais amavam a Cristo; e como o Senhor na substituição da sua ausência testava neles de seu próprio amor, para que o mesmo amor, como seu, não fosse amor e grande amor, mas amor reciprocamente unido, com as primeiras palavras uniu o coração da mãe ao novo filho: "Eis o teu filho" — e com as segundas uniu o coração do filho à nova mãe: "Eis a tua mãe".

E se os dois legados particulares da Mãe e do discípulo os estabeleceu o Senhor com dobrado vínculo de amor de união recíproca, como a não dobraria também no testamento comum, em que nos fez herdeiros universais de seu corpo e sangue: "Este cálice é o novo testamento em meu sangue" (1Cor 11,25)? Por isso, na ratificação do mesmo testamento, a recomendação que fez aos discípulos foi esta: "Estai em mim, e eu em vós" (Jo 15,4). — Tão recíproco quis que fosse este modo de estar. E tanto se empenhou o amor de hoje em vencer o amor da Encarnação, não só com uma, senão com dobrada vitória, e não só da parte de Cristo, senão da sua e mais da nossa. Para vencer o amor de hoje ao da Encarnação, bastava estar Cristo no Sacramento conosco e mais em nós, mas para que a vitória não fosse como a de Jacó, vencedor com a vitória claudicante, não só quis vencer o estar conosco com o estar em nós, senão "com ele estar em nós e nós estarmos nele".

§ VIII

E porque não possa dizer o amor da Encarnação, que ficou hoje vencido de diferença a diferença, e não de semelhança a semelhança, deixada à parte da diferença ou vantagem com que Cristo no Sacramento está em nós e nós nele, e tomando separadamente, e por si só, o ato de estar conosco, que foi o primeiro motivo da Encarnação, comparemos de igual a igual o como está Cristo conosco enquanto sacramentado e o como esteve conosco enquanto somente encarnado, e ver-se-á, com novo e maior triunfo do amor de hoje, quanto vai de estar conosco a estar conosco.

Enquanto encarnado esteve Cristo conosco, mas onde esteve? Ou em Nazaré, ou em Belém, ou em Jerusalém, ou em outras partes, de tal modo, porém, e com tal limitação de lugares, que quando estava em um, faltava nos outros. Quiseram os de além do Jordão deter a Cristo, para que estivesse alguns dias com eles: "E o detinham para que não se apartasse deles" — diz São Lucas. E que lhes respondeu o Senhor? "Que se não podia deter mais ali porque lhe importava ir pregar a outras cidades" (Lc 4,43). — Não admito, Senhor meu, a escusa, antes me parece que desacredita o vosso poder e desabona o vosso amor. Ide pregar a essas cidades, e ficai juntamente com esses homens que com tanta devoção o desejam. Não podeis vós estar no mesmo tempo em diversas cidades? — Sim, posso. Mas esses modos de estar, guardo eu para quando estiver no Sacramento. — Enquanto encarnado, se estava Cristo em uma cidade, não estava noutra: enquanto sacramentado, não só está em todas as cidades, senão em tantas partes da mesma cidade em quantas hoje o temos. Correi as igrejas de Lisboa, e primeiro vos cansareis de as visitar do que o Senhor se canse de esperar por vós, porque se pôs e expôs em tantas partes, só para em todas estar convosco. Esta noite vos espera com as portas abertas, e nas outras, em que as portas se fecham, nem por isso ele se vai, porque sempre o detém ali seu amor, solitário e saudoso, na esperança só de que amanheça para estar com os que tanto ama.

Também encarnado amava, mas com grande diferença de estar a estar. Enfermou e morreu Lázaro, de quem testemunha o Evangelho que era muito amado de Cristo, e disse o mesmo Senhor aos discípulos que morrera Lázaro porque ele não estava ali: "Lázaro está morto para que creiais, porque não estava aí". E Marta e Maria, ambas com as mesmas palavras, disseram: "Se vós, Senhor, estivéreis aqui, não morrera nosso irmão" (Jo 11,21). — Isto dizia Cristo, e isto diziam a Cristo, quando somente tinha encarnado; mas, depois que se deixou no Sacramento, já nem Cristo pode dizer: "Não estava aí" — nem nós podemos dizer: "Se estivésseis aqui" — porque em Betânia e fora de Betânia, na vida e na morte, na saúde e na enfermidade, sempre e em toda a parte o temos e está conosco. Só em uma parte do mundo não está Cristo conosco. E qual é? Onde nós não estivermos. Morem os homens nas cidades, habitem os desertos, subam aos montes, desçam aos vales, penetrem os bosques, fiem a vida a um madeiro inconstante sobre as ondas, e até ali estará conosco. No mar andavam os discípulos, e bem necessitados da presença de seu divino Mestre, e diz o evangelista que neste caso "estava o Senhor só em terra" (Mc 6,47). Mas tal caso como este já se não pode dar hoje, porque não só na terra, senão também no mar, está e navega conosco Cristo Sacramentado. Noé não sacrificou no tempo do dilúvio, porque estava no mar, e quando desembarcou da arca, então sacrificou. Porém hoje não espera nem sofre aquele amor que os navegantes cheguem à terra: permite que sacrifiquem, e o consagrem sobre as ondas, para também sobre as ondas estar conosco.

Mas que digo eu sobre as ondas, se no meio de mais furiosas tempestades que as do mar, e quando vós, meu Senhor, devêreis fugir dos homens, não pode acabar convosco o vosso amor que deixeis de estar com eles. Encarnado, e pouco depois de encarnado, porque vos perseguiu Herodes, fugistes para o Egito; não admitido em Genezaré e em Samaria, deixastes samaritanos e genezarenos; e hoje que é o que faz vosso amor em Inglaterra, em Holanda, em Dinamarca, em Suécia, e em tantas outras partes setentrionais, onde nesse mesmo Sacramento sois tão perseguido da perfídia herética, e nem vos creem, nem vos querem? Assim perseguido não fugis, assim não querido, nem crido, vos deixais estar entre eles, encoberto e escondido, e como homiziado de vosso próprio amor, porque ele vos não consente que haja parte alguma do mundo em que não estejais conosco. Não falo no que pudera dizer das nossas ingratidões, e dos agravos que aquele Senhor Sacramentado padece também entre os católicos, cujos pecados ocultos e cujas irreverências públicas a nossa mesma fé faz muito mais sensíveis. Merecedoras eram justamente de que, cansada de tanto sofrer sua paciência dissesse, como já disse: "Vamo-nos daqui"[4]; e como deixou outro templo e outro povo, que também se chamava seu, nos deixasse a nós. Mas foi tão firme a resolução com que empenhou a Cristo o amor de hoje a estar conosco sempre que, para nunca se poder apartar de nós — ainda que nós o merecêssemos e o mesmo Senhor quisesse — encerrando-o nas voluntárias prisões daquele Sacramento, as chaves não as deixou nas suas mãos, senão nas nossas. Na Encarnação, porque tinha na sua mão as chaves, tornou-se para o céu; no Sacramento, como as chaves estão na nossa mão, e temos ao mesmo Senhor debaixo da chave, ainda que ele não quisesse, sempre há de estar conosco.

São Lourenço Justiniano, falando de Cristo Sacramentado, com alusão ao texto de Isaías, disse elegantemente: "Diferente modo e o mesmo Emanuel"[5], que assim como na Encarnação foi Emanuel, também é Emanuel no Sacramento, só com diferença no modo. — E qual é a diferença? Muitas, como já disse, mas a principal e maior de todas é que na Encarnação foi Emanuel e Deus conosco, mas com liberdade de nos deixar, antes com pressuposto de o fazer assim, como ele mesmo disse: "Saí do Pai e vim ao mundo; outra vez deixo o mundo e torno para o Pai" (Jo 16,28). Porém, no Sacramento é Emanuel e Deus conosco, não só sem liberdade para se apartar de nós, mas com obrigação inviolável, fundada em sua própria promessa, de nunca jamais nos deixar, e estar conosco até o fim do mundo: "Eis que eu esterei convosco até a consumação dos séculos" (Mt 28,20). Em suma, resumindo tudo a duas palavras: na Encarnação foi Emanuel e Deus conosco em uma só terra, no Sacramento em toda a parte; na Encarnação para poucos, no Sacramento para todos; na Encarnação só para os presentes, no Sacramento para os presentes e para os futuros; na Encarnação por tempo limitado e breve, no Sacramento sem limite de duração, enquanto durar o mundo e houver homens: "até a consumação dos séculos". Logo, não se pode negar, ainda na precisa semelhança de estar conosco, que muito mais fino, muito mais estremado, muito mais amoroso, muito mais amorável, muito mais amante, muito mais amigo e muito mais amor se mostrou o de Cristo hoje que no dia da sua Encarnação.

§ IX

Mas, porque a Encarnação do Verbo Eterno foi um ato tão heroicamente divino, que infinitamente se levantou sobre todas as obras da magnificência de Deus, para que nem por esta parte possa parecer que aquele amor excedeu o deste dia, ouvi como o amor de hoje sujeitou ao seu triunfo a mesma Encarnação, não só quanto aos efeitos que vimos, e outros que deixo, mas em sua própria substância. E de que modo foi isto, que parece coisa impossível? Fazendo o mesmo amor que, assim como Deus naquele dia encarnou em uma só humanidade, hoje encarnasse em todos os homens. No dia da Encarnação, tomando Deus a carne da Virgem Santíssima, encarnou em uma só humanidade, que foi a de Cristo; e hoje, dando-nos Cristo sua própria carne no Sacramento, encarnou em todos os homens, que somos nós, os que a comungamos. É pensamento profundíssimo de São João Crisóstomo, a quem seguiu São João Damasceno, São Pascásio, Ruperto e outros Padres. As palavras do santo, que os autores latinos comumente, ou não referem, ou alegam mutiladas por defeito dos tradutores, tiradas do original grego em que foram escritas, são estas: — Vamos por partes — "De nossa substância, — Deus — foi gerado"[6]. O Verbo, fazendo-se homem, assim como fora gerado "desde toda a eternidade" da substância de Deus, assim, na Encarnação, foi gerado em tempo da nossa própria substância. "Mas nada disso" — dirás com Crisóstomo — "pertence a todos, mas somente a Cristo". — Digo e torno a dizer, que a todos. E por quê? — "Porque, se Deus tomou a nossa natureza encarnando, segue-se se estendeu a todos e, se a todos, também a cada um". — Quando aqui cheguei, descontentou-me a razão e argumento de Crisóstomo porque, se Deus se unira à natureza humana em comum, então se seguia bem que a mesma união se comunicasse a todos os indivíduos; mas Deus não uniu a si a natureza em comum, a qual não é assuntível, e só tomou e uniu à subsistência divina a humanidade de Cristo, que é singular, e não comum. Explica-se Crisóstomo admiravelmente, passando do mistério da Encarnação ao do Sacramento: "A cada um dos fiéis se une por este sacramento, e os que deu à luz não entrega a outros para serem alimentados, mas ele mesmo cuidadosamente os alimenta e por este motivo persuade-te ter assumido aquela tua carne". É verdade que Deus na Encarnação não tomou a natureza humana em comum, senão uma humanidade particular, mas essa mesma humanidade e essa mesma carne, unida à divindade, fê-la Cristo universal e comum, dando-a no Sacramento a todos os fiéis e unindo-os realmente consigo; e como ficam unidos e encarnados com Cristo, a mesma Encarnação do Verbo se estende e multiplica em todos nós. As palavras de Ruperto também são dignas de se não passarem em silêncio: "Quando o Verbo se fez carne, assumiu o homem em Deus, a fim de que por ele estivéssemos em Deus; mas não se misturaria ele a nós, como indivíduos em sua carne de modo que fôssemos um só corpo com ele[7]. — Mas isto não se efetuou no ato da Encarnação, em que o corpo de Deus e os nossos eram diversos, mas ficou reservado para a instituição do Sacramento em que, unindo-se Cristo por meio da sua carne a cada um de nós, todos como membros seus ficamos um só corpo. Baste de autoridades, posto que tais e tão grandes, que elas só bastavam. Vamos às Escrituras e à experiência.

Acabada a Ceia, parte Cristo Senhor nosso para o Horto de Getsêmani, e, apartando-se dos discípulos, diz o evangelista São Lucas (Lc 22,41) que "o Senhor se arrancou deles". — Ninguém haverá que não note a singularidade desta palavra. Muitas outras vezes referem os evangelistas que Cristo se apartou de seus discípulos, e em todas dizem simplesmente que se apartara. Pois se então se apartava, por que agora se arrancou? Porque agora tinha o Senhor acabado de instituir o Santíssimo Sacramento, e os apóstolos tinham acabado de comungar, e como por meio do Sacramento se tinha encarnado Cristo neles, e eles em Cristo, por isso o apartar-se agora já não era apartar-se, "era arrancar-se". Ouvi ao grande Tertuliano no livro *de Carne Christi:* "O que se arranca, senão o que é inerente, o que está pegado e unido àquilo que se arranca?"[8]. E, explicando-se ainda mais: "Há algumas coisas que se entranham e se encarnam de tal modo que, ao serem arrancadas, levam consigo algo do corpo do qual são arrancadas". De maneira que a palavra *avellitur* [arranca-se], ou *avulses* [arrancado], só se diz propriamente de duas coisas diversas, as quais não só estão pegadas e unidas — *infixum, et innexum* —, senão entranhadas e encarnadas uma com a outra: *convisceratur, et concarnatur.* E como esta era a primeira comunhão que houve no mundo, usou o evangelista da palavra "arrancou-se" com grande mistério, para que a mesma propriedade da palavra mostrasse a eficácia e efeito do Sacramento, pois não se podia apartar senão arrancando-se quem estava entranhado e encarnado nos mesmos de quem se apartava: entranhado, porque tinha entrado em "suas entranhas", e encarnado, porque se tinha unido com eles por meio de "sua própria carne". — E esta foi a diferença com que, ainda de encarnado a encarnado, venceu o amor e dia de hoje ao amor e dia da Encarnação. No dia da Encarnação, encarnando Cristo em uma só humanidade; no dia de hoje, encarnando em todos os homens.

Dois sinais do céu pediu Gedeão a Deus em dois dias diferentes, com modo bem notável. Pôs um velo de lã no meio de uma eira, e no primeiro dia pediu que o orvalho do céu caísse só no velo, e não na eira; e no segundo que caísse na eira e não no velo, e assim sucedeu. O sinal do primeiro dia é certo que significava o mistério da Encarnação, porque o orvalho era o Verbo que desceu do céu e o velo de lã era a humanidade, de que o mesmo Verbo se vestiu como Cordeiro de Deus que vinha tirar os pecados do mundo: "O cordeiro que tira os pecados do mundo" (Jo 1,29). Assim o declararam depois não menos que dois profetas, Isaías e Davi: Isaías, pedindo a Encarnação, dizia que orvalhasse o céu sobre a terra, para que nela nascesse o Salvador: "Destilai, céus, dessas alturas, e as nuvens chovam justiça; abra-se a terra e brote o salvador" (Is 45,8)[9]; e Davi, sinalando o modo com que havia de vir, diz que desceria como a chuva ou orvalho sobre um velo de lã, mansamente e sem ruído: "Descerá como a chuva sobre a erva ceifada e como o orvalho que goteja sobre a terra" (Sl 71,6); e destes dois profetas o tomou a Igreja, quando canta da mesma Encarnação: "Desceste como a chuva sobre a erva ceifada para salvar o gênero humano". Pois se Gedeão no orvalho que havia de cair do céu pedia a Encarnação no primeiro dia, por que tornou a pedir no segundo dia a mesma Encarnação, e no mesmo orvalho? E se no primeiro dia pediu que caísse sobre o velo, e não sobre a eira, por que no segundo pediu que caísse na eira, e não no velo? Porque Gedeão, como alumiado naquela hora com espírito profético, não só viu uma Encarnação do Filho de Deus, senão duas

Encarnações em dois dias diferentes: uma no dia em que propriamente se chama da Encarnação e outra no dia de hoje. A primeira, estreita e contraída, e por isso em um velo; a segunda, estendida e dilatada, e por isso em uma eira; a primeira no velo, onde se sumia o orvalho e se encobriu a divindade: a segunda na eira, em que se recolhe o pão, onde se nos deu no Sacramento; a primeira particular, em que se uniu Cristo a uma só humanidade; a segunda universal, em que se uniu a todos os homens; a primeira, em que encarnou só em si, tomando a nossa carne; a segunda em que encarnou em nós, dando-nos a sua. Diz São Bernardo[10]: "Todo no velo, e todo na eira — mas no velo todo só para sua Mãe, na eira todo para todos". É o maná, com os tempos trocados. O maná que primeiro chovia do céu nos campos, para que se sustentasse dele o povo, depois esteve encerrado na Arca do Testamento, onde ninguém o comia. Porém cá, trocados os dias, no dia da Encarnação estava encerrado no ventre virginal, que por isso se chama Arca do Testamento, mas no dia de hoje se estendeu e difundiu pelo mundo todo, para que todos o comam e o convertam em si. Enfim, parecido o Sacramento ao mesmo amor com que hoje foi instituído, como diz o Concílio Tridentino: "No sacramento o Salvador como que distribuiu as riquezas do seu amor divino para os homens"[11].

Só me podem opor e dizer os doutos que todas as vantagens ou finezas em que o amor de hoje parece vencer o amor da Encarnação, se hão de referir à mesma Encarnação e ao amor daquele dia, porque a mesma Encarnação foi o princípio e fundamento de todas, pois se Cristo não encarnara, também se não pudera consagrar nem deixar no Sacramento. Respondo que não se segue tal coisa. E ouvireis agora o que porventura nunca ouvistes. Scoto e outros grandes teólogos dizem que é tal a força e eficácia das palavras da Consagração, que se antes de Cristo encarnar, e antes de Deus criar o mundo, criara um sacerdote somente e uma hóstia, sobre a qual pronunciasse as palavras da Consagração, no mesmo ponto havia de estar naquela hóstia o corpo de Cristo, tão real e inteiramente como está hoje na que temos e adoramos presente[12]. Pois como havia de estar ali o corpo de Cristo, se ainda não era nascido Cristo nem havia tal corpo? Porque assim como a onipotência daquelas palavras tem força para reproduzir o corpo de Cristo no lugar onde não estava, assim teriam também força neste caso para o produzir no tempo em que não era, porque não se requer maior poder para um milagre que para outro. Daqui se entenderá uma nova e excelente propriedade, com que São Paulo, declarando o sacerdócio de Cristo pelo de Melquisedec, nota que Melquisedec "não teve pai, nem mãe, nem genealogia" (Hb 7,3). — O Sacerdócio de Cristo não foi segundo a ordem de Arão, que sacrificava cordeiros e bezerros, senão — como diz Davi — segundo a ordem de Melquisedec, que sacrificava em pão e vinho: "Melquisedeque, oferecendo pão e vinho, porque era sacerdote do Deus Altíssimo" (Gn 14,18). E por isso mesmo Cristo, sendo juntamente o sacerdote e o sacrifício, consagrou e sacrificou seu corpo e sangue debaixo das mesmas espécies de pão e vinho. Mas Cristo Senhor nosso teve Mãe e Pai, e a mais estendida genealogia de quantas se leem nas Escrituras: "Livro da geração de Jesus Cristo, filho de Davi, filho de Abraão etc." (Mt 1,1). Pois, se Cristo teve uma genealogia tão grande e tão declarada, como nota S. Paulo que o seu sacerdócio foi como o de Melquisedec, homem sem pai, nem mãe, nem genealogia? Porque quando Cristo instituiu o Sacrifício e Sacramento em que se deixou a si mesmo, foi com tanta independência da sua própria Encarnação, como se nunca fora gerado nem nascido. De sorte que se Cristo ainda não encarnara nem nascera, e contudo se dissessem as palavras da Consagração sobre uma hóstia, em qualquer tempo e em qualquer lugar que fosse, ali havia de estar seu corpo infalivelmente. É verdade que o corpo e sangue que Cristo consagrou hoje foi o mesmo que na Encarnação tinha tomado, mas consagrou-o por modo tão absoluto e tão independente da mesma Encarnação que, se dantes não houvera encarnado, encarnara então sem mãe nem genealogia, e existira sacramentado. Logo, ainda que o Senhor no dia de hoje nos deu a mesma carne e o mesmo sangue que tinha recebido no dia da Encarnação, nem por isso a grandeza e suposição daquela obra diminui nada as vantagens desta, porque de tal modo a supôs, como se a não supusera. Encarnado naquele dia sim, com grande amor: "Como amasse os seus" — mas sacramentado hoje com maior amor: "Amou-os até o fim".

§ X

Muito tempo há que devera ter acabado. De um e outro amor recolho um só documento muito breve. E qual é? Que seja tal o nosso amor na vida que o continuemos à vista da morte. Que amou Cristo desde o instante de sua Encarnação? Aos homens: "Como amasse os seus". E hoje, que foi o fim da sua vida, estando com a morte à vista: "Sabendo que era chegada a sua hora", — que amou? Aos mesmos que tinha amado: "Amou-os até o fim". — Oh! que diferente viver, oh! que diferente morrer, oh! que diferente amar foi este do que é o nosso! Aqueles a quem a misericórdia de Deus concede morrerem com eleição e com juízo, o que comumente fazem na hora da morte é arrependerem-se do que têm amado na vida. Pode haver maior loucura, pode haver maior cegueira que amar aquilo mesmo de que sei que ou me hei de arrepender, ou me hei de condenar? — Oh! Senhor, quem vos tivera amado desde o primeiro instante em que vos conheceu, sem nunca empregar ou esperdiçar o coração em outro amor? Se alguém se pudera justamente arrepender do que amou, éreis Vós, pois amastes umas criaturas tão vis, tão ingratas e tão merecedoras de ser aborrecidas, como somos os homens. Mas, pois o vosso amor foi tão fino e tão constante que, amando-nos com tantos extremos desde o princípio, foram ainda muito maiores os com que nos amastes até o fim, seja hoje, e neste mesmo instante, o fim de todo o amor que não é vosso. Os que imitaram o Pródigo, e as que imitaram a Madalena, em amar o que não deviam, assim como seguiram os passos errados e cegos de seu falso amor, assim se resolvam hoje, e de hoje para sempre, a seguir a luz de seu desengano, a verdade do seu arrependimento e a firmeza e constância de só a vós amar até a morte. Só a vós, amorosíssimo Senhor, só a vós. Só a vós, e não pelos interesses do céu, que vós deixastes por amor de nós; só a vós, e não por temor do inferno, que Judas antes quis que a vós; mas única e puramente por serdes vós quem sois, digno de ser infinita e eternamente amado. Assim propomos de vos amar na vida, assim propomos de vos amar até a morte, para que a vossa graça e o vosso amor nos façam dignos, não dizemos de vos gozar, senão de vos amar por toda a eternidade. Amém.

SERMÃO

Segundo do Mandato

Pregado no mesmo dia, na Capela Real,
às três da tarde.

"Sabendo Jesus que era chegada a sua hora de passar deste mundo para o Pai, como tinha amado os seus, amou-os até o fim."
(Jo 13,1)

Vieira indica a hora de um e de outro sermão: o primeiro às 11 da manhã e este às três da tarde. O texto litúrgico de São João é o mesmo. De manhã, diz ele, o amor do Divino Amante saiu a vencer a batalha, agora sai a vencer a vitória. Quem são os dois competidores: o amor do Pai no dia da Encarnação e o amor de Cristo no dia de hoje. Qual deles amou mais os homens? Eis a argumentação de Vieira: 1) O que muito encarece o amor do Pai Eterno aos homens no dia da Encarnação é que dera por nós seu Filho, sendo único. Ademais, tirou as nossas culpas e as pôs em seu Filho e tirou os merecimentos do Filho e os pôs em nós. 2) Neste dia em que o evangelista nos chama seus, foram tais os extremos de amor que o Filho de Deus fez por eles que parece amar mais aos homens que ao Pai: o lavatório dos pés; a Eucaristia: "sacramento para os homens" e "sacrifício para o Pai" (Ao Pai deu graças, aos homens fez o banquete, ao Pai ofereceu-se, com os homens uniu-se"). Concluindo: na mesma igualdade, em que não se conhece vantagem, consistiu a vitória do amor de hoje. Nas batalhas de menor a maior, quando menor iguala o maior, o igualar é vencer.

§ I

Outra vez, Senhor, neste mesmo dia, outra vez torno a falar de vosso amor. Dobraram-se neste dia os dias, dobraram-se e encontraram-se os mistérios, encontrou-se consigo o mesmo amor, e pois ele no mesmo dia duas vezes nos amou tanto, por que não diremos nós também duas vezes no mesmo dia, já que fizemos tão pouco? Vitorioso deixei hoje o amor de Cristo, mas ainda neste mesmo dia lhe resta muito que vencer. Josué, para acabar de vencer uma vitória, mandou parar o sol, e fez de um dia dois dias. Nós temos dois dias reduzidos a um só dia, e nem por isso receio presentar hoje nova batalha, que nos não pode faltar luz onde o mesmo sol é o combatente. Josué disse que "Nem antes nem depois houve tão grande dia como aquele" (Jo 10,14). Mas o dia em que estamos — que também compreende o antes e o depois — pelo que foi e pelo que é, é muito maior dia. Uma só hora deste dia é muito maior que todo aquele, porque aquele era dia de Josué e esta é hora de Jesus: "Sabendo Jesus que era chegada a sua hora".

Nesta hora, pois — que não será mais de uma hora — sairá outra vez em campo o amor de Cristo também de amor a amor e de dia a dia. Viu São João no seu Apocalipse "sobre um cavalo branco um galhardo cavaleiro armado de arco e setas" (Ap 6,2); logo viu que "lhe punham uma coroa na cabeça"; — e que assim coroado "saiu já vencedor para vencer". Por este cavalo branco entendem os intérpretes a sagrada humanidade que sempre, como no Tabor, veste de neve. O cavaleiro armado de arco e setas, as mesmas insígnias dizem que é o amor, e não outro senão o amor do mesmo Cristo. Mas se já vinha vencedor e tinha recebido a coroa da vitória, por que "Saiu outra vez a pelejar e vencer"? — Porque o amor do nosso divino amante, quando compete em amar, como compete hoje — "Como amasse, amou" (Jo 13,1). — não se contenta com uma só coroa, nem com uma só vitória: coroa-se para se tornar a coroar e vence para tornar a vencer. Esta é a não imaginada empresa que o tira nesta hora, não ao mesmo, senão a outro maior teatro. Esta manhã saiu a vencer a batalha; agora sai a vencer a vitória.

Mas se na comparação de dia a dia e de amor a amor o amor de Cristo esta manhã se competiu e se venceu a si mesmo, que novo ou que outro competidor pode haver maior, para que seja maior a competência e maior a vitória? É certo que só o Pai Eterno pode ser maior, do qual disse o mesmo Cristo: "Porque o Pai é maior do que eu" (Jo 14,28). E porque este unicamente é o maior competidor, o amor do Pai Eterno no dia da Encarnação e o amor de Cristo no dia de hoje serão os dois altíssimos competidores que esta tarde veremos contender — com tanta glória sua como nossa — sobre qual deles amou mais aos homens. Em tudo o que Cristo Senhor nosso obrou nos mistérios do Cenáculo, já vimos que teve sempre adiante dos olhos o dia da Encarnação e o dia de hoje: "Sabendo que saíra de Deus" (Jo 13,3), eis aí o dia da Encarnação; "E ia para Deus" (Ibid.), eis aí o dia de hoje. E assim como o Senhor comparou um dia com o outro dia, assim também o evangelista comparou um amor com o outro amor. Do amor do Pai no dia da Encarnação tinha dito o mesmo São João: "Assim amou Deus ao mundo que lhe deu seu Filho Unigênito" (Jo 3,16), e do amor de Cristo no dia de hoje, contrapondo amor a amor, mundo a mundo e Filho a Pai, disse pelos mesmos termos: "Os seus que estavam no mundo, amou-os até o fim" (Jo 13,1). O "até o fim" responde ao "assim", e o "assim" e o "até o fim" significam com igualdade, e sem vantagem, o excesso de um e outro "amou". Pondo, pois, de fronte a fronte, em competência igual, de uma parte um "amou" e da outra outro "amou", de uma parte o amor do Pai no dia da Encarnação, e da outra o amor de Cristo no dia de hoje, a resolução de todo o combate em duas proposições será esta: no dia da Encarnação amou tanto o Pai aos homens, que parece amou mais aos homens que ao Filho; e no dia de hoje amou Cristo tanto aos homens, que parece amou mais aos homens que ao Pai. Se alguém cuidar, entretanto, que isto é igualar, e não vencer, depois verá que da parte do amor de Cristo foi vencer, e com a maior vitória.

§ II

Entrando nas nossas grandes proposições, e começando pela primeira, para inteira inteligência do que se há de dizer, é necessário supor com a melhor e mais bem fundada teologia, que quando o amor do Pai Eterno deu aos homens seu Filho: "Assim amou Deus ao mundo que lhe deu seu Filho Unigênito" — não só no-lo não deu com liberdade de viver quanto e como quisesse, mas com preceito e obediência de morrer e padecer tudo o que padeceu por nós. Assim o tinha já dito o mesmo Senhor por boca de Davi: "No início do livro está escrito de mim: 'Eu quis fazer a tua vontade, Deus meu, e no íntimo do meu coração desejei a tua lei'" (Sl 39,8). E neste dia — como outras muitas vezes — fez menção do mesmo preceito: "Para que o mundo conheça que amo o Pai e que faço como ele me ordenou" (Jo 14,31). E assim como no dia da Encarnação nos deu efetivamente o Pai Eterno seu Filho, assim no mesmo dia, e no mesmo instante, o carregou destas pensões e lhe pôs esta obediência, o que antes não podia ser, porque dantes o Verbo não era sujeito ao Pai, e tanto que encarnou e se fez homem, sim.

Isto posto, já que não podemos compreender o amor divino pelo que é, julgá-lo-emos pelo que parece. Digo, pois, que no dia da Encarnação amou tanto o Pai Eterno aos homens, que parece amou mais aos homens que ao Filho: "Assim amou Deus o mundo que lhe deu seu Filho Unigênito". O que muito encarece o amor do Pai Eterno no dia da Encarnação é que desse por nós seu Filho, sendo único e não tendo outro: "O seu Filho Unigênito". Se o Pai Eterno tivera dois filhos, muito fora dar um; e se dera um por outro, já tínhamos grande argumento para cuidar e nos parecer que amava mais este segundo que o primeiro. Dizei-me: se um pai tivera dois filhos, um livre na pátria e outro cativo em Argel, e para resgatar o cativo desse ou vendesse o livre, não entenderíamos todos que este pai amava mais o filho cativo que o filho livre? Claro está. E se este, que chamamos filho, não fora filho, senão servo, não faríamos ainda muito maior conceito do excessivo amor daquele pai? Pois isto é o que fez o Pai Eterno no dia da Encarnação: "Para resgatares o servo, entregaste o Filho". Estava o homem cativo pelo pecado: qui-lo resgatar o Pai Eterno, e que fez o seu amor? Vendeu o Filho para resgatar o servo. Hoje vereis o Filho vendido, amanhã vereis o servo resgatado.

Mais faz neste caso o Pai Eterno, e tanto mais que bastava só ametade do que fez para todo o bom entendimento julgar que amou muito mais aos homens que ao Filho. O profeta Isaías, no capítulo cinquenta e três, em que prova a geração inefável de Cristo, enquanto Filho do Pai Eterno: "Quem narrará a sua geração?" (Is 53,8) —, pondera duas resoluções admiráveis do mesmo Pai e que de nenhum pai se puderam crer em respeito de seu Filho. Por isso começa dizendo, e como duvidando, se haverá alguém que lhe dê crédito: "Quem crerá no que ouvimos?" (Is 53,1). E que duas resoluções foram estas? A primeira que, para nos livrar, tirou as nossas culpas de nós, e as pôs em seu Filho: "O Senhor fez recair sobre ele a iniquidade de todos nós" (Is 53,6); a segunda que, para nos justificar, tirou os merecimentos do Filho e os pôs em nós: "Pelo que a sua alma sofreu, o meu Servidor justificará a muitos" (Is 53,11). Assim foi uma e outra coisa. Tirou o Pai Eterno as culpas de nós, e pô-las em seu Filho, porque nós não podíamos satisfazer à divina justiça por nossas culpas, e Cristo foi o que, tomando-as sobre si, satisfez por elas. E tirou os merecimentos de seu Filho e pô-los em nós porque Cristo não mereceu para si a graça nem a glória, nem nós alcançamos, nem podíamos alcançar uma e outra, senão pelos merecimentos de Cristo. Sendo pois certo e de fé que o Pai tirou de nós as culpas e as pôs em seu Filho, e tirou de seu Filho os merecimentos, e os pôs em nós, quanta fé é necessária para não crer que amou mais aos homens que ao Filho? Bastava só um destes dois excessos, ou ametade deles, como dizia, para que todo o mundo o julgasse assim.

Rebeca tinha dois filhos, Jacó e Esaú; mas o que mais amava era Jacó: "Rebeca amava Jacó" (Gn 25,28). E donde se prova este maior amor? Não só se prova das palavras da Escritura, que é a primeira fé, senão também das obras, que é a segunda. Todos sabemos que, pertencendo a bênção a Esaú, Rebeca com as suas indústrias a tirou a Esaú e a pôs em Jacó. E mãe que tira a bênção a um filho, cuja era, e a dá a outro filho, a quem não pertencia, e faz que o que Esaú tinha trabalhado, suado e merecido, que o logre Jacó a mãos lavadas e sem trabalho, claro está que a Jacó ama mais que a Esaú; antes que só a Jacó ama, que isso quer dizer a palavra do texto: "Rebeca amava Jacó". Agora pergunto: e assim como Rebeca tirou a bênção de Esaú e a pôs em Jacó, tirou também algumas culpas de Jacó para as pôr em Esaú? Não. Logo Rebeca não fez, ou não arremedou por amor de Jacó mais que ametade do que fez o Pai Eterno por amor de nós. Porque Rebeca só tirou a bênção a Esaú para a pôr em Jacó, e o Pai Eterno tirou a bênção do Filho para a pôr no homem, e tirou a culpa do homem para a pôr no Filho. Pois se ametade só, ou uma semelhança de ametade do que fez o Pai pelos homens bastou para provar, e ser de fé, que Rebeca amava mais a Jacó que a Esaú, dobrada prova tinha a nossa razão para cuidar que amou mais o Pai os homens que a seu Filho. Não foi assim porque ensina o contrário a fé, mas esteve tão perto de o ser que parece que o foi. Vamos a outros filhos.

Os excessos, a que o amor do Pai sujeitou e obrigou a seu Filho no dia da Encarnação foram tão superiores, tão opostos e tão verdadeiramente contrários a tudo o que o amor paternal intenta, ainda quanto mais empenhado, que para os entender é necessário fingir. Quando os filhos do Zebedeu pretenderam as duas cadeiras do Reino de Cristo, e o Senhor lhes respondeu que, para subir à cadeira, era necessário beber o cálix, se o amor da mãe, que fez a petição, fora tão desigual como o de Rebeca, pudera replicar desta maneira: — Aceito, Senhor, o despacho, como tão próprio de vossa divina justiça, mas para que ela se mantenha em todo seu vigor, e a esperança, que me trouxe a vossos pés, não fique de todo frustrada, suposto que os meus filhos são dois, parta-se entre ambos a minha petição e também o vosso despacho. Mereça um com o trabalho, e logre o outro o prêmio; beba um o cálix e suba o outro à cadeira; assente-se na cadeira João e beba o cálix Jacobo. — Se assim replicara a mãe dos Zebedeus, não havíamos de entender que amava mais a João que ao outro filho? É sem dúvida. E posto que eu não digo que entendamos o mesmo do amor do Pai, digo, porém, que saibamos que assim o fez. Para o homem se assentar na cadeira da glória, segundo as leis e decretos da divina justiça, era necessário que o cálix da Paixão se bebesse primeiro. E que fez o amor do Pai? Partiu o cálix e a cadeira entre o Filho e o homem, e o homem quis que subisse à cadeira e o Filho que bebesse o cálix. Assim o disse o mesmo Filho, falando de si e do Pai: "Não queres que eu beba o cálice que o Pai me deu?" (Jo 18,11). E que não seja isto amar mais ao homem que ao Filho? Tanta fé é necessária para crer que nos não amou mais como para crer que fez tanto.

Mas vamos com a parábola ou com o fingimento por diante. A mãe dos Zebedeus, como amava tanto a um filho como ao outro, não pediu aquela partilha; mas se ela a pedira, e o Senhor lha concedera, e Jacobo replicara uma e muitas vezes que, pois João havia de levar a cadeira, bebesse também João o cálix, e não ele e a mãe, contudo, estivesse inexorável a todas estas réplicas, e sem nenhum movimento de piedade, persistisse na mesma resolução de que Jacobo bebesse o cálix e, finalmente, o obrigasse a isso, não se provaria nesta segunda instância, ainda com maior evidência, que amava mais a João? Pois este é o caso em que estamos, e assim o executou o Pai com seu Filho. Estando Cristo no Horto, deu licença à parte inferior da alma a que falasse por boca da natureza e exprimisse todos os seus afetos; e o que disse foram estas palavras: "Pai meu, tudo vos é possível; e se é possível que Eu não padeça, transferi de mim este cálix (Mc 14,36; Mt 26,39). — Da mesma palavra "transferi" usa São Lucas (Lc 22,42), e transferir é passar de um lugar para outro lugar, ou de uma pessoa para outra pessoa. Onde se vê que Cristo não pedia que o mundo se não remisse, nem que o cálix se suspendesse ou derramasse, mas que não fosse ele o que o bebesse, senão outro em quem se transferisse: "Transferi de mim este cálix". — Por isso alegava a possibilidade desta comutação; porque, como resolvem os teólogos, ainda que, para satisfação de rigor de justiça era necessário que o homem que houvesse de satisfazer fosse juntamente Deus; de liberalidade porém e de graça, bem podia Deus aceitar a satisfação de um puro homem. Falando, pois, Cristo neste sentido, a sua petição foi como se dissera: — Já que o homem pecou, pague ele pelo seu pecado, e já que há de ir à glória que lhe não é devida, beba ele o cálix, para que de algum modo a mereça. Beba ele o cálix, outra vez, e não Eu, que nunca pequei, e sou a mesma inocência. Beba ele o cálix, e não eu, a quem não é necessário ganhar ou merecer a glória, pois que é minha. E que sendo esta petição tão justificada, e de matéria não impossível, e fazendo-a o Filho três vezes, com tanta aflição e eficácia que chegou a suar sangue, que o Pai, contudo, invocado como Pai, não ouça a primeira oração, nem ouça a segunda, nem ouça a terceira, e que resolutamente queira e mande que, para que o homem se assente na cadeira, beba o Filho o cálix, e para que o homem pecador triunfe, o Filho inocente padeça, excesso foi de amor que excede toda a admiração. E que à vista de tudo isto haja de cuidar o entendimento humano que, no dia em que este decreto se intimou a Cristo — que foi o dia da sua Encarnação — o Pai, que assim o ordenou, não amasse mais aos homens que ao Filho?

§ III

Ora, Senhor, eu já não quero discorrer com suposições nem argumentos humanos, mas quero que vós mesmo nos digais vosso parecer, para que vejamos e vejais quão bem fundado é o nosso. Quis Deus averiguar por experiência a qual de dois amava mais Abraão: se ao mesmo Deus, se a seu filho Isac. A razão de fazer esta prova era muito bem fundada, porque há muitos pais que amam mais os filhos que a Deus, e Abraão verdadeiramente amava muito aquele filho. E que meio tomou Deus para experimentar qual era o mais amado? Todos sabemos o caso. Manda a Abraão que lhe sacrifique a Isac: "Toma, Isac, teu filho, a quem amas, e o oferecerás em holocausto" (Gn 22,2). O "a quem amas" mostrava bem o motivo do sacrifício. Toma, pois, Abraão ao filho, leva-o ao monte, ata-o e põe-no sobre a lenha, tira pela espada. — Basta, diz Deus, já estou satisfeito: "Agora conheci que temes a Deus e não perdoaste a teu filho único por amor de mim" (Gn 22,12). Não perdoaste a teu filho e quiseste-o sacrificar por amor de mim? Claro está que me amas mais a mim que a ele. — Pois se isto, Senhor, vos pareceu a vós, por que me não parecerá a mim o que digo? Não é o parecer meu, é vosso. Vós dizeis de Abraão: "Não perdoaste a teu filho único por amor de mim" — e São Paulo diz de vós: "A seu próprio Filho não perdoou, mas por nós o entregou" (Rm 8,32). Se querer sacrificar o pai ao filho por amor de Deus é amar mais a Deus que ao filho, sacrificar Deus com efeito ao Filho por amor dos homens, por que não será amar mais aos homens que ao Filho? Eu não posso dizer que é assim, mas Deus não pode dizer que o não parece. Deus disse: "Agora conheci", e nós podemos dizer o mesmo, e com muito maior razão. Abraão quis sacrificar o filho, mas não o sacrificou; o Pai quis sacrificar o Filho, e sacrificou-o; Abraão pôs o filho sobre a lenha, mas não lhe meteu o ferro; o Pai pôs o filho sobre a cruz, e pregou-o nela com três cravos até dar a vida; Abraão, se deu um filho, ficava-lhe outro; o Pai deu um Filho, mas não tinha outro, nem o podia ter; o amor de Abraão foi forçado com o preceito; o amor do Pai foi livre e espontâneo; o amor de Abraão foi misturado com temor: "Agora conheci que temes a Deus" — o amor do Pai todo foi amor, porque não tinha a quem temer, e só temeu que os homens se perdessem, que foi maior circunstância de amor. Pois sendo tanta a diferença de Pai a pai, de Filho a filho e de amor a amor, se dar Abraão o filho por amor de Deus foi amar mais a Deus que ao filho, dar Deus o Filho por amor dos homens, por que não será amar mais aos homens que ao Filho? Parece-o tanto, que é necessário que a fé nos feche os olhos, para crer que não foi assim.

Viveu, enfim, Isac, mas nem por isso deixou Deus de aperfeiçoar o sacrifício. E como? Com um cordeiro que ali apareceu preso pela cabeça entre uns espinhos: "E levantando os olhos viu Abraão um carneiro com os chifres presos entre espinhos" (Gn 22,13). Este, diz o texto que sacrificou Abraão em lugar do filho: "E o tomou e o ofereceu em holocausto em lugar de seu filho" — e assim acabou em alegria aquela famosa tragicomédia. Mas se neste último ato dela me fora lícito perguntar a Deus, perguntara-lhe eu duas coisas: a primeira, se amava mais a este cordeiro, que ali trouxe milagrosamente para ser sacrificado, ou a Isac, a quem tirou da garganta a espada do Pai e livrou do sacrifício. É certo que havia de responder Deus que mais amava a Isac que ao cordeiro. E sobre esta resposta, a segunda coisa que eu havia de perguntar é quem era aquele Isac e quem era aquele cordeiro. E também é certo que me havia de responder Deus que Isac era figura do homem que estava condenado à morte, e o cordeiro coroado de espinhos e sacrificado, figura de seu Filho, que morreu para que o homem não morresse. Pois se Isac foi mais amado que o cordeiro, e o cordeiro era figura do Filho e Isac figura do homem, por que não entenderemos nós, e se nos afigurará, quando menos, que quando o Pai matou o Filho, para que o homem vivesse, amou mais ao homem que ao Filho?

§ IV

É tanto assim verdade que, postos neste ato de uma parte os homens e da outra o Filho, e o Pai entre ambos, dos homens parece que era Pai e do Filho não. É juízo humano, mas de sabedoria divina. Vieram duas mulheres diante de Salomão com uma demanda notável. Traziam consigo dois meninos, um morto, outro vivo: o vivo cada uma dizia que era seu filho, o morto cada uma dizia que o não era. Que faria o grande rei nesta perplexidade? "Parta-se o menino vivo pelo meio" (3Rs 3,25), e leve cada uma a sua parte. — Ouvida a sentença, uma das mulheres consentiu e disse, parta-se; a outra não consentiu, e disse viva o menino e leve-o embora minha competidora. E qual destas duas era a verdadeira mãe? A que disse viva o menino. Assim o julgou Salomão, e assim era, porque a que disse morra mostrou que não amava; a que disse viva provou que amava, e da que amava o menino desta era filho. Voltemos agora o passo, e venha a juízo o amor do Pai Eterno. No dia da Encarnação estava o homem morto e o seu Filho vivo; e o Pai Eterno que disse? Disse: morra o Filho, para que viva o homem. Morra o Filho, e viva o homem? Logo do homem é Pai, e do Filho não. Ali está o amor e não aqui. A mãe do vivo amava-o tanto que o quis vivo, ainda que ficasse alheio; a mãe do morto amava-o tão pouco que antes queria o vivo alheio que o morto seu. E o Pai Eterno, sendo Pai do vivo, amou tanto o morto que quis que morresse o vivo, para que o morto vivesse. Vede se amava mais ao homem que ao Filho, e se do homem parecia Pai e do Filho não. Se assim o havia de julgar Salomão, que muito é que a mim mo pareça?

Sedúlio, Pai antigo e poeta Ilustre da lei da graça, conta um caso admirável. Foi à caça um famoso tirador da Tessália, e deixou um filho pequeno ao pé de uma árvore, enquanto se meteu pelas brenhas. Quando tornou, viu que estava enroscada uma serpente no menino. E que conselho tomaria o pai em um caso tão perigoso? Se atirava à serpente, arriscava-se a matar o filho; se lhe não atirava, mordia a serpente o menino e matava-o. A resolução foi que embebeu uma seta no arco, e mediu a corda com tanta certeza, e pesou o impulso com tanta igualdade que, matando a serpente, não tocou no menino. Pasma Sedúlio da felicidade do tiro, e diz assim: "A arte foi ser pai"[1]. Não cuide ninguém que foi isto destreza da arte: foi ser pai. — Aquela serpente do Paraíso enroscou-se em Adão e enroscou-se em Cristo. Em Adão porque foi o autor da culpa; em Cristo porque tomou a culpa de Adão sobre si. Quis o Pai Eterno matar a serpente, mas como se houve? Faz um tiro à serpente que estava enroscada do homem, mata a serpente e não toca no homem; faz outro tiro à serpente que estava enroscada no Filho, mata a serpente e passa de parte a parte o Filho. Pois ao Filho mata e ao homem não toca? Sim. Ao Filho atirou com tão pouco reparo como se não fora seu Filho e ao homem com tanto tento como se fora seu Pai: "A arte foi ser pai". Se o amor se há de julgar pelas setas, na do homem mostrou o Pai que era Pai, na do Filho que o não era. No dia de amanhã se viu isto mesmo publicamente e em próprios termos.

Quando Cristo e Barrabás foram propostos por Pilatos à eleição do povo, clamou o mesmo povo, solicitado pelos príncipes dos sacerdotes: — Morra Cristo, e viva Barrabás. — Grande injustiça, mas muito maior mistério, diz Santo Atanásio. E qual foi? Que logo na primeira sentença com que Cristo foi condenado à morte se visse publicamente, nos efeitos dela, que morria e era condenado para dar vida e absolver condenados: "Ó coisa admirável além de toda opinião. Cristo sofreu a sentença de morte e logo Barrabás foi absolvido. O início da condenação foi o início da libertação dos condenados"[2].

O povo, que costumava ser voz de Deus, sem entender o que diziam as suas vozes, foi o pregoeiro da sentença do Pai, que primeiro tinha dito: — Morra meu Filho e viva o homem. — E vede como em nenhuma figura se podia melhor representar o caso que na de Barrabás. Barrabás, como dizem S. Lucas e S. Marcos, era ladrão e homicida, e por isso propriíssima figura do primeiro homem, que foi ladrão, roubando o fruto da árvore vedada, e homicida, matando-se a si e a todos seus descendentes. E quando o Pai mata e condena o Filho para dar vida e absolver o homem, qual deles diremos que é o Filho do Pai? Digo confiadamente que não é, segundo parece, o Filho, senão o homem. Pois o homem, representado em Barrabás, ou o mesmo Barrabás é o filho? Sim, e outra vez sim, com milagrosa propriedade, porque Barrabás na língua hebraica quer dizer "filho do pai"; *"Barrabás significa, em latim, 'filho do pai'"*, diz Santo Ambrósio[3]. E a razão da etimologia é porque *bar* em hebreu quer dizer filho, e *abbas* quer dizer pai. De sorte que quando o Filho é condenado para que o homem se livre, e quando o Filho morre para que o homem viva, então o homem se chama "filho do Pai" — porque o homem verdadeiramente, neste caso, o homem parece que é o filho do Pai, e o Filho não.

Ah! Filho de Deus, que não sei se me compadeça de vós! O certo é que, se de Deus pudera haver ciúmes, e no Filho de Deus pudera haver inveja, caso e ocasião era esta em que Cristo pudera ter invejas dos homens e ciúmes do amor de seu Pai. O mesmo Cristo o disse, ou descreveu assim. Quando o pai recebeu o filho Pródigo com tanta festa, e matou o vitelo regalado — que eram as delícias naturais daquele bom tempo — para lhe fazer o banquete, o filho mais velho, que estava fora e teve notícia do que passava, se mostrou tão sentido e queixoso que, para entrar em casa, foi necessário que o pai saísse a o buscar e dar-lhe satisfações. E quem era este pai e estes dois filhos? O pai era o Pai Eterno; o Filho mais velho, Cristo que, enquanto Deus, foi gerado "desde toda a eternidade"; e o filho mais moço o homem, que foi criado em tempo. Pois se o Filho mais velho era Cristo, como se mostra tão sentido dos favores e regalos que o pai fez ao mais moço, que não só parece lhe tem inveja, senão ainda ciúmes do amor do mesmo pai? A razão é porque, consideradas todas as circunstâncias do mistério da Encarnação do Verbo e redenção do gênero humano, são tais os excessos que Deus fez pelo homem e a diferença com que tratou a seu Filho que, se o Filho de Deus fora capaz de invejas, e no amor de Deus houvera lugar de ciúmes, tivera o Filho grandes ciúmes do amor do Pai, e grandes invejas também ao favor e regalo com que tratou os homens.

O regalo do vitelo morto para o banquete é o de que o filho maior se mostrou mais queixoso e o que particularmente lançou em rosto ao pai. Mas tende mão, magoado e inocente filho, tende mão na vossa justa dor e sentimento, que a ocasião da queixa, do ciúme e da inveja ainda se não declarou nem mostrou até onde há de chegar. Dizei-me se, em lugar do vitelo, que vosso pai matou para vosso irmão, vos matara a vós, para da vossa carne e do vosso sangue lhe fazer um novo prato, que excesso nunca visto seria este? Pois sabei que assim há de ser, e que dessa mesma carne e desse mesmo sangue, que hoje tomastes, lhe há de guisar a onipotência, a sabedoria e o amor de vosso Pai um tão esquisito manjar que não tenha comparação com ele o maná do céu. Assim foi, e assim o confessou o mesmo Cristo publicando que a instituição do Sacramento, antes de ser obra sua, fora dádiva do Pai: "Moisés não vos deu o pão do céu, mas meu Pai é o que vos dá o verdadeiro pão do céu" (Jo 6,32). A tanto chegou, a tanto se estendeu o "amou" do Pai no dia da Encarnação, e tanto deu aos homens quando lhes deu seu Unigênito Filho: "Assim Deus amou o mundo que lhe deu o seu Filho Unigênito".

§ V

Mas, se no dia da Encarnação amou tanto o Pai aos homens que parece amou mais aos homens que ao Filho, contrapondo agora um dia a outro dia, e um amor a outro amor, vejamos também como no dia de hoje amou tanto o Filho aos homens, que parece amou mais aos homens que ao Pai. E posto que o "amou" daquele primeiro dia nos abriu mais largo campo e nos deu mais ampla e copiosa matéria, com as obediências então impostas por seu Pai ao Verbo recentemente encarnado, cujas execuções se estenderam até a hora da morte, à qual principalmente se ordenaram e, pelo contrário, o "amou" deste dia se estreita e limita somente às ações de poucas horas, sem mais teatro que o de um Cenáculo, nem mais campo que o de um horto, espera, contudo, o amor de hoje confiadamente que, sem sair da estacada, há de correr e quebrar as lanças com tal esforço que se lhe não duvide a vitória.

"Os seus que estavam no mundo, amou-os até o fim" (Jo 13,11). O que muito se deve reparar nestas palavras do evangelista é que ao Pai chama somente Pai, e não lhe chama seu, e aos homens chama somente seus, e não lhes dá outro nome. Ao Pai chama somente Pai, e não lhes chama seu: "A hora de passar deste mundo para o pai" (Jo 13,1); aos homens chama somente seus, e não lhes dá outro nome: "Os seus que estavam no mundo, amou-os até o fim". — Em quase todas as páginas do Evangelho chama Cristo a seu Pai meu Pai, e do mesmo modo aos homens com que tratava, umas vezes lhes chama servos, outras discípulos, outras amigos, outras filhos. Pois se o mesmo Cristo a seu Pai chamava seu, e aos homens nomeava variamente, segundo o pedia a ocasião, com tão diferentes títulos como neste dia sinaladamente — "Antes do dia da festa da páscoa" (Jo 13,1) —, muda o evangelista de estilo e, com termos nem antes nem depois usados, aos homens chama somente seus: "Os seus que estavam no mundo" — e ao Pai não chama seu: "A hora de passar deste mundo para o pai". — O certo é que São João, como secretário do peito e amor de Cristo, não saiu neste dia com uma novidade tão singular, sem muito grande e bem fundada causa. Qual esta fosse, não me toca a mim hoje especular; o que só pertence a meu intento é dizer o que parece. Digo, pois, que esta palavra "seu", quando não significa domínio, senão especialidade — como aqui — não só é denominação de amor, senão de maior amor. Apertado el-rei Ezequias pelos exércitos dos assírios, mandou pedir ao profeta Isaías que encomendasse a Deus aquela grande necessidade e o consultasse nela: "Se o Senhor teu Deus ouviu as palavras de Rabsaqué, a quem o rei dos assírios enviou para blasfemar o Deus vivo, seja punido pelas palavras que o Senhor teu Deus ouviu" (Is 37,4). Estas foram as palavras do recado, nas quais é muito para notar que pede o rei a Isaías não só que encomende o caso a Deus, senão ao seu Deus: seu de Isaías, e não seu do mesmo rei: "Se o Senhor teu Deus ouviu"; "que o Senhor teu Deus ouviu". El-rei Ezequias e o profeta Isaías, ambos criam e adoravam o mesmo Deus verdadeiro. Pois, se o Deus do rei e o do profeta era o mesmo, por que se chama Deus seu do profeta, e não Deus seu do rei? A razão literal é porque esta denominação de seu não se funda só na fé, senão no amor. Neste sentido dizia Santo Agostinho: "Ó Deus, Oxalá pudesse dizer meu!". Chamo-vos Deus, porque vos creio, mas não me atrevo a vos chamar meu, porque vos não amo. — Porém esta razão, ou exceção, não tinha lugar em Ezequias, porque Ezequias era rei santo e amava muito a Deus. Pois, se Ezequias também amava a Deus, por que lhe não chama meu, ou nosso, senão seu, de Isaías: "O teu Deus"? Porque Isaías, como profeta de tão singular e levantado espírito, amava e era amado de Deus muito mais que o rei, e que todos quantos então havia em Israel, e este nome, ou título de seu, não só é denominação de amor, senão de maior amor; nem só significa ser amado, senão mais amado.

É tão certa e tão geral esta regra — para que se não duvide dela, nem pela parte do Pai, nem pela nossa — que não só se verifica do amor para com Deus, senão também do amor para com os homens. Quando Deus houve de levar para o céu a Elias, assim os profetas de Betel como os de Jericó disseram a Eliseu pelas mesmas palavras: "Sabes que hoje há Deus de levar para si a teu Senhor?" (4Rs 2,3). — Assim chamavam por reverência a seu mestre. Mas se Elias, mestre de Eliseu, também era mestre de todos os outros profetas que viviam naqueles desertos, por que não chamaram a Elias nosso mestre, senão seu de Eliseu: "teu senhor"? Era de todos, e só de Eliseu era seu? Sim, porque, entre todos os discípulos, o que mais amava e o mais amado de Elias era Eliseu; e este nome, ou prerrogativa de seu, é tão próprio e singular do maior amor que, sendo Elias seu mestre de todos, de Eliseu só era seu e dos outros não. Por isso, em confirmação do mesmo amor e da mesma singularidade, não disseram que Elias os havia de deixar a eles, senão a ele: "Há de levar de ti". E como o ser seu ou não ser seu é o mesmo que ser ou não ser o mais amado, vendo nós hoje que, falando S. João do amor de Cristo, aos homens chama seus: "Os seus que estavam no mundo"; — e ao Pai não chama seu: "A hora de passar deste mundo para o Pai" — que havemos de arguir ou inferir desta diferença? Porventura havemos de inferir que ao Pai, que se não chama seu, amou Cristo menos, e aos homens, que se chamam seus, amou mais? Nenhum cristão é tão ignorante que lhe houvesse de vir ao pensamento tal erro. Mas uma coisa é o que é, outra o que parece. Sempre Cristo infinitamente, e sem nenhuma comparação, amou mais ao Pai que aos homens; porém, neste dia em que o evangelista singularmente lhes chama seus, foram tais os extremos de amor que o mesmo Filho de Deus fez por eles, que parece amou mais aos homens que ao Pai.

§ VI

Ora, discorramos por todas as ações de Cristo neste mesmo dia sem sair dele, e veremos como todas confirmam este parecer. Quando o amoroso Senhor deu princípio à primeira, que foi lavar os pés aos discípulos, nota e pondera o evangelista que se deliberou o Divino Mestre a uma ação tão prodigiosa, considerando e advertindo que seu Pai lhe tinha posto tudo nas mãos: "Sabendo que o Pai depositara tudo em suas mãos, começou a lavar os pés aos discípulos" (Jo 13,3.5). Muitas outras vezes se faz menção no texto sagrado deste tudo dado a Cristo por seu Pai Eterno: "Tudo me foi entregue por meu Pai" (Mt 11,27). "Tudo o que o Pai tem é meu" (Jo 16,15). "Tudo o que me deste procede de ti" (Jo 17,7). E em outros muitos lugares. Pois se tantas vezes se repete que o Pai deu tudo a seu Filho, por que razão só neste lugar se diz que esse tudo lho pôs nas mãos: "Sabendo que o Pai depositara tudo em suas mãos"? Sem dúvida pela correspondência e oposição que têm as mãos com os pés. O intento do evangelista era encarecer o amor de Cristo neste dia para com os homens, e haver o Filho de Deus de lavar os pés aos homens, com aquelas mesmas mãos em que o Pai Eterno tinha posto tudo, parece que levantava tanto a baixeza da mesma ação que chegava a tocar no Pai. Por isso disse "Pai", com grande advertência. Bem pudera o evangelista dizer "Deus", como logo continuou: "Sabendo que tinha saído de Deus, e para Deus voltava" (Jo 13,3); mas disse nomeadamente Pai: "Sabendo que o Pai depositara tudo em suas mãos" — para, assim como contrapôs as mãos aos pés, contrapor também o Pai aos homens. E verdadeiramente nesta oposição de mãos a pés, e de Pai a homens parece que foram mais amados os homens, que o mesmo Pai.

O amor todo é estimação. E quem haverá que, vendo ao Filho de Deus lavar os pés aos homens com aquelas mesmas mãos em que o Pai tinha posto tudo, não lhe pareça que a olhos vistos fez mais estimação o Filho dos pés dos homens que das dádivas do Pai? O Pai estimou tanto ao Filho que tudo quanto tinha pôs nas mãos do Filho: "O Pai depositara tudo em suas mãos" — e o Filho estimou tanto aos homens que, com tudo quanto o Pai lhe tinha posto nas mãos, pôs as mesmas mãos aos pés dos homens: "Começou a lavar os pés aos discípulos" (Jo 15,3). — Notai este modo de lavar, que foi muito diverso do que costuma ser. Não lavou os pés aos homens com as mãos vazias, senão com as mãos cheias. Assim lavou, e assim havia de lavar, porque assim lava Deus. Deus, quando lava, não só alimpa, mas enriquece: alimpa porque nos tira as manchas da culpa, e enriquece, porque juntamente nos enche dos tesouros da graça. Assim que, sendo Deus o que lavava os pés aos discípulos, claro está que não havia de ser com as mãos vazias, senão cheias. Mas se estavam cheias de tudo o que nelas pôs o Pai, e essas mesmas mãos põe Cristo debaixo dos pés dos homens, como se não há de entender que estima mais os mesmos pés que tudo quanto o Pai lhe pôs nas mãos?

Dos cristãos da primitiva Igreja diz São Lucas que "tudo quanto tinham vendiam e punham o preço aos pés dos apóstolos" (At 4,34s). E por que lho punham aos pés, e não lho entregavam nas mãos, se era o preço de tudo? Para mostrar, diz São Crisóstomo, que estimavam mais os pés dos apóstolos que tudo quanto davam e quanto tinham. Entregar-lho nas mãos seria fazer estimação do que davam; pôr-lho aos pés era protestar veneração das pessoas, e como estimavam mais as pessoas que as dádivas, por isso lhas punham aos pés, e não lhas davam nas mãos: "Punham aos pés dos apóstolos". Ó dádivas do Pai! Ó pés dos homens! Ó amor e estimação de Cristo! O Pai deu tudo quanto tinha ao Filho, e não lho pôs aos pés, senão nas mãos, porque estimou o que lhe dava quanto a mesma dádiva merecia, pois era tudo quanto tinha Deus. E que este tudo do Pai, de que estavam cheias as mãos do Filho o pusesse o Filho, e mais as mesmas mãos aos pés dos homens!

O que podia daqui inferir o discurso, se não tivesse mão nele a fé, é que prezou Cristo mais os pés dos homens que as dádivas do Pai. Mas o certo, e a verdade, é que não foi nem podia ser assim. Amou e estimou o Filho sumamente as dádivas de seu Pai, tanto pelo que eram em si como pelas mãos de quem vinham. Porém, esta mesma estimação não desfaz, antes reforça mais o mesmo discurso, porque dele se infere estima com sobre estimação, e amor sobre amor. Quando a Madalena pôs aos pés de Cristo os alabastros, os unguentos, os cabelos, os olhos, as lágrimas, as mãos, a boca e a si mesma, não foi porque não estimasse tudo isto, senão porque tudo isto era o que mais estimava. E que consequência tirou dali, não outrem, senão o mesmo Cristo? "Porque amou muito" (Lc 7,47). — De pôr tudo o que mais estimava, e a si mesma, a seus pés, inferiu o Senhor o grande excesso com que amava. E assim era, porque, quando o que se preza muito em um amor se põe aos pés do outro, então se prova que este segundo é maior. Logo, se assim o inferiu Cristo, por que não inferiremos nós o mesmo? Se tudo quanto o Pai pôs nas mãos do Filho, e as mesmas mãos e a si mesmo, prostrado em terra, põe o Filho aos pés dos homens, como não há de parecer que os homens são os que mais estima e os homens os que mais ama?

Para declarar o amor do Pai foi-nos necessário fingir parábolas; para inferir o do Filho não é necessário fingi-las, basta aplicar uma e sua. Quando o filho Pródigo, em serviço de outro amor, empregou quanto tinha recebido de seu Pai e sua própria pessoa, até se abaixar às maiores vilezas de servo, não é certo que amou mais a quem se tinha rendido que a seu pai? Pois este pródigo foi Cristo, diz Guerrico Abade, e depois dele Guilhelmo, ainda com maior energia: "Quem encontrará um único pródigo, igual ao unigênito do Pai?"[4]. O único pródigo que houve no mundo foi o Filho do Pai Eterno. — E por que Pródigo e único? Pródigo, porque se pareceu com o pródigo, e único, porque o excedeu. Pareceu-se com o Pródigo porque assim como o Pródigo tudo quanto tinha recebido do pai, e a si mesmo, empregou em serviço e amor de quem o não merecia, assim Cristo, com tudo quanto lhe tinha dado seu Pai, e com sua própria pessoa, serviu e amou aos homens e — para que a parábola ficasse inteira — a homens pecadores. E excedeu muito o mesmo Pródigo, porque o Pródigo, obrigado da fome, foi buscar o pão à casa do pai, e Cristo não o foi buscar a outra parte, mas desentranhou-se a si mesmo e fez-se pão; o Pródigo arrependeu-se do seu amor, e pediu perdão do que tinha amado; e Cristo não se arrependeu jamais, mas perseverou constante no mesmo amor até o fim: "Amou-os até o fim".

Do ministério humilde do lavatório, passou o Senhor ao mistério altíssimo do Sacramento, e aqui se declarou seu amor muito mais por parte dos homens. E por quê? Porque para o Pai instituiu o Sacramento como sacrifício; para os homens instituiu o sacrifício como sacramento, e, posto que o mistério seja o mesmo, maior amor se argúi dele enquanto Sacramento que enquanto sacrifício. Como sacrifício consome-se; como Sacramento conserva-se; como sacrifício é ação transeunte; como Sacramento permanente; como sacrifício tem horas do dia certas; como Sacramento é de todo o tempo, de dia e de noite; como sacrifício não se aparta do altar e de sobre a ara; como Sacramento sai às ruas, e entra em nossas casas; como sacrifício, enfim, tem por fim o culto e adoração do Pai; como Sacramento, a presença, a assistência e a união com os homens. Vede a diferença do amor na mesma instituição e na mesma mesa, que foi a mesa e o altar: "A ti" — ao Pai — "deu graças". "Aos discípulos" — aos homens — "tomai e comei". Ao Pai deu as graças, aos homens fez o banquete; ao Pai ofereceu-se, com os homens uniu-se.

E como se uniu? É tal a união que os homens contraem com Cristo no Sacramento que, comparada com a mesma união que o Filho tem com o Pai, se a não excede enquanto união, excede-a muito enquanto amorosa. Revelando Cristo a união altíssima que tem com seu Pai, diz: "Eu estou no Pai, e o Pai está em mim" (Jo 14,10). — E declarando a união que tem com o homem no Sacramento, diz pelos mesmos termos: "Ele está em mim, e eu nele" (Jo 6,57). — E qual destas duas uniões tão parecidas é maior? A que o Filho tem com o Pai é maior em gênero de união, porque é unidade; porém a que Cristo tem com o homem no Sacramento é maior em gênero de amorosa, porque a fez o amor. Pois a união que tem o Filho com o Pai não a fez o amor? Não. Porque a união entre o Pai e o Filho funda-se na geração eterna antecedente a todo ato da vontade. A nossa é obra da vontade do Filho; a do Filho é obra do entendimento do Pai. O Filho está no Pai e o Pai no Filho, porque o Pai se conheceu e nós estamos em Cristo, e Cristo em nós porque o Filho nos amou. Logo, ainda em comparação da união que o Filho tem com o Pai, vence, sem controvérsia nem batalha, o amor dos homens.

Isto no sacramento enquanto sacramento. E passando ao sacrifício enquanto sacrifício, digo que também o mesmo sacrifício se ordenou a maior união de Cristo com os homens que do mesmo Cristo com o Pai. Santo Agostinho, distinguindo esta união, e admirando o amor de Cristo nela, depois de advertir que todo o sacrifício se compõe de quatro partes: "Quem oferece, o que oferece, a quem oferece e por quem oferece"[5], diz que o fim que Cristo teve no admirável invento do seu sacrifício foi fazer que todos estes quatro, por meio dele, fossem uma só coisa: "Do mesmo modo, ele sendo um, e verdadeiro mediador, reconciliando-nos com Deus pelo sacrifício da paz, permaneceu sendo um com ele a quem oferecia. Sendo um fazia em lugar daqueles que oferecia. Era um quem oferecia e um aquilo que oferecia".

Só a agudeza de Agostinho pudera penetrar os íntimos secretos de tão intrincado e bem tecido labirinto de amor. No sacrifício do altar, quem oferece é Cristo, o que oferece é seu corpo, a quem oferece é o Pai, por quem oferece são os homens. E como pode ser que todos estes quatro em um só sacrifício se unam de tal sorte que sejam uma e a mesma coisa? Deste modo. Para que Cristo, que é o sacerdote que oferece, fosse a mesma coisa com o sacrifício, fez que o sacrifício fosse de seu corpo; para que os homens, por quem se oferece, fossem a mesma coisa com o sacrifício e com o sacerdote, fez que os homens o comêssemos; e para que o Pai, a quem se oferece, fosse a mesma coisa com os homens e com Cristo, fez que por meio do mesmo sacrifício se reconciliasse o Pai com os homens. Só o amor onipotente podia inventar um bocado em que, sendo um só o que o come, fossem quatro e tais quatro os que ficassem unidos.

Agora pergunto eu: e nesta união tão maravilhosa como verdadeira, à qual Cristo ordenou o mesmo sacrifício que oferecesse ao Pai, quem são os que ficam mais unidos a Cristo, o Pai ou os homens? Não há dúvida que os homens. Porque a nossa união com Cristo é imediata e direta; a união do Pai com o mesmo Cristo é mediata e reflexa. A nós uniu-nos Cristo imediatamente a si; ao Pai uniu-se o mesmo Cristo por meio de nós. Porque o Pai se uniu a nós, por isso Cristo se uniu ao Pai. De sorte que a união de Cristo com o Pai foi o efeito, e a união do Pai conosco foi o motivo. Tornai a ouvir as palavras de Agostinho e ouvi-as com atenção: "Para que ele, sendo um reconciliando-nos com Deus pelo sacrifício da paz, permanecesse sendo um com ele a quem oferecia".

Ofereceu-se Cristo ao Pai em sacrifício, para que, por meio do mesmo sacrifício, reconciliando-se o Pai com os homens, se unisse Cristo ao mesmo Pai. Pois para Cristo se unir ao Pai é necessário que o Pai primeiro se una aos homens e se reconcilie com eles? Sim, que debaixo destas condições ama Deus quando parece que antepõe o amor dos homens ao seu amor. "Se trouxeres a tua oferta ao altar e ai te lembrares de que teu irmão tem alguma coisa contra ti, vai reconciliar-te primeiro com teu irmão e então apresenta a tua oferta" (Mt 5,23s). Se tiveres posta a tua oferta ao pé do meu altar — diz Deus — e não estiveres reconciliado com teu próximo, vai primeiro reconciliar-te com ele, e então aceitarei a tua oferta. Ao mesmo modo, e debaixo da mesma condição, se une Cristo ao Pai no sacrifício de seu Corpo. Assim como Deus não aceita a oferta do homem antes de o homem estar reconciliado com o próximo, assim Cristo não se une ao Pai antes de o Pai se reconciliar com os homens: "Para que reconciliando-nos com Deus ele permanecesse com ele". Oh! assombro! Oh! prodígio do amor de Cristo para com os homens, ainda em respeito do Pai! O maior intérprete dos evangelistas, comentando este texto, infere dele que Deus em certo modo "antepõe o amor do próximo ao seu próprio amor"[6]. E se esta força tem a condição de estar primeiro reconciliado o homem com o próximo, para Deus aceitar a sua oferta, por que não terá a mesma consequência o estar primeiro reconciliado o Pai com os homens, para Cristo se unir ao Pai? E para que se veja quanta certeza tem isto que se chama em certo modo, ouçamos ao mesmo Cristo neste mesmo dia e na mesma mesa em que instituiu o mesmo mistério: "O Pai ama-vos a vós, porque vós me amastes (Jo 16,27). — A força deste porquê é igual em um e outro caso. Assim como o Pai ama aos homens porque os homens amam ao Filho, assim o Filho se une ao Pai porque o Pai se une aos homens. Logo, se amar o Pai aos homens porque os homens amam ao Filho é sinal de amar o Pai mais ao Filho que aos homens, também o unir-se o Filho ao Pai porque o Pai se une aos homens será sinal de amar o Filho mais aos homens que ao Pai? A fé não pode afirmar que seja assim, mas o entendimento não pode negar que o parece.

§ VII

Acabados os mistérios da sagrada Ceia, querendo o Senhor partir do Cenáculo para o Horto, onde finalmente se despediu dos seus para sempre, falou aos discípulos nesta forma: "Para que conheça o mundo quanto amo a meu Pai, e quão obediente sou a seus preceitos, levantai-vos, vamo-nos daqui" (Jo 14,31). — Destas palavras se prova uma coisa certamente, e parece que se prova outra. A que se prova certamente é que não tinha Cristo neste mundo coisa que mais amasse que os homens, nem que mais lhe houvesse de custar que apartar-se deles, pois este era o maior exemplo e demonstração por onde o mundo havia de conhecer quanto o mesmo Senhor amava a seu Pai. Mas daqui mesmo parece se prova com evidência — contra o que até agora queríamos arguir — que muito maior é, e muito mais pôde com Cristo o amor do Pai que o amor dos homens, pois custando tanto ao seu coração o deixá-los e apartar-se deles, em conflito de amor com amor, prevalece o amor do Pai. Assim parece, mas não é assim; antes das mesmas palavras de Cristo se convence o contrário, e que mais forte era no seu coração o amor dos homens que o amor do Pai. Provo. Porque o Senhor não diz que o leva e o aparta dos homens só o amor do Pai, senão o amor do Pai e mais a obediência do Pai: "Quanto amo a meu Pai, e quão obediente sou a seus preceitos". Se o amor do Pai contendera só por só com o amor dos homens e prevalecera, então se inferia bem que era mais poderoso; mas se ele se não atreveu a entrar na contenda, senão acompanhado da obediência — a que não era lícito resistir — daí mesmo se infere claramente, e se convence, que se não fiava só das suas forças, nem foram elas só as que prevaleceram. Por que se não atreveram nunca os filisteus contra Sansão, senão quando Dalila o tinha atado? Porque reconheciam que Sansão era mais valente que eles. A Dalila, que atou as mãos ao amor com que Cristo amava os homens, foi a obediência; e como o amor com que amava ao Pai arcou com ele estando com as mãos atadas, que muito é que prevalecesse? Assim foi vencido Sansão, sendo mais forte.

Mas ainda a sua história tem mais semelhanças do nosso caso. Não só foi vencido Sansão porque o atou Dalila, mas porque foi subornado o seu amor. Para que o amor do Pai prevalecesse em Cristo ao amor dos homens, não só empenhou o Pai as razões do seu amor e os poderes da sua obediência, mas subornou o mesmo amor com que Cristo amava aos homens, para que não só como obrigado e obediente, mas como interessado, se deixasse render. E que suborno foi este? Foram os dons do Espírito Santo, os quais decretou o Pai que Cristo não pudesse dar ou mandar aos homens senão depois de subir ao céu e estar com o mesmo Pai: "Convém que eu vá, porque, se eu não for, não virá a vós o Consolador; mas, se for, eu o enviarei a vós" (Jo 16,7). Vede quão poderoso foi e quão engenhoso juntamente o empenho do Pai para render e obrigar a Cristo a que se apartasse dos homens. Subornou-o com os dons que havia de dar aos mesmos homens, mas com condição e decreto que lhos não pudesse dar senão apartando-se primeiro deles. O amor de Dalila, como amor falso, deixou-se subornar dos dons que recebeu para si; o amor de Cristo, como verdadeiro, só pôde ser subornado dos dons que recebeu para dar aos homens.

Agora ficará bem entendido e concordado aquele encontro de S. Paulo com Davi, que tanta discórdia tem causado entre os expositores. S. Paulo diz que, "Subindo Cristo ao céu, deu dons aos homens" (Ef 4,8). E Davi não diz que os deu, senão que os recebeu: "Subiste ao alto, recebeste dons nos homens" (Sl 67,19). Pois se S. Paulo cita ao mesmo Davi, e Davi diz que Cristo, subindo ao céu, recebeu os dons, como diz e traslada S. Paulo, não que os recebeu, senão que os deu? Porque tudo foi. Recebeu-os do Pai para os dar aos homens. O mesmo Davi o declarou assim: "Recebeste dons nos homens". Não diz que recebeu os dons em si, senão que os recebeu "nos homens" — porque para os dar aos homens os recebeu. Desta maneira subornou o Pai o amor de Cristo com grande crédito do mesmo amor, o qual, quando é verdadeiro, só se deixa subornar das conveniências do amado: Vou-me porque "a vós vos convém que eu me vá" (Jo 16,7). — Como se dissera o amoroso Senhor aos homens: Não é só o Pai o que me leva; também vós sois os que me levais. Não só vou para o Pai porque é obediência sua, senão porque é conveniência vossa; não só porque o amo a ele, senão porque vos amo a vós. E se o amor do Pai nesta ocasião se valeu para com Cristo do mesmo amor dos homens, bem parece que amava mais Cristo aos homens que ao Pai. Se não fora assim, quando o evangelista disse: "A hora de passar deste mundo ao Pai", dissera "amou-os até o fim"; mas como diz "Amou-os", parece que nos confirma o mesmo parecer.

Vai por diante a prática, vai-se desafogando o amor, e sempre em novos argumentos a favor dos homens. Desenganados os discípulos da partida, por parte da obediência do Pai, forçosa, e por parte dos seus interesses conveniente, outro motivo com que o benigníssimo Senhor os consolou foi a promessa de que ainda o haviam de tornar a ver, se bem por breve tempo: "Ainda um pouco, e ver-me-eis, porque vou para o Pai" (Jo 16,16). Da inteligência destas palavras duvidaram com tal admiração os discípulos, que se perguntavam uns aos outros: "Que é isto que ele nos diz: um pouco, e por que vou para o Pai?" (Jo 13,1). E, finalmente, se resolveu entre todos que nenhum deles sabia nem podia entender o que o Senhor dizia: "Não sabemos o que ele diz" (Jo 16,18). Notável caso! Se as palavras eram tão claras que todos as entendemos, como se não achou em toda a escola de Cristo quem as soubesse entender, e mais estando ali S. João, o qual, pouco antes, reclinado sobre o peito do mesmo Senhor, tinha aprendido e recolhido dele os tesouros da mais alta sabedoria? Contudo, todos eles confessaram que nenhum sabia nem entendia o que queriam dizer aquelas palavras. E o que menos as entendia era o mesmo S. João, porque entendia melhor que todos o que delas se entendia. Cada uma das partes da proposição era muito fácil, mas ambas juntas não cabiam em nenhum entendimento. Uma parte dizia que Cristo se partia para o Pai: "Porque vou para o Pai" — a outra parte dizia que o tempo que se detivesse na terra com os discípulos havia de ser pouco: "Um pouco e me vereis". — E que o tempo desta demora, sendo tempo que dilatava a Cristo a ida para seu Pai, houvesse de ser pouco, e muito pouco — que isto quer dizer "ainda um pouco" — esta era a dificuldade que os embaraçava e se não deixava entender. E por quê? Porque dela se inferia, por natural consequência, uma grande implicação no amor de Cristo, a qual depois se declarou ainda mais, mostrando a experiência que aquela demora ou tardança foi de quarenta dias.

Não há coisa que mais alargue o tempo, na ausência e na saudade, que a dilação: as horas se fazem anos e os dias séculos. Pois se as saudades e desejos de Cristo subir ao Pai eram quais deviam ser as de um Filho, e tal Filho, para ver um Pai, e tal Pai, depois de uma ausência de trinta e quatro anos, como podia ser breve tempo, e tão breve, o de tão larga dilação? O que daqui se inferia naturalmente é que no coração do Senhor reinava outro afeto dominante, o qual, em oposição do amor do Pai, como mais poderoso que ele, estreitava as distâncias e encurtava os espaços àquele mesmo tempo. O tempo define-se: "A medida do primeiro móvel", e o primeiro móvel neste mundo pequeno, que chamamos homem, é o coração. Daqui vem que, segundo os movimentos do mesmo coração, pode o mesmo tempo, com diferentes respeitos, ser longo e breve. E tais se convencia pelo discurso serem, em respeito do Pai e dos homens, aqueles quarenta dias. Para ir ao Pai, eram dias, e quarenta; mas para se deter com os homens eram uns minutos ou momentos tão abreviados que não chegavam a fazer número. Isto queria dizer a palavra "ainda um pouco", e muito mais a palavra "vou". Suposto que o Senhor prometia aos discípulos que se havia de deter com eles algum tempo, parece que não havia de dizer vou, senão: hei de ir. Antes, mais propriamente havia de dizer não vou, ou não irei tão depressa que não tenhais tempo de me ver. Pois se o Senhor não ia ainda então quando o dizia, nem depois de sua Ressurreição havia de ir, senão daí a quarenta dias, como diz que já naquele mesmo dia e naquela mesma hora ia: "Por que vou"? — Porque, como aqueles dias eram de estar com os homens, o amor dos mesmos homens os abreviava, unia e penetrava entre si de tal sorte, que não só cabiam todos, mas todos estavam resumidos àquela mesma hora. Por isso quando, segundo as leis do tempo, parece que havia de dizer hei de ir, segundo as experiências do seu amor dizia "vou". Grande prova no mesmo texto evangélico.

Na madrugada do primeiro dos mesmos quarenta dias, que foi o da Ressurreição, o recado que, aparecendo o Senhor à Madalena, lhe deu, para que o levasse aos apóstolos, foi este: Diz a meus discípulos que vão esperar por mim a Galileia, porquanto subo ao Pai: "Subo ao meu Pai e vosso Pai" (Jo 20,17). E como a Madalena se quisesse lançar a seus pés, proibiu-lhe o Senhor esta detença, dizendo que ainda não tinha subido ao Pai: "Ainda não subi ao Pai". Pois, se o Filho não havia de subir ao Pai senão daí a quarenta dias, como não diz que havia de subir, senão que já subia: "Subo"? E se aos apóstolos mandou dizer que subia, à Madalena por que diz que não tinha subido: "Ainda não subi"? Não se podia melhor declarar como todas as diferenças do tempo no coração e amor de Cristo estavam resumidas àquela hora. A madrugada da Ressurreição era a primeira hora dos quarenta dias depois dos quais o Senhor havia de subir ao Pai; mas o amor e desejo de estar com os homens lhe faziam tão breves todos aqueles dias, que o princípio do primeiro lhe parecia já o fim do último. Por isso não diz que havia de subir, senão que já subia: "Subo". E assim como o mesmo amor e desejo, sendo o prazo tão distante, lhe fazia o futuro presente, assim, sendo a duração tão comprida, lhe fazia tão breve o mesmo presente que já podia parecer passado. Por isso disse à Madalena que ainda não tinha subido: "Ainda não subi". No "subo" tinha dito nomeadamente "ao Pai"; e no "subi" tornou a repetir do mesmo modo "ao Pai", para que se vejam os poderes que tinha no peito de

Cristo, ainda em concurso do amor do Pai, o amor dos homens. E se o amor, na presença do que ama, abrevia o tempo, e na ausência o alonga, quando o mesmo tempo, enquanto dilatava a Cristo a partida para o Pai, lhe não parecia largo, e enquanto lhe permitia estar com os homens lhe parecia tão breve, quem não julgará, nesta diferença, que amava mais aos homens que ao Pai? Isto era o que naturalmente se inferia das palavras de Cristo, e esta foi a dificuldade ou implicação porque todos os apóstolos, e muito mais S. João, as não entendiam: "Não sabemos o que diz".

Houve de apartar-se, finalmente, o soberano Senhor, e porque este apartamento não causasse nos discípulos o que naturalmente costuma nos homens, exortando-os a estarem sempre unidos com ele por memória e por amor, lhes declarou a importância desta união com o exemplo da vinha, em que as vides não podem dar fruto senão unidas à cepa, e disse assim: "Eu", discípulos meus, "sou a cepa, vós sois as vides, e meu Pai é o lavrador" (Jo 15,1.5). — Aqui temos outra vez o Pai, os homens e o mesmo Cristo, que é todo o concurso da nossa questão, mas a pessoa do Pai não está aplicada como pedia a propriedade natural da parábola. Se Cristo se compara à cepa, e os discípulos às vides, parece que o Pai se havia de comparar a raiz, e não ao lavrador. Cristo é Filho do Pai, e os discípulos são filhos de Cristo, como o mesmo Senhor lhes chamou nesta ocasião: "Filhinhos ainda estou convosco um pouco" (Jo 13,33). "Filhinhos", diz. E quem poderá compreender a imensidade de amor que naquele diminutivo se encerra? — Pois se os discípulos eram filhos de Cristo, e Cristo Filho do Pai, e ele se compara à cepa e os discípulos às vides, por que não compara o Pai à raiz, como pedia a natureza da metáfora, senão ao lavrador? Porque o lavrador não está pegado à cepa; as vides sim. E neste dia parece que todo o cuidado do amor de Cristo era despegar-se do Pai e pegar-se aos homens. Dos homens falava como de filhos, do Pai como se não fora Pai; ao Pai dava o nome do poder, aos homens o do amor; ao Pai como separado, aos homens como unidos. Enfim, semelhante àquela planta, que entre todas só sabe chorar apartamentos, sujeita, porém, como as demais, a não se poder apartar da terra sem se arrancar.

Chegado o Senhor ao Horto, e apartando-se dos discípulos para ir orar ao Pai, diz o evangelista S. Lucas que "se arrancou deles" (Lc 22,41). Esta manhã ponderei este passo a outro intento: agora acrescento e noto mais que, apartando-se do Pai na mesma oração e tornando aos discípulos, nem o mesmo S. Lucas, nem algum outro evangelista diz que se arrancou, senão que veio: "Veio aos seus discípulos" (Mt 26,40). Pois se quando vai dos discípulos para o Pai se arranca, quando vem do Pai para os discípulos, por que se não arranca também? Porque essa é a diferença de estar pegado, como dizia, ou não estar pegado. Quando se vai o que está pegado, arranca-se; quando vem o que não está pegado, vem. Assim ia o Senhor quando ia, e assim vinha quando tornava. E se o ir dos homens para o Pai é arrancar-se, e o vir do Pai para os homens é somente vir, que havemos de dizer ou cuidar que parece isto, não notado por nós, mas advertido pelos mesmos evangelistas? O menos que se pode cuidar, e o muito que se não pode dizer, é que o amor de Cristo hoje amou mais aos homens que ao Pai.

Mas quem se atreverá a pronunciar por palavras o que o mesmo amor emudecido, por respeito, se não atreveu a significar, senão por acenos e por ações? Três horas durou aquela oração do Horto, e três vezes nas mesmas três horas veio o Senhor a visitar os discípulos, sem ser bastante o descuido com que os viu e o desamor que neles experimentou, para não tornar uma e tantas vezes. E bem, Filho sempre amantíssimo de vosso Pai Eterno, ao mesmo Pai deixais vós, e tão repetidamente por vir aos homens? Não argumento por parte do respeito, que também pudera ter sua demanda neste caso: só duvido por parte do amor. O centro do vosso amor não é o Pai? Sim, é, nem pode deixar de ser. Pois como se inquieta tanto o vosso coração, se está no seu centro? Dizer que o Pai era o centro do amor e os homens o centro do cuidado, não é boa solução, porque o amor e o cuidado não se distinguem. Pois se estais com o Pai só três horas, como três vezes em três horas deixais o Pai para vir aos discípulos? Sei eu que três dias deixastes vós a Mãe, sobre todas as criaturas amadas, e a satisfação que lhe destes foi que estáveis com vosso Pai. Mas isso foi então, e não no dia de hoje, em que os privilégios do amor dos homens não têm exemplo. Não entendo o que isto é, mas não posso deixar de dizer o que parece. Parece que também quisestes dar satisfação aos homens, e porque era tal que não cabia em palavras, com o amor, com o cuidado e com as ações, lhes dissestes por última despedida: quê? Ainda tremo de o pronunciar. Parece que nos quisestes dizer assim: — Já que neste dia hei de deixar uma vez os homens por amor do Pai, quero deixar três vezes o Pai por amor dos homens.

Agora sim que se desquitou bem o amor de Cristo. Porque, se o amor do Pai — como vimos — foi tal que pudera dar ciúmes ao Filho, esta ação do amor do Filho é tal que pudera causar ciúmes ao Pai. Saul chegou a negar de filho a Jônatas, porque amava mais a Davi que ao próprio pai. E amanhã, quando se ouvir que o Pai deixa a seu Filho: "Por que me abandonaste?" (Mt 27,46) — não faltará quem cuide que o Pai o deixa, porque ele também deixou ao Pai por amor dos homens. Mas é tanto pelo contrário que nunca tanto o Filho agradou ao Pai, nem o Pai o reconheceu mais por Filho, que por estes mesmos extremos com que amou aos homens: "Tu és meu filho e eu te gerei hoje" (Hb 1,5). Hoje, hoje vos reconheço mais que nunca por Filho, pois em amar aos homens como os amastes, mostrastes bem ser Filho de vosso Pai. Porque, se eu no dia da Encarnação, que foi o primeiro, os amei tanto que parece amei mais aos homens que ao Filho, como havíeis vós de mostrar que éreis meu Filho no dia de hoje, que é o último, senão amando tanto aos mesmos homens que pareça amastes mais aos homens que ao Pai?

§ VIII

Esta foi na competência de um dia com outro dia e de um amor com outro amor; esta foi a igualdade do "Amou" do Pai: "Assim amou Deus ao mundo que lhe deu seu Filho Unigênito" (Jo 3,16) — e esta a igualdade do "amou" do Filho: "Os seus que estavam no mundo, amou-os até o fim" (Jo 13,1). Mas nesta mesma igualdade, em que se não conhece vantagem, consistiu — como prometi — a vitória do amor de hoje. E por quê, ou como? Porque Cristo, pela parte que tem de homem, é menor que o Pai, como ele mesmo nos ensinou: "Porque o Pai é maior do que eu"; e nas batalhas de menor a maior, quando o menor iguala o maior, o igualar é vencer. Na luta que teve Jacó com o anjo, nem o anjo derrubou a Jacó, nem Jacó derrubou ao anjo e, contudo, o texto sagrado, não só uma, senão muitas vezes celebra a vitória de Jacó, e por ela lhe mudou Deus o nome de Jacó em Israel, dizendo: "Se contra Deus foste forte, quanto mais prevalecerás contra os homens" (Gn 32,29). Pois, se Jacó não venceu o anjo, e o anjo somente reconheceu que o não podia vencer: "Vendo que não o podia vencer" (Gn 32,25) — por que se atribui a vitória a Jacó? Diga-se que não foi vencido, mas não se diga que venceu. Antes, porque não foi vencido, por isso mesmo se diz que venceu, porque, nas batalhas de menor a maior, o não ser vencido é vencer. Se a luta fora de homem a homem, ou de anjo a anjo, então era necessário derrubar um ao outro para ficar vencedor; porém, como era de homem a anjo e de menor a maior, a igualdade no menor foi vitória, e o não ser vencido, vencer. Mas quem era este anjo, quem era este Jacó, e qual foi esta batalha? O anjo representava ao Pai, que por isso disse: "Se contra Deus foste forte"; Jacó representava a Cristo, que muitas vezes na Escritura se chama Jacó, e a batalha era de amor, que por essa razão foi luta, que são abraços. E como nesta competência amorosa nem o Pai pôde vencer o Filho, nem o Filho vencer o Pai, bem se conclui da mesma igualdade do amor de ambos que toda a vitória ficou pelo "Amou" de hoje. "Até o fim" — treslada S. Crisóstomo: "Amou-os até a vitória".

§ IX

Os despojos desta vitória pede o amor que sejam os corações dos homens, tão igual e tão excessivamente amados do Pai e do Filho. Muito sentiu o amoroso Senhor que de só doze corações que se achavam no Cenáculo, lhe faltasse um: "Quando o diabo já havia insinuado no coração de Judas a determinação de entregá-lo" (Jo 13,2). E que seria se, entre os que tanto abominamos aquela ingratidão e deslealdade, houvesse muitos igualmente desleais e, mais que o mesmo Judas, ingratos? Que seria se, quando o Pai e o Filho competem sobre qual há de amar mais aos homens, os homens vivêssemos como à competência de quem mais há de ofender ao Pai que nos deu seu próprio Filho, e ao Filho, que se nos deu a si mesmo?

Os mais obrigados a este exemplo são os pais e os filhos: os pais, para que amem mais a Deus que aos filhos, por cuja causa muitos se condenam; e os filhos, para que amem mais a Deus que aos pais, por cujo temor ou respeito não tomam aquele estado em que mais se segura a salvação. Quantos pais há que, por amarem falsa e erradamente os filhos, e os quererem antes para o mundo que para Deus, lhes impedem o servir a Deus? E quantos filhos que, por não desagradarem aos pais, nem se apartarem deles, deixam a Deus, e servem ao mundo? Oh! ditosas, bem entendidas e valorosas almas, vós que com tão animosa e prudente resolução deixastes a jerarquia desse coro tão alto e desprezastes todas as promessas e esperanças do mundo, onde ele é mais mundo, e na idade mais sujeita a seus enganos, não só lhe voltastes o rosto, mas o metestes debaixo dos pés[7]! Se Cristo hoje chamou "seus, aos que estavam no mundo" — só porque o mundo não estava neles, a vós, que não estais já no mundo, nem ele pode estar em vós para sempre, que nome vos terá dado o seu amor e que lugar o seu coração? E se as filhas, em que a delicadeza e o mimo é tão natural, com tão galharda resistência e tão constante desapego deixam as casas dos pais, e não lhes faz horror o claustro nem o cilício, nos filhos — convosco falo — nos filhos que nasceram com obrigações de maior valor e o mostram tanto onde não convinha, por que se não verão semelhantes desenganos? Por que se não acabarão de resolver tantas mocidades enganadas a deixar o mundo, a desprezar o mundo, a conhecer o mundo e o tratar como ele merece e Deus nos merece?

Desenganemo-nos, que é necessário deixar o mundo antes que ele nos deixe. E que ocasião mais aparelhada, e ainda mais forçosa e mais fidalga, que deixá-lo quando quem o criou e nos criou o deixa? Será bem que se parta Cristo do mundo: "A hora de passar deste mundo" — e que faça esta jornada só, sem haver quem o acompanhe e o siga? Que coração haverá tão esquecido de Deus e de si, que ouvindo aquele rebate, ou aquele pregão do céu: "Sabendo Jesus que era chegada a sua hora" (Jo 13,1) — lhe não cause um grande abalo na alma, e diga resolutamente consigo: Esta será também a minha hora? Nenhum cristão há de consciência tão perdida que não faça conta de se converter e se dar a Deus alguma hora; e se há de ser alguma hora, que hora como esta? Oh! como é para temer que quem se não aproveitar desta hora lhe falte outra! Se cada um de nós soubera a hora em que há de passar deste mundo, como Cristo sabia a sua: "Sabendo que era chegada a hora" — menos cegueira fora; mas se este secreto é oculto a todos, e ninguém sabe o dia nem a hora: "Porque não sabeis o dia nem a hora" — por que havemos de perder tal hora como esta, e tal dia como o de hoje? Tal dia como o de hoje, torno a dizer. Um dia em que se ajuntaram os dois maiores dias do amor e misericórdia Divina. O dia em que Jesus, nosso Deus e nosso Redentor, se parte do mundo, e o deixa, para que nós o sigamos, e o dia em que veio ao mundo e deixou o céu, para que nós ao menos deixemos a terra. Oh! maldita terra, oh! maldito mundo, que nenhum exemplo basta para te deixarmos, nenhum desengano para te conhecermos, nenhum amor de Deus para te não amarmos?

Senhor Jesus: já que hoje está vosso amor tão vencedor de tudo, vença também e triunfe destes corações, tão duros, tão ingratos, tão cegos. Abrandai, Senhor, esta dureza, convertei esta ingratidão, alumiai esta cegueira; trocai e transformai de uma vez a rebeldia destas vontades, para que só a vós amem, só a vós queiram, só a vós desejem, só por vós suspirem, só de vós esperem, só em vós vivam, só por vós morram, até que chegue aquela última e "feliz hora de passar convosco deste mundo ao Pai" — onde vos vejam, onde vos gozem, onde vos amem sem fim: "Amou-os até o fim".

SERMÃO DA

Primeira Oitava da Páscoa

Na Matriz da Cidade de Belém, no Grão-Pará.
Ano de 1656.

"Que palavras são essas que, caminhando, trocais entre vós e por que estais tristes? E nós esperávamos que fosse ele quem libertaria Israel."
(Lc 24,17.21)

Logo após a Páscoa de 1655, Vieira volta ao Brasil devidamente apoiado pelo novo documento de D. João IV. Reinicia sua ação missionária e um ano depois está em Belém do Grão-Pará. Essa viagem de S. Luís a Belém marcou de tal modo sua vida que em cartas e sermões voltará a relatá-la de maneira muito pormenorizada. A ocasião do sermão é especial: Chegara a nova de se ter desvanecido a esperança das minas, que com grandes empenhos se tinham ido descobrir. Grande desconsolação é buscar e não achar: o exemplo de Madalena no sepulcro e dos discípulos de Emaús. Duas verdades ocuparão o sermão: 1) que muito melhor foi não se descobrirem as minas esperadas que descobrirem-se, provando com os perigos e trabalhos dessas descobertas vindos de fora e de longe; com os trabalhos e misérias domésticas (os horrores de Potosi); com a história (depois de aparecer o ouro, começou a Idade de Ferro...); 2) em lugar das minas incertas, Deus descobrirá outras certas e muito mais ricas: as almas de tantos povos. No seguimento de Cristo, ponhamos o nosso tesouro no céu.

§ I

Em um dia tão alegre como o de Páscoa, em que, pela gloriosa Ressurreição de Cristo, Redentor nosso, se revogou com a mesma glória a antiga sentença de morte fulminada contra Adão e Eva, digna coisa de admirar é que nem nas filhas de Eva, nem nos filhos de Adão, se achem efeitos de alegria. Amanheceu o sol neste formoso dia mais arraiado que nunca, acrescentando tantos raios a seus naturais resplendores quantos tinha eclipsado e escondido no dia da Paixão; e que é o que achou no mundo o mesmo sol, ou quando nasceu no Oriente, ou quando se foi pôr no Ocaso? Quando nasceu, achou a terra orvalhada das lágrimas da Madalena, como se ela fora a aurora daquele dia: "Mulher, por que choras?" (Jo 20,13). E quando ia a se pôr, achou a tristeza dos dois discípulos de Emaús: "E estais tristes?" (Lc 24,17) — como se neles se multiplicara, coberta de sombras, a estrela da tarde ou Vésper: "Porque já é tarde". Tão trágicos como isto foram os dois primeiros atos ou aparências desta famosa comédia!

Para eu vos declarar quão naturais fossem as causas de um e outro sentimento, não me é necessário ir buscar o exemplo mais longe, pois a fortuna nestes mesmos dias vo-lo trouxe a casa. Não é grande desconsolação buscar e não achar? Pois essa era a desconsolação da Madalena e das outras Marias: "Não tendo achado o seu corpo". Não é bastante motivo de tristeza esperar e não suceder o que se esperava? Pois essa era a causa por que os dois discípulos iam tristes: "E nós esperávamos" (Lc 24,2). Enquanto os cuidados e esperanças se põem na terra, não podem faltar desconsolações e tristezas à terra. As Marias desconsoladas, porque não acharam o que buscavam debaixo da terra: "Foram ao sepulcro" (Mc 16,2) — e os discípulos tristes, porque lhes não sucedeu o que esperavam para remédio da sua terra: "Que fosse ele quem libertaria Israel".

Tais considero, Senhores, nesta ocasião, ou tais são, ainda que se não considerem, as causas que parece nos fizeram menos alegres estas páscoas, as quais eu desejo a todos e para todos peço a Deus tão liberais dos bens do céu, e também dos que não são do céu, quanto o mesmo Senhor sabe que nos convém. Foram-se buscar debaixo da terra as minas de ouro ou prata, e não se tendo achado depois de tanto trabalho, assim como as Marias se desconsolaram de verem malogradas as suas diligências, as suas prevenções e ainda as suas despesas: "Compraram aromas" (Mc 16,1) — assim confesso vos pode desconsolar o muito que nesta infeliz jornada se tem gasto de tempo, de cuidado e de fazenda. E assim como os discípulos iam tristes por ver baldadas e perdidas as esperanças, com que desejavam ver melhorada a sua pátria e restaurado o seu reino: "Que fosse ele quem libertaria Israel" — assim vos concedo que é para entristecer e sentir não se ter conseguido a opulência própria, e da monarquia, que das mesmas minas desvanecidas com tanto boato se esperavam. É, contudo, tão bom consolador Cristo, e tão apressado, que na mesma manhã enxugou as lágrimas das Marias e na mesma tarde serenou a tristeza dos discípulos, como eu também determino aliviar a vossa hoje.

Resumindo-se, pois, à história do Evangelho, que, sendo sucedida ontem, reservou a Igreja para este segundo dia, dois afetos ou duas paixões naturais do ânimo consolou ou curou Cristo Senhor nosso nos dois discípulos de Emaús: a tristeza declarada e a esperança perdida; a tristeza declarada: "E estais tristes?"; a esperança perdida: "E nós esperávamos". E sendo estes os mesmos dois afetos com que os corações da nossa cidade se acham menos quietos e satisfeitos, assim como o Senhor, mostrando-se vivo aos discípulos, sepultou a sua tristeza e ressuscitou a sua esperança, assim eu, para consolar uma e alentar outra, vos mostrarei vivamente duas verdades. A primeira, que muito melhor vos esteve não se descobrirem as minas esperadas que descobrirem-se. A segunda que, em lugar das minas incertas, que se não descobriram, vos descobrirá Deus outras certas e muito mais ricas. Ambos estes assuntos parecem temporais, como também eram por causas temporais a tristeza e desesperação dos dois discípulos à ida; mas nem por serem temporais deixou de as consolar o divino Mestre, para as converter a elas e a eles em espirituais, como tornaram à volta. O mesmo pretendo eu com a graça do céu, que me ajudareis a alcançar. *Ave Maria.*

§ II

"Que palavras são essas que, caminhando, trocais entre vós e por que estais tristes?" Esta foi a pergunta que fez Cristo Redentor nosso aos dois discípulos que iam de Jerusalém para Emaús. E se eu fizesse a mesma no nosso Belém, e perguntasse às vossas conversações por que estais tristes, é certo que me havíeis de responder como eles responderam: "E nós esperávamos". Esperávamos de ter minas e estamos desenganados de que as não há ou esperávamos que se descobrissem e não se descobriram. E se eu instasse mais em querer saber o discurso ou consequência com que sobre este desengano fundais a vossa tristeza, também é certo havíeis de dizer, como eles disseram, que no sucesso que se desejava e supunha estavam livradas as esperanças da redenção, não só desta vossa cidade e de todo o Estado, senão também do mesmo Reino: "E nós esperávamos que fosse ele quem libertaria Israel". Ora, ouvi-me atentamente, e — contra o que imagináveis e porventura ainda imaginais — vereis como nesta, que vós tendes por desgraça, consistiu a vossa redenção, e de quantos trabalhos, infortúnios e cativeiros vos remiu e vos livrou Deus em não suceder o que esperáveis.

Primeiramente, havemos de supor que muitas vezes está a nossa perdição em sucederem as coisas como esperamos e, pelo contrário, está o nosso remédio e a nossa conservação em não terem o sucesso que se pretendia. Em uma maldição muito encarecida de Jó temos o mais claro e mais notável espelho que se pode imaginar desta verdade: "Pereça a noite na qual foi dito: Foi concebido um homem! Espere a luz em vão e não veja o nascimento da aurora que se levanta" (Jó 3,3.9). Maldita seja a noite em que fui concebido, diz Jó, espere pela luz, e nunca amanheça; espere pela aurora, e nunca venha. — Parecer-vos-á — como pareceu a quem o disse — que esta era a maior desgraça que podia suceder à noite e a maior praga que se lhe podia rogar, mas, bem considerando o caso, não era senão a maior dita e a maior ventura. O maior inimigo que tem a noite é a aurora: enquanto não amanhece, conserva-se e persevera a noite; tanto que amanheceu, ficou acabada e perdida; logo, aquela que parecia maldição não era maldição, antes era o maior bem, a maior felicidade que se podia desejar e imprecar à noite, porque, se a noite esperasse pela manhã, em lhe suceder, como esperava, estava a sua perdição e o seu fim; e em lhe não suceder, como esperava, estava a sua conservação, o seu aumento e o seu ser.

O mesmo digo, senhores, da esperança das vossas minas, a qual eu nunca tive por bem fundada e, perguntado, assim o disse. Lá se mostrou ouro e prata, mas estes dois metais as mais das vezes são como os dois cabritinhos de Jacó com que enganou ao pai cego para levar a bênção de Esaú (Gn 27,9). Disse Jacó que o guisado que presentava ao pai era da caça, e ele não era do mato, senão do rebanho. Assim é o ouro e prata que lá levam: dizem que foi cavado da beta, e ele é fundido da bolsa. Por isso as minas não são minas para quem faz as despesas, e só são minas, como a bênção de Jacó, para os mesmos que as fingiram, e vêm ricos de mercês e salários, e cheios de jurisdições e omnipotência, com que se fazem mais ricos. Mas ou se não descobrissem as minas, porque as não há, ou porque, havendo-as, não quis Deus que se descobrissem, vede de quantos perigos e trabalhos vos remiu e livrou a misericórdia e providência divina em não suceder este descobrimento como esperáveis!

§ III

E para que comecemos pelos perigos que podem vir de fora e de mais longe, se este Estado, sem ter minas, foi já tão requestado e perseguido de armas e invasões estrangeiras, que seria se tivesse esses tesouros? Lá traz Cristo Senhor nosso a comparação de um campo, que era cultivado somente na superfície da terra, fértil de flores e frutos; porém, sabendo um homem, acaso, que no mesmo campo estava enterrado e escondido um tesouro: "Um tesouro escondido num campo" (Mt 13,44), o que fez com todo o segredo e diligência foi ir logo comprar o campo a todo custo, e deste modo ficou senhor, não do campo por amor do campo, senão do campo por amor do tesouro. De sorte que toda a desgraça do campo em mudar de senhorio, e passar de um dono a outro dono esteve em ter tesouro dentro em si e saber-se que o tinha. Contentemo-nos de que nos deem os nossos campos pacificamente o que a agricultura colhe da superfície da terra, e não lhes desejemos tesouros escondidos nas entranhas que espertem a cobiça alheia, principalmente quando os mesmos campos não estão cercados de tão fortes muros que lhes possam facilmente defender entrada.

Conta a Sagrada Escritura, no capítulo trinta e oito de Ezequiel — ou seja história do passado, ou profecia do futuro — que, sabendo as nações de Gog e Magog que os hebreus viviam ricos e descansados nas suas terras, fizeram conselho entre si de os irem conquistar, fundando esta deliberação em dois motivos: o primeiro, que tinham ouro e prata; o segundo, que não tinham muros. Um motivo os excitou à conquista e outro lha facilitou. O que os excitou foi o ouro e a prata: "Reuniste a tua gente para arrebatar a presa e assim levar o ouro e a prata" (Ez 38,13) — e o que os facilitou foi serem terras habitadas, sem muros nem fortificações: "Vou subir contra uma terra sem muros, que não tem ferrolhos nem portas" (Ez 38,11). E terras que têm ouro e prata, e não têm muros fortes que as defendam, naturalmente estão expostas à cobiça e invasão dos inimigos, porque o ouro e a prata que têm, excita a cobiça, e os muros e fortificações que não têm facilitam a invasão.

É verdade que os hebreus naquele tempo estavam muito seguros com a paz das outras nações e já livres de suas armas: "A esta terra que foi salva da espada, a umas gentes que estão em paz e se acham estabelecidas com segurança" (Ez 38,8.11). Mas esta segurança é muito enganosa. Onde há nova ocasião de interesse, não há confederação que dure. Ouvi um dito notável de Jeremias. "Cuidais que o ferro do norte" — diz nomeadamente: *ab aquiline* — "cuidais que o ferro do norte se pode confederar com outro ferro, e o seu bronze com outro bronze?" (Jr 15,12). Enganais-vos, diz o profeta àqueles com quem falava, e o mesmo vos certifico eu sem ser profeta. Livrou-vos Deus da prata, porque vos quis livrar do ferro. A arte, com a prata, liga os outros metais; e a cobiça, com a prata, desfaz e rompe todas as ligas.

Confederados estavam os israelitas com os babilônios, e era tanta a amizade e boa correspondência entre um e outro rei que Baradac, rei de Babilônia, soberbíssimo e potentíssimo, sabendo que Ezequias, rei de Israel, tinha convalescido daquela grave enfermidade em que esteve à morte, lhe mandou embaixadores com grandes presentes a lhe dar o parabém da saúde. Quis-se mostrar agradecido Ezequias e, em sinal de benevolência e confiança, levou os mesmos embaixadores ao mais secreto do seu palácio, e ali lhes descobriu e manifestou todos os seus tesouros. Ele e eles ficaram mui satisfeitos; mas não eram passadas vinte e quatro horas quando Deus mandou anunciar a Ezequias as perigosas e tristes consequências daquele descobrimento: "Eis que virão dias em que tudo quanto houver em tua casa, com o que entesouraram teus pais até o dia de hoje, será levado para a Babilônia; não ficará coisa alguma, disse o Senhor. E dos teus filhos, que procederem de ti e tu gerares, tomarão para que sejam eunucos no palácio do rei da Babilônia" (Is 39,s). E vós, Ezequias, fostes tão inconsiderado que manifestastes os vossos tesouros aos embaixadores de Babilônia? Pois sabei, diz Deus, que os babilônios os virão buscar, e não só se farão senhores dos mesmos tesouros, sem deles deixar coisa alguma, senão que até a vossos próprios filhos cativarão e levarão presos a Babilônia, para lá se servirem deles. — Eis aqui em que param as amizades, as pazes e as confederações em havendo descobrimento de tesouros. Dai graças a Deus de se frustrarem as vossas esperanças, e não lhe sejais ingratos com vos entristecer, pois assim vos quis livrar de tamanhos perigos.

Se em Espanha não houvera minas de ouro e prata — das quais, diz Estrabo, que eram as mais ricas do mundo — nunca os romanos iriam a lhe fazer guerra de tão longe, nem com tanto empenho e pertinácia. Assim o dá a entender a mesma Escritura Sagrada no primeiro livro dos Macabeus, referindo as conquistas dos romanos e a fama das suas vitórias: "E quanto tinham feito no país de Espanha, e como reduziram ao seu poder as minas de prata e de ouro, que ali existem" (1Mc 8,3). Não diz que conquistaram os homens, senão as minas, porque as minas foram o motivo da guerra e da conquista. Como a gente de Espanha era tanta, tão remota e tão forte, gastou a potência romana na pertinência desta conquista duzentos e trinta e cinco anos — vede se serão cá necessários tantos? — até que finalmente a terra, as minas e os moradores ficaram todos sujeitos ao jugo e domínio estranho, presidiados de suas legiões, tributários à sua cobiça, governados e oprimidos da sua tirania, e o mesmo ouro e prata — que, como diz o Espírito Santo, muitas vezes é redenção do homem — para eles foi a causa da servidão e o reclamo que chamou de tão longe e lhes meteu em casa o cativeiro.

§ IV

Mas, dado que as minas tão esperadas e apetecidas não tivessem, por consequência de sua fama, estes perigos de fora, bastava a consideração dos trabalhos e misérias domésticas, que com elas se vos haviam de levantar de debaixo dos pés, para que o vosso juízo, se o tivésseis, tratasse antes de sepultar as mesmas minas depois de achadas que procurar de as desenterrar e descobrir, ainda que foram muito certas. Um dos maiores castigos que Deus podia dar a esta cidade, e a este Estado, era descobrirem-se nele minas. E não sou eu o que o digo, senão a prudência e verdade de quem se não podia enganar.

No Salmo dezesseis pede Davi a Deus lhe faça justiça e dê a seus inimigos o castigo que merecem, pela desumanidade de feras com que perseguiam sua inocência. E, depois de dizer que Deus tinha ouvido sua petição, profetiza o castigo que o justo Juiz havia de dar aos mesmos inimigos; e como se já lhos tivera dado, refere-o assim em poucas palavras: "Fartastes a sua fome com os encher dos vossos escondidos" (Sl 16,14). — Entram agora os intérpretes a examinar quais são os escondidos de Deus? E o sentido mais próprio e mais literal, com Símaco e outros, é que os escondidos de Deus são as minas de ouro e prata. O ouro e a prata tem-nos Deus escondidos lá no profundo da terra, onde os criou, e quando o mesmo Senhor é servido que se descubram as minas, então aparecem e se manifestam estes escondidos de Deus: "Dos vosssos escondidos". — Mas se Davi tinha pedido a Deus que lhe fizesse justiça e castigasse a seus inimigos, e o mesmo Deus lhe tinha prometido de o fazer assim e de os castigar, como diz que lhes há de descobrir o ouro e a prata que tem escondidos nas minas, e os há de fartar delas: "Fartastes a sua fome com os encher dos vossos escondidos"? — Mais apertadamente ainda. Neste salmo, que todo é profético, assim como na pessoa de Davi é figurado Cristo, assim nas perseguições de Davi são significadas a crueldade e ingratidão com que Cristo foi tratado em vida por seus inimigos, e as maldades e pecados com que ainda hoje é desacatado e ofendido. Pois em prêmio dessas ofensas, dessas maldades e desses pecados descobre Deus os seus tesouros que tem escondidos debaixo da terra, e enche e farta de ouro e prata aos que estão famintos de minas? Sim, porque essas minas que tanto se desejam e estimam, ordinariamente não as descobre nem as dá Deus por merecimentos, senão em castigo de grandes pecados. Ouvi o comento de todos os Padres gregos sobre o mesmo texto, divididos em duas opiniões, mas ambas concordes no que tenho dito: "A respeito dos escondidos, alguns entenderam que eram suplícios, outros que eram minas"[1]. Aqueles que o profeta chama os escondidos de Deus, uns dos santos Padres entenderam que significam castigos e outros que significam minas; e uns e outros não discrepam, mas concordam admiravelmente na mesma diferença de um e outro sentido. Por quê? Porque as minas, quando Deus as descobre, são castigos; e um dos maiores castigos que Deus dá por pecados é o descobrimento de minas: "Minas, castigos".

E notai a misteriosa propriedade com que este gênero de castigos se chamam também "os escondidos de Deus" — porque Deus umas vezes castiga com castigos manifestos e outras vezes com castigos escondidos. Os castigos manifestos são os que todos temem e reconhecem por castigos, como são as fomes, as pestes, as guerras e outras calamidades temporais; os castigos escondidos e ocultos são aqueles que não se reputam nem temem como tais, antes se estimam e desejam como felicidades e boas fortunas e deste gênero são as minas e seus descobrimentos. São castigos escondidos debaixo de aparências contrárias, porque se apetecem, estimam e festejam enganosa e enganadamente, sendo certo que debaixo do preço e esplendor do ouro e prata se ocultam e escondem grandes trabalhos, aflições e misérias, com que a justiça divina, por pecados, quer castigar e açoitar as mesmas terras onde as veias destes metais se descobrem. Deus tanto pode açoitar com varas de ferro como com varas de ouro e de prata; antes estes açoites são muito mais pesados quanto a prata e ouro pesam mais que o ferro.

Aquela ponta de terra montuosa, que hoje chamamos Cabo de S. Vicente, antigamente se chamava Promontório Sagrado, por estar ali o sepulcro de Tubal, primeiro pai da nossa nação e também o de Hércules, um dos mais famosos e amados reis da Lusitânia. Havia minas neste promontório, as quais, por causa da mesma veneração, também era vedado cavarem-se; e dizem as histórias daquele tempo que só em um caso se permitia aos moradores aproveitarem-se do ouro e da prata das ditas minas. Mas qual era este caso? Coisa verdadeiramente admirável e muito digna de se notar. O caso era quando caía do céu algum raio que penetrasse a terra e descobrisse os preciosos metais que nela estavam escondidos. De sorte que naquela terra, também nossa, o abrirem-se minas e o caírem raios do céu, tudo vinha junto, como se o céu nos pregara que o descobrimento de minas na terra não são felicidades e boas fortunas, como se imagina, senão execuções da ira de Deus e castigos do céu.

§ V

E para que vos não pareça que são isto encarecimentos lenitivos, inventados para divertir a tristeza e dar espécie à consolação, troquemos este ouro e prata em miúdos e vejamos os proveitos e interesses que do descobrimento de minas haviam de resultar à vossa terra, no caso em que se tivessem achado. Eu nunca fui ao Potosi, nem vi minas; porém, nos livros que descrevem o que nelas passa, não só causa espanto, mas horror, ler a fábrica e as máquinas, os artifícios e a força, o trabalho e os perigos com que as montanhas se cavam, e as betas se seguem e, perdidas, se tornam a buscar; os encontros de pedernais impenetráveis ou de águas subterrâneas, que rebentam das penhas, as quais ou se hão de esgotar com bombas ou abrir-lhes novo caminho, furando por outra parte os mesmos montes; o estrondo dos maços, das cunhas, das alavancas e dos outros instrumentos de ferro, alguns dos quais têm cento e cinquenta libras de peso, com que se batem, cortam e arrancam as pedras, ou se precipitam com maior perigo do alto; e tudo isto naquelas profundíssimas concavidades ou infernos onde nunca entrou o raio do sol, alumiados malignamente aqueles infelizes ciclopes só com a luz escassa e contrafeita de alguns fogos artificiais, cujo hálito, fumo e vapor ardente lhes toma a respiração e muitas vezes os afoga.

Faz aqui padecer a cobiça muito mais do que profetiza Isaías que fará em algum tempo a penitência: "Entrarão nas grutas dos rochedos e nos antros da terra; o homem lançará às toupeiras e aos morcegos os seus ídolos de prata e os seus simulacros de ouro, que fizera para adorá-los" (Is 2,19s). Meter-se-ão os homens pelas covas e pelas concavidades mais profundas da terra, não para buscar ouro ou prata, mas, abominando e lançando de si os ídolos que do ouro e da prata tinham feito, toupeiras e morcegos. — Vede agora estas mesmas figuras como as ajunta e introduz toda a cobiça neste escuro e horrendo teatro da paciência sem virtude. Ali os penitentes arrependidos entram pelas grutas e concavidades da terra; aqui os cobiçosos e enganados também se metem, não pelas covas que a terra tem aberto, senão pelas que eles cavam e rompem à viva força, muito mais penetrantes e profundas; ali desprezam-se os ídolos de ouro e prata, conhecida sua mentira e vaidade; aqui, estima-se e adora-se tanto a mesma vaidade que, por novos e ocultos caminhos de tantos estádios, se vai buscar e desenterrar o ouro e prata para se fundirem e lavrarem ídolos; ali as figuras dos ídolos são "toupeiras e morcegos"; e aqui os homens, desfigurados como toupeiras, vivem debaixo da terra, sem ter olhos para ver a luz, e como morcegos fogem do sol e do dia, e se vão mais sepultar que viver naquela escura e perpétua noite. Ainda tem outra propriedade, porque uns, como toupeiras, com os pés e mãos na terra andam cavando, revolvendo e mudando continuamente, e outros, como morcegos suspensos no ar, estão picando as pedras e sangrando as suas veias, com o corpo e com a vida pendente de uma corda. Houve jamais algum anacoreta dos que habitavam as covas, que fizesse tal penitência? Pois ainda não ouvistes o mais temeroso dela.

Solapadas por baixo aquelas grandes montanhas, todo o peso imenso delas se sustenta sobre pilares da mesma matéria que vão deixando a espaços, os quais se enfraquecem ou quebram, como acontece muitas vezes, qual é o efeito? Toda a montanha, ou grande parte dela, cai de repente, e a multidão que andava desenterrando a prata fica sepultada com ela, em um momento, sem outra notícia de tamanho e tão miserável estrago, que a que deu aos de muito longe o estrondo da ruína e o tremor de toda a terra. Isto é o que se escreve e se escreve muito menos do que verdadeiramente é. Baste, por prova, que a sevícia e crueldade dos Neros e Diocleciano comutavam a morte e os tormentos dos cristãos em os mandar servir e trabalhar nas minas, e a Igreja, que com tanta dificuldade e consideração examina e avalia os merecimentos dos santos, canonizava e venerava por mártires aos que nelas acabavam a vida.

Agora vos pergunto eu: e estes martírios das minas, se as vossas se descobrissem, quem os havia de padecer? Dos degradados não falo, porque os que hoje se degradam para o Maranhão, então se haviam de degradar todos, e muitos mais para as minas. Os cavadores não seríeis os mais nobres e ricos da terra, mas quem haviam de ser senão os seus escravos? Quem havia de conduzir todos aqueles instrumentos e máquinas por esses sertões dentro? Quem havia de contribuir o sustento e levá-lo aos trabalhadores? Quem havia de cortar e acarretar àquelas serras estéreis — como são todas — as lenhas para as fornalhas e fundições? E aqueles lumes perpétuos e subterrâneos, com que óleos se haviam de sustentar, senão com os dos frutos agrestes que aqui se estilassem, e não com os dos olivais que de lá viessem? Sobretudo, se tantos milhares de índios se têm acabado e consumido em tão poucos anos, e com tão leve trabalho como o das vossas lavouras, onde se haviam de ir buscar outros, que suprissem e suportassem quanto tenho dito? E quais haviam de ser os que, vendo-se enterrados vivos naquelas furnas, não fugissem para onde nunca mais aparecessem, levando o mesmo medo com eles aos demais? Tudo isto não o haviam de fazer nem padecer os que passeiam em Lisboa, porque também estas minas são como as da pólvora, que sempre arruínam, derrubam e põem por terra o que lhes fica mais perto. E isto é o que vós desejáveis para a vossa, e vos entristece, porque não sucedeu como esperáveis?

Ainda falta por dizer o que mais vos havia de destruir e assolar. Quantos ministros reais e quantos oficiais de justiça, de fazenda, de guerra vos parece que haviam de ser mandados cá, para a extração, segurança e remessa deste ouro ou prata? Se um só destes poderosos tendes experimentado tantas vezes que bastou para assolar o Estado, que fariam tantos? Não sabeis o nome do serviço real — contra a tenção dos mesmos reis — quanto se estende cá ao longe, e quão violento é, e insuportável? Quantos administradores, quantos provedores, quantos tesoureiros, quantos almoxarifes, quantos escrivães, quantos contadores, quantos guardas no mar e na terra, e quantos outros ofícios de nomes e jurisdições novas se haviam de criar ou fundir com estas minas, para vos confundir e sepultar nelas? Que tendes, que possuís, que lavrais, que trabalhais que não houvesse de ser necessário para serviço de el-rei, ou dos que se fazem mais que reis com este especioso pretexto? No mesmo dia havíeis de começar a ser feitores, e não senhores de toda a vossa fazenda. Nem havia de ser vosso o vosso escravo, nem vossa a vossa canoa, nem vosso o vosso carro e o vosso boi, senão para o manter e servir com ele. A roça haviam-vo-la de embargar para os mantimentos das minas; a casa haviam-vo-la de tomar de aposentadoria para os oficiais das minas; o canavial havia de ficar em mato, porque os que o cultivassem haviam de ir para as minas; e vós mesmo não havíeis de ser vosso, porque vos haviam de apenar para o que tivésseis ou não tivésseis préstimo, e só os vossos engenhos haviam de ter muito que moer, porque vós e vossos filhos havíeis de ser os moídos.

§ VI

Parece-me que vos vejo dar assenso a tudo o que digo — que por isso desci a coisas tão particulares e domésticas — e também creio que já vossa esperança terá mudado de conceito à vista deste descobrimento de minerais, tão diversos do que ela desejava e supunha, os quais é certo que haviam de ser maiores e mais duros na experiência do que os pode representar o meu discurso. Fique, logo, por conclusão que muito maior mercê vos fez Deus, e muito mais bem afortunados fostes em não se acharem as minas, que se o ouro e prata, que se supunha e esperava delas, se descobrisse. Ouvi a sentença de um gentio, fundado só na razão natural e experiência, sem nenhum princípio de fé, que a nós nos devia levantar mais da terra: "O ouro não encontrado está melhor situado quando a terra o esconde"[2]. O ouro — diz Horácio — é melhor não se achar nem se descobrir, que achar-se: "O ouro não encontrado". E por quê? Porque, enquanto "a terra o esconde e encobre" está ele no sítio e lugar que lhe deu a natureza, que é o melhor: "está melhor situado". — Excelente razão. As coisas naturais, enquanto estão no seu próprio lugar em que as sitiou a natureza, nenhum dano fazem; tiradas dele, são muito danosas. A água no seu centro não pesa; o fogo na sua esfera não queima; a terra, se sobe ao ar, faz raios; o ar, se se mete debaixo da terra, faz terremotos, derruba casas e cidades. Assim também o ouro e prata das minas. Enquanto estão escondidos lá no centro da terra, onde as pôs a natureza, conservam-se inocentes e não fazem mal a ninguém; mas se se cavam e se tiram fora, então são muito perniciosas e fazem grandes estragos. Olhai para o passado, se vos não quereis enganar com o presente.

Aquela idade dourada, tão célebre nos primeiros tempos, quem a fez? Parece que a havia de fazer o ouro, e não a fez o ouro que havia, senão o ouro que não havia, porque ainda se não tinha descoberto. Enquanto no mundo não houve ouro, então foi a idade de ouro; depois que apareceu o ouro no mundo, então começou a idade de ferro: "Já se desencantara o ferro infenso/ e o ouro inda pior"[3]. O que era necessário e útil para a vida e conservação dos homens, notou Sêneca, Demócrito e ainda o mesmo Epicuro que o pôs a natureza muito perto de nós, e muito descoberto e patente, como são as plantas, os frutos, os animais; pelo contrário, o que não só era inútil, mas pernicioso, pô-lo muito longe de nós, oculto e escondido, onde o não víssemos: e este é o ouro e a prata. Houve-se em tudo a natureza como mãe. A mãe dá a maçã ao filhinho e esconde-lhe a faca. Por quê? Porque quer que coma, mas não quer que se fira; e se o menino chora pelo que o há de ferir, não é justo que os homens de razão e de juízo tenham sentimento de meninos.

Esta mesma doutrina, como tão necessária — porque não cuideis que é só de filósofos — foi a primeira que nos ensinou a Sagrada Escritura logo no princípio do mundo: "No princípio criou Deus o céu e a terra; porém a terra estava vazia e vazia" (Gn 1,1s). E que quer dizer que a terra estava "vazia e vazia"? Quer dizer que estava vazia por dentro e vazia por fora: vazia por dentro, porque ainda não tinha Deus criado no interior da terra os minerais; e vazia por fora, porque também não tinha criado na superfície da mesma terra as plantas, as árvores e os animais. Criou, pois, Deus todas estas coisas naqueles primeiros seis dias, e fazendo a Escritura muito particular e miúda relação das plantas, das árvores e dos animais, das minas e dos metais não faz menção alguma. Pois se a Escritura tinha dito que a terra, em sua primeira criação, nascera vazia por dentro e por fora, e relata com tanta distinção e engrandece com tanto aparato como Deus a encheu e povoou por fora, por que cala totalmente, e não diz também como a encheu e enriqueceu por dentro? Mais. Depois que Deus teve criado todas as coisas e o homem, que foi a última, mostrou-lhe as ervas, as plantas, as árvores e seus frutos, e disse-lhe: Eis aqui toda esta variedade, a qual criei e vos dou para vosso sustento e regalo. E fazendo vir diante do mesmo Adão todos os animais, disse-lhe da mesma maneira: Também de todos estes vos dou o domínio, os quais criei para que vos ajudem e sirvam. — Agora cuidava eu que havia de acrescentar o Senhor: e não só tenho provido e aparelhado, para vosso sustento, serviço e conservação, todas estas coisas que vedes na superfície da terra, mas também lá no centro e entranhas dela criei muitas minas de metais preciosos, para maior riqueza, grandeza e utilidade vossa e de vossos descendentes. Mas nada disto disse Deus: tudo passou em silêncio, sem fazer das minas a menor insinuação. Pois se Deus nesta doação universal entrega, como por lista, a Adão todas as outras coisas que tinha criado para ele, as minas de ouro e prata, que parecia — como hoje parece — que era a melhor e mais rica partida de todas, por que as deixa de fora? Porque todas as outras coisas que estão à face da terra, e o domínio e uso delas, era útil e necessárias ao homem para sua conservação e sustento, e ainda para seu regalo; porém as minas, o ouro e a prata, não só não eram necessários nem úteis, mas supérfluos e perniciosos, e ocasião que lhe podia e havia de ser de gravíssimos danos. Por isso, assim como as tinha sepultado e escondido debaixo da terra, assim lhe escondeu e encobriu também a notícia delas, passando totalmente em silêncio e não fazendo menção de tal coisa.

Mas vejo que me perguntam os curiosos e me argúem os críticos: se as minas eram tão danosas e perniciosas ao homem, e por isso lhas escondeu e encobriu Deus, por que as criou, ou para quê? Para responder a esta pergunta, faço-vos primeiro outra. E a Árvore da Ciência, que foi a ocasião e origem de todos os males do mundo, por que a criou Deus no Paraíso? Ou aquela árvore era boa ou má — como argumenta Santo Agostinho. — Se era má, para que a plantou Deus? Se era boa, para que a proibiu? Ameaça ao homem com a morte se comer daquele fruto, e pinta o mesmo fruto com tais cores que levava após si os olhos: "Formosa aos olhos e deleitável à vista" (Gn 3,6)? Sim. Porque aquele fruto tão formoso não foi criado para que Adão comesse ou provasse dele, senão para que Deus tentasse a Adão e o provasse com ele. E esta é também a razão por que Deus criou o ouro e a prata, e lhes deu tanta formosura de cores. Quílon, um dos sete sábios da Grécia, dizia que, assim como a pedra de toque prova o ouro e a prata, assim o ouro e a prata são a pedra de toque dos homens. Quereis provar quem são os homens? Tentai-os com ouro e com prata. Do ouro disse o Eclesiástico: "Quem não correu após o ouro, foi nisto aprovado" (Eclo 31,8); e da prata disse Davi: "Para que sejam excluídos os que foram provados pela prata". E notai que o que nesta sentença ficou aprovado foi um só: "Foi nisto aprovado" — e os que ficaram reprovados e excluídos foram muitos: "Para que sejam excluídos os que foram provados pela prata". Ora, já que todos os dias pedimos a Deus que nos livre das tentações, ou que nos não meta nelas: "Não nos deixeis cair em tentação" — demos-lhe muitas graças, pois nos livrou desta, em que nós nos tínhamos metido.

E porque vos não fique a última desconsolação de não terdes com que bater moeda na vossa terra, saibam os que tanto a desejam e procuram que, posto que seja com boa tenção e bom zelo, é esta a maior traição que podem fazer à sua pátria. É possível que vos dê Deus uma terra tão abundante e tão fértil, que só com a comutação dos frutos e drogas dela vos sustentais e conservais há tantos anos, tão abastada e tão nobremente, sem haver nem correr nela dinheiro e que desejeis e suspireis por dinheiro, sem o qual, e por isso mesmo, vos fez a vossa fortuna singulares no mundo? Plínio, que foi o homem que maior conhecimento teve de todo ele, entre outras muitas sentenças com que condena o uso do dinheiro, e louva o da comutação dos frutos naturais, diz estas notáveis palavras: "Que inocente, que bem-aventurada e que deliciosa seria a vida dos homens, se eles se contentaram com o que nasce sobre a terra! Oxalá se pudera desterrar de todo o mundo o ouro descoberto para destruição da vida, e se trocaram os tempos e uso presente por aquela idade felicíssima, em que as coisas se comutavam umas por outras"[4]. Até aqui o parecer daquele grande juízo que ajuntou em si a ciência e compreensão de todos os séculos. E que, tendo-vos Deus feito mercê de que gozeis esta inestimável riqueza e felicidade natural, queirais abrir as portas a um inimigo tão universal e pernicioso como o dinheiro que, no dia em que entrar na terra, vos há de empobrecer a todos de repente? Ouvi um caso admirável de Cristo Senhor nosso com seus discípulos.

Mandou-os o Senhor pregar pelo mundo, e proibiu-lhes nomeadamente "Que não tivessem ouro nem prata, nem levassem bolsa nem dinheiro consigo" (Mt 10,9). Vieram os discípulos da jornada, e fez-lhes o Divino Mestre esta pergunta: "Quando vos mandei sem bolsa nem alforje, faltou-vos alguma coisa? Responderam todos que nenhuma coisa lhes faltara" (Lc 22,35). "E disseram: nada" (Lc 22,36). — "Pois agora vos digo", replicou o Senhor, "que quem tiver bolsa e dinheiro o leve consigo, e se tiver alforje, também" (Lc 22,36). — Com razão chamei a este caso admirável. Se Cristo tinha mandado aos discípulos sem bolsa nem dinheiro, e eles experimentaram e confessaram que nenhuma coisa lhes faltara, como depois desta experiência e desta confissão lhes manda agora o contrário, e que levem dinheiro? Se eles tiveram dito que, por não levarem dinheiro, lhes tinham faltado muitas coisas necessárias à vida, então se seguia bem que o Senhor lho concedesse. Mas tendo-lhes proibido o dinheiro quando foram a primeira vez, e não lhes tendo faltado nada, agora lhes diz que o levem? Responde, depois de grandes admirações, São João Crisóstomo. Cristo Senhor nosso queria exercitar seus discípulos na paciência, e que padecessem pobreza e falta do que lhes fosse necessário; e como quando foram sem dinheiro nenhuma destas coisas lhes faltou, mandou-lhes que levassem dinheiro, para que tudo lhes faltasse. Como se dissera o Senhor — diz Crisóstomo: — "Até agora, sem dinheiro, tudo vos sobeja; pois agora quero que tenhais dinheiro, para que tudo vos falte e sejais pobres"[5]. — Isto é o que querem, sem entender o que querem, os que desejam que entre e corra dinheiro nesta vossa terra. Se sem dinheiro, e só com a comutação dos frutos naturais da terra, tendes abundantemente tudo o que é necessário para a vida, e muitos de vós o supérfluo, para que quereis dinheiro, senão para que tudo custe dinheiro, e custando tudo dinheiro, todos sejais pobres? Benzei-vos desta tentação como da outra: lograi o que Deus vos deu tão abundantemente sobre a terra, e debaixo dela nem queirais minas, nem o que delas se bate.

§ VII

Mas, antes que acabemos este ponto — com promessa de que o segundo será muito breve — não quero que me acuseis de pouco zeloso da opulência do Reino. E assim como vos tenho mostrado que as minas, no caso em que se descobrissem, seriam de grande dano, em particular para este Estado, assim acrescento agora que também para o mesmo Reino em geral antes haviam de ser de maior opressão e ruína que de utilidade e aumento. E para que comecemos pelos exemplos mais vizinhos, que utilidades se têm seguido à Espanha do seu famoso Potosi e das outras minas desta mesma América? A mesma Espanha confessa e chora que lhe não têm servido mais que de a despovoar e empobrecer. Eles cavam e navegam a prata, e os estrangeiros a logram. Para os outros é a substância dos preciosos metais e para eles a escória. Lá disse Isaías, falando do Reino de Israel: "A tua prata se mudou em escória" (Is 1,22); e o mesmo se poderá dizer sem metáfora da prata de Espanha. Ainda, com mais doméstica propriedade, se lhe pode aplicar o dito do seu mesmo patrão, Santiago: "A vossa prata se enferrujou" (Tg 5,3), pois a prata se lhe tem convertido em cobre, e a fama e opulência de tanto milhão em belhão.

E para que se não engane alguém com me dizer ou cuidar que a evidência deste mesmo exemplo nos servirá de doutrina e emenda, passemos a outro reino, ou a outro reinado mais sábio, qual foi, sem injúria dos presentes nem futuros, o de Salomão. Salomão, com a sua universal sabedoria, descobriu riquíssimas minas, e não outras, segundo opinião de graves autores, senão as mesmas deste Novo Mundo. As do Peru, que os espanhóis descobriram sem as buscar, e as do Brasil, que nós buscamos, e não descobrimos. Funda-se esta sentença no capítulo terceiro do segundo Livro das Crônicas onde, falando do ouro que daquelas partes vinha a Salomão, diz o texto hebreu: "O ouro era ouro de Parvaim" (2Cr 3,6). A qual palavra "Parvaim" é um nome do plural, cujo singular é Peru, com que vem a dizer o mesmo texto que aquele ouro se trazia de ambos os Perus, ou de um e outro Peru. Assim os declara Genebrardo, peritíssimo na língua hebraica: "O ouro 'parvaim' chama-se em hebraico como se fosse trazido dos dois Peru"[6].

E daqui infere, como coisa evidente, que era tirado das minas deste novo Mundo: "Quem não percebe que se nomeia este novo mundo?". E para que se veja que um destes Perus era o que hoje conserva o mesmo nome, e o outro este nosso, que chamamos Brasil — onde só podiam vir aportar as Frotas de Salomão — diz o mesmo texto sagrado que uma das coisas novas e nunca vistas na Ásia que levavam as mesmas frotas, eram certos paus chamados *ligna thyina*, os quais, dizem os hebreus, citados por Tirino, que eram *Lignum Brasilium*: "pau do Brasil"[7]. O Caldeu traslada *coralium*: coral, donde parece-lhe deram este nome pela semelhança da cor vermelha. Mas as obras que o texto aponta se faziam deste pau não podiam ser do que vulgarmente se chama Brasil, senão de outra madeira preciosa, das muitas que nele nascem.

Isto suposto — e não suposto também — ou fossem desta terra as minas de Salomão ou de qualquer outra, vamos ao que rendiam e em que se empregavam, que é o que faz ao meu caso. O que traziam as suas frotas a Salomão, só em ouro, eram seiscentos e sessenta e seis talentos, que montam oito milhões menos oito mil cruzados. Assim o conta pontualmente a Escritura: "O peso do ouro que chegava anualmente a Salomão eram 666 talentos" (3Rs 10,14). E não só traziam as frotas ouro, senão também muita prata, cuja quantidade era tão imensa na corte de Jerusalém, que, afirma a mesma Escritura, igualava às pedras da rua: "E aconteceu que houvesse tanta abundância de prata em Jerusalém quanto era também a das pedras" (3Rs 10,27). Esta é a imensidade de ouro e prata que rendiam aquelas minas. Mas antes que vejamos em que todo este ouro e toda esta prata se gastava, deixai-me fazer um reparo, digno não só de admiração mas de assombro e de pasmo.

Morto Salomão, sucedeu-lhe na coroa Roboão, seu filho, e a primeira proposta que lhe fizeram os povos juntos em cortes foi que tivesse piedade deles, e os aliviasse dos tributos com que estavam oprimidos em tempo de seu pai, porque eram insuportáveis. E chegou esta instância a termos tão apertados e do cabo, que não querendo Roboão condescender no que tão justamente pediam, das doze tribos de que constava todo o reino, as dez lhe negaram a obediência e se rebelaram, e fizeram outro rei e outro reino, que nunca mais se sujeitou nem restituiu aos herdeiros de Salomão. Agora entra o meu reparo. Se o peso de ouro e a quantidade da prata que contribuíam as minas eram tão excessivos — além dos direitos ordinários do reino, de que também faz menção a Escritura — com toda esta imensidade de tesouros, com todos estes rios de prata e ouro: que estavam sempre a correr: "A cada ano" — como não se aliviava a opressão dos vassalos, como se não levantavam ou diminuíam os tributos dos povos, antes cresciam e se multiplicavam ao mesmo passo, com tal excesso que os obrigavam a uma tal desesperação, e reduziram o reino a extrema ruína? Aqui vereis qual é o fruto das minas e o que fazem esses rios de ouro e prata, trazidos de tão longe. Com as suas enchentes inundam a terra, oprimem os povos, arruínam as casas, destroem os reinos.

As causas naturais destes efeitos tão lamentáveis não são ordinariamente outras, senão as mesmas que precederam no reinado de Salomão. E quais foram estas? O luxo, a vaidade, a ostentação, a delícia, os palácios, as casas de prazer, as fábricas e máquinas esquisitas, e outras coisas tão notáveis como supérfluas, que chamavam à corte de Jerusalém os olhos do mundo, e vistas, desmaiavam a admiração, como aconteceu à rainha Sabá. As baixelas todas eram de ouro — porque da prata não se fazia caso — as mesas, e todas as outras alfaias, também de ouro, e, o que se não pudera crer, se o não referira a História Sagrada, até as lanças e escudos, em grande número, de ouro. Nestes monstros da vaidade — que sempre é maior que o poder — se consumiam aqueles imensos tesouros, e onde não chegavam os milhões das frotas, supriam os tributos dos vassalos. Quando as frotas haviam de partir, uns concorriam com o préstimo de suas artes para os aprestos, outros com as contribuições das suas herdades para os bastimentos, outros com o dinheiro amoedado para os soldos, outros com as próprias pessoas, embarcando-se forçados a uma tão dilatada, tão nova e tão perigosa navegação. E quando as mesmas frotas voltavam carregadas de ouro e prata, nada disto era para alívio ou remédio dos povos, senão para mais se encherem e incharem os que tinham mando sobre eles, e para se excogitarem novas artes de esperdiçar e novas invenções de destruir. E se isto sucedia no reinado e governo de Salomão, vede se se pode esperar ou temer outro tanto, quando não forem Salomões os que tenham o governo!

Dos futuros condicionais e contingentes, ninguém é sabedor, senão Deus e os seus profetas. E assim não quero que me creiais a mim, senão a Isaías: "Vejo a terra" — diz Isaías — "toda cheia de ouro e prata, e são tantos e tão grandes os seus tesouros que não têm fim" (Is 2,7). — Oh! ditosa e bem afortunada terra, em que não haverá já pobreza nem miséria, pois, estando toda cheia, a todos abrangerá a riqueza, e não haverá quem não tenha com que remediar a sua necessidade! Assim parece verdadeiramente. Mas vejamos se vê mais alguma coisa o profeta, e se é isto mesmo que nós inferimos. Vai por diante Isaías, e às palavras que tinha dito acrescenta as seguintes: Depois de ver a terra cheia de ouro e prata, o que mais vi, diz o profeta "foi que a mesma terra estava cheia de cavalos, e que as suas carroças eram inumeráveis, e que os homens adoravam as obras de suas mãos e faziam delas ídolos" (Is 2,8). — Eis aqui os aumentos que havia de ter o reino com os haveres que lhe prometiam as vossas minas. Encher-se-ia a terra de ouro e prata, mas esse ouro e prata, posto que naturalmente desce para baixo, havia de subir para cima. Não havia de chegar aos pequenos e pobres, mas todo se havia de abarcar e consumir nas mãos dos grandes e poderosos porque, como bem disse o outro, as magnetes atraem o ferro, e os magnates o ouro; e as obras pias em que esses tesouros se haviam de despender eram mais cavalos, e mais carroças, e mais galas, e mais palácios, e obras magníficas e ostentosas; e também haviam de ter parte nele os ídolos batizados, que lá se adoram, e que tantas vidas e fazendas têm destruído. E se estes eram os proveitos com que se havia de adiantar o reino no descobrimento das vossas minas, à custa da vossa fazenda, do vosso trabalho, da vossa opressão e do vosso cativeiro, vede se foi grande favor e providência do céu, que se não descobrissem e se, tanto no particular como no geral, ia desencaminhada e errada a vossa esperança: "E nós esperávamos".

§ VIII

Desenganado assim e desvanecido o falso descobrimento das vossas minas, segue-se o verdadeiro das minhas, que vos prometi descobrir. E porque é certo e infalível, não necessita de tão largo discurso. Prometendo Cristo, Redentor nosso, aos escribas e fariseus, em lugar de um milagre do céu, que lhe pediam outro milagre maior na terra, disse que, assim como Jonas estivera três dias e três noites no ventre da baleia, assim ele havia de estar no coração da terra outros tantos dias e noites, que foram os que se contaram desde a tarde de sua sagrada morte até à manhã da sua gloriosa ressurreição. Alguns dizem que se cumpriu esta promessa e profecia na sepultura do Senhor. Mas esta interpretação é insuficiente e imprópria porque, ainda que Cristo na sepultura esteve debaixo da terra, não esteve "no coração da terra" (Mt 12,40). O coração da terra não é junto à superfície, onde estava o sepulcro, senão o meio e centro dela e o lugar mais interior e inferior, onde o Senhor desceu e se deteve aqueles três dias, e isso é o que cremos e significamos, quando dizemos não só que foi sepultado, senão que desceu ao inferno. Mas a que fim desceu Cristo ao inferno, estando já em estado glorioso, a que naturalmente é devido o céu? Que foi buscar àquelas concavidades escuras e subterrâneas, onde nunca entrou o sol? Foi buscar e descobrir umas minas mais ricas que toda a prata e todo o ouro, cujo preço e lugar só ele conhecia, e nenhum homem, nem anjo, senão ele as podia descobrir.

Quando os autores, ainda gentios, querem encarecer o extremo da cobiça furiosa e cega com que os homens não duvidam de se meter e penetrar o mais profundo da terra, e ter sobre si as montanhas para chegar ao escondido das minas, dizem que até ao inferno vão buscar e desenterrar o ouro e a prata:

Disse com elegantes versos Ovídio: "Vai-se-lhe às entranhas (da terra), / Cavam-lhe o que sumiu na estígia sombra, / Cavam riquezas, incentivos a males"[8]. E não com menos elegante prosa, nem com menor ressentimento e juízo, Plínio: "Penetramos em suas entranhas, procurando riquezas na morada dos deuses. Aquelas coisas que ela escondeu no mais profundo nos atraem e nos impelem para as regiões infernais"[9]. Isto, pois, que aqueles homens, que não tiveram conhecimento de Cristo, disseram por exageração e encarecimento dos mineiros do ouro e prata, isto mesmo, e em próprios termos, é o que realmente e em pessoa fez Cristo, penetrando o mais escondido e inferior da terra e descendo verdadeiramente ao inferno, para descobrir, romper e abrir as suas minas, não de ouro ou prata, que acrescentam os males da terra, senão de outros muito mais preciosos metais, com que se acrescenta, ilustra e enriquece o céu.

A montanha onde começaram a romper-se estas minas foi o Monte Calvário; os instrumentos, a cruz e os cravos; o sítio subterrâneo, onde elas estavam escondidas, o seio de Abraão; e as riquezas que delas tirou Cristo depois de tantos trabalhos, as almas. Tirou a alma do mesmo Abraão, que deu nome ao lugar. Tirou a alma de Abel, que foi a primeira que ali entrou. Tirou as almas de Adão e Eva que, por um apetite, foram a causa de que eles e seus filhos, do paraíso da terra não fossem tresladados ao céu. Tirou as almas dos antigos Patriarcas, Set, Noé, Isac, Jacó, José e Moisés, cuja lei, posto que foi disposição, não teve virtude para levar os homens à Glória, privilégio só da lei da graça. Tirou a alma de Jó, que no mesmo tempo se salvou na lei da natureza, e também — segundo parece — as dos outros amigos que tinham a mesma fé do verdadeiro Deus. Tirou as almas dos reis que foram justos e santos — muito menos porém em número do que foram as coroas — a alma de Josias, a alma de Ezequias, a de Josafá, a de Manassés, a de Davi. E se também não foi com ele a de Salomão, vede que desgraça? Tirou as almas dos profetas Isaías, Jeremias, Ezequiel, Daniel e os demais, e com cada um deles em triunfo, as almas que com suas pregações tinham livrado do inferno. E por que não fiquem de fora as mulheres — cujas almas não faltou quem dissesse que não foram criadas à imagem e semelhança de Deus — tirou as almas de Sara, de Rebeca, de Raquel, a de Maria, irmã de Moisés, a de Ester, a de Rute, a da casta Susana, a da valente Judite. E com estas de mais conhecido nome, todas as outras que naquele escuro depósito estavam esperando longamente a vinda do Messias.

Das que lá entraram depois de Deus feito homem — se a história do rico avarento não foi mais antiga — tirou o Senhor singularmente a alma do pobre Lázaro, de que só se faz menção no Evangelho, a qual levaram ao mesmo seio de Abraão os anjos, ficando para sempre no inferno, ardendo em fogo e em inveja, a alma do mesmo rico, cuja fortuna neste mundo fora tão invejada. Também foi notável entre as almas deste tempo a de Simeão, aquele velho venturoso que teve a Cristo em seus braços e, despedindo-se da vida, foi o que lá levou as primeiras novas de que já ficava no mundo o Redentor dele. Os antigos tiveram para si que havia almas grandes e almas pequenas; e se isto assim fora, muito acrescentaram o número das almas pequenas às dos inocentes de Belém, os quais o Senhor não livrou da espada de Herodes, para agora as levar gloriosas consigo. Finalmente, sobre todo aquele numerosíssimo esquadrão, avultaram com excesso, entre todas as almas grandes, quatro maiores: a de São João Batista, a de S. Joaquim, a de Santa Ana e a do que mereceu ser chamado Pai do mesmo Cristo, o incomparável S. José.

Estes foram os tesouros inestimáveis que o Redentor do mundo tirou daquelas suas minas, que em espaço de quatro mil anos, desde o princípio do mesmo mundo, se foram multiplicando e crescendo sempre. Então se cumpriu a promessa que delas lhe tinha feito Deus por boca de Isaías, dizendo que lhe daria os tesouros escondidos e mais secretos e encobertos de toda a terra, e quebraria para isso portas de bronze e fechaduras de ferro: "Arrombarei as portas de bronze e quebrarei as trancas de ferro. Eu te darei os tesouros escondidos e as riquezas encobertas" (Is 45,2). Bem sei que estas palavras foram dirigidas exteriormente a el-rei Ciro; mas é certo que o interior da profecia falava expressamente com Cristo. Assim como o que tem diante de si a imagem de um santo parece que fala com a imagem e fala com o santo, assim Isaías, falando no exterior com Ciro, que era figura e imagem de Cristo, com o mesmo Cristo é que falava propriamente, e de Cristo profetizava, e não de Ciro. O mesmo profeta se explicou logo, e se comentou a si mesmo e com tal individuação de palavras, que de nenhum modo se podem entender de Ciro, nem de outro algum homem, senão daquele que era homem e Deus juntamente: "Verdadeiramente és um Deus escondido, o Deus de Israel, o Salvador" (Is 45,15). Este, de quem falo debaixo do nome de Ciro, é verdadeiramente Deus escondido, Deus escondido e Salvador. Deus escondido, porque em Cristo estava a divindade escondida debaixo da humanidade; e Deus assim escondido Salvador, porque para Deus nos salvar se fez homem. E para tirar toda a dúvida, e que este Salvador não era homem como os outros homens da terra, senão Deus descido do céu, continua o mesmo profeta pedindo e instando ao mesmo céu que acabasse já de chover lá de cima o Justo, para que nascesse na terra o Salvador: "Rorejai, céus, das alturas, e as nuvens chovam justiça; abra-se a terra e brote o Salvador" (Is 45,8). — Assim que aquele príncipe, a quem Deus prometeu o descobrimento das minas secretas, e as riquezas dos tesouros mais ocultos e escondidos, não era Ciro, nem outro rei da terra senão Cristo, verdadeiro Deus, também escondido, que desceu do céu, e que desceu, não para outro fim, senão para ser Salvador.

Mas, se Cristo, quando desceu do céu e veio à terra, nasceu na pobreza de um presépio; se como Filho escolheu Mãe pobre, e como Mestre discípulos pobres; se a primeira coisa que ensinou e pregou foi a pobreza; se viveu de esmolas como pobre, se morreu sem casa nem cama, e despido como extremamente pobre; se o que sempre condenou foram as riquezas e, prometendo o céu aos pobres, só o dificultou e quase impossibilitou aos ricos, que tesouros são estes que Deus lhes prometeu, e que minas secretas e escondidas as que havia de descobrir? Não foram sem dúvida, nem são outras, senão aquelas almas tão preciosas como prezadas, que no seio de Abraão, como em tesouro, se iam depositando por todos os séculos, não só escondidas e encerradas, mas verdadeiramente cativas, para cujo descobrimento, liberdade e redenção desceu Cristo, como diz São Paulo, às partes mais inferiores da terra: "Quando subiu ao alto, levou cativo o cativeiro. Ora, que significa 'subiu', senão que também antes havia descido aos lugares inferiores da terra?" (Ef 4,8s). E porque as mesmas almas não podiam sair daquele lugar subterrâneo, onde estavam presas e aferrolhadas como em um cárcere de bronze, por isso juntamente com a promessa destes tesouros e destas minas, assegurou Deus ao mesmo Cristo, descobridor e conquistador delas, que primeiro quebraria as portas de bronze e romperia as fechaduras de ferro: "Arrombarei as portas de bronze e quebrarei as trancas de ferro. Eu te darei os tesouros escondidos e as riquezas encobertas".

Assim comentam este lugar literalmente Santo Jerônimo e Santo Agostinho. Mas quem poderá declarar dignamente o preço destes tesouros e o valor destas minas? Só por comparação do ouro e prata, que o mundo tanto preza e estima nas outras, se pode de algum modo rastear, e assim o fez S. Pedro, falando daquelas almas, e das nossas. Exorta-nos S. Pedro a que conservemos puras as nossas almas, com a obediência dos preceitos divinos, que todos se encerram na caridade: "Purificando as vossas almas na obediência da caridade" (1Pd 1,22) — e o motivo principal que para isso nos propõe é o preço e valor das mesmas almas. "Advertindo e considerando" — diz o Príncipe dos apóstolos — "que essas almas não foram compradas com ouro ou prata, senão com o precioso sangue do mesmo Filho de Deus" (1Pd 1,18). — Não sei se reparais que não só diz S. Pedro o preço com que foram compradas as almas, senão também o preço com que não foram compradas. Não foram compradas, diz, com ouro nem com prata, senão com o sangue de Cristo. E não bastava dizer que foram compradas com o Sangue de Cristo unido à divindade, e por isso de preço infinito? Bastava e sobejava. Mas como falava com a baixeza e vileza dos homens, que, como feitos de terra, não sabem levantar os pensamentos da terra e tanto prezam e estimam o ouro e a prata, por isso ajuntou e ponderou que não foram compradas as almas com ouro nem com prata, senão com o preço infinito do sangue de Cristo, para que acabem de entender e de crer todos os que têm fé que são infinitamente mais preciosas as almas, e infinitamente mais ricas as minas donde Cristo as foi buscar debaixo da terra, que todo o ouro e toda a prata que se tira ou pode tirar das outras.

Que bem o entendeu assim el-rei D. João, o Segundo, quando se descobriram as minas da Costa de África, que deram nome à mesma terra! Edificou-se ali o famoso castelo de S. Jorge; mas porque as despesas eram muitas e a terra doentia, pôs-se em conselho de Estado, se se largaria. E como muitos dos conselheiros votassem que sim, que responderia el-rei? Respondeu que de nenhum modo se largasse. Porque eu — diz — não mandei edificar aquele castelo tanto para a defesa e conservação das minas quanto para a conversão das almas dos gentios, e basta-me a esperança da salvação de uma só daquelas almas para ter por bem empregadas todas essas despesas.

§ IX

Estas são, senhores meus, as minas de que Cristo hoje subiu tão rico do centro da terra; estas as que eu vos prometi descobrir; e estas, e não outras, as minas do vosso Maranhão. Se Deus vos não deu as de ouro e prata, como esperáveis, ou vos fez mercê de que não se descobrissem para vos livrar de tantas desgraças, como ouvistes, contentai-vos de vos ter dotado e enriquecido daquelas que na sua estimação — que só é a certa e verdadeira — foram dignas de ser compradas com seu próprio sangue. Este grande rio, rei de todos os do mundo, que deu o nome à vossa cidade e a todo o estado, que ribeira tem na sua principal e maior corrente, ou nas de seus tão dilatados braços que, em lugar das areias de ouro, de que outros fabulosamente se jactam, não esteja rico destas pérolas, que assim chamou Cristo às almas? Outros lhe chamam Rio das Almazonas, mas eu lhe chamo Rio das Almazinhas, não por serem menores, nem de menos preço — pois todas custaram o mesmo — mas pelo desamparo e desprezo com que se estão perdendo, quando o ouro e a prata se deseja com tanta ânsia, se procura com tanto cuidado e se busca com tanto empenho? Oh! almas remidas com o sangue do Filho de Deus, que pouco conhecido é o vosso preço e que pouco sentida a vossa perda, digna só de se chorar com lágrimas de sangue! Mas os que tão pouco caso fazem da alma própria, como o farão das alheias?

Ora, já que o Senhor do mundo nos descobriu estas minas e nos encareceu tanto o preço delas, e as pôs tanto à flor da terra, nesta terra de que vos fez senhores para este mesmo fim, não as desprezeis. Vede que injúria seria da fé e da caridade, e do mesmo sangue de Cristo, se, descendo ele ao centro da terra a buscar almas, nós as deixássemos perder e ir ao inferno, quando as podemos salvar para si, para nós e para o mesmo Cristo, sem cavar nem romper montanhas. E para que se anime o nosso zelo neste pequeno trabalho, e de tanto lucro, só quero que advirtamos todos que, fazendo-o assim, faremos em certo modo mais, sem sair da superfície da terra, do que fez o mesmo Cristo descendo ao centro dela. É de fé que Cristo "desceu aos infernos". Também é de fé que há dois infernos, um inferior, e muito mais baixo, onde estava o rico avarento, e outro superior, e mais acima, onde estava Abraão e Lázaro. Deste inferno superior tirou Cristo todas as almas que lá estavam; mas do inferno inferior — ou Cristo descesse lá presencialmente, ou não — não tirou alma alguma. Contudo, Davi diz de si que o Senhor "tirou a sua alma do inferno inferior" (Sl 85,13). Pois se a alma de Davi, como a dos outros patriarcas, foi tirada do seio de Abraão, que é o inferno superior, como diz que a tirou Deus do inferno inferior, que é o inferno dos condenados e que propriamente se chama inferno? Porque a alma de Davi livrou-a Deus duas vezes, e de dois infernos: uma vez em vida e outra vez depois da morte. Depois da morte, livrou-a do inferno superior, quando, com as outras almas santas, a tirou do seio de Abraão; e na vida livrou-a do inferno inferior, ao qual estava condenada a alma de Davi pelo pecado do adultério e homicídio, e onde havia de penar eternamente se Deus, por sua grande misericórdia, a não livrara, como ele mesmo diz: "Porque a tua misericórdia é grande para comigo e livraste a minha alma do inferno inferior".

Eis aqui o estado em que estão toda essa infinidade de almas, cujo remédio e salvação fiou Deus do nosso zelo e da nossa cristandade. Os inocentes pelo pecado original irão ao Limbo, que também é inferno, pois não hão de ver a Deus para sempre. Porém, os adultos, assim pelos pecados atuais como pela falta de fé e batismo, todos vão e estão indo continuamente ao inferno inferior. E deste inferno, donde Cristo hoje não tirou alma alguma, podemos nós tirar, sem sair da terra onde Deus nos pôs, tantos milhares de almas e fazer delas um tesouro inestimável, tanto mais rico e precioso quanto vale mais uma só alma que todo o ouro e prata e todos os haveres do mundo. Ou cremos esta verdade, cristãos, ou não a cremos? Se a não cremos, onde está a nossa fé, a nossa esperança e o nosso entendimento? Diga-se do nosso entendimento e da nossa fé o que hoje disse Cristo aos discípulos desesperados: "Ó estultos e tardos de coração para crer!".

Mas se temos fé e juízo, como não há de prevalecer a alegria, o gosto e a felicidade de Deus nos ter descoberto estas minas do céu, à falsa e mal entendida tristeza, de não termos achado as da terra que nela buscávamos?

Notou Santo Agostinho uma coisa digna do seu entendimento, que hoje sucedeu a S. Pedro: quando a Madalena esta manhã não achou o corpo do Senhor que buscava na sepultura, veio a toda a diligência dar conta a S. Pedro, o qual, não andando, senão correndo, foi logo a certificar-se e ver por seus olhos se era assim o que ouvia. E qual vos parece que seria o desejo que S. Pedro levava no coração? Santo Agostinho o diz: "Corria ao sepulcro; e se não encontrasse o que buscava, voltaria mais alegre"[10]. Corria S. Pedro ao sepulcro, não com desejo de achar, senão de não achar, e para tornar da jornada muito mais alegre, se não achasse o que buscava. — Assim se alegra quem olha para as coisas com são juízo, e quem entende — como S. Pedro entendia — que há casos em que a felicidade consiste, não em se achar o que se busca e deseja, senão em se não achar. "Enquanto não se achava entre todas as criaturas quem fosse semelhante a Adão" (Gn 2,20) — foi Adão feliz; e tanto que se achou o que se não achava, daí lhe procederam todos os seus desgostos, todas as suas perdas e todas as suas e nossas infelicidades. Alegrem-se, pois, com S. Pedro os que estavam tristes, por se não achar o que se buscou e alegrem-se também e muito mais com os dois discípulos de Emaús, de acharem e de se descobrir tanto mais do que esperavam. Eles esperavam um bem particular e temporal, que era a redenção do reino de Israel: "E nós esperávamos que ele haveria de remir Israel" — e o que acharam, sem o buscar, foi a redenção espiritual e eterna do mundo, em que consistia a salvação das suas almas e a de todas.

Todas devemos desejar que se salvem, e por todas havemos de oferecer nossos sacrifícios e orações a Deus. Mas, pois, não podemos cooperar à salvação de todas, ao menos não faltemos a estas tão desamparadas, às quais, por mais vizinhas, é mais devedora a nossa caridade. Sobretudo trate cada um, com verdadeiro zelo cristão, da doutrina e salvação, ao menos daquelas almas que têm em sua casa, e muito particularmente da sua, de que muitos vivem tão esquecidos. Acabemos de entender, e de nos desenganar, que só estes são os verdadeiros tesouros, e que não há outros, posto que a nossa cegueira lhes dê este nome. Concedo-vos que se descobrissem as minas que desejáveis, e que esta vossa cidade estivesse lajeada de barras de prata e coberta de telhas de ouro; que importava tudo isto à alma? Havia de levar alguma coisa destas consigo? Havia-lhe de importar alguma coisa para a conta? Pois se tudo cá há de ficar, por que não tomamos o conselho de Cristo, que tantas vezes nos disse que fizéssemos o nosso tesouro no céu: "Entesourai para vós tesouros no céu" (Mt 6,20)? E notai que diz: "Entesourai para vós" — porque todos os outros tesouros são para os que cá ficam. Costumavam os antigos mandar enterrar os tesouros debaixo das suas sepulturas; e por isso diz Jó: "que os que cavam tesouros muito se alegram quando acham algum sepulcro" (Jó 3,21s). E não é melhor que a alma ache os seus tesouros no céu, e se alegre com eles, do que alegrar-se outros com a vossa sepultura e com a vossa morte, para se lograrem do que vós não podeis levar convosco? Ora, tenhamos, tenhamos fé, e entristeçam-nos somente nossos pecados, e alegre-nos somente a esperança bem fundada de nossa salvação. E para que até das minas que não achastes tireis algum fruto, seja o primeiro a confusão de fazermos tantas diligências pelos tesouros da terra, quando tão pouca fazemos pelos do céu, que hão de durar para sempre; e o segundo, o exemplo e resolução de fazer ao menos outro tanto pela salvação da alma e graça de Deus, a qual nos promete o mesmo Deus que acharemos sem dúvida, se assim a buscarmos: "Se como a prata a buscares e como a tesouros escondidos a procurares, então, entenderás o temor do Senhor e acharás o conhecimento de Deus" (Pr 2,4s).

SERMÃO NAS

Exéquias de D. Maria de Ataíde

No Convento de S. Francisco de Enxobregas.
Ano de 1649.

"Maria escolheu a melhor parte."
(Lc 10,42)

Filha dos condes de Atougia, dama do Palácio. Ditosa alma a quem caiu o dia do Senhor no dia da Senhora: a oitava da Assunção da Mãe de Deus. Apoiando-se na queixa de Marta, irmã de Maria, Vieira reconhece três "queixosas" de Deus: a idade (chora o golpe), a gentileza (chora o eclipse) e a discrição (chora o silêncio). 1) Queixa-se a idade: queixam-se os idosos Davi (80 anos), Jacó (147 anos), Jó (270 anos). Se se queixam estes anos todos como não hão de se queixar 24 anos de Dona Maria de Ataíde? "Todos se queixam da pressa com que corre a vida, eu não me queixo senão da desigualdade com que caminha a morte". 2) Queixa-se a gentileza: não menos lastimosa, mas mais para lastimar. Nas leis de Labão (Lia e Raquel) tem precedência para casar a maior idade, nas leis da morte a maior beleza. A rosa é efêmera e a mesma formosura de Cristo no Tabor foi a maior confirmação de sua parca dura: formosura de neve e de sol. 3) Queixa-se a discrição: o maior inimigo da vida é o entendimento. O homem é vivente sensitivo e racional: o racional apura o sensitivo e o sensitivo apurado destrói o vivente ("Se vos coube em sorte a lanterna, se Deus vos deu uma pouca de luz — ainda que não seja para luzir senão para lumiar — fostes mofino, aparelhai a cabeça que há de vir S. Pedro sobre vós. Grande Miséria!"). 4) O silêncio do amor materno. Raro exemplo de servir a príncipes: faltou à natureza por não faltar às obrigações do ofício. 5) Pela morte, Dona Maria de Ataíde eternizou a idade, melhorou a gentileza e canonizou a discrição.

§ I

Estas palavras — que são de Cristo por S. Lucas — cantava solenemente a Igreja em vinte e dois de agosto, que foi o dia — entre tantos funestos deste ano — a cuja memória, a cujo sentimento e a cujo alívio se dedica o religioso e o humano desta piedosa ação. O mesmo dia que nos levou o assunto nos deixou o tema. Era a oitava gloriosa da Assunção da Mãe de Deus: feliz dia para deixar a terra, formoso dia para entrar no céu. O dia da morte chama-se nas Escrituras temerosamente dia do Senhor: "O dia do Senhor virá como um ladrão" (2Pd 3,10). Ditosa alma a quem caiu o dia do Senhor no dia da Senhora. Concorrer um dia tão temeroso com um dia tão privilegiado, grande argumento foi de felicidade! É opinião de doutores, piedosa e bem recebida, que em todos os dias consagrados a alguma festa da Senhora estão mais franqueadas as portas do céu. Mas que este privilégio seja particularmente concedido à maior festa de todas, que é a da Assunção gloriosa, não tem só a probabilidade de opinião, mas é coisa certa. Afirma-o S. Pedro Damião, e o confirma com graves exemplos. Até nesta circunstância soube escolher Maria a melhor parte: "Maria escolheu a melhor parte".

Príncipes houve que, decretando sentenças capitais, deram a escolher o gênero de morte, como Nero a Sêneca. Se Deus, quando decreta a morte, dera a escolher o dia, todo o mundo se guardara para morrer neste. Que dia se pode desejar mais fausto para acometer a perigosa jornada da outra vida que em seguimento dos passos daquela Senhora, que para guiar é estrela, para subir é escada, para entrar é porta: Estrela da manhã, Escada de Jacó, Porta do céu, lhe chama a Igreja. Quando os filhos de Israel caminhavam do Egito para a Terra de Promissão, a ordem com que marchavam era esta: ia adiante a Arca do Testamento, em distância de dois mil passos; seguia-se logo o corpo de todo o exército, repartido e ordenado em esquadrões; por fim — que este é o lugar que lhe dão os expositores — eram levados em um túmulo portátil os ossos de José. Este caminho dos israelitas — que quer dizer os que veem a Deus — era figura da jornada que fazem as almas do Egito deste mundo para a Terra de Promissão da glória. Mas em nenhuma ocasião com tanta propriedade como nesta. Foi diante a verdadeira Arca do Testamento, a Virgem Maria, no dia de sua triunfante Assunção, que em tal dia nomeadamente lhe chamou Arca do Testamento Davi: "Levanta-te, Senhor, no teu repouso, tu e a arca da tua força" (Sl 131,8). Seguiu-se logo em proporcionada distância, quanto vai do dia à oitava, não o corpo do exército, mas o exército da alma. Uma alma armada com todos os sacramentos da Igreja, assistida dos anjos, acompanhada das boas obras, seguida de tantos sufrágios e sacrifícios, que outra coisa é senão um exército ordenado e terrível? Assim lhe chamam, não sem admiração, aqueles espíritos sentinelas do céu, que desde suas ameias estão vendo subir uma alma: "Quem é essa que sobe terrível como um exército bem ordenado?" (Ct 3,6 e 6,3). Por fim de tudo — que tal é o fim de tudo — remata-se hoje esta pompa gloriosa e invisível no que só veem e no que só podem ver nossos olhos, em umas cinzas e um túmulo. Também aquele túmulo e aquelas cinzas vão caminhando, mas com passo tão vagaroso, com movimento tão tardo, que não chegarão ao céu, donde já descansa a alma, senão no dia da ressurreição universal. Cedo as perderemos de vista, para nunca mais. Agora são só presentes a nossos olhos para nova comiseração, para último desengano, para perpétuo exemplo. À mesma Senhora, que já tem dado a glória ao bem-aventurado assunto de nossa oração, peçamos nos queira também dar a graça que havemos mister para falar dele: *Ave Maria.*

§ II

Maria escolheu a melhor parte. Deu ocasião a esta sentença de Cristo uma queixa piedosa, mas tão atrevida, que chegou a lhe tocar ao Senhor, não menos que no atributo de sua providência: "Senhor, não tendes cuidado?" (Lc 10,14). — Casos sucedem no mundo que parece se descuida Deus do governo dele, e, se alguns são à nossa admiração maiores motivos, são os da vida e da morte. Esta admiração introduziu no juízo dos homens o erro de fados e de fortuna, que, se bem entre nós perderam a divindade, ainda conservam os nomes. Se repararmos com atenção quem vive neste mundo e quem morre, é necessária muita fé para crer que há providência. Todo o motivo desta queixa de Marta foi ver que a deixara Maria, e que estava com Deus. Tal é o motivo que temos presente, mas com maiores circunstâncias de dor — não sei se diga de sem-razão — e assim havemos de ouvir hoje mais queixas.

Enfim, Maria está com Deus: "Sentada aos pés do Senhor". Desatou-se dos cuidados e das obrigações do mundo, rompeu os laços da humanidade, deixou em soledade o sangue, o amor e a mesma vida: "Deixou-me só". Contra este não esperado apartamento, temos três queixosas a modo de Marta, e não queixosas de Maria, porque o executa, senão de Deus, porque o permite: "Senhor, não te importas?". E que queixosas são estas? A primeira é a idade, a segunda a gentileza, a terceira a discrição. Pararam todas — como Marta: "A qual se aproximou e disse". — E que conformemente se queixam! Corpo, alma e união, é toda a fábrica do composto humano. Por parte da união, queixa-se a idade cortada; por parte da alma queixa-se a discrição emudecida; por parte do corpo queixa-se a gentileza eclipsada. Chora a idade o golpe, chora a discrição o silêncio, chora a gentileza o eclipse, porque não lhe valeram contra a morte, nem à idade o mais florente, nem à gentileza o mais florido, nem à discrição o mais flórido. Vamos ouvindo estas queixosas: depois responderemos a elas.

§ III

Primeiramente queixa-se a idade contra a morte: e que justificada se queixa! Davi pasmava de ver quão estreitamente lhe medira Deus a vida: "Eis que puseste os meus dias em medida" (Sl 38,6) — e viveu oitenta anos Davi. Jacó chamava a seus dias poucos e maus: "Os dias da minha peregrinação são poucos e trabalhosos" (Gn 47,9) — e viveu cento e quarenta e sete anos Jacó. Jó assombrava-se da brevidade com que se via caminhar à sepultura: "Os meus dias se abreviam, e só me resta o sepulcro" (Jó 17,1) — e viveu duzentos e setenta anos Jó. Pois se a Jó, se ao espelho da paciência, sendo tão largos seus dias, lhe parecem breves; se a Davi, se à coluna da fortaleza, lhe parecem mal medidos; se a Jacó, se ao exemplo da constância, lhe parecem poucos e maus, que razão não terá para queixar-se uma idade tanto mais curtamente medida, tanto mais brevemente contada, tanto mais apoucada nos dias, tanto mais em flor cortada? Se se queixam os oitenta, se se queixam os cento e quarenta, se se queixam os duzentos e setenta anos, como se não hão de queixar vinte e quatro? Oh! morte cruel, que enganados vivem contigo os que dizem que és igual com todos!

Tem-se acreditado a morte com o vulgo de muito igual, pelo despeito com que pisa igualmente os palácios dos reis e as cabanas dos pastores: "A pálida morte bate com o mesmo ritmo no casebre do pobre/ e no palácio do rei"[1]. Que os palácios dos reis, por mais cercados que estejam de guardas, não possam resistir às execuções da morte, bem o experimentou esta vida. Justo era que aquelas portas, que tão cerradas costumam estar às verdades, lhe deixasse ao menos a natureza aberto este postigo aos desenganos. Mas nesta mesma igualdade comete grandes desigualdades a morte. É igual, porque não faz exceção de pessoas; é desigual, porque não faz diferença de idades, nem de merecimentos. Matar a todos, sem perdoar a ninguém, igualdade é, mas tirar a vida a uns tão tarde e a outros tão cedo, deixar os que são embaraço do mundo e levar os que eram o ornato dele, que desigualdade maior? Todos se queixam da pressa com que corre a vida; eu não me queixo senão da desigualdade com que caminha a morte. Notai.

Apareceu uma vez a morte ao profeta Habacuc, e viu que ia andando no triunfo de Cristo: "A morte irá diante da tua face" (Hb 3,5). Apareceu outra vez a morte a S. João no Apocalipse, e viu que vinha pisando sobre um cavalo: "Eis um cavalo e aquele que o montava tinha por nome Morte" (Ap 6,8). Apareceu terceira vez a morte ao profeta Zacarias, e "Vi e era uma foice que voava" (Zc 5,1)[2]. De maneira que temos a morte a pé, morte a cavalo e morte com asas. A vida sempre caminha ao mesmo passo, porque segue o curso do tempo; a morte nenhuma ordem guarda no caminhar, nem ainda no ser. Umas vezes é uma anatomia de ossos que anda; outras, um cavaleiro que corre; outras, uma foice que voa. Para estes vem andando, para aqueles correndo, para os outros voando. Se a morte, ou para todos andara, ou para todos correra, ou para todos voara, era igual a morte. Mas andar para uns, para outros correr e para mim voar? Oh! morte, quem te cortara as asas! Mas bem é que bata as asas, para que nós abatamos as rodas. Pinta-se a morte com uma foice segadora na mão direita e um relógio com asas na mão esquerda. Se alguma hora foi assim a morte, troque-se daqui por diante a pintura, que já não é assim: "Eis uma foice que voava". Tirou a morte as asas do relógio da mão esquerda e passou-as à foice da mão direita, porque é mais apressada a foice da morte em cortar que o relógio da vida em correr. Ainda quando a morte não voa, corre mais que a vida. Aquele cavalo em que São João viu a morte, diz o texto na versão de Tertuliano, que era verde: "E o cavalo era verde"[3]. Quem viu jamais cavalo verde? Mas era o cavalo da morte. Veste-se este animal indômito da cor dos anos que corta, arreia-se das esperanças que pisa, pinta-se das primaveras que atropela. Todos os anos estão sujeitos à morte, mas nenhuns mais que os que pareciam mais seguros, os verdes.

Mostrou Deus uma visão ao profeta Amós — que era homem do campo — e perguntou-lhe que via: "Amós, o que vês?" (Am 8,2). Respondeu o profeta: — Senhor, "O gancho das frutas". — O que vejo é uma vara comprida e farpada com que os rústicos alcançamos a fruta e a colhemos das árvores. — Pois essa vara que vês, diz Deus, é a morte. — Todo este mapa do mundo é um pomar: as árvores, umas altas, outras baixas, são as diversas gerações e famílias; os frutos, uns mais maduros, outros menos, são os homens; a vara que alcança ainda os ramos mais levantados é a morte: colhe uns e deixa outros. Ah! Senhor! que essa é a morte como havia de ser, e não como é. Quem entra a colher em um pomar, passa pelos pomos verdes e colhe os maduros; mas a morte não faz assim: vemos que deixa os maduros e colhe os verdes. E já se colhera só os frutos verdes, colhera frutos; mas a queixa minha é que deixa de colher os frutos e colhe as flores: "Apareceram as flores na nossa terra, chegou o tempo da poda" (Ct 2,12). Apareceram as flores na nossa terra, não lhe aguardou mais tempo a morte: apareceram, desapareceram. Alerta, flores, que a primavera da vida é outono da morte. A foice segadora, que traz na mão, instrumento é do agosto, e não do abril; mas arma-se assim com ardilosa impropriedade a morte; ameaça as espigas, para que se desacautelem as flores. Há tal crueldade! Há tal engano! Não me queixo do golpe, senão do tempo: "As flores apareceram, é tempo de poda!". Que haja tempo de florescer e tempo de cortar é natureza; mas que o tempo de florescer e o de cortar seja o mesmo! Que a idade mais florida seja a mais mortal! Que a vida mais digna de viver seja a mais sujeita à morte! E que haja império superior que domine este tirano! Que haja providência no mundo que o governe! "Senhor, não te importas?".

§ IV

A estas queixas tão justificadas da ida — de, se seguem as da gentileza, não menos lastimosa, mas mais para lastimar. Por isso lá Jeremias, no pranto de Belém, as lágrimas que houveram de ser de Lia trasladou-as aos olhos de Raquel, não porque houvessem de ser mais sentidamente choradas, mas porque haviam de ser mais lastimosamente ouvidas. Queixa-se a gentileza contra a morte, por conceder a tanto luzimento tão breves dias, a tanta representação tão pouco teatro. E, pois, as queixas da boca de Raquel são melhor ouvidas, seja Raquel a primeira alegoria destas queixas. Muito tenho reparado em quão desigualmente se houveram com Raquel quem lhe deu o ser e quem lho tirou: Labão e a morte. Pedia Jacó a Labão o prêmio dos primeiros sete anos que servira, e deu-lhe Labão a Lia em lugar de Raquel, alegando que Lia era a filha primeira, e que havia de preceder. Teve paciência Jacó, serviu outros sete anos, e em uma jornada, que depois fez de Betel a Belém, morreu Raquel e ficou sepultada no caminho; e Lia, depois deste sucesso, viveu ainda muitos anos. Não sei se notais a desigualdade. De maneira que Labão, quando houve de dar casa a uma das filhas, reparou na prerrogativa dos anos e precedeu Lia; e a morte, quando houve de dar sepultura a uma das irmãs, não reparou nos privilégios da idade, e precedeu Raquel. Pois se se há de dar primeiro casa a Lia que a Raquel porque tem mais anos Lia, por que se há de dar primeiro sepultura a Raquel que a Lia, se tem menos anos Raquel? É possível que para a casa há de Raquel ser a última, e para a sepultura a primeira? Sim, que isso é ser Raquel. Nas leis de Labão tem precedência para a casa a maior idade; nas leis da morte tem precedência para a sepultura a maior beleza.

Desde a terra até o céu está estabelecida esta lei. Na terra a rosa, rainha das flores, é efêmera de um dia: toda aquela pompa branca, toda aquela ambição encarnada de que se veste, pela manhã são mantilhas, ao meio-dia galas, à noite mortalhas. No céu a lua, rainha das estrelas, quem a viu cheia, retrato da formosura, que logo a não visse minguante, depois da mudança? Quando resplandece com toda a roda, então se eclipsa; quando faz oposições ao sol, então a encobre a terra. Ajunte-se a formosura da terra com a do céu, e na união de ambas veremos o mesmo exemplo. Transfigurou-se Cristo no Tabor, apareceram logo no mesmo monte com o Senhor Moisés e Elias: "E falavam da saída deste mundo que havia de se cumprir em Jerusalém" (Lc 9,31). Há tal prática em tal ocasião! Uma vez que a formosura de Cristo quis fazer ostentação de suas galas, que logo os profetas lhe hajam de cortar os lutos? Sim, e muito a seu tempo, porque a mesma formosura que viam era profecia da morte em que falavam: "Falavam da saída deste mundo"; de um excesso arguiam o outro, que quem excedia tanto na formosura não podia durar muito na vida. Quanto se disse no Tabor foram pregões deste desengano. No Tabor falaram os dois profetas, e falou S. Pedro. S. Pedro falou como néscio, porque cuidou que formosura tão grande podia permanecer muito nesta vida: "É bom que nós estejamos aqui". Os profetas falaram como discretos, porque, tanto que viram o extremo da formosura, logo deram por infalível o excesso da morte: "Falavam do excesso da morte". Antes, se bem repararmos, a mesma formosura de Cristo no Tabor foi a maior confirmação de sua pouca dura. Dizem os evangelistas: "Que o rosto de Cristo ficou resplandecente como o sol, e suas vestiduras brancas como a neve" (Mt 17,2). Formosura de neve e sol é grande, mas de dias breves. Quando o sol se vê junto com a neve, são breves os dias do sol; quando a neve se vê junta com o sol, são poucas as horas de neve. Bem se viu: tanta neve e tanto sol, que duração tiveram? Sabe-se que foi de um só dia; não se sabe de quantas horas.

Oh! neve derretida a raios do sol! Oh! sol sepultado em ocasos de neve! Que larga matéria de afinar a queixa ofereceis neste passo à minha oração, se eu tivera, não digo já eloquência, mas a confiança de um Jerônimo! Os que leram a São Jerônimo, ou na consolação de Juliano sobre a morte de Faustina, ou no epitáfio de Paula a Eustóquio, ou nas memórias fúnebres de Marcela e de Fabíola, sei que hão de culpar o humilde do estilo, o encolhido do encarecimento, o tíbio ou o tímido dos afetos com que falo neste caso. Mas, como naqueles — posto que não maiores — era outra a pessoa que falava, e em outra língua e a outros ouvidos, obriga-me a mim a discrição a que remeta ao silêncio o enternecido destas queixas para que ouçamos o poderoso das suas.

§ V

Queixa-se finalmente a discrição — que sempre a discrição é a última em queixar-se — e tomara eu que ela tivera melhor intérprete para declarar com quanto fundamento se queixa. O maior inimigo da vida, quem vos parece que será? O maior inimigo da vida é o entendimento. Tão madrasta se houve com o homem a natureza que, produzindo tantos antídotos nas entranhas dos animais, dentro na alma do homem lhe criou o maior veneno. Se buscarmos a primeira origem da morte, na árvore da Ciência pôs Deus o fruto da mortalidade: por onde os homens quiseram ser mais entendidos, por ali começaram a ser mortais. Até no mesmo Deus teve lugar esta terrível consequência. Houve de encarnar e morrer uma das Pessoas divinas, e por que mais o Filho, que alguma das outras? A verdadeira razão, sabe-a Deus. Eu só sei que à Pessoa do Filho se atribui o entendimento, e que à Pessoa do Filho se uniu a mortalidade. Como o

Verbo "desde toda a eternidade" procedeu por entendimento, "desde toda a eternidade" propendeu para mortal. Se isto foi em Deus, que será nos homens? Todos os homens são mortais, mas o mais entendido, mais mortal que todos. Naquela parábola das dez virgens, as bodas significam a morte; e é muito de notar que, sendo cinco as entendidas, e cinco as néscias, todas as cinco entendidas morreram primeiro. Entender muito e viver muito, ou no entendimento é engano, ou na vida milagre. A razão disto a meu juízo deve ser porque cada um sente como entende. Quem entende muito não pode sentir pouco, e quem sente muito não pode viver muito. O homem é vivente, sensitivo e racional: o racional apura o sensitivo e o sensitivo apurado destrói o vivente.

Mas como os homens igualmente amam a vida e se prezam do entendimento, daqui vem que se persuadem dificultosamente a esta triste filosofia. Dizia Davi a Deus: "Senhor, dai-me entendimento, e viverei" (Sl 118,144). — Ah! Davi, e como não sabeis o que pedis: se quereis morrer, pedi embora a Deus que vos dê entendimento; mas se quereis viver, pedi-lhe que vos tire o entendimento que tendes. — Não havemos de ir buscar a prova a outra parte. Vai depois disto Davi à corte del-rei Aquis, tem notícia que o querem matar e faz-se doido. — E bem, Davi, não éreis vós o que dizíeis a Deus que vos desse entendimento para viver? Pois como agora, para viver, vos desfazeis do entendimento? — Dantes governava-se Davi pelo discurso e agora pela experiência. Pelo discurso parecia-lhe a Davi que não havia coisa para viver como ser entendido; mas a experiência mostrou depois a Davi que era necessário ser desentendido para viver. E se não, diga-o aquele entendimento grande, do qual se temia mais Davi que dos exércitos de Absalão. O maior entendimento de todo o reino de Israel naquele tempo era Aquitofel. E de que lhe aproveitou a Aquitofel o seu entendimento? De se matar com suas próprias mãos, por não querer seguir Absalão a verdade de seus conselhos. De sorte que é tal a oposição que têm entre si a vida e o entendimento — principalmente nas cortes — que ninguém os pode conservar ambos juntos. Ou haveis de deixar o entendimento, ou haveis de deixar a vida: ou endoidecer como Davi, ou matar-vos como Aquitofel. Se amais mais a vida que o entendimento, como Davi endoideceis; se amais mais o entendimento que a vida, como Aquitofel matais-vos. Não há remédio.

Já demos a razão disto enquanto natureza; demo-la agora enquanto sem-razão. Seja por um exemplo. Entraram pelo Horto os soldados que vinham prender a Cristo; mete mão à espada São Pedro, investe a Malco, e fere-o. Sempre reparei muito nesta investida e neste golpe. Se Pedro quer defender a seu Mestre, avance aos esquadrões armados, invista e mate-se com eles. Mas a Malco? A Malco, que não trazia na mão mais que uma lanterna com que alumiava? Eis aí como trata o mundo as luzes. Em aparecendo a luz, todos os golpes a ela. Em vez de arremeter aos que traziam as armas, arremete ao que trazia a luz, porque de nenhuma coisa se dão os homens por mais ofendidos que da luz alheia. Se vierdes com exércitos armados: "Com espadas e bastões" (Mt 26,47) — ter-vos-ão quando muito por inimigo, mas não vos farão mal; porém, se vos coube em sorte a lanterna, se Deus vos deu uma pouca de luz — ainda que não seja para luzir, senão para alumiar — fostes mofino, aparelhai a cabeça que há de vir S. Pedro sobre vós. Grande miséria! Que nos ofendam mais as luzes que as lanças e que queiramos antes ser feridos que alumiados? Grande miséria outra vez! Que nos mostremos valentes contra uma luz desarmada e que, em vez de tratar de resistir a quem se arma, só nos armemos contra quem alumia! Oh! desgraçadas luzes, em tempo que tanto reinam as trevas!

Mas, no meio desta desgraça tão grande, acho eu à luz duas razões muito maiores com que se consolar. Os golpes que se atiraram à luz foram repreendidos por Cristo e foram atirados por Pedro. Por Pedro, que antes desta ação tinha dormido três vezes e depois dela negou outras três. Sabeis, luzes, quem vos persegue? Quem dorme antes, e quem há de negar depois; quem antes falta ao cuidado e depois há de faltar à fé. Cantará o galo, e ver-se-á certa a profecia de Cristo. De tudo o dito se colhe que, quando vemos faltar ante tempo as luzes, ou porque morrem, ou porque as matam, ou porque se matam, não temos matéria de espanto, posto que a tenhamos grande de queixa: de espanto não, porque este é o mundo; de queixa sim, porque o governa Deus: "Senhor, não te importas?". — É possível, Senhor, que tendes providência e que hão de viver as trevas e morrer as luzes? O néscio, sepultado nas trevas da ignorância, há de ter pazes com a morte; e o entendido, alumiado com as luzes da razão, há de andar em guerra com a vida? Ameaçando Davi os poderosos com o inevitável da morte, diz que os nescios e os entendidos todos haviam de morrer juntamente: "Quando vir morrer os sábios, ao mesmo tempo perecerão o insensato e o néscio" (Sl 48,11). Se assim fora, ainda era desigualdade; mas que a morte apressada seja tributo do entendimento e a vida larga atributo da ignorância? Não lhes bastava aos néscios um atributo? Não lhes bastava ser infinitos no número, senão também eternos na duração? Que no paraíso dê frutos de morte a Árvore da Ciência, e que no mundo a ignorância seja árvore da vida! Que dentro de nós seja enfermidade mortal o entendimento, e que fora de nós seja delito mortal o uso da razão! Que, sendo o racional natureza, ninguém possa ser racional sob pena da vida! E que estas injustiças da morte sejam disposições da providência: "Senhor, não te importas?".

§ VI

Temos ouvido contra as sem-razões da morte as três queixosas que no princípio lhe opusemos. Mas vejo reparar a todos que entre estas queixas, sendo tão naturais, se não ouçam as do maior afeto da natureza: as do amor materno. Digno é de reparo este silêncio, mas mais digna de admiração e memória a causa dele. Não se ouvem, nem se ouviram nesta ocasião as queixas do amor materno, porque se portou, nas mais apertadas circunstâncias dela, tão fino que pareceu cruel, tão generoso que não pareceu amor. Faltou às dívidas da natureza por não faltar às obrigações do ofício, e assistiu com tanta pontualidade onde servia que pareceu que aborrecia onde amava. Oh! raro exemplo de servir a príncipes! Servir aos príncipes como Deus quer ser servido, não se pode chegar a mais. Diz Cristo no Evangelho: — Os pais que não aborrecem a seus filhos não me podem servir a mim. — É tão encarecida esta doutrina, que tem necessidade de explicação. Não quer dizer Cristo absolutamente que os pais aborreçam aos filhos, porque os documentos divinos não encontram os preceitos naturais; mas quer dizer que, quando se encontrar o amor dos filhos com o serviço de Deus de tal maneira se há de acudir ao serviço de Deus, como se se aborreceram os filhos. Este é o mais alto ponto a que Deus subiu a fineza com que deseja ser servido. E tal foi neste caso a com que vimos servidos os nossos príncipes. Chegou com a obra no servir onde Deus chegou com o desejo em querer ser servido. Oh! espírito generoso, e, na maior desgraça, feliz! Não sei se diga que pudera estimar a ocasião só por lograr a fineza. O certo é que se pode pôr em dúvida se foi mais digna de inveja pelo que obrou ou de lástima pelo que perdeu. Não se lê mais em semelhantes casos, nem das Lívias e das Rutílias, nem das Paulas e das Melânias, que tanto honraram com seu valor uma e outra Roma: a gentílica e a cristã. Mas se as matronas romanas tiraram às portuguesas o serem as primeiras, grande glória é de nossa nação que tirem as portuguesas às romanas o serem singulares.

Oh! como se havia de perder neste caso o juízo de Salomão se nele dera sentença. Na demanda das duas mães sobre os dois filhos, morto e vivo, julgou Salomão que a que mais amava era verdadeira mãe, e acertou. Nesta controvérsia também havia de julgar que o mais amado era o verdadeiro filho, mas enganara-se; porque, sendo um o assistido e outro o deixado, o deixado era o filho e o assistido não. Salvo se dissermos que ambos eram verdadeiros filhos, mas mais filho — e por isso mais amado — aquele a quem se dá o ensino que aquele a quem se dera o ser. Lembro-me que, pedindo um filho a Cristo licença para ir enterrar a seu pai, o Senhor lha negou, porque estava em seu serviço. Grande moralidade acho na desproporção destes dois casos. No primeiro pede um filho licença ao rei para assistir à sepultura de seu pai, e nega-lha o rei: no segundo oferece licença o rei à mãe para assistir à morte de sua filha — e tal filha — e não aceita a mãe, mas tudo bem merecido. No primeiro caso a imperfeição com que a licença se pediu mereceu o rigor de se negar; no segundo caso a benignidade com que a licença se ofereceu mereceu a fineza de se não admitir! Oh! que grande usura é nos príncipes a benignidade! Sejam os príncipes liberais do que não custa nada e serão os vassalos agradecidos no que talvez dá muito. Enfim, viram-se aqui emendadas as queixas de Marta. Lá antepunha-se a soledade ao ministério; aqui antepõe-se o ministério à soledade: "Deixou-me só a servir" (Lc 10,40).

§ VII

Mas acudamos já pela Providência divina, e respondamos às nossas três queixosas, que é tempo. A todas três satisfaz Cristo com a mesma resposta: "Maria escolheu a melhor parte". Não se queixe a idade por cortada, nem a discrição por emudecida, nem a gentileza por eclipsada, que para todos escolheu Maria a melhor parte. É verdade que morreu, mas por meio da morte eternizou a idade, melhorou a gentileza, canonizou a discrição. Vede se têm razão de estar queixosas ou agradecidas.

Primeiramente eternizou a idade, porque cortá-la foi artifício de a eternizar. Dizia Jó: "Eu morrerei no meu ninho e como a fênix multiplicarei os dias meus" (Jó 29,18)[4]. Morrerei e multiplicarei meus dias. — Notável modo de falar! Parece que havia de dizer Jó: — Morrerei e acabarei meus dias; mas morrerei e multiplicarei meus dias: "Morrerei e multiplicareis os dias meus?". Como pode ser isto? O mesmo Jó disse como: "como a fênix". Reparo, diz Jó, que eu não falo como homem; falo como fênix; o homem diz: morrerei e acabarei meus dias porque com a morte acaba; a fênix, pelo contrário, diz: morrerei e multiplicarei meus dias, porque na fênix o cortar a vida é artifício de multiplicar a idade. Cale-se logo a idade queixosa, que não merece queixas quem morre fênix. Entre todas as mortes só uma há no mundo que não seja digna de sentimento: é a da fênix. Se a fênix morrera para acabar, fora sua morte mais lastimosa e mais digna de sentimento que todas, porque é única; mas como a fênix morre para renascer, como a fênix diminui a vida para multiplicar a idade, não é digna de lágrimas a sua morte, senão de aplausos. Mas contra estes aplausos pode replicar alguém que a nossa fênix, se bem se considera, não multiplicou os dias, porque perder os dias em uma parte para os lograr em outra é mudá-los, não é multiplicá-los. Que bem acudiu a esta réplica o mesmo Jó, com a diferença dos dias: "Multiplicarei os dias meus". Notai que não diz multiplicarei os meus dias, senão enfaticamente os dias meus. Os dias desta vida são dias nossos. Se foram nossos, tivéramo-los em nosso poder e estivera em nossa mão lográ-los. Mas estão em poder de tantos tiranos quantas são as misérias da vida; só os dias da eternidade são dias nossos, porque ninguém no-los pode tirar. Bem diz logo Jó que este modo de morrer é artifício de multiplicar, porque perder os dias que são alheios, para multiplicar os dias que são meus, é verdadeiramente acrescentar os dias: "Multiplicarei os dias meus".

Sendo, porém, estes dias da eternidade, parece, com nova instância, que de nenhum modo se podiam multiplicar, porque a eternidade não admite multiplicação nem aumento. Mas este foi o impossível que venceu o engenho da nossa fênix: cortar o passo à vida, para acrescentar espaços à eternidade. A eternidade de Deus não pode crescer; a dos homens sim. A eternidade de Deus não pode crescer porque é eternidade sem princípio e sem fim; a eternidade dos homens pode crescer porque, ainda que não tem fim, tem princípio. Não pode crescer à parte posta, da parte dalém, mas pode crescer à parte ante, da parte daquém. E assim, quanto se corta à vida tanto se acrescenta à eternidade. Quis também uma hora o profeta Miqueias dar aumentos à eternidade, mas, com licença sua, não acertou: "Andaremos nos caminhos do Senhor até a eternidade e além dela" (Mq 4,5)[5]. Adoraremos e serviremos a Deus por toda a eternidade, e ainda mais além. — Acertou o profeta com o acrescentamento, mas não acertou com a parte, que este acerto ficou para a eleição de Maria: "Maria escolheu a melhor parte". O profeta quis acrescentar a eternidade pela parte dalém, imaginário; Maria acrescentou a eternidade pela parte daquém, e foi acrescentamento verdadeiro. O profeta quis acrescentar a eternidade e guardar a vida: Maria cortou pela vida por acrescentar a eternidade. Só desta maneira podia pagar a Deus. O amor de Deus para conosco, falando neste sentido, tem duas eternidades, porque nos amou sem princípio e nos há de amar sem fim. O nosso amor para com Deus tem uma só eternidade, porque, ainda que o havemos de amar sem fim, amamo-lo com princípio. E como Maria não podia pagar a Deus duas eternidades de amor com outras duas eternidades, deu-lhe uma, mas acrescentada: acrescentou à eternidade toda a parte que tirou à vida: "Escolheu a melhor parte".

§ VIII

Também a gentileza não tem razão nas suas queixas. O morrer não foi perder, foi melhorar a formosura. Oh! se a cegueira do mundo tivera olhos para ver esta verdade, que menos idolatradas foram suas aparências.

Apareceu um anjo a S. João no Apocalipse e, com ser águia S. João, cegaram-no tanto os raios daquela formosura, que se lançou por terra para o adorar. Notável caso! S. João não tinha visto a Cristo na transfiguração? Não o tinha visto ressuscitado? Não o tinha visto subir ao céu, com tanta glória e majestade? Pois se a vista gloriosa de Cristo não causou estes efeitos em S. João, como a vista de um anjo o cega quase a idólatra de sua formosura? Aqui vereis quanta vantagem faz a formosura do espírito à formosura do corpo. A formosura de Cristo, ainda que celestial, ainda que gloriosa, era formosura do corpo; a formosura do anjo era formosura do espírito, e com a formosura de um Espírito nenhuma comparação tem a maior formosura do corpo. Virá tempo, e será depois da ressurreição universal, quando a natureza humana, restituída à sua natureza, poderá gozar juntamente ambas estas formosuras; e, suposto que antes de chegar àquele termo não se pode gozar mais que uma só, despir-se da formosura do corpo por se revestir da formosura da alma, foi escolher das duas a melhor parte: "Escolheu a melhor parte". Oh! que admiráveis transformações de formosura faz invisivelmente a morte debaixo da terra! Os químicos não acharam até agora a pedra filosofal, porque não fizeram ensaio nas pedras de uma sepultura. Falando Deus a Abrão na gloriosa descendência de seus filhos, umas vezes comparou-os a pó e outras a estrelas, para ensinar — diz Filo — que o caminho de se fazerem estrelas era desfazerem-se em pó. Que cuidais que é uma sepultura, senão uma oficina de estrelas! Ainda a mesma natureza produz maiores quilates de formosura embaixo que em cima da terra. As flores, formosura breve, criam-se na superfície; as pedras preciosas, formosura permanente, no centro. Julgue agora a enganada gentileza se foi injuriosa a Raquel a sepultura, ou se soube escolher Maria a melhor parte. Enterrou-se flor para se congelar diamante; desfez-se em cinzas para se formar em estrela.

Mas quando por meio da morte não alcançara a gentileza a melhoria da transformação, pergunto: e fora pequeno benefício livrar-se por esta via dos danos da mudança? Este engano aparente, a que os homens chamam formosura, ainda tem mais inimigos que a vida, com ser tão frágil. A vida tem contra si a morte; a formosura, ainda antes da morte, tem contra si a mesma vida: "A formosura é frágil e com o andar dos anos torna-se menor"[6].

Os primeiros tiranos da formosura são os anos e a sua primeira morte é o tempo. Debaixo do império da morte acaba, debaixo da tirania do tempo muda-se; e se alguém perguntara à formosura qual lhe está melhor, se a morte ou a mudança, não há dúvida que havia de responder: antes morta que mudada. A formosura morta sustenta-se na memória do que foi; a formosura mudada afronta-se no testemunho do que é. A vitória que da formosura alcança a morte é um rendimento secreto: cobre-o a terra; a vitória que da formosura alcança o tempo é um triunfo público: todos a veem; e trazer o epitáfio no rosto, ou tê-lo na sepultura, vai muito a dizer. Parece esta razão demasiadamente humana, mas Deus a fez divina. A maior formosura do mundo — sem ser afronta em um homem — foi a de Moisés, tão grande que era necessário cobrir o rosto com um véu para que não cegassem os olhos que o viam. Morre Moisés, sepulta-o Deus com suas próprias mãos: "E ninguém soube até hoje onde está a sua sepultura" (Dt 34,6). — Pois por que não quis Deus que tivessem os homens notícia da sepultura de Moisés?

A razão não é menos que de Santo Agostinho: "Porque aquele rosto, em que se tinham visto tantos resplendores, não se visse mudado". — De maneira que ocultou Deus o sepulcro de Moisés, não porque os homens o não vissem morto, mas porque não vissem sua formosura mudada: morta sim, mudada não; ninguém a há de ver. Assim trata Deus a formosura a que quer fazer o maior favor; e tão certo é o juízo do mesmo Deus que lhe está melhor à formosura a morte que a mudança. Chegada, pois, a gentileza humana àquele termo preciso de sua perfeição em que o parar é vedado, o crescer impossível e o diminuir forçoso, fazer tréguas com a morte por não se sujeitar à tirania do tempo, se não foi eleger a melhor parte, foi ao menos aceitar o melhor partido: "Maria escolheu a melhor parte".

§ IX

Finalmente, a discrição não tem razão de queixar-se porque, se a morte a emudeceu, a morte a canonizou. A discrição verdadeira não consiste em saber dizer; consiste em saber morrer. Até à morte ninguém se pode chamar com certeza néscio ou discreto. O último acerto ou o último erro é o que dá nome ao juízo de toda a vida. Por isso Deus, no princípio do mundo, aprovando todas as criaturas, só ao homem não aprovou, porque a aprovação do homem está sempre dependendo do fim. "Louva-se o homem não no princípio, mas no término", disse Santo Ambrósio. Não se pode seguramente louvar o homem nem quando começa, nem quando é, senão quando acaba de ser. — Enquanto não chegou o dia último, estava em opiniões a prudência das dez virgens; assentou-se a morte na suprema cadeira, definiu quais eram as néscias e quais as prudentes. Em nenhuma coisa se vê tanto o acerto da eleição, como naquilo que, acertado uma vez, não pode ter mudança ou, errado uma vez, não pode ter emenda. É a eleição de que depende tudo e uma parte; que encerra em si o todo e, por isso, a melhor parte: "Escolheu a melhor parte".

Para prova desta última verdade, quero acudir a um escrúpulo com que vejo me estão ouvindo desde o princípio, ainda os ouvintes de menos delicada consciência. A morte de que falamos foi caso, não foi eleição; logo, impropriamente parece lhe aplicamos as palavras: "Maria escolheu a melhor parte". Primeiramente digo que o ser caso não impede ser eleição. No mesmo texto o temos. Onde a Vulgata lê: "Escolheu a melhor parte" — o original grego tem: "Escolheu a melhor sorte". — Sorte é caso, e contudo chama-lhe o texto eleição: "Elegeu" — porque não implica ser a mesma coisa caso e ser eleição. Mas há respostas que são mais fáceis de provar que de entender. Como pode ser eleição o que é caso? Ponhamos a questão em termos mais cristãos. O que vulgarmente chamamos caso é providência: providência nenhuma outra coisa é que aquela disposição ordenada dos decretos divinos. Como pode logo ser eleição nossa o que é disposição de Deus? Respondo que por virtude da conformidade. Todas as vezes que nos conformamos com as ordens de Deus, fazemos que a eleição, que é sua, seja também nossa. Neste sentido dizia Davi: "Senhor, eu elegi os vossos preceitos" (Sl 118,173). — Nos preceitos elege quem manda e não quem obedece: Davi obedecia, Deus mandava; logo, a eleição era de Deus. Pois se a eleição era de Deus, como diz Davi que é sua: "Elegi os vossos preceitos"? Porque Davi, obedecendo, conformava-se com a vontade de Deus, e por virtude da conformidade, a que era eleição de Deus era também eleição de Davi. Tal foi a eleição neste caso: ela voluntariamente forçosa, como ele felizmente adverso. "Maria escolheu a melhor parte." Foi eleição de Deus e foi eleição de Maria. Em Deus foi eleição por providência, em Maria foi eleição por conformidade, e em ambos foi eleição do melhor; em Deus porque escolheu para si a Maria, em Maria porque se foi para Deus: "Escolheu a melhor parte".

Só poderá cuidar alguém que eleger por conformidade será algum imperfeito modo de eleição. Digo, e acabo, que mais perfeito modo de eleição é eleger por conformidade que eleger por deliberação, porque, quando elegemos por deliberação, queremos pela vontade própria; quando elegemos por conformidade, queremos pela vontade divina. Quando eu elejo, faço a minha vontade: quando me conformo, faço minha a vontade de Deus. E não pode haver mais perfeito ato que aquele em que Deus e eu queremos pela mesma vontade. Não há ação mais parecida às de Cristo. As ações de Cristo eram divinas e humanas pela união das naturezas; esta ação é humana e divina pela transformação das vontades. Filosofia notável! Que se acrescente o meritório onde parece que se diminui o voluntário! O sacrifício mais voluntário que houve no mundo foi o da morte de Cristo: "Foi oferecido porque ele mesmo quis" (Is 53,7). Contudo, é muito para notar que se não atribui à morte de Cristo principalmente a caridade, senão a obediência: "Feito obediente até a morte" (Fl 2,8). Pois, por que mais a obediência que a caridade? Porque a caridade segue os impulsos da vontade própria; a obediência segue a eleição da vontade alheia. E não era tão generoso ato em Cristo sacrificar-se à morte, por satisfazer à sua vontade, quanto por se conformar com a divina: "Não se faça a minha vontade senão a tua" (Lc 22,42). Todas aquelas repugnâncias do Horto foram encaminhadas, não a escusar a morte senão a apurar a conformidade. Oh! que generoso conformar! Oh! que discreto morrer. Pareceu caso, e foi eleição; pareceu força, e foi vontade. E se alguma coisa teve de repugnante ou de violento, foi para dar circunstância ao mérito e essência ao sacrifício. Mude logo a discrição a linguagem e dê graças à morte em vez de queixas, pois só na morte ficou qualificada e consumada a discrição quando, naquele ponto em que acaba tudo e de que depende tudo, entre o voluntário e preciso, soube escolher Maria a melhor parte: "Escolheu a melhor parte".

§ X

Tenho acabado e satisfeito, se me não engano, às nossas três queixosas. Mas se elas tiveram tempo para se queixar de novo e eu forças para dizer, e vós paciência para ouvir, é certo que as queixas que se fizeram tanto sem razão contra esta morte se haviam de converter todas, e com muita razão, contra nossas vidas. Oh! idades cegas! Oh! gentilezas enganadas! Oh! discrições mal-entendidas! Vive a idade como se não houvera morte. Vive a gentileza como se não passara o tempo. Vive a discrição como se não temera o juízo. Oh! acabemos já algum dia de ser cegos. Ponhamos diante dos olhos estas imagens funestas, retratos de nós mesmos, que não sem particular providência nos mete Deus em casa tão repetidamente. Apenas há casa ilustre em Portugal que se não visse coberta de lutos este ano, e ainda não é acabado! Já que os parentes morrem para si e para Deus, morram também para nós. Deixem-nos por herdeiros de seus desenganos.

Consideremos que foram o que somos. Que havemos de ser o que são. Que ali vai a parar tudo. E que tudo o que ali não aproveita é nada. Se nos dá confianças a idade, reparemos quão frágil é e quão sujeita ao menor acidente. Se a gentileza nos engana, desengane-nos uma caveira, que é o que só tem durável a maior formosura. Se a discrição, finalmente, nos desvanece, saibamos ser discretos, que é saber salvar-nos. Já que tanta vida se tem dado ao mundo e à vaidade, demos sequer a Deus essa última parte que nos restar, que sempre será a melhor. E desta maneira ficaremos escolhendo com Maria a melhor parte: "Maria escolheu a melhor parte".

SERMÃO DE

S. Roque

Na Capela Real.
Ano 1652.
Tendo o autor pregado no dia do mesmo santo em S. Roque,
Igreja da Casa Professa da Companhia de Jesus.

"Bem-aventurados aqueles servos."
(Lc 12,37)

Ou a vida de S. Roque foi errada ou todo mundo é louco. Faltaram-lhe os pais antes dos 20 anos e herda a cidade e estado de Montpellier. E o que resolve? Troca a fortuna com os pobres, renuncia publicamente o Estado, veste-se com o hábito da Terceira Ordem de São Francisco e parte peregrino para o mundo. Três foram as suas resoluções: 1) Não quis servir a homens, ainda que fossem reis, porque não quis deixar de ser homem. 2) Não quis mandar homens, porque maior servidão é o mandá-los que o servi-los. Dizia Antígono: 'Não sabias, filho meu, que o nosso reinar é uma servidão honrada? E termina a reflexão com os exemplos de Pepino (França), Raquísio (Itália), Sigiberto (Inglaterra) e Ramiro (Aragão), e Veremundo (Castela), que elegeram antes ser súditos que mandar e ser Senhores do Mundo. Vieira dá agora uma volta ao discurso e pergunta sobre o pago que os homens (mandados ou servidos) costumam dar. Responde com os exemplos de Davi (o que melhor soube servir) e de Moisés (o que melhor soube mandar): desenganos e desenganos. 3) S. Roque quis servir só a Deus, que não morre nem desconhece, que em todo lugar tem a sua corte, porque está em todo lugar.

§ I

Ou a vida de S. Roque foi errada, ou todo o mundo é louco. Assim o dizia eu, não há muitos dias, e quanto mais considero nos passos que leva o mundo e nos que seguiu São Roque, tão encontrados, tanto mais me confirmo nesta verdade. Vejamos o que fez São Roque na eleição da sua vida e o que fizera no mundo em semelhante ocasião qualquer outro da sua idade, da sua fortuna e do seu nascimento. Foi tão venturoso São Roque, que lhe faltaram seus pais antes de cumprir os vinte anos. Desgraça se chamava isto antigamente, mas eu lhe chamei ventura por me acomodar à frase do tempo. Nenhuma coisa parece que sentem hoje mais os filhos que a larga vida dos pais. Quem não quer esperar a herdá-los depois da morte, como lhes pode desejar longa vida? Quase todos os títulos que acabaram estes anos na nossa corte nasceram únicos e morreram gêmeos: primeiro os lograram juntamente os filhos do que os deixassem os pais. Uma capa, diz o Espírito Santo, não pode cobrir a dois. Mas querem os homens poder mais do que Deus sabe. Um se cobre com o direito da capa e outro com o avesso no mesmo tempo. Tão larga lhes parece aos filhos a vida dos pais que não se atrevem a lhes esperar pela morte. Enfim, ou seja indecência nos filhos de hoje, ou fosse ventura em São Roque, ele se viu em vinte anos de idade sem sujeição de filho, Senhor da cidade e estado de Mompilher, que era de seus pais, herdeiro de grande casa, e riquíssimos tesouros, que desde seus antepassados se guardavam e acrescentavam nela.

Isto suposto, que resolução vos parece que tomaria no tal caso aquele filho, ou que faria qualquer dos presentes, se nele se achara com sangue ilustre, com estado, com vassalos, com tantas riquezas e com tão poucos anos? Parece-me a mim, julgando o que cuido pelo que vejo, que tomaríeis uma de duas resoluções. Ou passados os lutos vos partiríeis para a corte — e mais sendo a corte de Paris, aquele mundo abreviado — para luzir, para ostentar, para competir em galas, em aparatos, em grandezas, e juntamente para assistir, para servir e para merecer diante do rei, e por esta via alcançar novos acrescentamentos à casa e à pessoa. Esta era a resolução mais viva, e mais própria daquela idade. Mas se o vosso juízo fosse mais assentado, se vencesse na madureza os anos e se aconselhasse ou se deixasse aconselhar sisudamente, julgaria eu pelo contrário que, renunciando pensamentos de corte, como mar turbado, inquieto e em nenhum tempo seguro, vos deixaríeis ficar no vosso estado, conservando nele melhor e a menos custo a autoridade, gozando com descanso o que vossos avós com trabalho vos tinham ganhado, e governando em paz e quietação vossos vassalos, sendo amado, servido e reverenciado deles.

Não há dúvida que uma destas duas resoluções tomaria qualquer dos presentes, cada um segundo o mais ou menos repouso do seu juízo. Mas a Roque — e sendo francês — nenhuma delas lhe pareceu bem: seguiu muito diferente caminho. Manda vir diante de si seus tesouros, abre-os e a primeira coisa que viu neles foram os corações de todos seus antepassados. Contente de não achar também ali o seu, chama os pobres de toda a cidade, troca com eles a fortuna, fá-los ricos e fica pobre. Já eu vou vendo que quem isto obra com as mãos muito maiores e mais altos pensamentos revolve no peito. Faz que venha logo um notário, renuncia publicamente o estado, e tudo o que nele tinha e lhe podia pertencer; veste-se no hábito da Terceira Ordem de São Francisco, toma bordão e esclavina, e parte peregrino pelo mundo a buscar e a servir só àquele grande Senhor, que em todo o lugar tem a sua corte, porque está em todo o lugar. Isto que nenhum outro fizera fez São Roque, e por isso ele só, como dizia, é o sisudo, e o resto do mundo o louco. Notai. Pudera São Roque ir servir a el-rei na corte el-rei, e não quis servir; pudera São Roque mandar os seus vassalos na sua, e não quis mandar: resolve-se a servir só a Deus, livre de todo o outro cuidado, e com estas três resoluções conseguiu toda a felicidade, não só da outra vida, senão também desta, que é o que diz a proposta do nosso texto: "Bem-aventurados aqueles servos".

Todos os homens, e mais os cortesãos, andam buscando a felicidade desta vida. E que fazem para a alcançar? Todos ocupados em servir e todos morrendo por mandar, e por isso nenhum acaba de achar a felicidade que busca. Quereis conseguir a verdadeira felicidade, não só da outra, senão também desta vida? Tomai as três resoluções de São Roque. Servir? Só a Deus. A homens? Nem servir, nem mandar. Nisto consiste toda a prudência e felicidade humana; nisto consiste toda a prudência e felicidade cristã. Se somos cristãos, havemos de tratar a Deus; se somos homens, havemos de tratar com os homens. Pois que remédio para ter felicidade com os homens e para ter felicidade com Deus? Imitar a S. Roque. Para ter felicidade com Deus, servir a Deus; para ter felicidade com os homens, nem servir a homens, nem mandar homens. Três pontos de prudência, três pontos de felicidade e três pontos de sermão. A homens, nem servir, nem mandar; a Deus, e só a Deus, servir. "Bem-aventurados aqueles servos".

§ II

A primeira resolução de São Roque, como se fora mais que homem, ou menos que homem, foi não querer servir a homens, nem mandar homens. Não querer servir a homens, ainda que fossem reis, parece muita soberba; não querer mandar homens, ainda que fossem vassalos, súditos e criados próprios, parece pouco valor. Mas nem o primeiro foi arrogância, nem o segundo pusilanimidade: grande juízo, grande ânimo, grande generosidade, sim. Obrou São Roque como homem, como cristão, como santo. E pois a mim me toca hoje declarar as razões que ele teve e persuadir a que tenha imitadores, ao mesmo santo peço se digne de assistir com tal espírito ao meu discurso que se não afaste muito dos meus pensamentos.

Primeiramente não quis São Roque servir a homens, porque não quis deixar de ser homem. Ao homem fê-lo Deus para mandar; aos brutos, para servir. E se os brutos se rebelaram contra Adão e não quiseram servir ao homem, sendo tão inferiores, triste e miserável condição é haver um homem de servir a outro, sendo todos iguais. A primeira vez que se profetizou neste mundo haver um homem de servir a outros, foi com o nome de maldição. Assim fadou Noé a seu neto Canaã, em castigo do pai e mais do filho. Ainda então se não sabia no mundo que coisa era servir; então se começou a entender a maldição pelo delito e a miséria pelo castigo. Meios homens chamou depois o poeta lírico aos que servem, e disse bem. Toda a nobreza e excelência do homem consiste no livre alvedrio, e o servir, se não é perder o alvedrio, é cativá-lo. Razão teve logo São Roque de não querer servir a homens por não deixar de ser homem.

De homens, sem lhes chamar mais que homens, fala Davi no Salmo sessenta e cinco, e declara com um notável encarecimento o que quase se padece sem reparo pelo costume: "Porque nos provaste, Deus: com fogo nos examinaste, assim como se examina a prata. Armaste-nos uma rede, carregaste de tribulações as nossas costas. "Puseste homens sobre as nossas cabeças" (Sl 65,10s). Quiseste, Senhor, provar e experimentar em nós quanto pode suportar a paciência e aturar a constância humana, e a uns examinastes com fogo — como a Lourenço: "com fogo nos examinaste" — a outros metestes em prisões e cadeias — como a Pedro e Paulo: "Armaste-nos uma rede" — a outros carregastes de tribulações e trabalhos — como os outros mártires e confessores: "carregaste de tribulações as nossas costas"; e, sobretudo, sujeitastes uns homens a outros homens, e pusestes a uns sobre a cabeça dos outros: "Puseste homens sobre as nossas cabeças". Pois, a maior prova, a maior experiência, o maior exame e o maior encarecimento da paciência e sofrimento humano, é pôr Deus uns homens sobre a cabeça dos outros? Sim. Porque os que estão de cima são os que mandam, os que estão debaixo são os que servem; e sendo os que servem iguais aos outros por natureza, que estes os tragam sobre a cabeça e que eles os metam debaixo dos pés: "homens sobre as nossas cabeças"; nem toda a penitência dos confessores iguala esta dor, nem todos os tormentos dos mártires este martírio.

Mais diz o texto. Mas, antes que passemos avante, parece que por isto mesmo havia São Roque de querer servir a homens, ao menos como santo. Assim é, e assim o fez a paciência e constância de São Roque, padecendo fora da pátria e dentro nela, e por mãos de seus próprios vassalos, feridas, afrontas, falsos testemunhos, prisões e cárcere perpétuo até a morte. Mas tudo isto qui-lo ele padecer por amor de Deus, e não por servir aos homens. E fez muito bem, e com muito maior razão do que temos visto. Torne agora o texto. Onde a nossa Vulgata lê: "Puseste homens sobre as nossas cabeças", no original hebreu está: "Fizeste que os homens andassem a cavalo sobre as nossas cabeças". Fizeste, Senhor, para provar a nossa paciência, que os homens andassem a cavalo sobre as nossas cabeças. — Vede se vai muito de uma coisa à outra. De sorte que aos miseráveis que servem de baixo, não se contentam os que servem de cima de os pisar com os seus pés, senão também com os dos cavalos: "Fizeste que os homens andassem a cavalo sobre as nossas cabeças". Se me perguntarem, porém, onde podem suceder tais casos, que homens tratem assim a homens, e a homens que os servem, respondo que onde São Roque não quis ir, nas cortes. Para inteligência desta verdade — de que bastava por prova a experiência — havemos de supor que nas cortes, por cristãs e cristianíssimas que sejam, não basta só ter a graça do príncipe supremo, se não se alcança também a dos que lhe assistem. Fala não menos que da corte de Deus o evangelista São João no seu Apocalipse, e saúda desta maneira aos bispos da Ásia, a quem escreve: "Graça a vós e paz da parte daquele que é, que era, e que há de vir, e da dos sete espíritos que estão diante do seu trono; e da parte de Jesus Cristo que é testemunha fiel, o primogênito dos mortos, e o príncipe dos reis da terra" (Ap 1,4s). A graça e a paz de Deus Pai e dos sete espíritos que assistem ao seu trono, e a de Cristo Jesus, seu Filho primogênito e Príncipe dos reis da terra esteja convosco. — Parece-me que todos já tendes reparado nos termos desta saudação e imprecação do mais bem entendido de todos os apóstolos. Se deseja àqueles prelados da sua diocese a graça de Deus Pai, supremo Senhor e Governador de tudo, por que lhes pede também a dos ministros que assistem ao seu trono; e se à graça do Pai ajunta também a de seu Filho primogênito, o Príncipe dos reis da terra, por que põe esta no terceiro lugar, e a dos ministros no segundo? Porque falava o evangelista da corte do céu à semelhança das cortes do mundo. Não basta ter a graça do rei e a graça do príncipe se não tiverdes também a dos ministros que assistem ao trono. Bem sei eu quem tem a graça do Pai e mais a do Filho; e se o seu desinteresse se não contentara só com a graça, pode ser que os ministros que se atravessam entre um e outro lha não deixaram em paz: "Graça a vós e paz". Esta é a primeira suposição da guerra que padecem, ou podem padecer nas cortes, ainda os homens que melhor servem, se têm outros sobre si: "Puseste homens sobre as nossas cabeças".

Mas quais são os que os pisam, e não só com os seus pés, senão com os dos seus cavalos: "Fizeste que andassem a cavalo"? É certo que não são os reis, porque os pés reais não pisam nem magoam: honram e autorizam. Por isso se lançam a seus pés os vassalos, e quanto maiores e mais dignos, mais lhes metem debaixo dos pés as cabeças. Lá disse Tertuliano que "Minerva calçava na cabeça o capacete"[1]. Assim é o calçado dos reis. Os seus sapatos não pisam, coroam. Quais são, logo, os que pisam tão honradas cabeças, como aquelas entre as quais se contava a de Davi, e não só com os seus pés, senão com os dos seus cavalos: "Fizeste que os homens andassem a cavalo sobre as nossas cabeças"? Aqui entra agora segunda e mais lastimosa suposição, e menos digna de se crer se não dissera Salomão, que a viu com seus olhos: "Vi os servos a cavalo, e os príncipes a pé" (Ecl 10,7). — Sem dúvida que isto viu Salomão profeticamente, quando viu apeado a Roboão seu filho e a Jeroboão seu servo entronizado. E em outros reinos, quando acontece isto mesmo? Bem é que o perguntemos, pois não vemos no nosso esta desgraça, que bastara a corromper todas suas felicidades. Acontece isto quando o príncipe, a quem toca ter as rédeas na mão, por desídia e negligência, as larga e entrega ao servo. Então é que o servo montado a cavalo, vendo-se imposto sobre as cabeças dos homens, não só as pisa a dois pés, senão a quatro. Diga-o Mardoqueu debaixo de Amã, no reinado de Assuero, e Daniel com os sátrapas, no de Nabuco e Dario. Em tais tempos, em vez de os homens servirem gloriosamente aos reis, são ignominiosamente servos dos servos e padecem sem lhes valer a cor do rosto — onde só lhes faltam os ferretes — a maldição de Canaã, que hoje se cumpre nos cafres e nos etíopes: "Maldito seja Canaã: ele será escravo dos escravos de seus irmãos" (Gn 9,25) — para que se veja se um espírito tão generoso, como o de São Roque, havia de sujeitar a sua cabeça, ou expô-la, por nenhum preço, a semelhantes abatimentos.

Bem vejo que a sua qualidade e grandeza tinha altos fundamentos para esperar na corte diferentes respeitos. Mas os meios, por onde estes se conservam, ainda eram mais alheios da inteireza de seu espírito. Quis conservar Davi na Corte de el-rei Aquis o grande lugar que tinha na sua graça, e que meio tomou para que os que estavam ao lado do mesmo rei o não descompusessem, e ainda destruíssem? Já sabemos que se fingiu doido, e para fazer mais pública a sua doidice, diz a História Sagrada que andava com os pés para cima e a cabeça para baixo. Era habilidade e destreza em que Davi se tinha exercitado por jogo, quando pastorinho, como moço de tantas forças e agilidade, e agora se aproveitou dela para este disfarce, que todo o saber serve. Em suma que, sustentando-se e movendo-se sobre as mãos, "andava com a cabeça para baixo e os pés para cima"[2] — texto que tanta dificuldade causou a Santo Agostinho, e ninguém depois dele, que eu saiba, o explicou até agora. Mas este é o sentido próprio e literal daquelas palavras. E o moral e político de uma ação tão extraordinária, qual será? É que para um homem se conservar na corte e na graça dos reis, como Davi se queria conservar na de el-rei Aquis, o meio mais proporcionado e efetivo, e ainda forçoso, é andar às avessas. Os pés para cima e a cabeça para baixo e, para não tomar o céu com as mãos, "trazia as mãos pela terra". E seria bem que um coração tão generoso, tão inteiro e tão reto, como o de São Roque, e um homem mais de quebrar que torcer, se torcesse e abatesse a semelhantes indignidades? Não há dúvida que seria pôr a mão no chão, como pouco honrado, e ainda os pés no céu, como mau cristão. Por isso não quis nada da corte, nem servir a homens, ainda que fossem reis. Fora, fora, e muito longe.

§ III

Parece-me que o dito basta, senão para persuadir à imitação ao menos para provar a prudência e acertado juízo com que São Roque se resolveu a não servir a homens. A eleição porém, de os não querer mandar, não digo só que haverá muito poucos que a imitem, mas duvido que haja algum que a não estranhe, e ainda condene. Tão natural é ao homem o desejo e apetite de mandar homens! Diz o apóstolo São Paulo que "a mulher se salvará pela geração dos filhos" (Tm 2,15). E a explicação comum desta sentença é que a primeira mulher, que foi Eva, se salvou pela geração de um filho seu, que é Cristo. Mas este gênero de salvação não compete só à mulher, senão igualmente ao homem, e tanto a Adão como a Eva. Logo, que salvação é esta de que goza só a mulher, e não o homem, pela geração dos filhos? Direi. Em Eva houve duas condenações: uma à morte e ao inferno, pelo pecado de que a salvou e livrou Cristo, e esta foi comum ao homem e à mulher; outra particular e própria só da mulher, em que Deus a condenou a "estar sujeita ao homem" (Gn 3,16). — E desta segunda condenação se salva e restitui a mulher "pela geração dos filhos". E por que, ou de que modo? Porque pela geração dos filhos fica mãe, e ainda que como mulher está sujeita ao homem, que é o marido, enquanto mãe pode mandar homens, que são os filhos. Daqui vem que por linha direita de Eva, e por força da mesma geração, nascem todos os homens inclinados a mandar homens. Vede-o em Jacó e Esaú, ainda antes de nascidos. Lutavam um contra o outro no ventre da mãe; e sobre que batalhavam? Sobre qual dos dois havia de mandar e o outro servir. Assim o declarou o mesmo Deus quando sentenciou a contenda respondendo à mãe — de quem foi consultado — que o menor havia de ser o que mandasse, e o maior o que servisse: "O maior servirá ao menor" (Gn 25,23).

Sendo, pois, o desejo de mandar no homem não só soberania da natureza no seu primeiro estado, como em Adão, mas reparo e alívio do segundo, como em Eva, e nascendo o mesmo desejo, antes, sendo gerado conosco, como em Jacó e Esaú, por que não quer mandar São Roque? O mesmo entendimento e alto juízo, com que não quis servir o obrigava a que quisesse mandar, porque é primeiro princípio da política natural, como ensina Aristóteles, que aos mais bem entendidos pertence o mandar, como aos que menos entendem o servir. Logo, contra todos estes ditames da natureza e da razão parece que obrou São Roque, em demitir de si o mando e governo dos súditos, de que o nascimento o fizera herdeiro e o entendimento Senhor? O não querer servir a homens, seja embora prudente resolução, pelos motivos que apontamos; mas o não querer mandar homens, e tais homens, que fundamentos podia ter bastantes, não digo já, que aprovem uma tão extraordinária ação, mas que racionalmente a não estranhem e ainda condenem? Bem creio que não ocorrerão facilmente as razões à ambição e apetite cego com que se governa o mundo, por isso tão mal governado. Respondo, porém, e digo que, se São Roque teve grandes razões para não servir a homens, as mesmas, e muito maiores, teve para não querer mandar homens. E por que? Porque maior servidão é o mandá-los que o servi-los.

Falando el-rei Antígono com o príncipe seu filho sobre a administração e governo do reino, de que o havia de deixar por herdeiro, admirado o generoso moço de tamanhas obrigações e encargos, refere Eliano que lhe disse o pai: "E ainda não sabias, filho meu, que o nosso reinar não é outra coisa que uma servidão honrada?". — Honrada disse, e com grande juízo. Porque a servidão dos servos é servidão sem honra, e por isso menor e menos pesada. Mas sobre o peso da servidão haver de sustentar também o da honra é muito maior sujeição e muito mais pesada carga. É servir à fama e às bocas dos homens, cujos gostos são tão vários e tão estragados que até o maná os enfastia. Se um homem não pode servir a dois, como disse Cristo, como poderá servir a tantos mil? A cada homem deu Deus um anjo da guarda, e não mais que um homem a cada anjo: e se um anjo que move e governa com tanto concerto e ordem todo o céu das estrelas não basta para guardar a um homem de si mesmo, e governar ordenada e concertadamente a um homem entre os outros, como bastará um só homem para conter dentro das leis e manter em justiça a tantos homens? Não sabe o que são homens quem isto não considera e penetra; penetrou-o, porém, alta e profundamente São Roque na verdura dos anos, com o siso e madureza que não vemos em tantas idades decrépitas.

Os filósofos antigos chamaram ao homem mundo pequeno; porém S. Gregório Nazianzeno, melhor filósofo que todos eles, e por excelência o Teólogo, disse que o mundo comparado com o homem é o pequeno, e o homem, em comparação do mundo, o mundo grande: "O mundo comparado ao pequeno é grande". — Não é o homem um mundo pequeno que está dentro do mundo grande, mas é um mundo, e são muitos mundos grandes que estão dentro do pequeno. Baste por prova o coração humano que, sendo uma pequena parte do homem, excede na capacidade a toda a grandeza e redondeza do mundo. Pois se nenhum homem pode ser capaz de governar toda esta máquina do mundo, que dificuldade será haver de governar tantos homens, cada um maior que o mesmo mundo, e mais dificultoso de temperar que todo ele? A demonstração é manifesta. Porque nesta máquina do mundo, entrando também nela o céu, as estrelas têm seu curso ordenado, que não pervertem jamais; o sol tem seus limites e trópicos, fora dos quais não passa; o mar, com ser um monstro indômito, em chegando às areias para; as árvores, onde as põem, não se mudam; os peixes contentam-se com o mar, as aves com o ar, os outros animais com a terra. Pelo contrário, o homem, monstro ou quimera de todos os elementos, em nenhum lugar para, com nenhuma fortuna se contenta, nenhuma ambição nem apetite o farta: tudo perturba, tudo perverte, tudo excede, tudo confunde e, como é maior que o mundo, não cabe nele. Grande exemplo no mesmo mundo, tão cheio como hoje está, mas vazio e despovoado com os filhos de Adão e Noé. A Adão deu-lhe Deus o império sobre todo o mundo, sobre os peixes, sobre as aves, sobre os animais da terra, e não pode governar em paz dois homens, e esses irmãos, sem que matasse ao outro. Noé governou todos os animais e conservou-se pacificamente dentro em uma arca, e fora dela não pôde governar três homens, sem que um o não descompusesse e afrontasse, sendo todos três seus filhos. Vede se é mais pesada servidão e mais dificultosa a de governar e mandar homens que a de servir? Quem serve, como não pode servir mais que a um, sujeita-se a uma só vontade; mas quem manda, como há de governar a todos, há de sujeitar a si as vontades de todos, e essas não de filhos, em que é natural a obediência e o amor, nem de irmãos entre si, em que as qualidades são iguais e as naturezas semelhantes, mas de tantas e tão diversas condições e inclinações, como são neles os rostos e os intentos.

§ IV

Daqui se segue — o que ainda humanamente pesou não pouco no juízo de São Roque — que o que serve, por dura que seja a sua servidão, sempre tem horas de alívio e descanso; o que manda, nenhuma. "Assim como o sol nunca para, assim vós, ó grande imperador — e por isso grande", disse Pacato em um panegírico ao imperador Teodósio Magno[3]. — Fez Deus ao sol príncipe do mundo: "Um luzeiro maior, que presidisse ao dia" (Gn 1,16); e desde o dia em que lhe deu este ofício até hoje não descansou um momento. Tão grande trabalho é ser sol, e tão grande a sua sujeição, posto que em lugar tão alto. Uma inquietação perpétua, um movimento contínuo, um correr e rodear sempre, e dar mil voltas ao mundo, sem descansar nem parar jamais. Quando dizemos que o sol se põe, é engano, porque então se parte a governar os antípodas. Não vamos buscar a prova da semelhança mais longe, pois a temos de casa, e nos nossos reis, mais própria que em nenhum outro do mundo. Quando os vassalos dormem e descansam, parece que um rei de Portugal faz o mesmo, depois do governo e trabalho de todo o dia, e não é senão que passou aos antípodas. Lá nada com o pensamento e com o cuidado pela China, pelo Japão, pelos reinos do Idalcão, do Samori, do Mogor; pelo Cabo da Boa Esperança, pelo do Comori, pelos Javas; pelos Mares e Costas da África, da Ásia e da América, visitando armadas e fortalezas, compondo pazes, abrindo comércios e meditando sempre aumentos do reino de Deus e do seu, sem outra quietação ou descanso mais que aparente aos olhos, porque o sol não tem verdadeiro acaso. O relógio, que é o substituto do sol na terra, não soa, nem se ouve por fora, senão a certos tempos; mas nem por isso está ocioso ou quieto: sempre os pesos estão a carregar, sempre as rodas estão a moer; e tais são os cuidados do príncipe de dia e de noite. Para os súditos, que obedecem e servem, há diferença de dias e noites; para o príncipe, que governa e manda, sempre é dia. Assim dizia Jó dos seus cuidados: "Trocaram a noite em dia" (Jó 17,12).

Entre o Senhor que manda e os súditos que servem há a mesma diferença que entre o coração e os sentidos. Dorme o homem, e todos os sentidos descansam. Os olhos não veem, os ouvidos não ouvem, a língua não fala, e assim dos demais. Mas se nesse mesmo tempo a esse mesmo homem lhe puserdes a mão sobre o peito, vereis como está batendo nele e palpitando o coração. E se tornardes depois uma e muitas vezes, a qualquer hora, sempre o haveis de achar no mesmo movimento. Pois os sentidos, iguais na baixeza aos dos brutos, dormindo a sono solto, e o coração princípio da vida e nobilíssima parte do homem, sempre velando, sem descansar jamais? Sim, que isso é ser coração. O coração da república é quem a manda e governa. E quando a mesma república lhe deu a soberania desse cuidado, depositou nele todos seus cuidados. Ele há de cuidar sem descanso, para que todos descansem, e ele vigiar, para que todos durmam. "Eu durmo, e o meu coração vela" (Ct 5,2) — dizia Salomão — e o leão, rei dos animais, dorme com os olhos abertos. Vigiar como o coração, quando todo o corpo dorme, é ser leão entre os animais e Salomão entre os homens.

Muito me admirou sempre na fábrica do leito do mesmo Salomão que os travesseiros em que havia de inclinar a cabeça os fizesse de ouro: "A subida de púrpura, mas a cabeceira de ouro" (Ct 3,10). — Parece-me isto com o que cuidam os rústicos, que os reis dormem em lençóis de brocado. Travesseiros de ouro são ricos e preciosos, sim, mas muito duros, muito frios e muito desagasalhados. Quanto melhor é uma manta no Bussaco, ou uma cortiça na Arrábida? Porém, Salomão, com toda a sua sabedoria, não soube traçar à cama dos reis outra cabeceira mais branda, porque não era feita para conciliar o sono, senão para o inquietar. Assim dormia inquieto Faraó, sonhando nos sete anos de fartura do seu reino e nos sete da fome. Assim dormia inquieto Nabucodonosor, sonhando na duração de sua monarquia e das três que lhe haviam de suceder. E até José, a quem Deus ia criando para mandar e ser príncipe, enquanto os lavradores seus irmãos repousavam, ele, sendo de menos anos, não podia dormir quieto. Lá andava sonhando com as paveias e com as estrelas, e revolvendo no pensamento o céu e mais a terra. A púrpura, podem-na despir os príncipes quando se deitam, mas os cuidados que os desvelam não podem. Quando a Cristo, no pretório de Pilatos, o fizeram representar figura de rei, coroaram-no de espinhos e vestiram-no de púrpura. E notou advertidamente São Pascásio, que a púrpura tornaram-lha a despir, mas a coroa de espinhos nunca a largou da cabeça: "E os espinhos que levou na cabeça não mudou nem os transpôs para outro lugar"[4]. As espinhas são os cuidados, como lhes chamou o mesmo Cristo, e a quem é rei, ou o representa no mundo, sempre estas espinhas lhe estão picando a cabeça, sempre lhe estão roendo os pensamentos, sempre lhe estão inquietando os sentidos, sem o deixar descansar nem dormir. Aos que servem, não há senhor tão tirano que lhes não permita horas de descanso; aos que mandam, é tal a tirania do mesmo mandar, que se não tomam por alívio os mesmos cuidados — como diz Tácito de Tibério — nem hora, nem momento lhes consentem de quietação e repouso.

Só se pode replicar contra o encarecido destes ditames — posto que verdadeiros — com o desuso e desprezo deles, e com a singularidade dos mesmos exemplos, tão raros no governo do mundo, como a obediência das leis nos que têm o arbítrio delas. O ordinário é tomar-se do mundo a parte só do poder, da majestade e da grandeza, e deixar-se a do peso e dos cuidados, com pouca ou nenhuma atenção mais que ao descanso, à delícia, ao regalo e a todos os antojos do apetite livre e poderoso; enfim, a igualar as indulgências da suprema fortuna com os gostos e prazeres da vida. Mas esta mesma réplica não desfaz, antes confirma mais tudo o que dissemos porque, se os que têm mando fazem e padecem quanto o mesmo mando os obriga, dura e triste servidão é a sua. E se o não fazem, nem o querem padecer, ainda é mais triste e mais dura. "Não só duro, mas duríssimo" — diz o Espírito Santo — "será o juízo de Deus sobre os que tiveram mando neste mundo" (Sb 6,6), porque de tudo o que fizeram e deixaram de fazer se lhes tomará estreitíssima conta, e muito particularmente dos seus cuidados: "Pois examinará as vossas obras, e esquadrinhará os vossos pensamentos" (Sb 6,4). Dá conta da tua vida, em que empregaste todos teus cuidados e dá conta das alheias; e de quanto padeceram por teus descuidos. Padeceram na quietação, na fazenda, na honra, nas mesmas vidas, e o que é mais, na perdição das almas; e de tudo, e de todas, tu que tiveste o mando sobre os homens me hás de dar conta. Esta foi a consideração com que Pepino em França, Raquísio em Itália, Sigiberto em Inglaterra, Trebélio em Bulgária, Henrique em Chipre, João em Armênia, Ludovico em Sicília, Ramiro em Aragão, Veremundo em Castela, esta foi, digo, a consideração da qual, fortissimamente convencidos estes e outros príncipes, ou sendo reis renunciaram as coroas, ou sendo filhos de reis as heranças, elegendo antes ser súditos e servir em uma religião, que mandar e ser senhores no mundo. E posto que o estado de São Roque não era tão grande, foi, contudo, igual a sua razão de estado. Renunciou o seu estado por não dar conta dele e, para tratar só da salvação de um homem, não quis mandar homens.

§ V

Temos visto quão grande servidão é o servir a homens, e quanto maior servidão o mandar homens; demos agora uma volta ao discurso, e vejamos da parte dos mesmos homens, ou servidos ou mandados, qual é o pago que eles costumam dar, tanto a quem bem os serve como a quem bem os manda. Dois homens houve no mundo, um que melhor que todos soube servir, e outro que melhor que todos soube mandar. O que melhor soube servir foi Davi, o que melhor soube mandar foi Moisés. E que sucedeu a um e a outro? Ambos foram os dois maiores exemplos, e ambos os dois maiores desenganos do que é servir a homens, ou mandar homens.

Foi chamado Davi a palácio, pela boa informação que teve el-rei Saul de suas excelentes partes, e porque o rei padecia graves melancolias, causadas de um mau espírito que lhe entrava no corpo, era tal a arte e suavidade com que Davi tocava uma harpa, que não só aliviava Saul das suas tristezas, mas até o mesmo demônio, inimigo de toda a consonância, o largava. E como pagou Saul estes exorcismos tão doces? Com deitar mão a uma lança, depois de se ver livre do demônio, e fazer tiro com ela a Davi para o pregar a uma parede. Assim pagava um rei a quem lhe tirava o demônio do corpo, e pode ser, pode ser que no mesmo tempo se visse mais medrado em seu serviço quem lhe metesse o demônio em casa? Não quebrou a harpa Davi com o primeiro desengano, porque ainda depois tornou a servir a Saul com ela. Retirou-se, porém, para a sua cabana, lançando uma bênção ao paço — como pudera muitas maldições — e, restituído à soledade do campo e à inocência das suas ovelhas, diz a História Sagrada que "jogava com os leões como com cordeiros" (Eclo 47,3). Também os leões eram feras coroadas, mas não tinha medo deles porque não eram homens. Era tão homem Davi já neste tempo, não contando ainda vinte anos, que ele só se atreveu a sair contra o gigante de quem os exércitos de Israel tremiam. Vendo Saul uma tão valente determinação, perguntou que moço era aquele. A quem não fará lástima esta pergunta? Este moço, senhor, é aquele que por fama vós mandaste pedir a seu pai; este aquele que vos assistia todos os dias nas horas da tristeza; este o que tocava a harpa, este o que vos recreava e aliviava o ânimo, este o que fazia fugir o demônio. Não há mais que dezoito meses que falta de vossos olhos, e já não o conheceis? É possível que tão depressa se esquecem os príncipes e desconhecem a quem os serve? Pouco era ser possível: é costume. Derruba, finalmente, Davi o gigante, corta-lhe a cabeça, põe-na aos pés de Saul, e este, que foi o maior triunfo da sua nação e a maior glória da sua pátria, foi a sua maior desgraça para com o rei. Sete vezes lhe procurou Saul tirar a vida, já por arte, já por traições, já por violências públicas e declaradas; umas vezes por seus ministros, outras por sua própria pessoa, com gente armada, servindo as mesmas batalhas em que o defendia e as mesmas vitórias com que o honrava de novos incentivos ao ódio. E Davi? Perseguido, fugitivo, desterrado, banido, sempre leal, sempre fiel, sempre venerador do seu rei, e só inimigo de seus inimigos, aos quais, perseguido, perseguia e fazia cruel guerra. Sobretudo, estava Davi ungido por rei de Israel para suceder ao mesmo Saul e com licença de Deus para o matar, tendo-o três vezes debaixo da espada, três vezes lhe perdoou a vida e lhe deixou a cabeça e a coroa. E que a um vassalo, a quem Saul por tantos modos devia quanto tinha e quanto era, e que, sobre tantas ofensas e sem-razões, o servia, amava, venerava e guardava com tantos extremos de fineza, ele o aborrecesse e perseguisse com tais excessos de ingratidão, de vingança, de raiva, de ódio? Mas era homem Saul, ainda que rei, e assim pagam os homens a quem os serve.

Ao exemplo ou desengano do que melhor que todos soube servir segue-se, e não sei se com maior assombro, o de quem melhor que todos soube mandar. Fez Deus a Moisés supremo governador do seu povo, e não podem os homens nem desejar, nem fingir algum modo de mandar nem mais útil, nem mais grato, nem mais humano, nem ainda mais divino e mais digno de aplauso e admiração em tudo que o de Moisés. Que podem desejar os homens em quem os manda e governa? Um grande amor e zelo do bem público? E Moisés amou e zelou com tal extremo o povo de Israel, ainda antes de lhe estar encomendado, que mais quis ser afligido e padecer com ele no cativeiro que ser filho da filha de el-rei Faraó, como nota e encarece S. Paulo. Que mais podem desejar? Que remedeie suas misérias e os alivie de seus trabalhos? E Moisés fê-lo tanto assim que os libertou do Egito e da duríssima servidão e tirânico jugo com que eles e seus pais e avós, tantos anos havia, estavam oprimidos, e os passou ao domínio da Terra de Promissão, a mais abundante e deliciosa do mundo. Que mais podem desejar? Riquezas? E Moisés, juntamente com a liberdade, não só os fez sair com todos os seus gados, sem ficar deles no Egito nem uma unha, como diz o texto, mas carregados de ouro e de todas as joias dos egípcios, em satisfação do injusto serviço a que os tinham obrigado. Que mais podem desejar? Vitória e vingança de seus inimigos, com segurança de nunca mais lhes serem sujeitos? E tudo isso lhes deu logo Moisés, sepultando Faraó e todos seus exércitos no fundo do Mar Vermelho, vencendo os hebreus sem batalha e triunfando sem armas, e despindo nas praias os corpos que eles não tinham morto, para também levarem os despojos. Isto é o quanto podiam desejar e fingir no pensamento. Vamos agora ao que nem desejar podiam. Podiam desejar ser providos de todo o sustento e ainda de todo o regalo, sem despesa nem trabalho? Não podiam. E Moisés para comer lhes deu o maná, em que estavam guisados ao gosto de cada um todos os sabores, e para beber copiosas fontes de água puríssima, que com a mesma penha, de que manavam, os iam seguindo. Podiam desejar que de dia os não queimasse ou encalmasse o sol, e de noite não ficassem em trevas e às escuras? Não podiam. E Moisés, por meio de duas colunas prodigiosas, que pelo ar os acompanhavam, de noite os alumiava com uma que era de fogo, e de dia os defendia do sol com outra que era de nuvem. Podiam desejar que, sendo três milhões de homens de todas as idades, nenhum deles adoecesse, nem estivesse enfermo? Não podiam. E Moisés, com virtude superior a toda a natureza e fraqueza humana, os conservava a todos sãos, e com inteira e robusta saúde: "E não havia enfermo nas tribos deles" (Sl 104,37). Podiam desejar que o vestido e calçado, em quarenta anos de caminho, não envelhecesse nem se gastasse? Não podiam. E Moisés, com menos necessário milagre — porque tinham as lãs e peles dos seus rebanhos — com os mesmos vestidos e com o mesmo calçado com que tinham saído do Egito, os levou até à Terra de Promissão, a cuja vista lhes disse: "Em quarenta anos pelo deserto não se romperam os vossos vestidos, nem se gastaram os sapatos dos vossos pés" (Dt 29,5). Finalmente, podiam desejar que Moisés antepusesse a conservação do mesmo povo à sua própria salvação, e a vida temporal dos que governava à sua própria bem-aventurança e vida eterna? Não podiam. E contudo, quando Deus pelo pecado da idolatria quis acabar de uma vez com o mesmo povo hebreu, e extingui-lo e tirá-lo do mundo para sempre, prometendo a Moisés que o faria príncipe e senhor de outra muito maior e melhor nação, foi tal o excesso de heroico amor com que ele se opôs a esta resolução que chegou a dizer a Deus declaradamente que "ou perdoasse ao povo", como lhe pedia, "ou senão que o riscasse a ele do seu livro" (Ex 32,31c). Este livro, a que se referia, é o livro em que estão escritos os predestinados para a glória, o qual na Escritura se chama "Livro da vida", e quis Moisés ser riscado dele — salva somente a graça — no caso em que Deus não perdoasse ao seu povo. Como se dissera: desde o dia em que vós, Senhor, me obrigastes a aceitar o mando e governo que eu tanto repugnava, como eu fiquei sendo a cabeça deste povo, e ele o corpo, ele é eu, e eu sou ele, assim que o bem ou o mal há de ser comum de ambos: se ele perecer, a sua perdição há de ser também minha; e se eu me salvar, a minha salvação há de ser também sua. Pelo que, não há outro meio neste negócio senão ou a ele perdoar-lhe ou a mim condenar-me, porque nem a mesma glória quero só para mim, sem o bem daqueles a quem igualmente amo. Disse Moisés, e não teve Deus que responder senão perdoar, gloriando-se de ter escolhido tal homem para cabeça e governador do seu povo.

E com que graças, com que louvores, com que aplausos celebrariam aqueles venturosos homens as finezas, os benefícios, os milagres, com que um tal homem os tinha desde o princípio do seu governo libertado, defendido, conservado, regalado e com tantos extremos amado? Oh! assombro da fereza e ingratidão humana! Oh! desengano mal conhecido sempre, e só aqui experimentado, do que é mandar homens! O pago que aquele mesmo povo deu a Moisés foram perpétuas murmurações, perpétuas queixas, perpétuos clamores, perpétuos arrependimentos e saudades do mesmo cativeiro de que os tinha libertado; e tais dissensões, tais rebeliões, tais injúrias e afrontas, e tais perigos de o apedrejarem e lhe porem as mãos, se se não acolhera no Tabernáculo e o mesmo Deus o escondera, que sendo o sofrimento e mansidão de Moisés, por testemunho da mesma Escritura, a maior de todos os homens: "Porque Moisés era o mais manso de todos os homens que havia na terra" (Nm 12,3); não podendo já com o peso de sustentar aos ombros os mesmos que trazia no coração, pediu finalmente a Deus que ou o descarregasse do governo ou, "quando assim não quisesse, lhe tirasse a vida" (Nm 11,15). Eis aqui o que é mandar homens a quem nem os benefícios obrigam, nem os regalos abrandam, nem as finezas enternecem, nem os milagres sujeitam, nem pode haver quem os contente e satisfaça.

Parece-me, senhores, que estes dois exemplos, de Davi servindo e de Moisés mandando, não só têm provado a verdade do que eu dizia e aprovado a resolução de São Roque, mas desenganado a todo o entendimento, por obsequioso ou ambicioso que seja, do que é servir a homens, ou mandar homens. Mas agora digo que nem o primeiro caso, nem o segundo, por mais que pareçam encarecidos, chegam a declarar de muito longe, nem a pensão do servir, nem o perigo do mandar. Aparelhai nos entendimentos a fé, porque sem ela não se pode crer, nem se poderá imaginar o que de novo haveis de ouvir. Duas resoluções tomou Deus acerca dos homens: a primeira de os mandar, a segunda de os servir. Antes de Deus se fazer homem, mandava os homens como rei: "Tu mesmo és o meu rei e o meu Deus, que dispõe as salvações de Jacó" (Sl 43,5). Depois de se fazer homem, veio servir a homens, como ele mesmo disse: "Não veio para ser servido, mas para servir" (Mt 20,28). E S. Paulo: "Tomando a natureza de servo" (Fl 2,7). E que lhe sucedeu a Deus em um e outro estado, quando mandou e quando serviu aos homens? Aqui pasma a mesma fé. Quando os mandou, tiraram-lhe o reino; quando os serviu, tiram-lhe a vida. Que lhe tirassem a vida, todos o sabem; que lhe tirassem o reino, o mesmo Deus o disse a Samuel: "Não é a ti que eles rejeitaram, mas a mim, para eu não reinar sobre eles" (1Rs 8,7). E se Deus, quando manda homens se descontentam dele que lhe tiram o reino, e se o mesmo Deus, quando serve a homens, lhe pagam de tal sorte que o põem em uma cruz e lhe tiram a vida, vede se são loucos todos os que querem mandar homens, ou servir a homens, e quão sisudo e bem aconselhado foi São Roque em os não querer mandar nem servir.

Cuidam todos que São Roque começou a ser advogado da peste quando no fim da vida curava os apestados com o sinal da cruz, e é engano. Quando São Roque se benzeu de servir a homens e mandar homens, então é que começou a ter império, não sobre uma, senão sobre duas pestes: uma que é o mandar, outra que é o servir. O servir e o mandar, ambos começaram juntamente no domínio de Membrot[5]. Nele começou o império, e com ele a servidão. Assim o nota S. Jerônimo: "Porque este foi o primeiro que obrigou os outros a o servirem"[6]. E este domínio de Membrot quando começou? Segundo a mais certa cronologia, começou no ano de mil e novecentos e trinta e dois da criação do mundo, que foi o mesmo ano em que nasceu Abraão. Agora noto eu, e é coisa muito digna de se advertir, que quando começou o mandar e o servir, então se encurtaram as vidas dos homens, porque dali por diante, como consta da Sagrada Escritura, raros foram os que chegaram a cem anos e raríssimos os que os excederam. De sorte que, antes de haver no mundo servir nem mandar, viviam os homens oitocentos, novecentos e mais anos; porém, depois que estas duas pestes entraram, depois que os homens começaram uns a mandar e outros a servir, nenhum houve a quem a morte não tivesse as sete ou as oito partes da vida. E, verdadeiramente, que se os trabalhos e os desgostos matam, não é muito que o servir e o mandar sejam enfermidades mortais. Estas duas pestes curou São Roque em si, não querendo mandar nem servir a homens, e também as pode curar em nós com seu exemplo, não para que vivamos nesta vida muito tempo, mas para que a vivamos com descanso e sem desgostos, que é a felicidade e bem-aventurança que nela se pode só alcançar.

§ VI

A bem-aventurança da outra vida segurou-a São Roque com a segunda e melhor parte da sua resolução, que foi servir só a Deus. Isto não há mister discurso nem prova, porque é fé. Mas porque o servir a Deus e o servir aos homens tudo tem nome de servir, vejamos somente quão grande foi a prudência de São Roque em saber distinguir esta equivocação, e quanta é a diferença que há entre um e outro servir, para que todos os que servem e os que mandam queiram antes servir a Deus, e só a Deus.

Os homens, quando mandam — e mais se têm o mando supremo — ou seja ingratidão natural ou soberania, nem estimam nem pagam os serviços que se lhes fazem como deveram, porque cuidam que tudo se lhes deve. Pelo contrário, Deus, a quem devemos tudo o que temos e tudo o que somos, nenhuma coisa manda a cuja remuneração se não obrigue como devedor. A Arca, em que se guardavam as Tábuas da Lei, chama-se "Arca do contrato" (Nm 10,33). E por que do contrato, se era das leis? Porque, sendo Deus supremo Senhor, a quem devemos obedecer em tudo, de tal maneira nos quis obrigar a fazer o que nos manda, que juntamente se obrigou e fez devedor a si mesmo de nos pagar o que fizermos. O que fizermos, disse, e disse pouco. Não só está obrigado Deus, pelo mesmo contrato, a nos pagar o que fizermos, senão também o que não fizermos. Os homens nas suas leis, se matastes ou furtastes, castigam-vos; mas, se não matais nem furtais, não vos dão por isso nada. Não assim Deus. Não só vos remunera quando fazeis o que vos manda fazer, senão também quando não fazeis o que vos manda que não façais. Oh! quão endividado se acharia Deus com São Roque no dia de sua morte, crescendo sempre mais e mais estas gloriosas dívidas em todos os empenhos de sua vida! Não só deveu Deus a São Roque o fazer tudo o que manda, nem só lhe deveu o não fazer tudo o que proíbe, mas deveu-lhe todas aquelas ações e finezas heroicas que, sem proibição nem preceito, deixou o mesmo Deus livres aos que, desprezando tudo o mais, a ele e só a ele quisessem servir.

Os homens, quando pagam ou cuidam que pagam os serviços que lhes fizestes, eles são os que os avaliam. O estilo de Deus em remunerar a quem o serve, vede quão diferente é. Nós somos os que avaliamos e ele o que paga. Disse São Pedro, em nome seu e dos outros pescadores que seguiam a Cristo:

"Senhor, nós deixamos tudo por vos seguir: com que nos haveis de pagar?" (Mt 19,27). — Parece que devia Cristo replicar ao excesso desta avaliação e dizer: — Se vós não deixastes mais que um barco e uma rede, como dizeis que deixastes tudo? — Mas tão fora esteve o Senhor de fazer esta réplica que, dando por boa a avaliação, lhes deu por paga daquele tudo o serem no Juízo universal árbitros de tudo: "Quando estiver o Filho do homem sentado no trono da sua glória, também estareis sentados" (Mt 19,28). E bastou isto? Não. "E a qualquer que por mim deixar a casa etc., pagarei cento por um" (Mt 19,29). — Avaliai por quão subido preço quiserdes o que deixastes ou fizestes por mim, que a minha paga e a minha avaliação desses mesmos serviços há de ser maior que a vossa, e cem vezes maior. Comparai-me agora a barca e as redes de São Pedro com o que deixou São Roque, e julgai qual será a paga que tem recebido de Deus? Deixou a pátria, deixou o descanso, deixou os tesouros, deixou o estado; e não falo na diferença do seu nascimento comparado com o de S. Pedro, porque esta é outra, e não pequena, que se usa e está introduzida entre os homens, e não tem lugar em Deus.

Os homens, para fazer as mercês, olham para o nascimento de quem os serviu; Deus só respeita e faz caso do merecimento e das ações de cada um, e nenhum do nascimento. Isac quis dar a bênção e o morgado a Esaú; Deus não quis que o levasse senão Jacó, e por quê? Vamos ao caso, e acharemos a razão. Esaú nasceu primeiro que Jacó; porém, na luta que ambos tiveram no ventre da mãe, Jacó lutou melhor que Esaú. O mesmo Esaú, sendo competidor, o não pôde negar, e o confessou, dizendo: "Porque esta é a segunda vez que ele me enganou" (Gn 27,36). Lutou melhor Jacó que Esaú? Pois essa foi a razão da diferença, nem há outra para com Deus Isac, como homem, para dar a bênção e o morgado, teve respeito ao nascimento; Deus, como Deus, nem respeitou nem fez conta do nascimento, senão só do maior valor e do merecimento. Se os soldados da fortuna a querem ter boa, sirvam a Deus. Os nascimentos levarão as comendas dos homens; as de Deus só para o merecimento as tem guardadas. Por isso São Roque, sendo de tão alto nascimento, o renunciou e não fez caso dele, porque quis mais generosa e mais fidalgamente ser despachado na corte da verdade e da justiça, pela nobreza e qualidade das obras, que eram suas, e não pelas dos pais e avós, que são alheias.

Os homens, a quem os serve, medem-lhes os merecimentos pelos anos; Deus mede-os pelos corações. Quando o profeta Samuel foi à casa de Jessé para ungir em rei um de seus filhos, vendo a Eliab, que era o mais velho e de galharda presença, julgou que o eleito por Deus sem dúvida era aquele; mas Deus o desenganou logo, dizendo que ele não olhava para os corpos nem para os anos, senão para os corações: "O homem vê o que aparece, o Senhor vê o coração" (1Rs 16,7). Davi, o menor filho de todos, foi o eleito, e logo mostrou qual era o seu coração. Todo o exército de Saul estava cheio de soldados velhos e capitães muito antigos, mas todos desmaiados e tremendo só de ver o gigante; e Davi, que tinha o coração que a eles lhes faltava, vencendo e matando o mesmo gigante, fez e mereceu mais em uma hora que todos os outros em tantos anos. Os homens, medindo os merecimentos só pelos anos, fazem uma grande injustiça; porém Deus, que é justíssimo, mede-os só pelos corações, porque ele só os vê. No mesmo dia e na mesma hora em que a Madalena se lançou aos pés de Cristo, disse o Senhor que "tinha amado muito" (Lc 7,47). Parece muito dizer. Diga-se que amava, mas não se diga muito, que ainda então começava a amar; e já que se dá nome de muito ao seu amor, diga-se que amava, e não que tinha amado: "Amava?" Mas tudo está tão bem dito como quem o disse, porque Deus não mede o coração pelo tempo, senão o tempo pelo coração. Oh! se os homens vissem os corações, quão endividados se achariam os de muitos que cuidam que os servem pouco! Por isso só se pode servir a quem vê o coração. E se em poucos instantes de tempo cabem muitos séculos de amor, que eternidades seriam as que Deus tinha contado no coração e amor de São Roque, em tantos anos de suas peregrinações, de seus cárceres, de suas perseguições e afrontas, que são o crisol do amor? Se os que vieram na undécima hora do dia, que é a velhice, porque supriram a tardança com a diligência, foram igualmente pagos e premiados qual será o prêmio daquele coração que, entre as lisonjas dos mais floridos e enganosos anos, se entregou todo a amar e servir só a Deus?

Os homens a quem servis podem pouco e querem menos. Se quisessem dar muito, não podem e esse pouco que podem, não querem. Deus, pelo contrário, pode tudo e sempre quer. Vieram dois pobres a Cristo pedir remédio para suas enfermidades, e cada um — que é muito eloquente a necessidade — pediu por sua frase. Um disse: "Senhor, se podeis, remediai-me" (Mc 9,21). O outro disse (Mt 8,2): Senhor, se vós quiserdes remediar-me, podeis". — De maneira que um, que ainda não cria, pediu-lhe a vontade e duvidou-lhe o poder; o outro, que já cria, confessou-lhe o poder e pediu-lhe só a vontade. E que respondeu o Senhor ao que disse "se podeis" e ao que disse "se queres?" Ao que lhe pediu a vontade e lhe duvidou o poder, respondeu que podia e que queria; e ao que lhe confessou o poder e lhe pediu a vontade, respondeu que queria o que podia: e a ambos satisfez como desejavam. Quando os homens pedem aos homens, ainda que sejam reis, pedem uns pobres a outros; só quando pedem a Deus, pedem a quem verdadeiramente é rico. Diz São Paulo que "Deus é rico para todos os que o invocam" (Rm 10,12). — Os reis, quando muito, são ricos para alguns; Deus "É rico para todos". Por isso São Roque se fez pobre para servir a quem só o podia fazer verdadeiramente rico. O seu rei, ainda que fosse tão liberal como Assuero, podia-lhe prometer a metade do reino de França; Deus, a quem o serve, dá-lhe todo o seu reino, e quanto mais a quem deixou tudo só pelo servir a ele.

Os homens — já que falamos nos seus poderes — se derdes por eles a vida, como tantos a estão dando nestas campanhas, ainda que sejam reis e monarcas, assim como eles vo-la não deram, assim vo-la não podem restituir. E Deus, sendo ele o que vos deu a vida, ainda que vós a não deis por ele, se a empregardes em seu serviço, dá-vos pela temporal a eterna. Rei era, e rei que andava nos exércitos o que deu este desengano a todos os homens: "Não queirais confiar nos príncipes, em quem não há salvação" (Sl 145,3). Homens, não ponhais a vossa esperança em homens, ainda que sejam reis, porque não podem dar vida. Os reis chamam-se senhores da vida, porque com justiça, ou sem ela, a podem tirar; mas dá-la, nem a seus filhos, nem a si mesmos podem. Só Deus é verdadeiro Senhor da vida, porque a dá no nascimento, porque a conserva na duração, porque a ressuscita depois da morte e a eterniza na pátria. Vede a diferença da vossa mesma vida sacrificada a Deus ou aos homens:

se a dais por amor de Deus, ficais bem-aventurado; se a dais por amor dos homens, ficais morto. Os que a deram por amor de Deus são os que adoramos naqueles altares; os que a deram por amor dos homens, os que pisamos nessas sepulturas. Antes que Roma pusesse no altar a São Roque, o pôs o mundo, e o houve por bem a mesma Igreja. Por quê? Porque deu a vida só a Deus e a empregou só em seu serviço. E foi este serviço tão aceito a Deus e tão bem pago por ele, que deu autoridade ao mesmo São Roque para que nós também lhe pedíssemos a vida e poder para que no-la desse.

Os homens — para que falemos também pela sua boca, e não só pela divina — quando vos hão mister, sois seu; quando os haveis mister, sois vosso. Assim o cantou ao som do Lima aquele grande e desenganado espírito que, por não ver as ribeiras do Tejo, fugiu delas para tão longe. Quando te hão mister, és seu; quando os hás mister, és teu, que não tens donos então. E Deus pelo contrário é tão bom Senhor e tão bom dono que, não havendo mister a ninguém, quando nos faz mercê de se querer servir de nós, somos, com grande honra, seus; e quando nós o havemos mister — que sempre havemos — nunca deixa de ser nosso. Serviram Abraão, Isac e Jacó a Deus, e não foram eles os que tomaram o sobrenome do Senhor, senão o Senhor o dos servos. Não se chamaram eles Abraão de Deus, Isac de Deus, Jacó de Deus, mas Deus foi o que se chamou Deus de Abrão, Deus de Isac, Deus de Jacó. Assim o disse o mesmo Deus a Moisés: "Eu sou o Deus de Abraão, Deus de Isac, e Deus de Jacó" (Ex 3,6). E para quê? Para que conhecesse o mundo que, se os servos eram seus do Senhor, também o Senhor era seu dos servos. Se Deus há de mister a Abraão para Pai da fé, Abraão é de Deus; e se Abraão há de mister a Deus para o livrar dos dois reis do Egito e de Geraris, "Deus é de Abraão". Se Deus há mister a Isac para o sacrifício e para experimentar o amor de seu pai, Isac é de Deus; e se Isac há mister a Deus para o livrar da espada e o trocar com o cordeiro, "Deus é de Isac". Se Deus há mister a Jacó para fundador das doze tribos, Jacó é de Deus, e se Jacó há mister a Deus para o livrar da ira de Esaú e dos enganos de Labão, "Deus é de Jacó". Se considerarmos os trabalhos e perigos de São Roque, acharemos que não foram menores que os dos três patriarcas; mas assim como Roque se fez todo seu de Deus, servindo-o só a ele, assim Deus se fez todo seu de Roque, livrando-o de todos. E tão seu, e sempre seu, que ainda hoje nos está livrando a nós só, por sua intercessão e por seu respeito.

Finalmente, os homens a quem servimos, posto que sejam reis, são mortais e lhes sucedem outros; porém Deus, quando não tivéramos tantas obrigações de o servir, só por ser imortal, e sempre o mesmo, sem outro que lhe haja de suceder, o devêramos servir só a ele. Entenderam isto tanto assim muitas nações, que na morte dos reis se sepultavam com eles os seus criados, não só por fineza do muito que os amavam, mas por não viverem em tempo de outros príncipes que não conhecessem seus serviços e merecimentos. Não houve maior mudança de fortuna que a dos filhos de Israel no Egito. Ao princípio enriquecidos, queridos, estimados, venerados, depois desprezados, aborrecidos, oprimidos, avexados, cativos. E donde nasceu uma tão notável mudança? O texto sagrado o diz: "Surgiu um rei novo que não conhecia José" (Ex 1,8). Sucedeu no império um rei novo que não conhecia a José. — O rei velho aconselhava-se com José, seguia os ditames de José, e sucedia-lhe tão bem com eles que lhe pôs por nome Salvador do Egito, e por isso favorecia seus irmãos; porém o rei novo, que veio depois, como não conhecia a José, nenhuma valia tinha com ele a sua memória nem os seus grandes serviços, e a todos os seus descendentes não só não dava nada de novo, mas ainda o que tinham, até a mesma liberdade, lhes tirava. Oh! discretíssimo mancebo, ó prudentíssimo varão São Roque! Na vida de São Roque, sem ser muito larga, também houve dois reis em França: Carlos Magno e Ludovico Pio. E porque ele sabia, pelos estilos das cortes que, se fosse favorecido de um, havia de ser desvalido do outro, por isso quis servir ao rei, que nem morre nem desconhece, que é Deus e só Deus. Ditoso ele e bem-aventurado, que assim o fez, e nós também seremos ditosos e bem-aventurados se assim o fizermos: "Bem-aventurados aqueles servos".

SERMÃO DA

Epifania

Na Capela Real.
Ano 1662.

"Tendo nascido Jesus em Belém de Judá, em tempo do rei Herodes, eis que vieram do Oriente uns Magos."
(Mt 2,1)

A ocasião é dada por Vieira: "Pregado à Rainha Regente, na menoridade de El-Rei, em presença de ambas as majestades, na ocasião em que o autor e outros religiosos da Companhia de Jesus chegaram a Lisboa, expulsados das Missões do Maranhão pela fúria do povo, por defenderem os injustos cativeiros e liberdades dos índios que tinham a seu cargo". Vieira não mais voltará a São Luís do Maranhão. Nos próximos anos estará às voltas com a Inquisição em Portugal até sua viagem à Itália, em 1670. O sermão é um longo desabafo. O tema do dia o leva a distinguir as duas vocações da gentilidade: a primeira, quando Cristo nasceu por meio dos Reis Magos; a segunda, 1500 anos depois, por meio dos reis do Ocidente, principalmente dos portugueses. Trata-as com a devoção e a clareza de sempre, detendo-se em opor a glória dos primeiros navegantes aos excessos de tão nova e estranha maldade, descritos com veemência. Indica a causa dessas diferenças: o selo que o Filho de Deus pôs como prova de ser ele o Messias foi "os pobres são evangelizados" (nenhuma malícia pode negar que nisso está o espírito de Cristo). E termina sugerindo remédios urgentes: a boa eleição dos sujeitos a quem se comete o governo; que os religiosos saibam dizer a verdade e a queiram dizer; a aplicação efetiva de todos os remédios necessários para a boa administração.

§ I

Para que Portugal na nossa idade possa ouvir um pregador evangélico, será hoje o Evangelho o pregador. Esta é a novidade que trago do Mundo Novo. O estilo era que o pregador explicasse o Evangelho; hoje o Evangelho há de ser a explicação do pregador. Não sou eu o que hei de comentar o texto; o texto é o que me há de comentar a mim. Nenhuma palavra direi que não seja sua, porque nenhuma cláusula tem que não seja minha. Eu repetirei as suas vozes, ele bradará os meus silêncios. Praza a Deus que os ouçam os homens na terra, para que não cheguem a ser ouvidos no céu.

Havendo, porém, de pregar o Evangelho, e com tão novas circunstâncias como as que promete o exórdio, nem por isso cuide alguém que o pregador e o sermão há de faltar ao mistério. Antes, pode bem ser que rara vez ou nunca se pregasse neste lugar a matéria própria deste dia e desta solenidade senão hoje. O mistério próprio deste dia é a vocação e conversão da gentilidade à fé. Até agora celebrou a Igreja o nascimento de Cristo; hoje celebra o nascimento da Cristandade. "Tendo nascido Jesus em Belém de Judá" (Mt 2,1) — este foi o nascimento de Cristo, que já passou. "Eis que vieram do Oriente uns Magos" — este é o nascimento da Cristandade, que hoje se celebra. Nasceu hoje a Cristandade, porque os três reis que neste dia vieram adorar a Cristo foram os primeiros que o reconheceram por Senhor, e por isso lhe tributaram ouro; os primeiros que o reconheceram por Deus, e por isso lhe consagraram incenso; os primeiros que o reconheceram por homem em carne mortal, e por isso lhe ofereceram mirra. Vieram gentios, e tornaram fiéis; vieram idólatras, e tornaram cristãos; e esta é a nova glória da Igreja, que ela hoje celebra, e o Evangelho, nosso pregador, refere. Demos-lhe atenção.

§ II

"Tendo nascido Jesus em Belém de Judá, em tempo do rei Herodes, eis que vieram do Oriente uns magos." Estas são as primeiras palavras do Evangelho, e logo nelas parece que repugna o mesmo Evangelho a ser meu intérprete, porque a sua história e o seu mistério é da Índia Oriental: "vieram do Oriente" — e o meu caso é das Ocidentais. Se apelo para os reis e para o sentido místico, também está contra mim, porque totalmente exclui a América, que é a parte do mundo donde eu venho. Santo Agostinho, S. Leão Papa, S. Bernardo, Santo Anselmo e quase todos os Padres reparam, por diversos modos, em que os reis que vieram adorar a Cristo fossem três, e a limitação deste mesmo número é para mim, ou contra mim, o maior reparo. Os profetas tinham dito que todos os reis e todas as gentes haviam de vir adorar e reconhecer a Cristo: "E todos os reis da terra o adorarão e todas as gentes o servirão, e todos os povos, quantos fizestes, virão e te adorarão, Senhor" (Sl 85,9). Pois se todas as gentes e todos os reis do mundo haviam de vir adorar a Cristo, por que vieram somente três? Por isso mesmo, respondem o Venerável Beda e Ruperto Abade. Foram três, e nem mais nem menos que três, os reis que vieram adorar a Cristo porque neles se representavam todas as partes do mundo, que também são três: Ásia, África e Europa: "Os três reis significam as três partes do mundo: a Ásia, a África e a Europa"[1], diz Beda. E Ruperto, com a mesma distinção: "Os Magos pelas três partes do mundo, Ásia, Europa e África, mereceram existir como exemplares de fé e de adoração"[2]. Isto é o que dizem estes grandes autores como intérpretes do Evangelho; mas o mesmo Evangelho, para ser meu intérprete, ainda há de dizer mais. Dizem que os três reis significavam a Ásia, a África e a Europa, e onde lhes ficou a América? A América não é, também, parte do mundo, e a maior parte? Se me disserem que não apareceu no presépio porque tardou e veio muitos séculos depois, também as outras tardaram; antes, ela tardou menos, porque se converteu e adorou a Cristo mais depressa e mais sem repugnância que todas. Pois se cada uma das outras partes do mundo teve o seu rei que as presentasse a Cristo, por que lhe há de faltar à pobre América? Há de ter rei que receba e se enriqueça com os seus tributos, e não há de ter rei que com eles ou sem eles a leve aos pés de Cristo? Sei eu — e não o pode negar a minha dor — que, se a primeira, segunda e a terceira parte do mundo tiveram reis, também o teve a quarta, e enquanto lhe não faltou o quarto[3]. Mas vamos ao Evangelho e conciliemos com ele esta exposição dos Padres.

"Eis que vieram do Oriente uns Magos". Diz o Evangelista que os reis do Oriente vieram a adorar a Cristo, e nesta mesma limitação, com que diz que vieram nomeadamente os do Oriente, e não outros, se reforça mais a dúvida, porque assim no Testamento Velho, como no Novo está expresso que não só haviam de vir a Cristo os gentios do Oriente, senão também os do Ocidente. No Testamento Velho, Isaías, falando com a Igreja: "Trarei do Oriente a tua posteridade e te congregarei desde o Ocidente" (Is 43,5); e no Testamento Novo a profecia e oráculo de Cristo: "Digo-vos que virão muitos do Oriente e do Ocidente" (Mt 8,11). Pois se não só haviam de vir a Cristo os reis e gentes do Oriente, senão também as do Ocidente, como diz nomeadamente o evangelista que os que vieram eram todos do Oriente, ou como vieram só os do Oriente, e os do Ocidente não? A tudo satisfez o mesmo evangelista, e na simples narração da história concordou admiravelmente o seu texto com o dos profetas. Que diz o evangelista? "Tendo nascido Jesus, em tempo do rei Herodes, eis que vieram do Oriente uns Magos." Diz que nos dias de Herodes, sendo nascido Cristo, o vieram adorar os reis do Oriente — e nestas mesmas circunstâncias do tempo, do lugar e das pessoas, como que limitou a primeira vocação da gentilidade, mostrou que não havia de ser só uma, senão duas, como estava profetizado. A primeira vocação da gentilidade foi nos dias de Herodes: "Em tempo do rei Herodes"; a segunda quase em nossos dias. A primeira foi "quando Cristo nasceu"; a segunda quando já se contavam mil e quinhentos anos do nascimento de Cristo. A primeira foi "por meio dos reis do Oriente"; a segunda por meio dos reis do Ocidente, e dos mais ocidentais de todos, que são os de Portugal.

Para melhor inteligência destas duas vocações, ou destas duas epifanias, havemos de supor que neste mesmo mundo em diferentes tempos houve dois mundos: o Mundo Velho, que conheceram os antigos, e o Mundo Novo, que eles e o mesmo mundo não conheceu até que os portugueses o descobriram. O Mundo Velho compunha-se de três partes: Ásia, África e Europa, mas de tal maneira que, entrando neste primeiro composto toda a Europa, a Ásia e a África não entravam inteiras, senão partidas, e por um só lado: a África com toda a parte que abraça o Mar Mediterrâneo e a Ásia com a parte a que se estende o Mar Eritreu. O Mundo Novo, muito maior que o Velho, também se compõe de três partes: Ásia, África e América, mas de tal maneira também que, entrando neste segundo composto toda a América, a Ásia e a África só entram nele partidas, e com os outros dois lados, tanto mais vastos e tanto mais dilatados quanto o Mar Oceano que os rodeia excede ao Mediterrâneo e Eritreu. E como os autores antigos só conheceram o Mundo Velho, e não tiveram nem podiam ter conhecimento do Novo, por isso Beda e Ruperto disseram com muita propriedade que os três reis do Oriente representavam as três partes do mundo: Ásia, África e Europa. Contudo, São Bernardo, que foi contemporâneo de Ruperto, combinando o nosso Evangelho com as outras Escrituras, conheceu com seu grande espírito ou, quando menos, arguiu com seu grande engenho, que, assim como houve três reis do Oriente que levaram as gentilidades a Cristo, assim havia de haver outros três reis do Ocidente que as trouxessem à mesma fé: "Vede se por acaso eles são os três Magos que vêm não mais do Oriente mas do Ocidente?"[4]. Quem fossem ou quem houvessem de ser estes três reis do Ocidente, que São Bernardo anteviu, não o disse, nem o pode dizer o mesmo santo, posto que tão devoto de Portugal e tão familiar amigo do nosso primeiro rei. Mas o tempo, que é o mais claro intérprete dos futuros, nos ensinou dali a quatrocentos anos que estes felicíssimos reis foram el-rei Dom João, o Segundo, el-rei Dom Manuel, e el-rei Dom João, o Terceiro, porque o primeiro começou, o segundo prosseguiu, e o terceiro aperfeiçoou o descobrimento das nossas conquistas, e todos três trouxeram ao conhecimento de Cristo aquelas novas gentilidades, como os três Magos as antigas. Os Magos levando a luz da fé do Oriente para o Ocidente, eles do Ocidente para o Oriente; os Magos presentando a Cristo a Ásia, África e Europa, e eles a Ásia, África e América; os Magos estendendo os raios da sua estrela por todo o Mundo Velho, até às gargantas do Mediterrâneo, e eles alumiando com o novo sol a todo o Mundo Novo até às balizas do Oceano.

Uma das coisas mais notáveis que Deus revelou e prometeu antigamente foi que ainda havia de criar um novo céu, e uma nova terra. Assim o disse por boca do profeta Isaías: "Eis que eu crio céus novos e uma terra nova" (Is 65,17). É certo que "o céu e a terra foram criados no princípio do mundo"; e também é certo, entre todos os teólogos e filósofos, que depois daquela primeira criação Deus não criou nem cria substância alguma material e corpórea, porque somente cria de novo as almas, que são espirituais. Logo, que terra nova e que céus novos são estes, que Deus tanto tempo antes prometeu que havia de criar? Outros o entendem doutra maneira, não sei se muito conforme à letra. Eu, seguindo o que ela simplesmente soa e significa, digo que esta nova terra e estes novos céus são a terra e os céus do Mundo Novo, descoberto pelos portugueses. Não é verdade que, quando os nossos argonautas começaram e prosseguiram as suas primeiras navegações, iam juntamente descobrindo novas terras, novos mares, novos climas, novos céus, novas estrelas? Pois esta é a terra nova e esses são os céus novos que Deus tinha prometido que havia de criar, não porque não estivessem já criados desde o princípio do mundo, mas porque era este Mundo Novo tão oculto e ignorado dentro do mesmo mundo, que quando de repente se descobriu e apareceu foi como se então começara a ser e Deus o criara de novo. E porque o fim deste descobrimento, ou desta nova criação, era a Igreja, também nova, que Deus pretendia fundar no mesmo Mundo Novo, acrescentou logo — pelo mesmo profeta e pelos mesmos termos — que também havia de criar uma nova Jerusalém, isto é, uma nova Igreja, na qual muito se agradasse: "Porque eis que eu crio a Jerusalém para exultação, e ao seu povo para gozo" (Is 65,18).

Não tenho menos autor deste pensamento que o evangelista dos segredos de Deus, São João, no seu Apocalipse: "Porque eis que eu crio a Jerusalém para exultação, e ao seu povo para gozo" (Is 65,18). Primeiramente, diz São João que "Viu um céu novo e uma terra nova". Esta é a terra nova e o céu novo que Deus tinha prometido por Isaías. Logo, acrescenta o mesmo evangelista, como comentador do profeta, que, à vista deste céu novo e desta terra nova, "o céu e a terra antiga desapareceram, e que o mar já não era"; e assim aconteceu no descobrimento do Mundo Novo. Desapareceu a terra antiga, porque a terra dali por diante já não era a que tinha sido, senão outra muito maior, muito mais estendida e dilatada em novas costas, em novos cabos, em novas ilhas, em novas regiões, em novas gentes, em novos animais, em novas plantas. Da mesma maneira o céu também começou a ser outro. Outros astros, outras figuras celestes, outras alturas, outras declinações, outros aspectos, outras influências, outras luzes, outras sombras, e tantas outras coisas todas outras. Sobretudo o mar, que fora, já não é: "E o mar já não era" — porque até então o que se conhecia com nome de mar, e nas mesmas Escrituras se chama "mar grande", era o Mediterrâneo; mas depois que se descobriu o Mundo Novo, logo se conheceu também que não era aquele o mar, senão braço dele, e o mesmo nome, que injustamente tinha usurpado, se passou sem controvérsia ao oceano, que é só o que por sua imensa grandeza absolutamente, e sem outro sobrenome, se chama mar. E porque toda esta novidade do novo céu, da nova terra e do novo mar se ordenava à fundação de outra nova Igreja, esta foi a que logo viu o mesmo evangelista com nome também de nova: "E vi a cidade nova de Jerusalém que descia do céu". Finalmente, para que ninguém duvidasse de toda esta explicação, conclui que a mesma Igreja nova que vira se havia de compor de nações e reis gentios, que nela receberiam a luz da fé, e sujeitariam suas coroas ao império de Cristo: "E as nações caminharão à sua luz, e os reis da terra lhe trarão a sua glória e a sua honra" (Ap 21,24). Que é tudo o que temos visto no descobrimento do Mundo Novo ou nesta nova criação dele: "Eis que crio céus novos e uma terra nova".

Houve porém nesta segunda e nova criação do mundo uma grande diferença da primeira, e de nova e singular glória para a nossa nação. Porque, havendo Deus criado o mundo na primeira criação por si só, e sem ajuda ou concurso de causas segundas, nesta segunda criação tomou por instrumento dela os portugueses, quase pela mesma ordem e com as mesmas circunstâncias com que no princípio tinha criado o mundo. Quando Deus criou o mundo, diz o sagrado texto que a terra não se via porque estava escondida debaixo do elemento da água, e tudo escuro e coberto de trevas: "A terra porém era invisível" — como leem os Setenta — "e as trevas cobriam a face do abismo" (Gn 1,2). Então dividiu Deus as águas e apareceu a terra; criou a luz e cessaram as trevas: "Dividiu as águas; criou a luz; apareceu a terra". Este foi o modo da primeira criação do mundo. E quem não vê que o mesmo observou Deus na segunda, por meio dos portugueses? Estava todo o Novo Mundo em trevas e às escuras, porque não era conhecido. Tudo o que ali havia, sendo tanto, era como se não fosse nada, porque assim se cuidava e tinha por fábula. "A terra porém era vaidade e nada", como diz o texto hebreu. O que encobria a terra era o elemento da água, porque a imensidade do Oceano, que estava em meio, se julgava por insuperável, como a julgaram todos os antigos, e entre eles Santo Agostinho. Atreveu-se, finalmente, a ousadia e zelo dos portugueses a desfazer este encanto e vencer este impossível. Começaram a dividir as águas nunca dantes cortadas com as venturosas proas dos seus primeiros lenhos; foram aparecendo e surgindo de uma e outra parte, e como nascendo de novo, as terras, as gentes, o mundo que as mesmas águas encobriam; e não só acabaram então no mundo antigo as trevas desta ignorância, mas muito mais no novo e descoberto as trevas da infidelidade, porque amanheceu nelas a luz do Evangelho e o conhecimento de Cristo, o qual era o que guiava e levava os portugueses, e neles, e com eles navegava. Tudo estava vendo o mesmo profeta Isaías deste descobrimento quando, falando com aquela nova Igreja pelos mesmos termos da primeira criação do mundo, lhe disse: "Portanto, eis que as trevas cobrirão a terra, e a escuridão os povos; mas sobre ti nascerá o Senhor, e a sua glória se verá em ti. E andarão as gentes na tua luz, e os reis no esplendor do teu nascimento" (Is 60,2s).

§ III

Isto é o que fizeram os primeiros argonautas de Portugal, nas suas tão bem afortunadas conquistas do Novo Mundo, e por isso bem afortunadas. Este é o fim para que Deus, entre todas as nações, escolheu a nossa com o ilustre nome de pura na fé e amada pela piedade; estas são as gentes estranhas e remotas, aonde nos prometeu que havíamos de levar seu Santíssimo Nome. Este é o império seu, que por nós quis amplificar e em nós estabelecer. E esta é, foi e será sempre a maior e melhor glória do valor, do zelo, da religião e cristandade portuguesa. Mas quem dissera ou imaginara que os tempos e os costumes se haviam de trocar e fazer tal mudança que esta mesma glória nossa se visse entre nós eclipsada e por nós escurecida? Não quisera passar a matéria tão triste e tão indigna — que por isso a fui dilatando tanto, como quem rodeia e retarda os passos por não chegar aonde muito repugna. Mas nem a força da presente ocasião mo permite, nem a verdade de um discurso que prometeu ser evangélico o consente. Quem imaginara, torno a dizer, que aquela glória tão heroicamente adquirida nas três partes do mundo, e tão celebrada e esclarecida em todas as quatro, se havia de escurecer e profanar em um rincão ou arrabalde da América?

Levantou o demônio este fumo ou assoprou este incêndio entre as palhas de quatro choupanas que com nome da cidade de Belém puderam ser pátria do anticristo. E verdadeiramente que, se as Escrituras nos não ensinaram que este monstro há de sair de outra terra e de outra nação, já pudéramos cuidar que era nascido. Treme e tem horror a língua de pronunciar o que viram os olhos, mas, sendo o caso tão feio, tão horrendo, tão atroz e tão sacrílego que se não pode dizer, é tão público e tão notório que se não deve calar. Ouçam, pois, os excessos de tão nova e tão estranha maldade os que só lhe podem pôr o remédio; e se eles — o que se não crê — faltarem à sua obrigação, não é justo, nem Deus o permitirá, que eu falte à minha. O ofício que tive naquele lugar e o que tenho neste — posto que indigno de ambos, são os que, com dobrado vínculo da consciência, me obrigam a romper o silêncio até agora observado ou suprimido, esperando que a mesma causa, por ser de Cristo, falasse e perorasse por si, e não por ela. Assim o fizeram em semelhantes e ainda menores casos os Atanásios, os Basílios, os Nazianzenos, os Crisóstomos, os Hilários e todos aqueles grandes Padres e mestres da Igreja cujas ações, como inspiradas e aprovadas por Deus, não só devemos venerar e imitar como exemplos, mas obedecer e seguir como preceitos. Falarei, pois, com a clareza e publicidade com que eles falaram, e provarei e farei certo o que disser, como eles o fizeram, porque, sendo perseguidos e desterrados, eles eram o corpo do delito que acusavam e eles mesmos a prova. Assim permitiu a divina Providência que eu em tal forma e as pessoas reverendas de meus companheiros viéssemos remetidos aos olhos desta corte, para que ela visse e não duvidasse de crer o que doutro modo pareceria incrível.

Quem havia de crer que em uma colônia chamada de portugueses se visse a Igreja sem obediência, as censuras sem temor, o sacerdócio sem respeito e as pessoas e lugares sagrados sem imunidade? Quem havia de crer que houvessem de arrancar violentamente de seus claustros aos religiosos, e levá-los presos entre beleguins e espadas nuas pelas ruas públicas, e tê-los aferrolhados, e com guardas, até os desterrarem? Quem havia de crer que com a mesma violência e afronta lançassem de suas cristandades aos pregadores do Evangelho, com escândalo nunca imaginado dos antigos cristãos, sem pejo dos novamente convertidos e à vista dos gentios atônitos e pasmados? Quem havia de crer que até aos mesmos párocos não perdoassem, e que chegassem aos despojos de suas Igrejas, com interdito total do culto divino e uso de seus ministérios: as Igrejas ermas, os batistérios fechados, os sacrários sem sacramento; enfim, o mesmo Cristo privado de seus altares e Deus de seus sacrifícios? Isto é o que lá se viu então; e que será hoje o que se vê e o que se não vê? Não falo dos autores e executores destes sacrilégios, tantas vezes e por tantos títulos excomungados, porque lá lhes ficam papas que os absolvam. Mas que será dos pobres e miseráveis índios, que são a presa e os despojos de toda esta guerra? Que será dos cristãos? Que será dos catecúmenos? Que será dos gentios? Que será dos pais, das mulheres, dos filhos, e de todo o sexo e idade? Os vivos e sãos sem doutrina, os enfermos sem sacramentos, os mortos sem sufrágios nem sepultura, e tanto gênero de almas em extrema necessidade sem nenhum remédio? Os pastores, parte presos e desterrados, parte metidos pelas brenhas; os rebanhos despedaçados; as ovelhas, ou roubadas, ou perdidas; os lobos famintos, fartos agora de sangue, sem resistência; a liberdade por mil modos trocada em servidão e cativeiro; e só a cobiça, a tirania e sensualidade e o inferno contentes. E que a tudo isto se atrevessem e atrevam homens com nomes de portugueses e em tempo de rei português?

Grandes desconcertos se leem no mesmo capítulo do nosso Evangelho, mas de todos acho eu a escusa nas primeiras palavras dele: "No tempo do rei Herodes". Se sucederam semelhantes escândalos nos dias de el-rei Herodes, o tempo os desculpava ou culpava menos; mas nos dias daquele monarca, que com o nome e com a coroa herdou o zelo, a fé, a religião, a piedade do grande Afonso I? Oh! que paralelo tão indigno do nome português se pudera formar na comparação de tempo a tempo! Naquele tempo andavam os portugueses sempre com as armas às costas contra os inimigos da fé; hoje tomam as armas contra os pregadores da fé; então conquistavam e escalavam cidades para Deus, hoje conquistam e escalam as casas de Deus; então lançavam os caciques fora das mesquitas, hoje lançam os sacerdotes fora das igrejas; então consagravam os lugares profanos em casas de oração, hoje fazem das casas de oração lugares profanos; então, finalmente, eram defensores e pregadores do nome cristão, hoje são perseguidores e destruidores, e opróbrio e infâmia do mesmo nome.

E para que até a corte e assento dos reis, que lhe sucederam, não ficasse fora deste paralelo, então saíam pela barra de Lisboa as nossas naus carregadas de pregadores, que voluntariamente se desterravam da pátria para pregar nas conquistas a lei de Cristo, hoje entram pela mesma barra, trazendo desterrados violentamente os mesmos pregadores, só porque defendem nas conquistas a lei de Cristo. Não se envergonhe já a barra de Argel de que entrem por elas sacerdotes de Cristo cativos e presos, pois o mesmo se viu em nossos dias na barra de Lisboa. Oh! que bem empregado prodígio fora neste caso, se, fugindo daquela barra o mar e voltando atrás o Tejo, lhe pudéssemos dizer, como ao rio e ao mar da terra que então começava a ser santa: "Que tiveste tu, ó mar, que fugiste? E tu, Jordão, para retrocederes" (Sl 113,5). Gloriava-se o Tejo quando nas suas ribeiras se fabricavam e pelas suas correntes saíam as armadas conquistadoras do império de Cristo; gloriava-se, digo, de ser ele aquele famoso rio de quem cantavam os versos de Davi: "E dominará de mar a mar, e desde o rio Eufrates aos confins da terra!" (Sl 71,8); mas hoje, envergonhado de tão afrontosa mudança, devera tornar atrás e ir se esconder nas grutas do seu nascimento, se não é que de corrido corre ao mar para se afogar e sepultar no mais profundo dele. Desengane-se, porém, Lisboa, que o mesmo mar lhe está lançando em rosto o sofrimento de tamanho escândalo, e que as ondas, como que escumando de ira bate as suas praias, são brados com que lhe está dizendo as mesmas injúrias que antigamente a Sidônia: "Envergonha-te, Sidon, diz o mar" (Is 23,4).

E não cuide alguém que estas vozes de tão justo sentimento nascem de estranhar eu, ou me admirar de que os pregadores de Cristo e o mesmo Cristo seja perseguido, porque esta é a estrela em que o mesmo Senhor nasceu: "Tendo nascido Jesus em Belém de Judá no tempo do rei Herodes". Ainda Cristo não tinha quinze dias de nascido, quando já Herodes tinha poucos menos de perseguidor seu, para que a perseguição e o perseguido nascessem juntos. E não só nasceu Cristo com estrela de perseguido em Belém senão em todas as partes do mundo, porque em todas teve logo seu Herodes que o perseguisse. Vou supondo, como verdadeiramente é, que Cristo não só nasceu em Belém, mas que nasceu e nasce em outras muitas partes, como há de nascer em todas. Por isso o profeta Malaquias, muito discretamente, comparou o nascimento de Cristo ao nascimento do sol: "Para vós nascerá o Sol da justiça" (Ml 4,2). O sol vai nascendo sucessivamente a todo o mundo, e, ainda que a umas terras nasça mais cedo, a outras mais tarde, para cada terra tem seu nascimento. Assim também Cristo, verdadeiro sol. A primeira vez nasceu em Belém, depois foi nascendo sucessivamente por todo o mundo, conforme o foram pregando os apóstolos e seus sucessores: a umas terras nasceu mais depressa, a outras mais devagar; a umas muito antes, a outras muito depois; mas para todas teve seu nascimento. É a energia com que falou o anjo aos pastores: "Nasceu hoje para vós o Salvador" (Lc 2,11) — como se dissera: hoje nasceu para vós; os outros, também, terão seu dia em que há de nascer para eles. — Assim havia de ser, e assim foi, e assim tem nascido Cristo em diferentes tempos em tão diversas partes do mundo, mas em nenhum tempo e em nenhuma parte nasceu onde logo não tivesse um Herodes que o perseguisse.

Viu S. João no Apocalipse aquela mulher celestial vestida de sol, a qual estava em vésperas do parto, e diz que logo apareceu diante dela um dragão feroz e armado, o qual estava aguardando que saísse à luz o filho para o tragar e comer: "E o dragão apareceu diante da mulher que estava para dar à luz, querendo devorar seu filho tão logo o desse à luz". Que mulher, que filho e que dragão é este? A mulher foi a Virgem Maria, e é a Igreja. O Filho foi e é Cristo que, assim como a primeira vez nasceu da Virgem Santíssima, assim nasceu e nasce muitas vezes da Igreja por meio da fé e pregação de seus ministros em diversas partes do mundo. E o dragão que apareceu com a boca aberta para o tragar, tanto que nascesse, é cada um dos tiranos que logo mesmo Cristo tem armados contra si, tanto que nasce, e onde quer que nasce. De maneira que não há nascimento de Cristo sem o seu perseguidor ou o seu Herodes. Nasceu Cristo em Roma, pela pregação de S. Pedro, e logo se levantou um Herodes, que foi o imperador Nero, o qual crucificou ao mesmo S. Pedro. Nasceu Cristo em Espanha, pela pregação de S. Tiago, e logo se levantou outro Herodes, que foi el-rei Agripa, o qual degolou ao mesmo S. Tiago. Nasceu Cristo em Etiópia, pela pregação de S. Mateus, e logo se levantou outro Herodes, que foi el-rei Hirtaco, o qual tirou, também, a vida ao mesmo S. Mateus, e estando sacrificando o corpo de Cristo, o fez vítima de Cristo. E para que dos exemplos do Mundo Velho passemos aos do Novo, nasceu Cristo no Japão, pela pregação e milagres de S. Francisco Xavier, e logo se levantaram, não um, senão muitos Herodes, que foram os Nabunangas e Taicozamas, os quais tanto sangue derramaram, e ainda derramam, dos filhos e sucessores do mesmo Xavier. Finalmente, nasceu Cristo na conquista do Maranhão, que foi a última de todas as nossas; e para que lhe não faltassem naquele Belém e fora dele os seus Herodes, se levantaram agora e declaram contra Cristo, em si mesmo, e em seus pregadores, os que tão ímpia e barbaramente, não sendo bárbaros, o perseguem. Assim que não é coisa nova, nem matéria digna de admiração, que Cristo e os pregadores de sua fé sejam perseguidos.

O que, porém, excede todo o espanto, e se não pode ouvir sem horror e assombro, é que os perseguidores de Cristo e seus pregadores neste caso não sejam os infiéis e gentios, senão os cristãos. Se os gentios indômitos, se os tapuias bárbaros e feros daquelas brenhas se armaram medonhamente contra os que lhes vão pregar a fé; se os cobriram de setas, se os fizeram em pedaços, se lhes arrancaram as entranhas palpitantes e as lançaram no fogo, e as comeram, isso é o que eles já têm feito outras vezes, e o que lá vão buscar os que pelos salvar deixam tudo; mas que a estes homens, com o caráter de ministros de Cristo, os persigam gentilicamente os cristãos, quando essas mesmas feras se lhes humanam, quando esses mesmos bárbaros se lhes rendem, quando esses mesmos gentios os reverenciam e adoram, este é o maior extremo de perseguição, e a perseguição mais feia e afrontosa que nunca padeceu a Igreja. Nas perseguições dos Neros e Dioclecianos os gentios perseguiam os mártires, e os cristãos os adoravam, mas nesta perseguição nova e inaudita os cristãos são os que perseguem os pregadores e os gentios os que os adoram. Só na perseguição de Herodes e na paciência de Cristo se acham juntos estes extremos. No Evangelho temos a Cristo hoje perseguido e hoje adorado, mas de quem adorado, e de quem perseguido? Adorado dos gentios e perseguido dos cristãos, adorado dos Magos, que eram gentios, e perseguido de Herodes e de toda a Jerusalém, que eram os cristãos daquele tempo.

Ninguém repare em eu lhes chamar cristãos, porque há cristãos de fé e cristãos de esperança. Os filhos da Igreja somos cristãos de fé, porque cremos que Cristo já veio; os filhos da sinagoga eram cristãos de esperança, porque criam e esperavam que Cristo havia de vir. E que homens que criam em Cristo, e esperavam por Cristo, e eram da mesma nação e do mesmo sangue de Cristo, persigam tão barbaramente a Cristo e que no mesmo tempo, para maior escândalo da fé e da natureza, os Magos o busquem, os gentios o creiam, os idólatras o adorem? Bendito sejais, Senhor, que tal contradição quisestes padecer, e bendito mil vezes pela parte que vos dignastes comunicar dela aos que tão indignamente vos servem: não debalde nos honrastes com o nome de Companhia de Jesus, obrigando-nos a vos fazer companhia no que padecestes nascido debaixo do mesmo nome: "Tendo nascido Jesus em Belém de Judá". Vós em Belém de Judá, para que os vossos perseguidores fossem da vossa mesma nação; nós em Belém, não de Judá, para que os nossos fossem, também, da nossa; vós na mesma terra, e no mesmo tempo perseguido de Herodes e adorado dos Magos; e nós também, por mercê vossa, no mesmo tempo e na mesma terra perseguidos dos cristãos e pouco menos que adorados dos gentios. Assim o experimentam hoje os que, por escapar à perseguição, andam fugitivos por aquelas brenhas, se bem fugitivos não por medo dos homens, senão por amor de Cristo e por seguir seu exemplo. Daqui a poucos dias veremos fugir a Cristo; mas de quem e para quem? De onde e para onde? Não se pudera crer, se o não mandara Deus e o dissera um anjo: "Fugi para o Egito" (Mt 2,13). Pois, de Israel para o Egito, da terra dos fiéis para a terra dos gentios, e para a terra daqueles mesmos gentios donde antigamente fugiram os filhos de Israel? Sim. Que tão mudados estão os tempos e os homens, e a tanto chega a força da perseguição. "Porque Herodes vai procurar o menino para o matar" (Mt 2,13). Foge Cristo, e fogem os pregadores de Cristo dos fiéis para os infiéis e dos cristãos para os gentios, porque os cristãos os desterram, e os gentios os amparam, porque os cristãos os maltratam e os gentios os defendem, porque os cristãos os perseguem e os gentios os adoram.

Não foi grande maravilha que José, preso e vendido de seus próprios irmãos, os egípcios o venerassem e estimassem tanto e abaixo de seu rei o adorassem? Pois muito maior é a diferença que hoje experimentam entre aqueles gentios os venturosos homiziados da fé que, escapando das prisões dos cristãos se retiraram para eles. Os egípcios, ainda que gentios, eram homens; aqueles gentios, que hoje começam a ser homens, ontem eram feras. Eram aqueles mesmos bárbaros ou brutos que, sem uso da razão nem sentido de humanidade, se fartavam de carne humana; que das caveiras faziam taças para lhes beber o sangue, e das canas dos ossos frautas para festejar os convites. E estas são hoje as feras que, em vez de nos tirarem a vida, nos acolhem entre si e nos veneram como os leões a Daniel; estas as aves de rapina que, em vez de nos comerem, nos sustentam como os corvos a Elias; estes os monstros — pela maior parte marinhos — que, em vez de nos tragar e digerir, nos metem dentro nas entranhas e nelas nos conservam vivos, como a balcia a Jonas. E se assim nos tratam os gentios, e tais gentios, quando assim nos tratam os cristãos, e cristãos da nossa nação e do nosso sangue, quem se não assombra de uma tão grande diferença?

§ IV

Vejo que estão dizendo dentro de si todos os que me ouvem, e tanto mais quanto mais admirados desta mesma diferença, que tão grandes efeitos não podem nascer senão de grandes causas. Se os cristãos perseguem os pregadores da fé, alguma grande causa têm para os perseguir. E se os gentios tanto os amam e veneram, alguma causa têm, também grande, para os venerar e amar. Que causas serão estas? Isto é o que agora se segue dizer. E se alguma vez me destes atenção, seja para estes dois pontos.

Começando pelo amor e veneração dos gentios, aquela estrela que trouxe os Magos a Cristo era uma figura celestial e muito ilustre dos pregadores da fé. Assim o diz S. Gregório, e os outros Padres comumente, mas a mesma estrela o disse ainda melhor. Que ofício foi o daquela estrela? Alumiar, guiar e trazer homens a adorar a Cristo, e não outros homens senão homens infiéis e idólatras, nascidos e criados nas trevas da gentilidade. Pois esse mesmo é o ofício e exercício não de quaisquer pregadores, senão daqueles pregadores de que falamos, e por isso propriamente estrelas de Cristo. Repara muito S. Máximo em que esta estrela, que guiou os Magos, se chame particularmente estrela de Cristo: "A sua estrela"; e argúi assim: Todas as outras estrelas não são, também, estrelas de Cristo, que como Deus as criou? Sim, são. Pois por que razão esta estrela, mais que as outras, se chama especialmente "sua estrela"? Porque as outras estrelas foram geralmente criadas para tochas do céu e do mundo; esta foi criada especialmente para pregadora de Cristo: "Porque, embora todas as estrelas criadas por ele são suas, esta era própria de Cristo porque anunciava especialmente o seu advento"[5]. — Muitas outras estrelas há naquele hemisfério muito claras nos resplendores e muito úteis nas influências, como as do firmamento, mas estas de que falamos são própria e especialmente de Cristo, não só pelo nome de Jesus, com que se professam por suas, mas porque o fim, o instituto e o ofício para que foram criadas é o mesmo que o da estrela dos Magos, para trazer infiéis e gentios à fé de Cristo. Ora, se estas estrelas fossem tão diligentes, tão solícitas e tão pontuais em acompanhar, e guiar, e servir aos gentios, como a que acompanhou, guiou e serviu aos Magos, não teriam os mesmos gentios muita razão de as quererem e estimarem, de sentirem muito sua falta, e de se alegrarem e consolarem muito com sua presença? Assim o fizeram os Magos, e assim o diz o evangelista, não acabando de encarecer este contentamento: "E, quando eles viram a estrela, sentiram uma grandíssima alegria" (Mt 2,10). Pois, vamos agora seguindo os passos daquela estrela, desde o oriente até ao presépio, e veremos como as que hoje vemos tão malvistas e tão perseguidas não só imitam e igualam em tudo a estrela dos Magos, mas em tudo a excedem com grandes vantagens.

Primeiramente, dizem os Magos que onde viram a estrela foi no oriente: "Vimos no Oriente a sua estrela" (Mt 2,2). De maneira que, podendo a estrela ser vista de muito longe, como se veem as outras estrelas, ela os foi buscar à sua terra. Nesta diligência e neste caminho se avantajou muito a estrela dos Magos aos anjos que apareceram aos pastores. Os anjos também alumiaram aos pastores: "A claridade do Senhor os envolveu de luz" (Lc 2,9); e também lhes anunciaram o nascimento de Cristo: "Porque vos anuncio uma grande alegria: hoje nasceu para vós o Salvador" (Ibid. 10s), mas essa luz e esse Evangelho, aonde o levaram os anjos? Não às terras do Oriente ou a outras remotas, como a estrela, mas a quatro passos da cidade de Belém, e nos mesmos arrabaldes dela, um trânsito muito breve: "Vamos até Belém" (Ibid. 15). E quanto vai de Belém ao Oriente, tanto vai de um evangelizar a outro. Isto é, comparando a estrela com os anjos, e muito mais se a compararmos com os mesmos pastores. Estes pastores de Belém são os mais celebrados da Igreja, e os que ela alega por exemplo e propõe por exemplar aos pastores das almas. Mas que fizeram ou que faziam estes bons pastores? "Naquela mesma região estavam uns pastores que vigiavam durante a noite para guardarem o seu rebanho" (Ibid. 8). Eram tão vigilantes e cuidadosos do seu gado, que com ser à meia-noite não dormiam, senão que o estavam guardando e velando sobre ele. Muito bem. Mas não sei se advertis o que nota o evangelista acerca do lugar e acerca do gado. Acerca do lugar diz que "estavam na mesma região" e, acerca do gado, diz que "as ovelhas eram suas". E em ambas estas coisas consiste a vantagem que lhes fez a estrela. Os pastores estavam na sua região, e a estrela foi a regiões estranhas: eles guardavam as ovelhas suas, e ela foi buscar ovelhas para Cristo. E guardar as suas ovelhas na sua região, ou ir buscar ovelhas para Cristo a regiões estranhas, bem se vê quanto vai a dizer.

Mas, ainda que tudo isto fez a estrela dos Magos, faltou-lhe muito para se igualar com as nossas estrelas. Ela foi buscar gentios a uma região remota, mas distante somente treze dias de caminho; as nossas vão buscá-los em distância de mais de mil léguas de mar e por rios, que só o das Almazonas, sem se lhe saber nascimento, tem quatro mil de corrente. A estrela dos Magos nunca saiu do seu elemento; as nossas já no da terra, já no da água, já no do ar e dos ventos, suportam os perigos e rigores de todos. A dos Magos caminhou da Arábia à Mesopotâmia sempre dentro dos mesmos horizontes; as nossas vão do último cabo da Europa ao mais interior da América, dando volta a meio mundo e passando deste hemisfério aos antípodas. Finalmente — para que ajuntemos à distância a diferença das terras — a estrela dos Magos ia com eles para a Terra de Promissão, a mais amena e deliciosa que criou a natureza; as nossas desterram-se para toda a vida em companhia de degradados, não como eles, para as colônias marítimas, onde os ares são mais benignos, mas para os sertões habitados de feras e minados de bichos venenosos, nos climas mais nocivos da zona tórrida. Não é porém este o maior trabalho.

"Vimos a sua estrela". Perguntam aqui os intérpretes por que mandou Cristo aos Magos uma estrela, e não um anjo ou um profeta? Os profetas são os embaixadores ordinários de Deus; os anjos os extraordinários, e tal era esta embaixada. Por que não mandou logo Cristo aos Magos um anjo ou um profeta, senão uma estrela? A razão foi — dizem todos — porque era conveniente que aos Magos se enviasse um embaixador que lhes falasse na sua própria língua. Os Magos eram astrólogos; a língua por onde os astrólogos entendem o que diz o céu são as estrelas, e tal era essa mesma estrela, à qual chama Santo Agostinho, "língua do céu"[6]: pois vá uma estrela aos Magos, para que ela lhes fale na língua que eles entendem. Se eu não entendo a língua do gentio, nem o gentio entende a minha, como hei de converter e trazer a Cristo? Por isso temos por regra e instituto aprender todos a língua ou línguas da terra onde imos pregar, e esta é a maior dificuldade e o maior trabalho daquela espiritual conquista, e em que as nossas estrelas excedem muito a dos Magos. Notai. Os Magos entendiam a língua da estrela, e o que ela lhes dizia; mas por que a entenderam? Porque, como astrólogos que eram, pelos livros dos caldeus sabiam que aquela estrela era nova e nunca vista, e como discípulos que também eram de Balaão, sabiam pelos livros da Escritura que uma estrela nova, que havia de aparecer, era sinal da vinda e nascimento do Messias, descendente de Jacó: "Nascerá uma estrela de Jacó" (Nm 24,17) — e por esta ciência adquirida com dobrado estudo puderam alcançar e entender o que a estrela significava e lhes dizia. Cá não é assim, senão às avessas. Lá, para entender a estrela, estudavam os Magos; cá, para entender o gentio, hão de estudar as estrelas. Nós que os imos buscar somos os que lhes havemos de estudar e saber a língua. E quanta dificuldade e trabalho seja haver de aprender um europeu, não com mestres e com livros, como os Magos, mas sem livro, sem mestre, sem princípio e sem documento algum, não uma, senão muitas línguas bárbaras, incultas e hórridas: só quem o padece, e Deus por quem se padece, o sabe.

Quando Deus confundiu as línguas na torre de Babel, ponderou Filo Hebreu, que todos ficaram mudos e surdos porque, ainda que todos falavam e todos ouviam, nenhum entendia o outro. Na antiga Babel houve setenta e duas línguas; na Babel do rio das Almazonas já se conhecem mais de cento e cinquenta, tão diversas entre si como a nossa e a grega; e assim, quando lá chegamos, todos nós somos mudos, e todos eles surdos. Vede agora quanto estudo e quanto trabalho será necessário para que estes mudos falem e estes surdos ouçam. Nas terras dos tírios e sidônios, que também eram gentios, trouxeram a Cristo um mudo e surdo para que o curasse; e diz S. Marcos que o Senhor se retirou com ele a um lugar apartado, que lhe meteu os dedos nos ouvidos, que lhe tocou a língua com saliva tirada da sua, que levantou os olhos ao céu e deu grandes gemidos, e então falou o mudo e ouviu o surdo: "Levando-o à parte, longe da multidão, colocou os dedos nos ouvidos dele e, com saliva, tocou a sua língua. E levantando os olhos aos céus, deu um suspiro e disse-lhe: '*Epphheta*', que quer dizer: abre-te" (Mc 7,33s). Pois, se Cristo fazia os outros milagres tão facilmente, este de dar fala ao mudo e ouvidos ao surdo, como lhe custa tanto trabalho e tantas diligências? Porque todas estas são necessárias a quem há de dar língua a estes mudos e ouvidos a estes surdos. É necessário tomar o bárbaro à parte, e estar e instar com ele muito só por só, e muitas horas, e muitos dias; é necessário trabalhar com os dedos, escrevendo, apontando e interpretando por acenos o que se não pode alcançar das palavras; é necessário trabalhar com a língua, dobrando-a e torcendo-a, e dando-lhe mil voltas para que chegue a pronunciar os acentos tão duros e tão estranhos; é necessário levantar os olhos ao céu, uma e muitas vezes com a oração, e outras quase com desesperação; é necessário, finalmente, gemer, e gemer com toda a alma: gemer com o entendimento, porque em tanta escuridade não vê saída; gemer com a memória, porque em tanta variedade não acha firmeza, e gemer até com a vontade, por constante que seja, porque no aperto de tantas dificuldades desfalece, e quase desmaia. Enfim, com a pertinácia da indústria, ajudado da graça divina, falam os mudos e ouvem os surdos mas nem por isso cessam as razões de gemer porque, com o trabalho deste milagre ser tão semelhante ao de Cristo, tem mui diferente ventura e mui outro galardão do que ele teve. Vendo os circunstantes aquele milagre, começaram a aplaudir e dizer: não há dúvida que este profeta "tudo faz bem, porque faz ouvir os surdos e falar os mudos" (Mc 7,37). — De maneira que a Cristo bastou-lhe fazer falar um mudo e ouvir um surdo, para dizerem que tudo fazia benfeito, e a nós não nos basta fazer o mesmo milagre em tantos mudos e tantos surdos, para que nos não tenham por malfeitores. Mas vamos seguindo a estrela.

Quando os Magos chegaram à vista de Jerusalém, esconde-se a estrela e esta foi a mais bizarra ação; e a mais luzida que eu nela considero. Basta, luzeiro celestial, que sois estrela de reis, e escondei-vos e fugis da corte? Ainda não entrastes nela, e já a conheceis? Mas bem mostrais quanto tendes de Deus e quanto o quereis servir e louvar todas as estrelas, como diz Davi, louvam a Deus: "Louvai-o, todas as estrelas fulgentes" (Sl 148,3); mas o mesmo Deus disse a Jó que os louvores das estrelas da manhã eram os que mais lhe agradavam: "Quando os astros da manhã me louvavam" (Jó 38,7). E por que agradam mais a Deus os louvores das estrelas da manhã que os das estrelas da noite? Porque as estrelas da noite louvam a Deus luzindo, as estrelas da manhã louvam a Deus escondendo-se; as estrelas da noite comunicam as influências, mas conservam a luz, as estrelas da manhã perdem a luz para melhor lograr as influências. Enfim, as estrelas da noite luzem porque estão mais longe do sol, as estrelas da manhã escondem-se, porque estão mais perto. Isto é o que fez a estrela dos Magos, mas por poucas horas: as nossas por toda a vida. A estrela dos Magos, quando se escondeu, não luziu, mas não alumiou; as nossas escondem-se onde alumiam, e não luzem; a dos Magos alumiava, onde a viam os reis: "Vimos a sua estrela" — as nossas alumiam onde não são vistas, nem o podem ser: no lugar mais desluzido e no canto mais escuro de todo o mundo. E isto é verdadeiramente esconder-se porque não é só desterrar-se para sempre, mas enterrar-se.

Assim esteve escondida a estrela, enquanto os Magos se detiveram em Jerusalém; mas tanto que saíram para continuar seu caminho, logo tornou a se descobrir e aparecer: "E eis que a estrela, que tinham visto no oriente, os antecedia" (Mt 2,9). Reparai no "antecedia". Ia a estrela adiante, mas de tal maneira diante, que sempre se acomodava e em tudo ao passo dos que guiava. Diz S. Pedro Crisólogo: "Quando os Magos andavam, andava a estrela; quando se assentavam, parava; quando dormiam, velava"[7]; mas dava um passo mais que eles. — Pudera a estrela fazer todo aquele caminho do Oriente ao Ocidente em dois momentos: "Como um relâmpago sai do Oriente e aparece até no Ocidente" (Mt 24,27). E que ela, contra a sua velocidade natural, já movendo-se vagarosa e tardamente, já parando e ficando imóvel, se fosse acomodando e medindo em tudo com a condição e fraqueza daqueles a quem guiava, quanto, quando, e como eles podiam, grande violência! e mais se levantasse os olhos ao firmamento e visse que as outras do seu nome davam volta ao mundo em vinte e quatro horas, e ela quase parada. Mas assim faz e deve fazer quem tem por ofício levar almas a Cristo. Aqueles quatro animais do carro de Ezequiel, que olhavam para as quatro partes do mundo e significavam os quatro evangelistas, todos tinham asas de águia, mas nota o texto que os pés com que andavam eram de boi: "E a planta do pé deles era como a planta do pé de um novilho" (Ez 1,7). E que se haja de mover a passo de boi quem tem asas, e asas de águia? Sim, que isso é ser evangelista, isso é ter ofício de levar o Evangelho a gentes estranhas, e isso é o que fez a estrela: "Os antecedia".

Mas "estes", quem eram? Aqui está a diferença daquela estrela às nossas. A estrela dos Magos acomodava-se aos gentios que guiava, mas esses gentios eram os Magos do Oriente, os homens mais sábios da Caldeia e os mais doutos do mundo; porém as nossas estrelas, depois de deixar as cadeiras das mais ilustres Universidades de Europa — como muitos deles deixaram — acomodam-se à gente mais sem entendimento e sem discurso de quantas criou ou abortou a natureza, e a homens, de quem se duvidou se eram homens, e foi necessário que os Pontífices definissem que eram racionais, e não brutos. A estrela dos Magos parava, sim, mas nunca tornou atrás; as nossas estrelas tornam uma e mil vezes a desandar o já andado, e a ensinar o já ensinado, e a repetir o já aprendido, porque o bárbaro boçal e rude, o tapuia cerrado e bruto, como não faz inteiro entendimento, não imprime nem retém na memória. Finalmente, para o dizer em uma palavra, a estrela dos Magos guiava a homens que caminhavam nos dromedários de Madiã, como anteviu Isaías: "Dromedários de Madiã e de Efa; todos virão de Sabá, trazendo-te ouro e incenso" (Is 60,6) — e acomodar-se ao passo dos dromedários de Madiã, ou ao sono das preguiças do Brasil, bem se vê a diferença.

Ainda a palavra — "Estes" — nos insinua outra, que se não deve passar em silêncio. A estrela, guia e pregadora dos Magos, converteu e trouxe a Cristo almas de gentios; mas de que gentios e que almas? Almas ilustres, almas coroadas, almas de gentios reis; as nossas estrelas também trazem a Cristo, e convertem almas, mas almas de gente onde nunca se viu cetro, nem coroa, nem se ouviu o nome de rei. A língua geral de toda aquela costa carece de três letras: F, L, R: De F, porque não tem fé, de L, porque não tem lei, de R, porque não tem rei; e esta é a polícia da gente com que tratamos. A estrela dos Magos fez sua missão entre púrpuras e brocados, entre pérolas e diamantes, entre âmbares e calambucos, enfim, entre os tesouros e delícias do Oriente; as nossas estrelas fazem as suas missões entre as pobrezas e desamparos, entre os ascos e as misérias da gente mais inculta, da gente mais pobre, da gente mais vil, da gente menos gente de quantos nasceram no mundo. Uma gente com quem meteu tão pouco cabedal a natureza, com quem se empenhou tão pouco a arte e a fortuna, que uma árvore lhe dá o vestido e o sustento, e as armas, e a casa e a embarcação. Com as folhas se cobrem, com o fruto se sustentam, com os ramos se armam, com o tronco se abrigam, e sobre a casca navegam. Estas são todas as alfaias daquela pobríssima gente, e quem busca as almas destes corpos busca só almas. Mas porque o mundo não sabe avaliar esta ação, como ela merece, ouça o mesmo mundo o preço em que a estimou quem só a pode pagar.

Quando o Batista mandou seus discípulos que fossem perguntar a Cristo se era ele o Messias, a resposta do Senhor foi esta: "Ide, dizei a João o que vistes e ouvistes" (Mt 11,4). — E que é o que tinham visto e ouvido? O que tinham visto era "que os cegos viam, os mancos andavam, os leprosos saravam, os mortos ressuscitavam" (Mt 11,5). E não bastavam todos estes milagres vistos para prova de ser Cristo o Messias? Sim, bastavam; mas quis o Senhor acrescentar ao que tinham visto o que tinham ouvido, porque ainda era maior prova e mais certa. O que tinham ouvido os discípulos do Batista era que o Evangelho de Cristo se pregava aos pobres: "Os pobres são evangelizados" (Mt 11,5); e esta foi a última prova com que o Redentor do mundo qualificou a verdade de ser ele o Messias, porque pregar o Evangelho aos pobres, aos miseráveis, aos que não têm nada do mundo, é ação tão própria do espírito de Cristo, que depois do testemunho de seus milagres a pôs o Filho de Deus por selo de todos eles. O fazer milagres, pode-o atribuir a malícia a outro espírito; o evangelizar aos pobres, nenhuma malícia pode negar que é espírito de Cristo.

Finalmente acabou a estrela o seu curso: parou; mas onde foi parar? "Até que chegando parou sobre onde estava o menino" (Mt 2,9). Foi parar em um presépio, onde estava Cristo sobre palhas e entre brutos, e ali o deu a conhecer. Oh! que estrela tão santa e tão discreta! Estrela que não quer aparecer em Jerusalém, e se vai parar no presépio; estrela que antes quer estar em uma choupana com Cristo, que em uma corte sem ele? Discreta e santa estrela, outra vez! Discretas e mais santas as nossas. A razão é clara. Cristo naquele tempo estava no Presépio, mas não estava na corte de Jerusalém; de sorte que, se a estrela quisesse ficar na corte, havia de ficar sem Cristo. Nas cortes da cristandade não é assim. Em todas as cortes está Cristo, e em todas se pode estar com Cristo. Agora vai a diferença e a vantagem. Trocar Jerusalém pelo presépio, e querer antes estar em uma choupana com Cristo, que em uma corte, sem ele, não é fineza, é obrigação: e isto fez a estrela dos Magos. Mas querer antes estar no presépio com Cristo que em Jerusalém com Cristo, querer antes estar na choupana com Cristo entre brutos, que na corte com Cristo entre príncipes; isto é não só deixar a corte pelo presépio, senão deixar a Cristo por Cristo, e o seu maior serviço pelo menor: deixar a Cristo onde está acompanhado, para o acompanhar onde está só; deixar a Cristo onde está servido, para o servir onde está desamparado; deixar a Cristo onde está conhecido, para o dar a conhecer onde o não conhecem.

A estrela dos Magos também deu a conhecer a Cristo; mas a quantos homens e em quanto tempo? A três homens e em dois anos. Esta foi a razão por que Herodes mandou matar todos os inocentes de dois anos para baixo, conforme o tempo em que a estrela tinha aparecido aos Magos: "Segundo havia averiguado dos Magos" (Mt 2,16). Vede, agora, quanto vai daquela estrela às nossas estrelas, e da sua missão às nossas. Deixadas as mais antigas, fizeram-se ultimamente duas, uma pelo Rio dos Tocantins, outra pelo das Almazonas; e com que efeito? A primeira reduziu e trouxe a Cristo a nação dos tupinambás e a dos pochiguaras; a segunda pacificou e trouxe à mesma fé a nação dos neengaíbas e a dos mamaianazes; e tudo isto em espaço de seis meses. De maneira que a estrela dos Magos em dois anos trouxe a Cristo três homens, e as nossas em meio ano quatro nações. E como estes pregadores da fé por ofício, por instituto, por obrigação e por caridade, e pelo conhecimento e fama geral que têm entre aqueles bárbaros, os vão buscar tão longe com tanto zelo, e lhes falam em suas próprias línguas com tanto trabalho, e se acomodam à sua capacidade com tanto amor, e fazem por eles tantas outras finezas, que até nos brutos animais costumam achar agradecimento, não é muito que eles os amem, que eles os estimem, que eles os defendam, e que, antes ou depois de conhecerem e adorarem a Cristo, quase os adorem.

§ V

Agora se segue, em contraposição admirável ou estupenda — e por mais digna de atenção — ver as causas por que os cristãos perseguem, aborrecem e lançam de si estes mesmos homens. Perseguirem os cristãos a quem defendem os gentios, aborrecerem os do próprio sangue a quem amam os estranhos, lançarem de si os que têm uso da razão a quem recolhem, abraçam e querem consigo os bárbaros, coisa era incrível, se não estivera tão experimentada e tão vista. E suposto que é assim, qual pode ser a causa? Com serem tão notáveis os efeitos, ainda a causa é mais notável. Toda a causa de nos perseguirem aqueles chamados cristãos é porque fazemos pelos gentios o que Cristo fez pelos Magos: "Prostrando-se, o adoraram. E tendo recebido uma resposta que não tornassem a Herodes, voltaram por outro caminho para a sua terra" (Mt 2,11). Toda a providência divina para com os Magos consistiu em duas ações: primeira, em os trazer aos pés de Cristo por um caminho; segunda, em os livrar das mãos de Herodes por outro. Não fora grande sem-razão, não fora grande injustiça, não fora grande impiedade trazer os Magos a Cristo e depois entregá-los a Herodes? Pois estas são as culpas daqueles pregadores de Cristo e esta única a causa por que se veem e os vedes tão perseguidos. Querem que tragamos os gentios à fé, e que os entreguemos à cobiça; querem que tragamos as ovelhas ao rebanho e que as entreguemos ao cutelo; querem que tragamos os Magos a Cristo e que os entreguemos a Herodes. E porque encontramos esta sem-razão, nós somos os desarrazoados; porque resistimos a esta injustiça, nós somos os injustos; porque contradizemos esta impiedade, nós somos os ímpios.

Acabe de entender Portugal que não pode haver Cristandade nem cristandades nas conquistas, sem os ministros do Evangelho terem abertos e livres estes dois caminhos, que hoje lhes mostrou Cristo. Um caminho para trazerem os Magos à adoração e outro para os livrarem de perseguição, um caminho para trazerem os gentios à fé, outro para os livrarem da tirania; um caminho para lhes salvarem as almas, outro para lhes libertarem os corpos. Neste segundo caminho está toda a dúvida, porque nele consiste toda a tentação. Querem que aos ministros do Evangelho pertença só a cura das almas, e que a servidão e cativeiro dos corpos seja dos ministros do Estado. Isto é o que Herodes queria. Se o caminho por onde se salvaram os Magos estivera à conta de Herodes, muito boa conta daria deles: a que deu dos inocentes. Não é esse o governo de Cristo. A mesma providência que teve cuidado de trazer os Magos a Cristo por um caminho, essa mesma teve o cuidado de os livrar e pôr em salvo por outro; e querer dividir estes caminhos e estes cuidados é querer que não haja cuidado nem haja caminho. Ainda que um destes caminhos pareça só espiritual e o outro temporal, ambos pertencem à Igreja e às Chaves de S. Pedro, porque por um abrem-se as portas do céu, e por outro fecham-se as do inferno. As Igrejas novas hão de se fundar e estabelecer como Cristo fundou e estabeleceu a Igreja universal, quando também era nova. Que disse Cristo a S. Pedro? "Sobre esta pedra edificarei a minha Igreja: Eu te darei as chaves do reino dos céus, e as portas do inferno não prevalecerão contra ela" (Mt 16,18). Que importa que Pedro tenha as chaves das portas do céu, se prevalecerem contra ele, e contra a Igreja, as portas do inferno? Isto não é fundar nova igreja: é destruí-la em seus próprios fundamentos.

Não sei se reparais em que deu Cristo a S. Pedro não só chave, "senão chaves". Para abrir as portas do céu bastava uma só chave; pois por que lhe dá Cristo duas? Porque assim como há caminhos contra caminhos, assim há portas contra portas: "E as portas do inferno não prevalecerão contra ela". Há caminhos contra caminhos porque um caminho leva a Cristo e outro pode levar a Herodes; e há portas contra portas porque umas são as portas do céu e outras as portas do inferno, que o encontram. Por isso, é necessário que as chaves sejam duas e que ambas estejam na mesma mão. Uma com que Pedro possa abrir as portas do céu, e outra com que possa aferrolhar as portas do inferno; uma com que possa levar os gentios a Cristo e outra com que os possa defender do demônio, e seus ministros. E toda a teima do mesmo demônio e do mesmo inferno, é que estas chaves e estes poderes se dividam, e que estejam em diferentes mãos.

Não o entenderam assim os senhores reis que fundaram aquelas cristandades, e todas as das nossas conquistas, os quais sempre uniram um e outro poder, e o fiaram somente dos ministros do Evangelho; e a razão cristã ou política que para isso tiveram foi por terem conhecido e experimentado que só quem converte os gentios os zela e os defende e que, assim como dividir as almas dos corpos é matar, assim dividir estes dois cuidados é destruir. Por isso estão destruídas e desabitadas todas aquelas terras em tão poucos anos e de tantas e tão numerosas povoações, de que só ficaram os nomes, não se veem hoje mais que ruínas e cemitérios. Necessário é, logo, não só para o espiritual, senão também para o temporal das conquistas, que os mesmos que edificam aquelas novas igrejas, assim como têm o zelo e a arte para as edificar, tenham juntamente o poder para as defender. Quando os israelitas reedificavam o templo e a cidade de Jerusalém, diz a Escritura sagrada que cada um dos oficiais "com uma mao fazia a obra, e na outra tinha a espada" (2Esd 4,17). Pois, não era melhor trabalhar com ambas as mãos, e fariam muito mais? Melhor era, mas não podia ser, porque naquela mesma terra moravam os samaritanos, os quais, ainda que diziam que criam em Deus, resistiam e faziam cruel guerra à edificação do templo; e como aos israelitas lhes impediam a obra, era força fazê-la com uma mão e defendê-la com a outra, sob pena de não ir a fábrica por diante. O mesmo lhes acontece aos edificadores daquelas novas Igrejas. Muito mais se obraria nelas se não fosse entre inimigos e entre homens de meia fé, quais eram os samaritanos. Mas como estes, com todas as forças do seu poder — ou do poder que não é nem pode ser seu — impedem o edifício, é necessário trabalhar e juntamente defender. E se os mesmos trabalhadores não tiverem espada com que defendam o que trabalham, não só parará, como está parada a obra, mas perder-se-á, como se vai perdendo, quanto com tanto trabalho se tem obrado.

Sim. Mas a espada é instrumento profano e leigo, e não diz bem em mãos sagradas. Primeiramente quem pôs a espada na mão dos que edificavam o Templo foi Neemias, o mais sábio, o mais santo príncipe e o mais zelador da honra de Deus que então havia no mundo. E se alguém tem os olhos tão delicados, que os ofenda esta aparência — que não é razão, senão pretexto — aparte-os um pouco de nós, e ponha-os em S. Paulo. Não vedes a S. Paulo com a espada em uma mão e o livro na outra? Estes são os instrumentos e as insígnias com que nos pinta e representa a Igreja aquele grande homem, por antonomásia chamado o apóstolo. E por quê? Por que traz Paulo em uma mão o livro, noutra a espada? Porque Paulo entre todos os outros apóstolos foi o vaso de eleição escolhido particularmente por

Cristo para pregador dos gentios: "Este é o vaso de eleição que escolhi para levar o meu nome diante dos gentios" (At 9,15) — e quem tem por ofício a pregação e conversão dos gentios há de ter o livro em uma mão e a espada na outra: o livro para os doutrinar, a espada para os defender. E se esta espada se tirar da mão de Paulo e se meter na mão de Herodes, que sucederá? Nadará toda a Belém em sangue inocente: e isso é o que vemos.

Mas, porque não faça dúvida o nome de espada, troquemos a espada em cajado, que é instrumento próprio dos pastores — como ali somos — e respondei-me: Quem tem obrigação de apascentar as ovelhas? O pastor. E quem tem obrigação de defender as mesmas ovelhas dos lôbos? O pastor também. Logo o mesmo pastor, que tem o cuidado de as apascentar, há de ter também o poder de as defender. Esse é o ofício do pastor, e esse o exercício do cajado. Lançar o cajado à ovelha para a encaminhar e terçá-lo contra o lobo para a defender. E vós quereis que este poder esteja em uns e aquele cuidado em outros. Não seja isso conselho dos lobos! Quando Davi andava no campo apascentando as suas ovelhas, e vinha o urso ou o leão para lhas comer, que fazia? Ia a Jerusalém buscar um ministro de el-rei Saul, para que lhas viesse defender? Não seria Davi, nem pastor, se assim o fizesse. Ele era o que as apascentava, e ele quem as defendia. E defendia-as de tal sorte que das gargantas e das entranhas das mesmas feras as arrancava, porque, se o lobo ou o leão lhe tinham engolido o cordeiro pela cabeça, tirava-lho pelos pés; e se lho engoliam pelos pés, tirava-lho pelas orelhas. Assim diz o profeta Amós — como quem tinha exercitado o mesmo ofício — que faz e deve fazer quem é pastor: "Como um pastor que salva da boca do leão duas pernas ou um pedaço de orelha" (Am 3,12).

E porque algum político, mau gramático e pior cristão, não cuide que a obrigação do pastor é somente apascentar, como parece o que significa a derivação do nome, saiba que só quem apascenta e defende é pastor, e quem não defende, ainda que apascente, não. Faz Cristo comparação entre o pastor e o mercenário, e diz assim: "O bom pastor dá a sua vida por suas ovelhas" (Jo 10,11s). O bom pastor defende as suas ovelhas, e dá por elas a vida, se é necessário: "Porém o mercenário que não é pastor", que faz? "Quando vê vir o lobo para o rebanho, foge, e deixa-o roubar e comer as ovelhas" (Ibid. 12). — O meu reparo agora, grande reparo, é dizer Cristo que o mercenário não é pastor: "Porém o mercenário que não é pastor". — O mercenário, como diz o mesmo nome, é aquele que por seu jornal apascenta as ovelhas. Pois se o mercenário também apascenta as ovelhas, por que diz Cristo que não é pastor? Porque ainda que as apascenta não as defende: vê vir o lobo e foge. E é tão essencial do pastor o defender as ovelhas, que se as defende é pastor, se as não defende "não é pastor". Como Cristo tinha falado em bom pastor, cuidava eu que havia de fazer a comparação entre bom pastor e mau pastor, e dizer que o bom pastor é aquele que defende as ovelhas, e o mau pastor é aquele que as não defende. Mas o Senhor não fez a comparação entre ser bom ou ser mau, senão entre ser ou não ser. Diz que o que defende as ovelhas é bom pastor, e não diz que o que as não defende é mau pastor. Por quê? Porque o que não defende as ovelhas não é pastor bom nem mau. Um lobo não se pode dizer que é bom homem, nem que é mau homem, porque não é homem. Da mesma maneira, o que não defende as ovelhas não se pode dizer que é bom pastor nem mau pastor, porque "não é pastor". E sendo assim, que a essência do pastor consiste em defender as ovelhas dos lobos, não seria coisa muito para rir, ou muito para chorar, que os lobos pusessem pleito aos pastores porque lhes defendem as ovelhas? Lá dizem as fábulas que os lobos se quiseram concertar com os rafeiros; mas que citassem aos pastores, se lhes quisessem armar demanda, porque lhes defendiam o rebanho. Isto não o disseram as fábulas: di-lo-ão as nossas histórias.

Mas quando disseram isto dos lobos, também dirão dos pastores que muitos deram as vidas pelas ovelhas: uns afogados das ondas, outros comidos dos bárbaros, outros mortos nos sertões, de puro trabalho e desamparo. Dirão que todos expuseram e sacrificaram as vidas pelos bosques e pelos desertos entre as serpentes; pelos lagos e pelos rios entre os crocodilos; pelo mar e por toda aquela costa, entre parcéis e baixios os mais arriscados e cegos de todo o oceano. Finalmente, dirão que foram perseguidos, que foram presos, que foram desterrados, mas não dirão, nem poderão dizer, que faltassem à obrigação de pastores e que fugissem dos lobos como mercenários: "O mercenário porém foge". E esta é a razão e obrigação por que eu falo aqui, e falo tão claramente. S. Gregório Magno, comentando estas mesmas palavras: "O mercenário porém foge" — diz assim: "Foge, porque vê a injustiça e se cala; foge, porque se esconde no silêncio"[8]. Sabeis — diz o supremo Pastor da Igreja — quando foge o que não é verdadeiro pastor? Foge quando vê injustiças e, em vez de bradar contra elas, as cala; foge quando, devendo sair a público em defesa da verdade, se esconde, e esconde a mesma verdade debaixo do silêncio. — Bem creio que alguns dos que me ouvem teriam por mais modéstia e mais decência que estas verdades e estas injustiças se calassem, e eu o faria facilmente como religioso, sem pedir grandes socorros à paciência; mas que seria se eu assim o fizesse? Seria ser mercenário, e não pastor: "O mercenário porém foge"; seria ser consentidor das mesmas injustiças que vi e, estando tão longe, não pude atalhar: "Foge, porque vê a injustiça e se cala"; seria ser proditor das mesmas ovelhas que Cristo me entregou, e de que lhe hei de dar conta, não as defendendo e escondendo-me onde só as posso defender: "Foge, porque se esconde no silêncio".

§ VI

E porque na apelação deste pleito, em que a injustiça e violência dos lobos ficou vencedora, é justo que também eles sejam ouvidos, assim como ouvistes balar as ovelhas, no que eu tenho dito, ouvi também uivar os mesmos lobos, no que eles dizem.

Dizem que o chamado zelo com que defendemos os índios é interesseiro e injusto: interesseiro porque o defendemos para que nos sirvam a nós; e injusto porque defendemos que sirvam ao povo. Provam o primeiro, e cuidam que com evidência, porque veem que nas aldeias edificamos as Igrejas com os índios; veem que pelos rios navegamos em canoas equipadas de índios; veem que nas missões por água e por terra nos acompanham e conduzem os índios: logo, defendemos e queremos os índios para que nos sirvam a nós. Esta é a sua primeira consequência, muito como sua, da qual, porém, nos defende muito facilmente o Evangelho. Os Magos, que também eram índios, de tal maneira seguiam e acompanhavam a estrela, que ela não se movia, nem dava passo sem eles. Mas em todos estes passos, e em todos estes caminhos, quem servia, e a quem? Servia a estrela aos Magos, ou os Magos à estrela? Claro está que a estrela os servia a eles, e não eles a ela. Ela os foi buscar tão longe, ela os trouxe ao presépio, ela os alumiava, ela os guiava; mas não para que eles a servissem a ela, senão para que servissem a Cristo, por quem ela os servia. Este é o modo com que nós servimos aos índios, e com que dizem que eles nos servem.

Se edificamos com eles as suas igrejas, cujas paredes são de barro, as colunas de pau tosco e as abóbadas de folhas de palma, sendo nós os mestres e os obreiros daquela arquitetura, com o cordel, com o prumo, com a enxada e com a serra e os outros instrumentos — que também nós lhes damos — na mão, eles servem a Deus a si, nós servimos a Deus e a eles, mas não eles a nós. Se nos vêm buscar em uma canoa, como têm por ordem, nos lugares onde não residimos, sendo isso, como é, para os ir doutrinar por seu turno, ou para ir sacramentar os enfermos a qualquer hora do dia ou da noite, em distância de trinta, de quarenta e de sessenta léguas, não nos vêm eles servir a nós: nós somos os que os imos servir a eles. Se imos em missões mais largas a reduzir e descer os gentios, ou a pé, e muitas vezes descalços, ou embarcados em grandes tropas à ida e muito maiores à vinda, eles e nós imos em serviço da Fé e da República, para que tenha mais súditos a Igreja e mais vassalos a coroa; e nem os que levamos, nem os que trazemos nos servem a nós, senão nós a uns e a outros, e ao rei e a Cristo. E porque deste modo, ou nas aldeias ou fora delas, nos veem sempre com os índios e os índios conosco, interpretam esta mesma assistência tanto às avessas que, em vez de dizerem que nós os servimos, dizem que eles nos servem.

Veio o Filho de Deus do céu à terra a salvar o mundo, e sempre andava acompanhado e seguido dos mesmos homens a quem veio salvar. Seguiam-no os apóstolos, que eram doze; seguiam-no os discípulos, que eram setenta e dois; seguiam-no as turbas, que eram muitos milhares: e quem era aqui o que servia ou era servido? O mesmo Senhor o disse: "Eu não vim a ser servido, senão a servir (Mt 20,28). — E todos estes que me seguem e me assistem, todos estes que eu vim buscar e me buscam, eu sou o que os sirvo a eles, e não eles a mim. Era Cristo mestre, era médico, era pastor, como ele disse muitas vezes. E estes mesmos são os ofícios em que servem aos gentios e cristãos aqueles ministros do Evangelho. São mestres porque catequizam e ensinam a grandes e pequenos, e não uma, senão duas vezes ao dia; e quando o mestre está na aula ou na escola, não são os discípulos os que servem ao mestre, senão o mestre aos discípulos. São médicos, porque não só lhes curam as almas, senão também os corpos, fazendo-lhes o comer e os medicamentos, e aplicando-lhos por suas próprias mãos às chagas ou às doenças, por asquerosas que sejam; e quando o médico cura os enfermos, ou cura deles, não são os enfermos os que servem o médico, senão o médico aos enfermos. São pastores, porque têm cuidado de dar o pasto às ovelhas e a criação aos cordeiros, vigiando sobre todo o rebanho de dia e de noite; e quando o pastor assim o faz e nisso se desvela, não são as ovelhas as que servem ao pastor, senão o pastor às ovelhas. Mas porque isto não serve aos lobos, por isso dizem que os pastores se servem.

Quanto aos interesses não tenho eu que dizer, porque todos os nossos haveres eles os têm em seu poder. Assim como nos prenderam e desterraram, assim se apoderaram também das nossas choupanas e de quanto nelas havia. Digam, agora, o que acharam. Acharam ouro e prata, mas só a dos cálices e custódias. Nos altares acharam sacrários, imagens e relíquias; nas sacristias ornamentos, não ricos, mas decentes e limpos; nas celas de taipas pardas e telha vã, alguns livros, catecismos, disciplinas, cilícios e uma tábua ou rede em lugar de camas, porque as que levamos de cá se dedicaram a um hospital, que não havia; e se nos nossos guarda-roupas se acharam alguns mantéus e sotainas remendadas, eram de algodão grosseiro, tinto na lama, como o calçado de peles de veado e porco montês, que são as mesmas galas com que aqui aparecemos. Finalmente, é certo que os Magos achariam no presépio mais pobreza, mas mais provado desinteresse não. Diz o evangelista que os Magos, "abrindo os seus tesouros, ofereceram a Cristo ouro, incenso e mirra" (Mt 2,11). Mas não sei se reparais que, dizendo-se que os tesouros foram oferecidos, não se diz se foram aceitados ou não. A opinião comum dos doutores é que sim; contudo, outros duvidam e com fundamento, porque daí a poucos dias, indo a Virgem Mãe presentar o seu primogênito no Templo, conforme a lei, e dispondo a mesma lei que os pobres oferecessem duas rolas ou dois pombinhos, e os que tivessem mais posses um cordeiro, a Senhora não ofereceu cordeiro, senão, como diz o texto: "Um par de rolas, ou dois pombinhos" (Lc 2,24). Donde parece se colhe que a Santa Família do presépio não aceitou os tesouros dos Magos porque, se tivera ouro, oferecera cordeiro. De maneira que é certo e de fé, que os tesouros se ofereceram, mas ficou em opinião e em dúvida se se aceitaram ou não. Por isso eu digo que, sendo tão grande a pobreza do presépio, a nossa naquelas terras está mais provada. Na pobreza do presépio é certo que houve tesouros e é duvidoso se foram aceitados: na nossa nem há esta certeza, nem pode haver esta dúvida, porque os Magos que trazemos a Cristo e a gente a quem servimos é tão pobre e tão miserável que nem eles têm que oferecer nem nós temos que aceitar.

Resta a segunda parte da queixa, em que dizem que defendemos os índios porque não queremos que sirvam ao povo. A tanto se atreve a calúnia e tanto cuida que pode desmentir a verdade. Consta autenticamente, nesta mesma corte que no ano de 1655 vim eu a ela só, a buscar o remédio desta queixa e a estabelecer — como levei estabelecido por provisões reais — que todos os índios, sem exceção, servissem ao mesmo povo e o servissem sempre; e o modo, a repartição e a igualdade com que o haviam de servir para que fosse bem servido. Vede se podia desejar mais a cobiça, se com ela pudesse andar junta a consciência. Não posso, porém, negar que todos nesta parte, e eu em primeiro lugar, somos muito culpados. E por quê? Porque, devendo defender os gentios que trazemos a Cristo como Cristo defendeu os Magos, nós, acomodando-nos à fraqueza do nosso poder e à força do alheio, cedemos da sua justiça e faltamos à sua defensa. Como defendeu Cristo os Magos? Defendeu-os de tal maneira que não consentiu que perdessem a pátria, nem a soberania, nem a liberdade; e nós não só consentimos que os pobres gentios que convertemos percam tudo isto, senão que os persuadimos a que o percam e o capitulamos com eles, só para ver se se pode contentar a tirania dos cristãos; mas nada basta. Cristo não consentiu que os Magos perdessem a pátria, porque "Voltaram para a sua terra" (Mt 2,12); e nós não só consentimos que percam a sua pátria aqueles gentios, mas somos os que, à força de persuasões e promessas — que se lhes não guardam — os arrancamos das suas terras, trazendo as povoações inteiras a viver ou a morrer junto das nossas. Cristo não consentiu que os Magos perdessem a soberania, porque reis vieram e reis tornaram; e nós não só consentimos que aqueles gentios percam a soberania natural, com que nasceram e vivem isentos de toda a sujeição, mas somos os que, sujeitando-os ao jugo espiritual da Igreja, os obrigamos também ao temporal da coroa, fazendo-os jurar vassalagem. Finalmente, Cristo não consentiu que os Magos perdessem a liberdade, porque os livrou do poder e tirania de Herodes; e nós não só não lhes defendemos a liberdade, mas pacteamos com eles e por eles como seus curadores, que sejam meios cativos, obrigando-se a servir alternadamente a metade do ano. Mas nada disto basta para moderar a cobiça e tirania dos nossos caluniadores, porque dizem que são negros e hão de ser escravos.

Já considerei algumas vezes por que permitiu a divina Providência, ou ordenou a divina Justiça, que aquelas terras e outras vizinhas fossem dominadas dos hereges do Norte. E a razão me parece que é porque nós somos tão pretos em respeito deles como os índios em respeito de nós; e era justo que, pois fizemos tais leis, por elas se executasse em nós o castigo. Como se dissera Deus: já que vós fazeis cativos a estes porque sois mais brancos que eles, eu vos farei cativos de outros, que sejam também mais brancos que vós. A grande sem-razão desta injustiça declarou Salomão em nome alheio com uma demonstração muito natural. Introduz a etiopisa, mulher de Moisés, que era preta, falando com as senhoras de Jerusalém, que eram brancas, e por isso a desprezavam, e diz assim: "Filhas de Jerusalém, não repareis porque sou morena, pois fui queimada pelo sol" (Ct 1,5). Se me desestimais porque sois brancas, e eu preta, não considereis a cor, considerai a causa: considerai que a causa desta cor é o sol e logo vereis quão inconsideradamente julgais. As nações, umas são mais brancas, outras mais pretas, porque umas estão mais vizinhas, outras mais remotas do sol. E pode haver maior inconsideração do entendimento, nem maior erro do juízo entre homens que cuidar eu que hei de ser vosso senhor, porque nasci mais longe do sol, e que vós haveis de ser meu escravo porque nascestes mais perto?

Dos Magos, que hoje vieram ao presépio, dois eram brancos e um preto, como diz a tradição; e seria justo que mandasse Cristo que Gaspar e Baltasar, porque eram brancos, tornassem livres para o Oriente, e Belchior, porque era pretinho, ficasse em Belém por escravo, ainda que fosse de São José? Bem o pudera fazer Cristo, que é Senhor dos senhores; mas quis nos ensinar que os homens de qualquer cor todos são iguais por natureza, e mais iguais ainda por fé, se creem e adoram a Cristo, como os Magos. Notável coisa é que, sendo os Magos reis, e de diferentes cores, nem uma nem outra coisa dissesse o evangelista! Se todos eram reis, por que não diz que o terceiro era preto? Porque todos vieram adorar a Cristo e todos se fizeram cristãos, e entre cristão e cristão não há diferença de nobreza, nem diferença de cor. Não há diferença de nobreza porque todos são filhos de Deus; nem há diferença de cor porque todos são brancos. Essa é a virtude da água do batismo. Um Etíope, se se lava nas águas do Zaire, fica limpo, mas não fica branco; porém na água do batismo sim, uma coisa e outra: "Asperges-me com o hissopo, e serei limpo" (Sl 50,9): ei-lo aí limpo. — "Lavar-me-ás e me tornarei mais branco que a neve" (Ibid.): ei-lo aí branco. Mas é tão pouca a razão e tão pouca a fé daqueles inimigos dos índios que, depois de nós os fazermos brancos pelo batismo, eles os querem fazer escravos por negros.

Não é minha tenção que não haja escravos; antes procurei nesta corte, como é notório e se pode ver da minha proposta, que se fizesse, como se fez, uma junta dos maiores letrados sobre este ponto, e se declarassem, como se declararam por lei — que lá está registada — as causas do cativeiro lícito. Mas porque queremos só os lícitos e defendemos os ilícitos, por isso não nos querem naquela terra e nos lançam dela. O mesmo sucedeu a S. Paulo, se bem a terra não era de cristãos. Em Filipos, cidade de Macedônia, havia uma escrava possuída do demônio, o qual falava nela e dava oráculos e adivinhava muitas coisas, e por esta habilidade ganhava muito a escrava a seus senhores. Compadeceu-se dela S. Paulo, que ali se achava em missão com seu companheiro Sila; lançou fora o demônio daquele corpo duas vezes cativo. E que prêmio ou agradecimento teve ele e seu companheiro deste benefício? Amotinou-se contra eles todo o povo, prenderam-nos, maltrataram-nos e lançaram-nos da cidade. Pois por que os apóstolos lançam o demônio fora da escrava, por isso os lançam a eles fora da terra? Porventura Paulo e Sila tiraram a escrava a seus senhores, ou disseram que não era escrava e que os não servisse? Nem por pensamento. Pois por que os maltratam, por que os prendem, por que os desterram? Porque os senhores da escrava não só queriam a escrava, senão a escrava e mais o demônio. Aqui bate o ponto de toda a controvérsia, e por isso não concordamos. Nós queremos que tenham escravos, mas sem demônio: eles não querem escravos senão com o demônio. E por quê? O mesmo texto dá a razão, que em uns e outros é a mesma: "Porque estava perdida a esperança de seus interesses" (At 16,19). Porque, tendo a escrava sem o demônio, perdiam toda a esperança dos seus interesses. Os escravos lícitos e sem demônio são muito poucos; os ilícitos, e com o demônio são quantos eles querem cativar, e quantos cativam; e como o seu interesse — posto que interesse infernal — consiste em terem escravos com o demônio, por isso querem antes o demônio que os apóstolos, e por isso os lançam de si: "Porque estava perdida a esperança de seus interesses, levaram a Paulo e Sila" (At 16,19).

Convencidos e confundidos desta evidência, ainda falam, ainda replicam. E que dizem? O que se não atreveu a dizer Herodes, posto que o fez. Dizem que se não podem sustentar, nem o Estado se pode conservar doutro modo. Vede que razão esta para se ouvir com ouvidos católicos e para se articular e presentar diante de um tribunal ou rei cristão. Não nos podemos sustentar doutra sorte, senão com a carne e sangue dos miseráveis índios. Então eles são os que comem gente? Nós, nós somos os que os imos comer a eles. Esta era a fome insaciável dos maus criados de Jó: "Quem dará da sua carne para nos fartarmos?" (Jó 31,31) e esta era a injustiça e crueldade de que Deus mais se sentia em seus maus ministros: "Os que devoram o meu povo como um pedaço de pão". E porque os pregadores do Evangelho, que são os que vão buscar estas inocentes vítimas, e as não querem entregar ao açougue e matadeiro: fora, fora das nossas terras. Quando Cristo chamou aos apóstolos, disse-lhes que "os havia de fazer pescadores de homens" (Mt 4,19). Assim nos fez e assim o fazemos nós, e nisso se ocupam as nossas redes e se cansam os nossos braços. Mas para que entendam e se desenganem todos, lá e cá, que esses homens não os havemos nós de pescar para que eles os comam, advirtam e notem bem que, se Cristo chamou aos apóstolos pescadores, também lhes chamou sal: "Vós sois o sal da terra". Pois os pescadores hão de ser sal, e os apóstolos sal e juntamente pescadores? Sim. O pescador pesca, o sal conserva. E esta é a diferença que há entre os pescadores de homens e os pescadores de peixes: os pescadores de peixes pescam os peixes para que se comam; os pescadores de homens hão de pescar os homens para que se conservem. Veja-se em todo o resto daquela América se houve alguns índios que se conservassem, senão os da nossa doutrina. Por isso nos não querem a nós, por isso querem os que lhos ajudam a comer; e estas são as nossas culpas.

O justo castigo que os homens nos dão por elas bem se vê; o que Deus lhes há de dar a eles, e o prêmio com que nos há de pagar a nós, o mesmo castigo também o tem prometido. Antevia Cristo, como sabedoria infinita, que os seus apóstolos, a quem mandava pregar pelo mundo, haviam de encontrar com homens tão inimigos da verdade e da justiça, que os não consentiriam consigo e os lançariam das suas terras — bem assim como os gerasenos lançaram das suas ao mesmo Cristo — e, para que estivessem e fossem prevenidos, primeiramente deu-lhes a instrução do modo com que se haviam de haver em semelhantes casos. "Quando os homens, quaisquer que sejam, não receberem vossa doutrina, e vos lançarem de suas casas e cidades, o que haveis de fazer autenticamente diante de todos é sacudir o pó dos sapatos, para que esse pó seja testemunha de que pusestes os pés naquela terra, e ela vos lançou de si" (Mt 10,14; Lc 9,5; Mc 6,11). Assim o fizeram S. Paulo e S. Barnabé, quando foram lançados de Pisídia, e assim o fiz eu também. E que mais diz Cristo para que os mesmos apóstolos se não desconsolassem, antes se gloriassem muito destes desterros e da causa deles? — Sabeis, lhes diz o mesmo Senhor, que quando os homens assim vos aborrecerem, e vos apartarem e lançarem de si, então sereis bem-aventurados, porque então sereis meus verdadeiros discípulos; e depois o sereis também porque no céu tereis o galardão que vos não sabe nem pode dar a terra: "Bem-aventurados sereis quando os homens vos aborrecerem e quando vos separarem e carregarem de injúrias, e rejeitarem o vosso nome como mau por causa do Filho do homem. Folgai e exultai porque grande é o vosso galardão no céu" (Lc 6,22).

Este é o prêmio com que Cristo — bendito ele seja — nos há de pagar e paga já de contado a paciência destas injúrias, remunerando de antemão, no seguro de sua palavra, estes trabalhos com aquele descanso, estes desterros com aquela pátria, e estas afrontas com aquela glória, para que ninguém nos tenha lástima quando o céu nos tem inveja. Mas, porque os autores de tamanhos escândalos não cuidem que eles e suas terras hão de ficar sem o devido castigo, conclui finalmente, o justo Juiz com esta temerosa sentença: "De verdade, vos digo: no dia do Juízo haverá menos rigor para a região de Sodoma e Gomorra do que para aquela cidade" (Mt 10,15). De verdade vos digo que o castigo das cidades de Sodoma e Gomorra, sobre as quais choveram raios, ainda foi mais moderado e mais tolerável do que será o que está aparelhado, não só para as pessoas, senão para as mesmas terras donde os meus pregadores forem lançados. — Tal é a sentença que tem decretada a divina justiça contra aquela mal aconselhada gente, por cujo bem e remédio eu tenho passado tantos mares e tantos perigos. Praza à divina misericórdia perdoar-lhes, pois não sabem o que fazem. E para que lhes não falte o perdão da parte, assim como meus companheiros e eu lho temos já dado muito de coração, assim agora lho torno a ratificar aqui publicamente "diante de Deus e dos homens" em nome de todos.

§ VII

Suposto, pois, que não peço nem pretendo castigo, e o que só desejo é o remédio, quero acabar este largo, mas forçoso discurso, apontando brevemente os que ensina o Evangelho. O primeiro e fundamental de todos era que aquelas terras fossem povoadas com gente de melhores costumes e verdadeiramente cristã. Por isso no Regimento dos Governadores a primeira coisa que muito se lhes encarrega é que a vida e procedimento dos portugueses seja tal que com o seu exemplo e imitação se convertam os gentios. Assim está disposto santissimamente, porque, como diz São João Crisóstomo, se os cristãos viveram conforme a lei de Cristo, toda a gentilidade estivera já convertida: "Ninguém verdadeiramente seria gentio se os mesmos cristãos os cuidássemos como convém"[9]. — Mas é coisa muito digna, não sei se de admiração, se de riso, que no mesmo tempo em que se dá este regimento aos governadores, e nos mesmos navios em que eles vão embarcados, os povoadores que se mandam para as mesmas terras são os criminosos e malfeitores tirados do fundo das enxovias, e levados a embarcar em grilhões a quem já não pode fazer bons o temor de tantas justiças! E estes degradados, por suas virtudes, e talvez marcados por elas, são os santinhos que lá se mandam para que com o seu exemplo se convertam os gentios e se acrescente a cristandade. Aqueles samaritanos, que acima dissemos impediam a edificação do Templo, eram degradados por el-rei Salmanazar, de Assíria e Babilônia, para povoadores da Samaria, que ele tinha conquistado; e diz a História Sagrada que o que lá fizeram foi ajuntar os costumes que levavam da sua terra com os que acharam em Samaria, e assim eram meios fiéis, e meios gentios: "Assim adoravam o Senhor e serviam, ao mesmo tempo, a seus deuses segundo o costume dos povos dos quais tinham sido transferidos para a Samaria" (4Rs 17,33). Isto mesmo se experimenta, e é força que suceda nas nossas conquistas, com semelhantes povoadores. Mas como este erro fundamental já não pode ter remédio, vamos aos que de presente e para o futuro nos ensina o Evangelho.

O primeiro é a boa eleição dos sujeitos a quem se comete o governo. E para que a eleição seja boa, que parte hão de ter os eleitos? Eu me contento com uma só. E qual? Que sejam ao longe o que prometem ao perto. Herodes encomendou muito aos Magos que fizessem diligência pelo rei nascido que buscavam, e que tanto que o achassem, lhe fizessem logo aviso "para que também ele o fosse adorar" (Mt 2, 8). Ah! hipócrita! Ah! traidor! E para tu adorares a Cristo é necessário que vás onde ele estiver: "Para que também ele fosse"? Tanto podia Herodes adorar a Cristo desde Jerusalém, onde ele estava, como em Belém, ou em qualquer outra parte onde o Senhor estivesse; mas estes são e estes costumam ser os Herodes. Em Belém e ao perto adoram; desde Jerusalém, e ao longe, não adoram. Antes de ir, e quando vêm, adoram: "Para que também ele fosse"; mas enquanto estão lá tão longe, nem adoram, nem têm pensamentos de adorar, como Herodes; e se não maquinam contra o rei em sua pessoa, maquinam contra ele e suas leis à custa da vida e sangue dos inocentes. Bom Daniel, e fiel ministro de seu Senhor. Estava Daniel em Babilônia, e diz o texto sagrado que "todos os dias três vezes abria as janelas, que ficavam para a parte de Jerusalém, e prostrado de joelhos adorava" (Dn 6,10). De Babilônia não se podia ver Jerusalém, distante tantos centos de léguas quantas há desde o Monte Sion ao Rio Eufrates; pois, por que adorava Daniel para a parte de Jerusalém? Porque Jerusalém naquele tempo era a corte de Deus, o Templo o seu palácio, e o Propiciatório, sobre asas de querubins, o seu trono; e essa era a obrigação de fiel ministro: adorar a seu Senhor, e adorá-lo sempre, e adorá-lo de toda a parte, ainda que fosse tão distante como Babilônia. Em Jerusalém adorava Daniel de perto, em Babilônia adorava de longe: isto é o que nota e encarece a Escritura, não que adorasse de perto, que isso fazem todos, mas que adorasse de longe, e de tão longe. E porque ao longe há poucos Daniéis e muitos Herodes, por isso convém que os que hão de governar em terras tão remotas sejam aqueles que façam ao longe o que prometem ao perto.

Mas costuma isto ser tanto pelo contrário, que só o verem-se tão longe lhes tira todo o temor do rei e toda a reverência do seu nome. Entraram os Magos por Jerusalém perguntando: "Onde está aquele que é nascido rei dos Judeus?" (Mt 2,2). E que efeitos causou em Herodes esta voz do nome real? "Tanto que ouviu nomear rei, turbou-se" (Mt 2,3), perdeu as cores e ficou fora de si de medo. — Assim havia de ser o nome de rei, ou pronunciado ou escrito, em qualquer parte da sua monarquia, por distante que seja. Havia de ser um trovão prenhe de raios, que fizesse tremer as cidades, as fortalezas, os portos, os mares, os montes, quanto mais os homens. Mas os que se veem além da linha ou debaixo dela fazem tão pouco caso destas trovoadas que, em vez de tomarem do coração de Herodes o "turbou-se", tomam da boca dos Magos o "Onde está el-rei?". Em Portugal? Pois se ele lá está, nós estamos cá. "Que ele se orgulhe em seu palácio"[10]. Mande ele de lá o que mandar, nós faremos cá o que nos bem estiver. São como aqueles hereges que, construindo a seu sabor o verso de Davi, diziam: "O céu do céu é para o Senhor, mas a terra a deu aos filhos dos homens" (Sl 113,16). Esteja-se Deus no seu céu, que nós estamos cá na nossa terra. — E que há de fazer a pobre terra com tais governadores? O que eles quiserem, ainda que seja muito contra si e muito a seu pesar. Não temos o texto longe.

"Perturbou-se Herodes e toda a Jerusalém com ele (Mt 2,3). — Perturbar-se Herodes, rei intruso e tirano, temendo que o legítimo Senhor o privasse da coroa que não era sua, razão tinha; mas que se perturbe juntamente Jerusalém, quando era a melhor e mais alegre nova que podia ouvir? Não suspirava Jerusalém e toda a Judeia pela vinda do Messias? Não gemia debaixo da violência de Herodes? Não desejava sacudir o jugo e libertar-se de sua tirania? Pois por que se perturba ou mostra perturbada, quando Herodes se perturba? Porque tão despótica como isto é a sujeição dos tristes povos debaixo do domínio de quem os governa, e mais quando são tiranos. Hão de fazer o que eles querem, e hão de querer o que eles fazem, ainda que lhes pese. Dizem que os que governam são espelho da república; não é assim, senão ao contrário. A república é o espelho dos que a governam. Porque, assim como o espelho não tem ação própria, e não é mais que uma indiferença de vidro que está sempre exposta a retratar em si os movimentos de quem tem diante, assim o povo, ou república sujeita, se se move, ou não se move, é pelo movimento ou sossego de quem a governa. Se Herodes se não perturbara, não se havia de perturbar Jerusalém; perturbou-se porque ele se perturbou: "Turbou-se Herodes e toda a Jerusalém com ele". O perturbado foi um e as perturbações foram duas: uma em Herodes e outra em Jerusalém: em Herodes foi ação, em Jerusalém reflexo, como em espelho. Por isso o evangelista exprimiu só a primeira: "Turbou-se" — e debaixo dela entendeu ambas. Assim que, todas as vezes que Jerusalém se inquieta, Herodes tem a culpa, e se acaso a não tem toda, tem a primeira. "E toda a Jerusalém com ele", ou com ele, porque ele faz a inquietação; ou com ele, porque a manda; ou com ele, porque a consente; ou com ele, porque a dissimula, ou com ele, quando menos, porque, devendo e podendo, a não impede, mas sempre e de qualquer modo "com ele". De maneira, enfim, que na eleição destes "eles" consiste a paz, o sossego e o bom governo das conquistas. E este é o primeiro remédio do Evangelho ou o primeiro Evangelho do remédio.

O segundo remédio é que as congregações eclesiásticas daquele estado sejam compostas de tais sujeitos que saibam dizer a verdade e que a queiram dizer. Para Herodes responder à proposta e pergunta dos Magos, que fez? "Convocando todos os príncipes dos sacerdotes, e os escribas do povo, lhes perguntava onde havia de nascer o Cristo" (Mt 2,4). A proposta e pergunta era em que lugar havia de nascer o Messias, e para isso fez uma congregação ou junta, em que entraram as pessoas eclesiásticas de maior autoridade e letras que havia em Jerusalém. Era Herodes tirano, e contudo mostrou estas duas grandes partes de príncipe que perguntava, e perguntava a quem havia de perguntar: as matérias eclesiásticas aos eclesiásticos, e as das letras aos letrados, e destes aos maiores. Por isso compôs a congregação de sacerdotes e professores de letras, mas não de quaisquer sacerdotes, nem de quaisquer letrados, senão dos que no sacerdócio e na ciência, na sinagoga e no povo, tinham os primeiros lugares: "Convocando todos os príncipes dos sacerdotes, e os escribas do povo". E que se seguiu desta eleição de pessoas tão acertada? Tudo o que se pretendia.

O primeiro efeito, e muito notável, foi que, sendo tantos, todos concordaram. Raramente se vê uma junta em que não haja diversidade de pareceres, ainda contra a razão e verdade manifesta, principalmente quando se conhece a inclinação do rei, como aqui estava conhecida a de Herodes na sua perturbação; e, contudo, todos os desta grande junta concordaram na mesma resposta, todos alegaram o mesmo texto e todos o entenderam no mesmo sentido: "E eles lhe disseram: Em Belém de Judá, porque assim está escrito pelo profeta: E tu Belém, terra de Judá etc." (Mt 2,5s). E porque todos concordaram sem discrepância, deste primeiro efeito se seguiu o segundo e principalmente pretendido, que era encaminhar os Magos com certeza ao lugar do nascimento de Cristo, para que infalivelmente o achassem e adorassem, como acharam e adoraram. Tanto importa que semelhantes congregações sejam compostas de homens que tenham letras. Cuida-se cá que para aquelas partes bastam eclesiásticos que saibam a forma do batismo e a doutrina cristã, e não se repara que eles são os que nos púlpitos pregam de público, eles os que absolvem de secreto nos confessionários — onde é maior o perigo — e que eles, por disposição das leis reais, são os intérpretes das mesmas leis de que dependem as liberdades de uns, as consciências de outros e a salvação de todos. E se estes — como sucede ou pode suceder —, não tiveram mais letras que as do A B C, que conselhos, que resoluções, que sentenças hão de ser as suas? Pergunto. Se os sacerdotes e letrados de Jerusalém se dividissem em opiniões, se uns dissessem que o Messias havia de nascer em Belém, outros em Nazaré, outros em Jericó; se uns voltassem para Galileia, outros para Judeia, outros para Samaria, que haviam de fazer os Magos? É certo que neste caso, ou desesperados se haviam de tornar para as suas terras, como muitos se tornam, ou que, perseverando em buscar a Cristo, no meio de tanta confusão o não achariam. Uma das principais causas por que está Cristo tão pouco achado, ou por que está tão perdido naquelas conquistas, é pela insuficiência dos sujeitos eclesiásticos que lá se mandam. Cristo, uma vez que se perdeu, achou-se entre os doutores. E onde estes faltam, que lhe há de suceder? Entre doutores achou-se depois de perdido; onde eles faltam, perder-se-á depois de achado. E isto é o que vemos. Por isso Herodes, depois que fez aquela congregação de homens tão doutos, logo supôs que os Magos sem dúvida haviam de achar a Cristo: "E quando o encontrardes, anunciai-me" (Mt 2,8).

Este é, como dizia, o segundo remédio que nos descobre o Evangelho. E se acaso nos descontenta, por ser praticado de tão ruim autor como Herodes — sem advertir que muitas vezes os maus governam tão bem como os bons, e melhor que os muito bons — imitemos ao menos o exemplo do nosso grande conquistador el-rei Dom Manoel, de felicíssima memória, tão amplificador do seu império como do de Cristo, de quem lemos que o primeiro sacerdote que enviou às conquistas foi o seu próprio confessor. Não fio a salvação daquelas almas senão de quem fiava a própria consciência, porque sabia que estava igualmente obrigado em consciência a tratar delas e dos meios proporcionados à sua salvação. Mas, para que é recorrer a exemplo meramente humano, onde temos presente o do mesmo Rei e Salvador do universo? No tempo do nascimento de Cristo dividiu-se o mundo em duas nações, em que se compreendiam todas: a judaica e a gentílica; e para o Senhor fundar em ambas a nova Igreja cristã, que vinha edificar e propagar, bem sabemos quais foram os sujeitos que escolheu. Aos pastores, que eram judeus, mandou um anjo; aos Magos, que eram gentios, mandou uma estrela. E por que estrelas e anjos entre todas as criaturas? Porque as estrelas são luz, os anjos são espíritos. Quem não tem luz, não pode guiar; quem não tem espírito, não pode converter. E nós queremos converter o mundo sem anjos e com trevas. Notou muito bem aqui a glosa, que assim o anjo como a estrela foram missionários trazidos do céu; e de lá era bem que viessem todos; mas já que os não podemos trazer do céu, como Cristo, por que não mandaremos os melhores ou menos maus da terra?

O terceiro e último remédio, e que sendo um abraça muitos, é que todos os que forem necessários para a boa administração e cultura daquelas almas, se lhes devem não só conceder, mas aplicar efetivamente sem os mesmos gentios, ou novamente cristãos — nem outrem por eles — o pedirem ou procurarem. Diz com advertência e mistério particular o nosso texto que, estando os Magos dormindo, se lhes deu a resposta do que haviam de fazer para se livrarem das mãos de Herodes: "E tendo recebido a resposta em sonhos, que não tornassem a Herodes" (Mt 2,12). Na palavra *responso accepto* reparo muito. Os Magos em Belém perguntaram alguma coisa? Pediram alguma coisa?

Falaram alguma coisa? Ao menos no ponto particular de Herodes, sobre que foram respondidos, é certo que nem uma palavra só disseram. Pois, se não falaram, se não pediram, se não propuseram ou perguntaram, como se diz que foram respondidos: "tendo recebido a resposta"? Esse é o mistério e o documento admirável de Cristo a todos os reis que trazem gentios à fé. Os Magos eram gentios ou cristãos novamente convertidos da gentilidade e os gentios ou cristãos novamente convertidos, onde há fé, razão e justiça hão de ser respondidos, sem eles falarem, hão de ser despachados, sem eles requererem, hão de ser remediados, sem eles pedirem. Não há de haver petição, e há de haver despacho, não há de haver requerimento e há de haver remédio, não há de haver proposta e há de haver resposta: "Tendo recebido a resposta".

Sim. Mas se eles não requerem, quem há de requerer por eles? Muito bom procurador: quem requereu neste caso. S. Jerônimo diz que o autor da resposta foi o mesmo Cristo por sua própria pessoa; Santo Agostinho diz que foi por mediação e mistério de anjos, e tudo foi. Foi Cristo como verdadeiro rei, e foram os anjos como verdadeiros ministros. Nos outros casos, e com os outros vassalos, os reis e os ministros são os requeridos; neste caso e com esta gente, os reis e os ministros hão de ser os requerentes. Eles são os que lhes hão de requerer a fé; eles os que lhes hão de requerer a liberdade, eles os que lhes hão de requerer a justiça; eles, finalmente, os que lhes hão de requerer, negociar e fazer efetivo tudo quanto importar à sua conversão, quietação e segurança, sem que aos mesmos gentios, ou antes ou depois de convertidos, lhes custe o menor cuidado. Que cuidavam ou que faziam os Magos quando foram respondidos? É circunstância muito digna de que a considerem os que têm a seu cargo este encargo: "E tendo recebido a resposta em sonhos". Os Magos estavam dormindo, bem ignorantes do seu perigo e bem descuidados do seu remédio, e no mesmo tempo o bom rei, e os bons ministros estavam traçando e dispondo os meios não só da salvação de suas almas, senão da conservação, descanso e segurança de suas vidas.

E se alguém me perguntar a razão desta diferença e da maior obrigação deste cuidado acerca dos gentios e novos cristãos das conquistas, em respeito ainda dos mesmos vassalos portugueses e naturais, muito me espanto que haja quem a ignore. A razão é porque o reino de Portugal, enquanto reino e enquanto monarquia, está obrigado, não só de caridade, mas de justiça, a procurar efetivamente a conversão e salvação dos gentios, à qual muitos deles, por sua incapacidade e ignorância invencível, não estão obrigados. Tem esta obrigação Portugal enquanto reino, porque este foi o fim particular para que Cristo o fundou e instituiu, como consta da mesma instituição. E tem esta obrigação enquanto monarquia porque este foi o intento e contrato com que os Sumos Pontífices lhe concederam o direito das conquistas, como consta de tantas bulas apostólicas. E como o fundamento e base do reino de Portugal, por ambos os títulos, é a propagação da fé e conversão das almas dos gentios, não só perderão infalivelmente as suas todos aqueles sobre quem carrega esta obrigação, se se descuidarem ou não cuidarem muito dela, mas o mesmo reino e monarquia, tirada e perdida a base sobre que foi fundado, fará naquela conquista a ruína que em tantas outras partes tem experimentado, e no-lo tirará o mesmo Senhor que no-lo deu, como a maus colonos: "Será tirado de vós o reino de Deus e será dado a um povo que faça os frutos dele" (Mt 21,43).

Mas para que é falar nem trazer à memória reino, quando se trata de remédio de tantos milhares de almas, cada uma das quais pesa mais que todo o reino? Tomemos o exemplo naquele rei que hoje chamou os reis e naquele pastor que ontem chamou os pastores. Falando Isaías de Cristo como rei, diz que trazia o seu império ao ombro: "E foi posto o principado sobre o seu ombro" (Is 9,6)[11]; e falando S. Lucas do mesmo Cristo como pastor, diz que foi buscar a ovelha perdida sobre os ombros: "E a põe sobre seus ombros cheio de alegria" (Lc 15,5). Pois, um império sobre um ombro e uma ovelha sobre ambos os ombros? Sim. Porque há mister mais ombros uma ovelha que um império. Não pesa tanto um império como uma ovelha. Para o império basta meio rei; para uma ovelha é necessário todo. E que pesando tanto uma só ovelha, que pesando tanto uma só alma, haja consciências eclesiásticas e seculares que tomem sobre seus ombros o peso da perdição de tantas mil? Venturoso Herodes, ou menos desventurado, que já de hoje em diante não serás tu o exemplo dos cruéis? Que importa que tirasse a vida Herodes a tantos inocentes, se lhes salvou as almas? Os cruéis e os tiranos são aqueles por cuja culpa se estão indo ao inferno tantas outras; e se um momento se dilatar o remédio das demais, lá irão todas. No céu viu S. João que estava as almas dos inocentes pedindo a Deus vingança do seu sangue: "Até quando, Senhor, não vingas o nosso sangue?" (Ap 6,10). E se almas que estão no céu, vendo e gozando a Deus, pedem vingança, tantas almas que estão ardendo no inferno, e arderão por toda a eternidade, que brados darão a Deus? As almas também têm sangue, que é o que Cristo derramou por elas; e que brados dará à Justiça Divina este divino sangue, quando tão ouvidos foram os do sangue de Abel?

§ VIII

Nos ecos destes mesmos brados queria eu ficasse suspensa a minha oração, mas não é bem que ela acabe em brados e clamores quando o Evangelho nos mostra o céu tão propício que se ouvem na terra os silêncios. Assim lhes aconteceu aos Magos, e assim espero eu me suceda a mim, pois sou tão venturoso como eles foram, que no fim da sua viagem acharam muito mais do que esperavam. Buscavam o Rei nascido: "Onde está aquele que é nascido rei?" (Mt 2,2) — e acharam o Rei nascido e a Rainha Mãe: "Encontraram o menino com Maria, sua Mãe" (Mt 2,11). E como a soberana Mãe era a voz do rei na sua menoridade, e a volta que os Magos fizeram para as suas terras correu por conta da mesma Senhora, foi esta missão que tomou por sua tão bem instruída, tão bem fundada, e tão gloriosa em tudo, que dela e das que dela se foram propagando disse Salomão nos seus Cânticos: "Os teus rebentos são um paraíso" (Ct 4,13). Até agora, Senhora, porque as missões se não fizeram em nome e debaixo da real proteção de Vossa Majestade, os tormentos de pena e dano que aquelas almas padeceram se podiam chamar missões do inferno; agora as mesmas missões, por serem de Vossa Majestade, serão paraíso: "Os teus rebentos são um paraíso". Assim o ficam esperando da real piedade, justiça e grandeza de Vossa Majestade aquelas tão perseguidas e desamparadas almas, e assim o confiam e têm por certo os que, tendo-se desterrado da pátria por amor delas, padecem hoje na pátria tão indigno desterro. E para acabar como comecei, com a última cláusula do Evangelho, o que ele finalmente diz é que os Magos tornaram para a sua terra por outro caminho: "Por outro caminho voltaram para a sua terra" (Mt 2,12). A terra foi a mesma, mas o caminho diverso; e isto é o que só desejam os que não têm por suas outras terras mais que as daquela gentilidade, a cuja conversão e doutrina, por meio de tantos trabalhos, têm sacrificado a vida. Voltar para as mesmas terras, sim, que o contrário seria inconstância, mas em forma que o caminho seja tão diverso que triunfe e seja servido Cristo, e não Herodes. Se os Magos voltassem pelo mesmo caminho, triunfaria o tirano, perigaria Cristo; e os Magos, quando escapassem, não fariam o fruto que fizeram nas mesmas terras, convertendo-as, como as converteram todas, à fé e obediência do Rei que vieram adorar, e de cujos pés não levaram nem quiseram outro despacho. Tudo isto se conseguiu, e tão felizmente, e se conseguirá também agora com a mesma felicidade, se o oráculo for o mesmo. Mande o soberano oráculo que tornem para a mesma região, e mande eficazmente que seja outro o caminho: "Por outro caminho voltaram para a sua terra".

NOTAS

SERMÃO DO QUARTO SÁBADO DA QUARESMA (1640) [p. 9-32]

1. Pede o autor a todos os que tomarem este livro nas mãos que, por amor de Deus e de si, leiam este primeiro sermão, do pecador resoluto a nunca mais pecar, com a atenção e paciência que a matéria requer.
2. Ovídio (43 a.C.-18 d.C.), *Tristia* II,1,33. Literalmente: "Se Júpiter arrojasse os seus raios quantas vezes os homens pecassem, logo estaria sem raios". Ou, livremente: "Se Júpiter quisesse acabar com todos os pecados, muito teria que fazer".
3. Tertuliano (160-220), ML 2 em *De Carne Christi*, cap. VIII, col. 770A. Cf. *Fragmenta varia*, VIII Adversus Apelletianos Libri, col. 1128A.
4. Santo Agostinho (354-430), ML 38 em *Sermones Ad Populum*. Classis I. De Scripturis, Sermo IX De Decem Chordis, cap. I, col. 75.
5. Ruperto de Deutz, ou Rupertus Tuitiensis Abbas (c. 1076-1129), ML 168 em *Commentariorum In Duodecim Prophetas Minores* Libri XXXI, col. 9-836D.
6. Santo Agostinho (354-430), ML 40 em *De Vita Christiana* (incertus), cap. IV, col. 1036.
7. Santo Ambrósio. Cf. in *Fastidius Episcopus*, ML 50 em *De Vita Christiana* Liber Unus, cap. IV, col. 388.
8. Cornélio a Lápide (1567-1637), professor de exegese bíblica em Louvain e no Colégio Romano. Escreveu *Commentaria in Sacram Scripturam*.
9. Santo Agostinho (354-430), ML 40 em *De Vita Christiana* (incertus), cap. IV, col. 1036.
10. Dionísio de Rijkel, ou o Cartusiano (1402-1471), viveu muitos anos como monge na cartuxa de Roermond, na Bélgica (daí o seu apelido). Suas numerosas obras abrangem o campo da mística e da teologia na linha de Santo Alberto Magno e Santo Tomás de Aquino.
11. Santo Isidoro (570-636), ML 83 em *Sententiarum Libri Tres*, Liber Secundus, cap. XV, 3, col. 618C.

SERMÃO DE NOSSA SENHORA DO Ó (1640) [p. 33-49]

1. São Dionísio Areopagita (séc. V-séc. VI). Cf. Santo Tomás de Aquino, *Expositio super Dyonisii De divinis nominibus*, cap. 4, lectio 11, n. 450 (Ed. Marietti). Vieira abreviou o texto: "Amor est sicut quidam circulus aeternus, inquantum est propter bonum, sicut objectum; et ex bono, sicut ex causa; et in bono perseverans; et ad bonum consequendum tendens, et sic circuit bonum quadam evolutione non errante".
2. São Boaventura (1221-1274), *In Speculo* [referência do autor].
3. Ricardo de Sancto Laurentio († 1250), teólogo francês do século XIII, conhecido pela obra *De laudibus beatae Mariae Virginis*, publicada somente em 1473 (atribuída por alguns a Alberto Magno), Liber VII [referência do autor].
4. São Boaventura (1221-1274), In *Psalmum* 11, "ad illud: In circuitu impii ambulant" [referência do autor].

5. Marcus Manilius (séc. I d.C.), em *Astronomica*, Liber IV. Cf. *Manilio – Astronômicas* (tradução, introdução, notas), dissertação de mestrado de Marcelo Vieira Fernandes, na FFLCH – USP, São Paulo, 2006. O texto latino diz: "Hinc et scriptor velox, cui littera verbum est" (v. 201, p. 205), e a tradução: "Daí virá aquele que escreve velozmente, a quem uma letra q é uma palavra" (v. 241, p. 180).
6. Santo Ambrósio (339-397), ML 16 em *De Virginitate Liber Unus*, cap. XVIII, col. 297A.
7. Santo Agostinho (354-430), ML 35 em *In Epistolam Joannis ad Parthos Tractatus Decem*, Tractatus IV, 6, col. 2009: "Deus differendo extendit desiderium".
8. Virgílio (70-19 a.C.), *Eclogae vel Bucolicae*, I Meliboeus et Tityrus, versos 39 e 40.
9. Terêncio, poeta cômico latino (190-159 a.C.). Cf. de Plínio, o Jovem — Plinii Caecilii Secundi —, *Epistolarum Libri Novem*, Liber VI, Plinius Tironi Suo S. 1, 1: "Desiderium absentium nihil perinde ac vicinitas acuit".
10. Ruperto de Deutz, ou Rupertus Tuitiensis Abbas (c. 1076-1129), ML 169 em *Commentaria in Evangelium S. Joannis*, Evangelium S. Joannis Commentariorum Libri XIV, Liber Primus, col. 208A.
11. Ricardo de São Vítor (Vitorino) († 1173), ML 196 em *De Trinitate Libri Sex*, passim, col. 887-992.
12. Tertuliano (160-220), ML 2 em *Adversus Praxeam*, cap. V, col. 160A.
13. Santo Tomás de Aquino (1225-1274), *Opus LVII*, Officium de festo Corporis Christi ad mandatum Urbani Papae IV dictum festum instituentis.

SERMÃO DA PRIMEIRA SEXTA-FEIRA DA QUARESMA (1644) [p. 51-66]

1. Odivelas: freguesia de Portugal, da província da Extremadura, em cujo convento professavam as freiras da aristocracia portuguesa.
2. Santo Agostinho (354-430), ML 37, *Enarrationes In Psalmos*, In Psalmum CXVIII Enarratio, Sermo IX, 3. vers. 23 e 24, col. 1524.
3. São Bernardo (1091-1153), ML 183 em *Sermones In Cantica Canticorum*, Sermo LXIX, 7, col. 1115D.
4. Marcial (40-102), em *Epigrammatum* Liber VI, 11, In Marcum, verso 10. O provérbio é atribuído por Sêneca (*Epistolae Morales* 9,6) a Hecaton de Rodes (100 a.C.). Paralelos em Ovídio (*Ars Amatoria* 2,107), Plínio, o Jovem (*Panegírico de Trajano*, 85). Tradução livre: "Amor com amor se paga". Renzo Tosi, *Dicionário de sentenças latinas e gregas*, São Paulo, Martins Fontes, 2000.
5. Marco Túlio Cícero (106-43 a.C.), em *M. Tulli Ciceronis Epistularum ad Quintum Fratrem Libri Tres*, Liber III, IX, Ad Brutum sal. 1.
6. Sêneca (4 a.C.-65 d.C.), *Epistolae Morales*, Volumen Primum, Seneca Lucilio Suo Salutem, Epistola IX.
7. Santo Agostinho (354-430), ML 40 em *De Catechizandis Rudibus Liber Unus*, cap. IV, 7, col. 314.
8. Plínio, o Jovem (61-112), físico, orador, político, administrador, escreveu sobre a pedra-ímã, conhecida vulgarmente como "pedra de cevar".
9. Santo Agostinho (354-430), ML 35 em *In Evangelium Joannis Tractatus CXXIV*, Tractatus LI, 10, col. 1767.
10. São Gregório Magno (540-604), ML 76 em *Homiliarum In Evangelia Libri Duo*, Liber II, Homilia XXXVII, Lectio Sancti Evangelii secundum Lucam XIV, 25-33, 1, col. 1275D.
11. Santa Brígida (1003-1373), em *Revelações* [cf. Livro VI, passim cap. 7 e 45]. Princesa sueca, mãe de Santa Catarina da Suécia, viúva, fez-se monja cisterciense franciscana e posteriormente fundou uma ordem religiosa. Escritora, conselheira de reis e papas (insistia no retorno de Avignon para Roma). Viveu seus últimos anos em Roma.

SERMÃO DAS CADEIAS DE S. PEDRO EM ROMA (1674) [p. 67-82]

1. A capela da Igreja de São Pedro, em que se prega neste dia, é dedicada a São João Crisóstomo (347-407), a quem a posteridade deu o título de "Boca de Ouro", pelos dotes de sua eloquência.
2. Boécio (480-524), ML 63 em *De Consolatione Philosophiae*, Liber IV, Prosa VI, col. 814A-815B.
3. Cornélio a Lápide (1567-1637), professor de exegese bíblica em Louvain e em Roma. Comentou grande parte dos livros canônicos.
4. Boécio (480-524) [referência do autor]: "Immotus dat cuncta moveri. Boetius".
5. São Pedro de Ravena (São Pedro Crisólogo [= palavra de ouro]) († 450), ML 52. Cf. *Epistola ad Eutychem presbyterum*. Diz Crisólogo, em resposta a Eutiques [ou Eutíquio]: "Não podemos discutir coisas da fé, sem o consentimento do Bispo de Roma". Existem 170 cartas suas, sermões e escritos sobre o Símbolo e o Pai-nosso.
6. Vieira suprimiu a última parte da frase, alterando-lhe o sentido original. (Procurarei que após a minha morte *tenhais repetidas vezes lembranças destas coisas.*)

SERMÃO DE TODOS OS SANTOS (1643) [p. 83-106]

1. Dionísio Areopagita (séc. V-séc. VI), MG 3 em *De Divinis Nominibus*, col. 531-533.
2. Santo Ambrósio (339-397), ML 16 em *De Spiritu Sancto Libri Tres*, De Spiritu Sancto, ad Gratianum Augustum, Liber III, cap. XVI, col. 803A.
3. Santo Ambrósio (339-397), ML 16 em *De Virginibus Ad Marcellinam Sororem Sua Libri Tres*, Liber I, cap. II, col. 191A.
4. São Bernardo (1091-1153), ML 183 em *Sermones de Sanctis*. In Festo Omnium Sanctorum, Sermo I De Lectione Evangelica Mt V,1-12, cap. XIII, col. 460C.

SERMÃO DA SEGUNDA DOMINGA DA QUARESMA (1651) [p. 107-123]

1. Teodoro de Heracleia († 355), bispo antiniceno e antagonista de Atanásio; restam apenas fragmentos de seus escritos. São Jerônimo (347-420), ML 23 em *De Viris Illustribus Liber Ad Dextrum*, cap. XC, col. 695A, considera-o exegeta claro e preciso [*elegantis apertique sermonis et magis historicae intelligentiae*].
2. São João Crisóstomo (347-407), MG 47 em *Parænesis sive Adhoratio ad Theodorum Lapsum – Libra Duo*, Liber I, col. 272-310 [referência do autor].
3. Santo Tomás de Aquino (1225-1274), em *Suma Teológica*, IIa-IIae, q. 110, art. 2, respondeo.
4. São João Crisóstomo (347-407), MG 47 em *Parænesis sive Adhoratio ad Theodorum Lapsum – Libra Duo*, Liber I, col. 272-310 [referência do autor].
5. Santo Agostinho (354-430), ML 40 passim em *Contra Mendacium ad Consentium* (col. 517-548) ou em *De Mendacio* (col. 487-518).
6. Sêneca (4 a.C.-65 d.C.), em *De Beneficiis*, Liber VII, cap. 23 [referência do autor].
7. Alcuíno (732-804) e Beda (673-735), citados por Juan Maldonado († 1583).

SERMÃO DA PRIMEIRA SEXTA-FEIRA DA QUARESMA (1651) [p. 125-145]

1. Na tradução do Padre Antonio Pereira de Figueiredo se diz: "...o meio de tudo ornou do que de mais precioso". E na tradução de João Ferreira de Almeida se diz: "...o interior revestido com amor pelas filhas de Jerusalém".
2. Tertuliano (160-220), ML 1 em *Vita Operaque. Dissertatio in Apologeticum, ad Nationes et ad Scapulam*, Caput V, De Tertulliani libro ad Scapulam, Artic. I, Analysis hujus Libri, col. 774C.
3. São Bernardino de Sena (1380-1444). Cf. *Opera Omnia*, Madrid, BAC, 1949. Religioso franciscano, trabalhou pela reforma da Ordem Franciscana; foi pregador popular.

4. São Gregório Magno (540-604), ML 77 em *Registri Epistolarum*, Liber Quintus, Epistola XVIII, col. 740C.
5. São Pedro Damião (1007-1072), ML 144 em *Epistularum Libri Octo*, Liber II, Epistola XII, col. 278D.
6. Santo Agostinho (354-430), ML 36 em *Enarrationes in Psalmos*, In Psalmum LXIX, 5, col. 869.
7. Sinésio de Cirene (370-413). Cf. *Cartas e Himnos*, trad. de F. A. Garcia Romero, Madrid, Editorial Gredos, 1993. Vieira refere-se ao livro *De Regno* [*O Discurso sobre a Realeza*] e cita o texto de uma carta ao imperador Arcádio.
8. Cornélio Tácito (55-120), em *Historiae* 8,5 [de Nero a Domiciano]. O texto a que se refere Cornélio Tácito é de Quintus Curtius Rufus († 53).
9. Cornélio Nepos (ou Nepote) (Gália, c. 100 a.C. - Roma?, c. 25 a.C.) foi um biógrafo e historiador romano.
10. Quintus Curtius Rufus († 53), em *Historiae Alexandri Magni Macedonis Libri Decem*, Liber VIII, cap. 5.
11. Juan de Mariana (1536-1624), padre jesuíta espanhol. Cf. *Comentário de Oseias* [referência do autor].
12. Sêneca (4 a.C.-65 d.C.), em *De Clementia*, Liber 2, cap. 2, § 2.
13. Santo Esíquio de Jerusalém (séc. V), MG 93 em *Fragmenta in Psalmos*, col. 1179.
14. Valério Máximo (séc. I), Em *Factorum et Dictorum Mirabilium Libri Novem*, Liber IV, cap. 3, § 3.
15. São João Crisóstomo (347-407), MG 57: *Homiliae in Matthaeum* I-XLI; MG 58 *Homiliae* XLV-XC.

SERMÃO DE SANTA TERESA (1654) [p. 147-170]

1. Em 16 de junho de 1654, Vieira parte do Maranhão para Lisboa. Na viagem uma tempestade desorienta o navio. Saqueado por piratas holandeses, os portugueses foram deixados na Ilha Graciosa. Daí Vieira segue para a Ilha Terceira e chega à de São Miguel. Em 24 de outubro, deixa São Miguel a bordo de uma embarcação inglesa.
2. Os piratas são "esses monstros marinhos"!
3. Epicuro (342-270 a.C.). Apenas fragmentos de seus escritos e algumas cartas não se perderam. Graças a Lucrécio, o epicurismo tornou-se popular no século I a.C. [em Atos dos Apóstolos 17,18ss, os epicureus interrogam São Paulo no Areópago de Atenas].
4. São Zeno de Verona († 375), ML 11 em *Tractatus*, Liber Primus, Tractatus VIII De Timore, III, col. 324B.

SERMÃO DA QUINTA DOMINGA DA QUARESMA (1654) [p. 171-185]

1. A moeda corrente nesta terra são novelos de fio de algodão [referência do autor].
2. A Vulgata (Jo 8,52) traz apenas: "Agora conhecemos que tens demônio".

SERMÃO DO MANDATO (1655) [p. 187-207]

1. Santo Agostinho (354-430), ML 39 em *Sermones Suppositi*. Classis II. De Tempore, Sermo CXXVI In Natali Domini, 2.
2. Dionísio de Alexandria (200-255), MG 10 em *Interpretatio in Lucam* XXII 42-48, col. 1590-1597.
3. Santo Agostinho (354-430), ML 33 em *In Evangelium Joannis Tractatus CXXIV*, Tractatus XXVII, 1, col. 1616.
4. Esta voz foi ouvida no Templo quando se rasgou o véu, na morte de Cristo [nota do autor].
5. São Lourenço Justiniano (1380-1456). Cf. *Liber De Casto Conubio Verbi et Animae*, cap. 24 [referência do autor].
6. Teop. Rainaud. restituiu este texto, em "Candel.", Seção 3ª, cap. I [referência do autor].

7. Ruperto de Deutz, ou Rupertus Tuitiensis Abbas (1076-1119) ML 167-170, *De Officiis*, Liber II, cap. 11 [referência do autor].
8. Tertuliano (160-220), ML 2 em *De Carne Christi*, cap. XX, col. 786B.
9. Antífona 2, para a hora de laudes na festa da circuncisão do Senhor. Cf. *Medieval Music Database*, M. 1145.
10. São Bernardo de Claraval (1091-1153), ML 183 em *Sermones De Sanctis*. In Festo Annuntiationis Beatae Mariae Virginis, Sermo III, 8, col. 396.
11. Concílio Tridentino, seção XIII, cap. II [referência do autor].
12. Scotus citado por Teoph. Rainaud. em Candelab. e outros que são louvados por Cornélio em Isaías, c. 7, v. 14, p. 120, col. 2 [referência do autor].

SERMÃO SEGUNDO DO MANDATO (1655) [p. 209-229]

1. Sedúlio (séc. V). Sua obra principal é *Paschale Carmen*, em 5 livros.
2. Santo Atanásio (295-373), MG 26. Cf. *Fragmenta varia*, col. 1217-1293.
3. Santo Ambrósio (339-397), ML 15 em *Expositio Evangelii Secundum Lucam Libris X Comprehensa*, Liber X, cap. XXII, 102, col. 1829B.
4. Beato Guerrico d'Igny Abade (1080-1157), ML 185 em *In Festo Pentecostes*, Sermo I, 1, col. 157B. Guilhelmo, em Eusébio de Cesareia (260-340), historiador da Igreja, MG 19-24 in *Theopol. P. I*, lib. L, c. 4 [referência do autor].
5. Santo Agostinho (354-430), ML 42 em *De Trinitate Libri Quindecim*, Liber IV, cap. 14, 19.
6. Juan Maldonado (1534-1583), *Commentarii in IV evangelia*, in Matthaeum 5,23.
7. Alude às damas do paço, que naquela quaresma se fizeram religiosas.

SERMÃO DA PRIMEIRA OITAVA DA PÁSCOA (1656) [p. 231-250]

1. Padres gregos em Cordovero († 1570) [referência do autor].
2. Horácio (65-8 a.C.), Ode III, 3, 49.
3. Ovídio (43 a.C.-18 d.C), *Metamorfoses*, livro I, v. 141; tradução de Bocage, Hedra, São Paulo, 2007.
4. Plínio, o Velho (23-79), em *Historia Naturalis*, Liber XXXIII, 3.
5. São João Crisóstomo (347-407), MG 47/64 cf. em *Catena Aurea* [referência do autor]. Elaborada por Santo Tomás de Aquino, a *Catena Aurea* reune citações dos Padres da Igreja e de outros, acompanhando os textos completos dos Evangelhos, como um comentário a estes textos.
6. Gilbert Genebrardo (1537-1649), em *Chronologia Hebraeorum Maior*, Quae Seder Olam Rabba Inscribitur Interprete Gilb. Genebrardo, Liber I [referência do autor].
7. Tirino, in cap. 10, 3 *Regum* [referência do autor].
8. Ovídio (43 a.C.-18 d.C.), *Metamorfoses*, livro I, v. 138; tradução de Bocage, Hedra, São Paulo, 2007.
9. Plínio, o Velho (23-79), em *Historia Naturalis*, Liber XXXIII, 1.
10. Santo Agostinho (354-430), ML 39 em *Sermones Suppositi*. Classis II. De Tempore. Sermo CLVIII, In Vigilia Paschae, 2.

SERMÃO NAS EXÉQUIAS DE D. MARIA DE ATAÍDE (1649) [p. 251-264]

1. Horácio (65-8 a.C.), *Carmina*, Liber Primus, IV, versos 13 e 14.
2. A Vulgata traz *volumen* [livro] e não *falx* [foice].
3. A Vulgata traz *equus pallidus* [cavalo amarelo] na tradução de Pe. Antonio Pereira de Figueiredo.
4. A Vulgata traz *palma* [palmeira] e não *phoenix* [fênix].
5. A Vulgata traz *in nomine* [no nome] e não *in viis* [nos caminhos].
6. Ovídio (43 a.C.-18 d.C.), *Ars Amatoria*, II, 113.

SERMÃO DE S. ROQUE (1652) [p. 265-282]

1. Tertuliano (160-220), ML 1 em *De testimonio Animae*, adversus Gentes, cap. II (in *Apologeticus ad Nationes*), col. 601B/607B.
2. Segundo a versão dos LXX. – 1Rs 21,13.
3. Pacato (séc. IV/V), francês, cf. *Ordo Urbium Nobilium* de Ausônio (310-395). Cf. ML 53 *Epistola Urbani prebysteri de obitu Paulini de Nola (355-431) ad Pacatum*, col. 859-866.
4. São Pascásio (790-860), ML 120 em *Expositio In Evangelium Matthaei*, cap. XXVII, Tunc milites praesidis suscipientes Jesum in praetorio, col. 942B.
5. Membrot: "(...) porque Membrot, filho de Chus e neto de Cham, deu o nome de seu pai às terras orientais, onde habitou e povoou (cf. Gn 10, 8ss). Os descendentes deste mesmo Membrot e deste mesmo Chus, como diz Éforo, referido por Estrabo, e os que depois passaram à África e a povoaram, levaram consigo o nome que tinham herdado de seu pai e de seu avô, e assim como uns e outros na língua latina se chamam Aethiopes, e a sua terra Ethiopia, assim uns e outros na língua hebreia se chamam Chuteos e a sua terra Chus". Em A. Vieira, *História do Futuro*, José Carlos Brandi Aleixo (organizador), Brasília, Editora Universidade de Brasília, 2005, p. 338.
6. São Jerônimo (140-202), ML 30. Cf. passim em *Epistolae*, Pars Prima, Epistola VI ad Amicum Aegrotum, XX, 103B.

SERMÃO DA EPIFANIA (1662) [p. 283-314]

1. São Beda, o Venerável (672/3-735), ML 92 em *In Matthaei Evangelium Expositio*.
2. Ruperto de Deutz, ou Rupertus Tuitiensis Abbas (c. 1076-1129), ML 168, em *In Opus De Gloria Et Honore Filii Hominis Super Matthaeum*, col. 1307-1634.
3. El-rei D. João, o Quarto, que já era morto.
4. São Bernardo de Claraval (1091-1153), ML 183 em *Sermones De Tempore*. In Vigilia Nativitatis Domini, col. 113c.
5. São Máximo de Turim († 423), ML 57 em *Homiliae In Quatuor Classes Distributae*, Classis Prima, Homilia XXVII de Epiphania Domini, col. 0221-0530A.
6. Santo Agostinho (354-430), ML 39 em *Sermones Suppositii Classis II*. De Tempore, col. 1973-2096.
7. São Pedro Crisólogo (406-450), ML 52 em *Sermones*, Sermo De Epifania, col. 183- 666B.
8. São Gregório Magno (540-604), ML 76, em XL *Homiliarum in Evangelia Libri duo*, col. 1075-1312C.
9. São João Crisóstomo (347-407), MG 62), *Homilia X* (Latine) in 1 Tim.: col. 547.
10. Virgílio (70 a.C.-19 a.C.), Eneida 1.1,140 quando fala de Êolo, deus dos ventos.
11. Segundo a versão da Vulgata.

PRIVILÉGIO REAL

Em Lisboa,
Na Oficina de Miguel Deslandes

À custa de Antônio Leite Pereira,
mercador de livros,
MDCLXXXV.

Com todas as licenças e privilégio real.

CENSURAS

Censura do M. R. P. M. Fr. Tomé da Conceição, da Sagrada Ordem do Carmo, Qualificador do Santo Ofício.

Ilustríssimo Senhor.

Por mandado do Conselho Geral do Santo Ofício, vi esta Quarta Parte dos Sermões do P. Antônio Vieira, da Sagrada Religião da Companhia de Jesus, e digníssimo pregador de Sua Majestade. Todos li com o cuidado que pude e pede a obrigação de Qualificador de tão reto tribunal. Confesso que nos sermões deste grande talento e admirável pregador, não tem que censurar a atenção mais crítica e escrupulosa, pois, sendo o autor tão sutil na elevação dos pensamentos, tão claro e elegante nas palavras com que os exprime, tão persuasivo assim pregando como escrevendo, tão desentranhador da verdade das Escrituras e dos Santos Padres, acho que em nada discrepa da pureza de nossa santa fé, e que tudo quanto diz, encaminha à reformação dos costumes. Só uma censura se pode dar a este autor, não pelos sermões com que sai à luz, mas porque não tem saído à luz com todos os seus sermões, pois, prometendo no prólogo do Primeiro Tomo doze, se acham impressos três somente, e agora é este ainda o quarto. E será lástima que pela dilação do tempo se sepultem no esquecimento obras que merecem eternizadas em caracteres de ouro. Podendo dizer-se do autor nestes sermões o que do grande Jerônimo disse *Cassiod. de Divin. Lect.* cap. 21: *Planus, doctus dulcis, parata copia sermonum ad quamcumque partem convertit ingenium: totum explicans, totum exornans, et per diversa disertus, semper aequalis incedens.* Acabo dizendo que o autor em nenhum dos seus sermões tem palavras demais nem de menos, e não soube dizer menos porque em tudo diz tudo o que se pode dizer. Este é o meu parecer. Carmo de Lisboa, em 11 de fevereiro de 1684.

FR. TOMÉ DA CONCEIÇÃO

Censura do M. R. P. M. Fr. Manoel de Santiago, da Seráfica Ordem de São Francisco, Qualificador do Santo Ofício.

Ilustríssimo Senhor.

Vi este livro, que se intitula Quarta Parte dos Sermões do R. P. M. Antônio Vieira, re ligioso da Sagrada Companhia de Jesus, pregador em tudo régio. Em cada qual deles se acha grande substância, mas espiritualizada a alegoria, singular o método, eficaz, pura e ajustada a doutrina com que ilustrou a fé na América, repreendeu os costumes na Europa e acreditou a Nação Portuguesa na Itália. No primeiro, do pecador resoluto a nunca mais pecar, que o autor pede que com mais atenção e paciência se veja, assim agrada, como se se abstivera de repreender, e assim repreende, como se procurara não agradar. E em todos, com a doçura da linguagem, suaviza o amargoso da repreensão, e com a eficácia da doutrina se livra de toda a censura de lisonja. Porque uma e outra coisa faz com liberdade, eloquência, modéstia e sutileza. A liberdade não se opõe à modéstia, nem à modéstia cede a liberdade. Nesta Obra têm os oradores, os teólogos, os pregadores e os estadistas em que se entreter e de que se aproveitar, sem que tenham mais que desejar os doutos, nem que censurar os maldizentes intrometidos a bons ouvintes. E ultimamente, por serem estes sermões que contém o livro conformes à inteligência dos Santos Padres, à pureza de nossa Santa Fé, e úteis para a reformação dos maus costumes, me parecem digníssimos da licença que se pede a Vossa Ilustríssima para os dar à estampa, e de que sejam de ouro as letras da imprensa. Lisboa, São Francisco da Cidade, em 14 de fevereiro de 1684.

FR. MANOEL DE SANTIAGO

Censura do M. R. P. M. Fr. José de Jesus Maria, Religioso Capucho da Província da Arrábida.

Senhor.

Mandou-me Vossa Majestade que visse esta Quarta Parte dos Sermões do P. Antônio Vieira, da Sagrada Religião da Companhia de Jesus, digníssimo pregador de Vossa Majestade. E por esta comissão conheço que me fez Vossa Majestade substituto do Arcebispo da Bahia, na aprovação deste livro do autor. E avaliando o meu agradecimento esta honra, pelo juízo que já fez aquele grande prelado, digo que é muito maior do que a que ele logra, com uma vantagem mui conhecida, porque se a ele deu Vossa Majestade no seu Arcebispado uma mitra, a mim neste livro me deu uma coroa, que assim o reconhece a minha estimação: *Coronam mihi* (Jó 31,36). Depois que o P. Antônio Vieira pôs de assento na Bahia o seu engenho, vêm incomparavelmente mais ricas as frotas daquele Estado, porque todas até agora, por carga de maior peso, valia e preciosidade, trazem um volume seu, que sendo de tanta sabedoria, como este, se acaso se cativara na alfândega, para se haver de tirar por despacho, não se pudera resgatar por todo o ouro do mundo. Porque esta foi a taxa que na mesa do seu paço lhe pôs o Rei mais entendido: *Quoniam omne aurum in comparatione illius arena est.* Neste volume, por ser quarto, acho eu, ainda que em distância infinita, uma luzidíssima semelhança, que espero seja profecia. Para ilustrar o mundo, diz a Escritura Sagrada que foi feito ao quarto dia o sol, e para o P. Antônio Vieira obrar em edificação e admiração do mundo e em maior glória de Deus, lançou este volume como sol, também ao quarto dia. O que faz o sol disse Salomão, e o Salomão deste nosso século há de fazer o que faz o sol com este seu livro: *Lustrans universa in circuitu.* E ainda há de fazer mais, com o favor divino, porque há de satisfazer pontualmente o Instituto da sua sagrada Companhia, fazendo repetir muitas vezes a empresa gloriosa do seu grande Patriarca: O Instituto, em chegar com a viveza das suas palavras até os confins da terra, onde tem chegado já com grande admiração o harmonioso das suas vozes, que é a ocupação contínua dos filhos da sua Religião sagrada: *Et in fines orbis terrae verba eorum*; e a empresa gloriosa, porque há de incitar a todos que lerem este seu livro, a que deem muitos louvores a Deus, por haver criado um tão singular ministro do Evangelho na sua Igreja. E é o que o seu Santo Patriarca por tudo e com tudo continuamente repetia: *Ad majorem Dei gloriam.* O primeiro sermão está disposto com um espírito tão elevado nas doutrinas, com um desejo tão eficaz na melhora das consciências, com um zelo tão empenhado na conversão das almas que nele nos pôs o autor em prática tudo o que no do Primeiro Volume nos deixou por advertência. Naquele disse com Isaías (Is 6,8) que os pregadores haviam de ser nuvens, de que saíssem relâmpagos, trovões e raios. E tudo é, e tudo faz neste primeiro sermão. Despede relâmpagos, que alumiem aos pecadores as cegueiras, trovões, que lhes atemorizem as vidas, e raios, que lhes matem as culpas. Grande, tremendo e admirável sermão! E tão admirável que, sendo, por primeiro, a face deste Quarto Volume, bem se pudera dizer por ele que como Águia de Ezequiel, a si e aos três excede com grande propriedade: *Facies aquilae desuper ipsorum quatuor.* E não fora este meu parecer muito culpável — se a sua igualdade não fora tão conhecida — porque é o autor tão único, que só de si mesmo podia ser excedido. Nos dois Mandatos me parece que perdeu a aposta um grande cortesão e ouvinte que, assistindo a ambos, lhe pareceu melhor o da manhã, fundando o meu receio na razão de outro entendido que, atrevendo-se a afirmar que havia nesta corte quem pregava melhor que o P. Antônio Vieira, acudiu logo dizendo que era o mesmo P. quando pregava segunda vez. E eu tenho por impossível que possa haver juízo que o faça na diferença, onde os maiores juízos se rendem à suspensão. Mas, para concordar os pareceres, conservando o respeito ao autor, digo que todos os sermões são grandes porque todos são seus que como é tão rica de erudição a mina donde nascem estes doutíssimos partos, não deixa aos segundos que vivam de alimentos dos primeiros, porque todos são morgados, conservando o excelente apelido do seu insigne orador, que, por remorsos de consciência, nos restitui no espírito dos seus escritos a falta que nos fazia a sua voz nos púlpitos, observando para esta substituição tudo o que advertiu Sêneca, ponderando os escritos de Valério Máximo: *Tribus modis homines aggreditur: penetrando aures, demulcendo oculos et animos invadendo.* Com o douto e entendido, aplica a si os ouvidos para ensinar com clareza; com o político e discreto, atrai a si os olhos para divertir com doutrina; com o doutrinal e católico, penetra os corações para converter com eficácia, sendo admirável em tudo, na sutileza do seu engenho, na fineza do seu discurso, no eloquente do seu estilo, no peso das suas razões, na propriedade e pureza das suas palavras. Porque com as espirituais enleva, com as discretas agrada, com as compassivas enternece, com as amorosas atrai, com as temerosas compunge, e com todas persuade, maravilhoso em tudo sobre as hipérboles de toda a admiração. E assim espero que sejam os seus livros, brevemente, em todos os idiomas da Europa traduzidos, e em todas as suas línguas impressos — como o andam já muitos de seus sermões em muitas. — E dirão com Cassiodoro, em um e outro sentido: *Habent haec distributa praeconium, conjuncta miraculum.* Não se acha neste livro coisa alguma que encontre o serviço real, tendo muitas que acreditam o Reino. Pelo que a licença que pede é devida à pontualidade com que tem obedecido ao que Vossa Majestade lhe mandou. E tenho por sem dúvida que Vossa Majestade lha há de conceder, por conhecer como rei tão ajustado que, se as petições de graça têm só da regalia toda a sua dependência, nos requerimentos de justiça parece que não tem a Majestade regalia. Isto é o que me parece. Vossa Majestade mandará o que for servido. Convento da Boa Viagem, em 27 de fevereiro de 1684.

Fr. José de Jesus Maria

LICENÇAS

DA RELIGIÃO

Eu, Antônio de Oliveira, da Companhia de Jesus, provincial da província do Brasil, por especial concessão que para isto me foi dada de nosso M. R. P. Carolo de Noyelle, Prepósito Geral, dou licença para que se imprima este livro, Quarta Parte dos Sermões do P. Antônio Vieira, da mesma Companhia, pregador de Sua Alteza, depois de ser examinado e aprovado por pessoas doutas e graves da mesma Companhia. E por verdade dei esta, assinada com meu sinal e selada com o selo do meu ofício. Dada na Bahia, 6 de julho de 1683.

ANTÔNIO DE OLIVEIRA

DO SANTO OFÍCIO

Vistas as informações, pode-se imprimir a Quarta Parte dos Sermões do P. Antônio Vieira, de que esta petição faz menção. E, depois de impressa, tornará para se conferir e dar licença que corra, e sem ela não correrá. Lisboa, 16 de fevereiro de 1684.

MANOEL PIMENTEL DE SOUSA
MANOEL DE MOURA MANOEL
JERÔNIMO SOARES
JOÃO DA COSTA PIMENTA
BENTO DE BEJA DE NORONHA

DO ORDINÁRIO

Pode-se imprimir a Quarta Parte dos Sermões do P. Antônio Vieira. E depois tornará para se conferir e dar licença para correr, e sem ela não correrá. Lisboa, 17 de fevereiro de 1684.

SERRÃO

DO PAÇO

Que se possa imprimir, vistas as licenças do Santo Ofício e Ordinário. E depois de impresso tornará à mesa, para se taxar e conferir. E sem isso não correrá. Lisboa, 13 de março de 1684.

Roxas. Noronha. Marchão. Azevedo

Visto estar conforme com o seu original, pode correr este livro. Lisboa, 23 de janeiro de 1685.

Manoel Pimentel de Sousa
Manoel de Moura Manoel
Jerônimo Soares
João da Costa Pimenta
Bento de Beja Noronha

Pode correr. Lisboa, 25 de janeiro de 1685.

Serrão

Taxam este livro em doze tostões. Lisboa, 23 de janeiro de 1685.

Lamprea. Marchão. Azevedo

Este livro foi composto nas famílias tipográficas
Liberty e *Minion*
e impresso em papel *Bíblia 40g/m²*

Edições Loyola

editoração impressão acabamento

rua 1822 nº 341
04216-000 são paulo sp
T 55 11 3385 8500
F 55 11 2063 4275
www.loyola.com.br